教师教育系列教材

小学科学课程教学论
(微课版)

王俊生 主 编

清华大学出版社
北 京

内容简介

本书是笔者在对小学科学课程与教学相关研究进行分析的基础上，结合多年的教育教学研究成果撰写而成的。本书共分为7章，主要内容包括绪论，科学教育及其发展，小学科学课程与教学的心理学、教育学基础，《义务教育小学科学课程标准》解读与小学科学课选用教材简介，小学科学课的教学设计，探究与合作学习在小学科学课教学设计中的应用和小学科学课程与教学评价。在全书内容的组织上，将科学教学论的学科性质、研究对象、学科体系与科学教育、科学课程和小学科学课程与教学的基础理论有机整合；在小学科学课教学设计内容的编写上，突出探究与合作学习在小学科学课教学中的地位与作用，附有大量教学案例突出应用性和实操性；在小学科学课程与教学评价中注重过程性评价并对其他评价方法进行了介绍；在小学科学教师专业化和小学科学课程与教学改革方面进行了比较研究。

本书既适合作为小学教育专业与科学教育专业学生学习科学课程与教学论课程的教材，也适合作为科学教师、科学教育工作者和科学教育教学研究人员的参考书，以及教师教育职后培训的教学辅助资料。

图书在版编目(CIP)数据

小学科学课程教学论：微课版/王俊生主编. —北京：清华大学出版社，2021.1(2024.1 重印)
教师教育系列教材
ISBN 978-7-302-56806-3

Ⅰ. ①小… Ⅱ. ①王… Ⅲ. ①科学知识—教学研究—小学—高等学校—教材 Ⅳ. ①G623.62

中国版本图书馆 CIP 数据核字(2020)第 217410 号

责任编辑：陈冬梅
装帧设计：刘孝琼
责任校对：李玉茹
责任印制：刘海龙
出版发行：清华大学出版社
网 址：https://www.tup.com.cn, https://www.wqxuetang.com
地 址：北京清华大学学研大厦 A 座 邮 编：100084
社 总 机：010-83470000 邮 购：010-62786544
投稿与读者服务：010-62776969, c-service@tup.tsinghua.edu.cn
质量反馈：010-62772015, zhiliang@tup.tsinghua.edu.cn
课件下载：https://www.tup.com.cn, 010-62791865
印 装 者：艺通印刷(天津)有限公司
经 销：全国新华书店
开 本：185mm×260mm 印 张：17.75 字 数：413 千字
版 次：2021 年 2 月第 1 版 印 次：2024 年 1 月第 5 次印刷
定 价：49.80 元

产品编号：088426-01

前　言

习近平总书记在中国共产党第二十次全国代表大会上的报告中明确指出，要办好人民满意的教育，全面贯彻党的教育方针，落实立德树人根本任务，培养德智体美劳全面发展的社会主义建设者和接班人，加快建设高质量教育体系，发展素质教育，促进教育公平。本教材在编写过程中力求深刻领会党对高校教育工作的指导意见，认真执行党对高校人才培养的具体要求。

人类因观察自然、研究各种自然现象产生和变化的原因产生了科学，科学的核心是发现；对科学加以运用以适应环境、改善生活而产生了技术，技术的核心是发明。科学技术对人类生产、生活方式的改变产生了巨大的影响，科学技术的发展促进了科学教育的普及。我们生活在现代科学技术的信息化时代，不断变化和涌现的新技术渗透到我们生活的每一个角落。教育不可能也不应该回避这个现实，如何让学生适应这个技术社会，并积极投身参与其中，处理好科学、技术、社会与环境的关系，是基础教育改革面临的头等大事和应高度重视的焦点问题。

小学科学教育经历了从“科学知识”“科学方法”“科学素养”到“技术与工程实践”的发展历程。任何一门学科走向科学的过程都是形式化、符号化，建立数学模型和实践模型的过程。不同学科构建符合自身研究对象特性的形式、符号和数学模型的方法，就是这门学科特有的思想方法和工作方法。从20世纪初的科学知识教育、60年代的重视科学方法，到80年代开始，科学教育领域以培养学生的科学素养为宗旨的发展历程表明，科学素养是现代合格公民必须具备的基本素质之一，技术与工程实践是21世纪国际科学教育的主流思想。工程与技术是人类社会最基本的实践活动，是科学知识转化成物质力量的重要体现，小学科学教育实现了从“有所发现”“有所发明”到“有所创造”的科学教育目标。

本书以国际科学教育发展的新理念为指引，结合我国《义务教育小学科学课程标准》的内容和目标，以提高小学教育专业和科学教育专业学生的学科素养和教育教学能力为宗旨，系统阐述了科学教学论的学科体系、科学教育的产生与发展、小学科学课程与教学的心理学教育学基础、小学科学课程标准解读、小学科学课的教学设计、探究合作学习在小学科学课教学设计中的应用和小学科学课教学评价等学习内容。全书以“科学本质—理论基础—课标解读—教学设计—探究合作—教学评价”为主线，配备了大量的小学科学教学案例，力争使学生从宏观和微观层面全面把握小学科学课程的教学。每章的开始给出了本章学习目标、重点难点和核心概念，使学生带着问题去阅读。在学习内容中，安排了思考交流、知识拓展、推荐阅读和微课等环节，增加了学习的乐趣，帮助学生进行深度学习。在每章的结尾有本章小结和练习题，在学完每章内容后对学习要点形成知识导图，以帮助学生加深对内容的理解。

本书共分为 7 章，主要内容包括绪论，科学教育及其发展，小学科学课程与教学的心理学、教育学基础，《义务教育小学科学课程标准》解读与小学科学课选用教材简介，小学科学课的教学设计，探究与合作学习在小学科学课教学设计中的应用，小学科学课程与教学评价。

在全书内容的组织上，将科学教学论的学科性质、研究对象、学科体系与科学教育、科学课程和小学科学课程与教学的心理学教育学基础理论有机结合；在小学科学课教学设计内容的编写上，突出探究与合作学习在教学中的地位与作用，附有大量教学案例突出应用性和实操性；在小学科学课程与教学评价中注重过程性评价，并对其他评价方法进行了介绍；在小学科学教师专业发展和小学科学课程与教学改革方面进行了比较研究。

本书由王俊生担任主编，佟硕担任副主编。第 1 章由吴明宇、刘国辉编写；第 2 章由王俊生、佟硕编写；第 3 章、第 5 章、第 6 章由王俊生、乔秋明编写；第 4 章由王俊生、秦思凝编写；第 7 章由王俊生、李雪铜编写；附录由刘书兵、刘思岑和刘畅完成文字录入工作。全书由王俊生统稿。李雪铜、乔秋明、周雪琦、苏子惠、赵文婷参加了资料收集、整理和文字录入工作。佟硕、刘国辉完成本书插图和表格的绘制工作。

本书适合作为小学教育专业和科学教育专业学生学习科学课程与教学论课程的教材，也适合作为科学教师、科学教育工作者和科学教育教学研究人员的参考书，以及教师教育职后培训的教学辅助资料。

本书的完成得益于对科学教学论和小学科学课程与教学研究的优秀成果的继承，在此，对献身于科学教育和小学科学教育教学研究的前辈、同人致以崇高的敬意。

得益于学生和读者的厚爱，得益于清华大学出版社编辑和领导的支持，本书在这个特殊的时节出版发行了。感激之余，更多的是希望学生和读者能从中获益。限于编者的水平和时间，本书的编写还存在很多不足之处，欢迎读者给予批评、指正，以集聚大家的力量共同推动科学教育事业的发展，迎接新时代小学科学教育的美好明天。

王俊生
庚子年夏
于沈水之阳

目　录

第 1 章　绪　　论

本章学习目标

- 了解科学教学论的学科性质、研究对象和学科体系，掌握科学教学论的定义和特性。
- 掌握学习科学教学论的意义。
- 掌握教学内容设计的基本原理。
- 了解《义务教育小学科学课程标准》课程目标体系、教学内容。
- 了解组织小学科学教学活动的原则。

重点难点

科学教学论的学科性质、学科体系构成、科学教学论的定义；科学课程；教学内容设计的基本原理

核心概念

科学教学论、学科体系、研究对象、科学教育目标、科学课程、小学科学教育、探究式学习

1.1　科学教学论的学科性质与研究对象

科学教学论来源于数学教育学和科学教育学，是教育学的横向分支之一。科学教学论是把科学教学作为一个系统，运用系统论的方法研究教学系统中诸多因素的内在联系及其统一的过程，包括教师的教与学生的学、教学的主体与媒体、教学本身与教学环境之间的多维度、多层面的相互关系与作用。科学教学论的任务是不仅要揭示科学教学的规律，还要揭示科学教学培养人的规律，要从科学学科在培养人的整体活动中的地位和作用分析出发，研究课程、教材和教法，研究科学教学论与其他课程的关系、与学校其他教育的关系，等等。

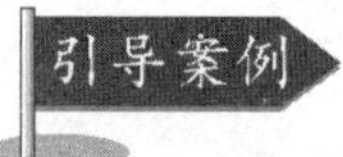

引导案例

魏格纳大陆漂移学说——认识假设的价值

魏格纳(Alfred Lothar Wegener，1880—1930)从小就富有冒险的气质。为了能去跋山涉水，魏格纳刻苦地锻炼身体。他经常在风雨天站在外面，大雪天里挑战严寒。徒步旅行，

长距离竞走等，都是他的拿手好戏。魏格纳发现大西洋两岸的海岸线轮廓十分相似，但他并没有认识到这一点的重要性。魏格纳在一本书中得知有人认为大陆相连这个观点，不过作者只认为巴西和非洲曾经有过陆地是相连接的，并且从古生物学角度找到了证据。

1910 年的一天，年轻的魏格纳身体欠佳，躺在病床上。百无聊赖中，他的目光落在墙上的一幅世界地图上，他意外地发现，大西洋两岸的轮廓竟是如此相对应，特别是巴西东端的直角凸出部分，与非洲西岸凹入大陆的几内亚湾非常吻合。自此往南，巴西海岸每一个凸出部分，恰好对应非洲西岸同样形状的海湾；相反，巴西海岸每一个海湾，在非洲西岸就有一个凸出部分与之对应。这难道是偶然的巧合？这位青年学者的脑海里突然掠过这样一个念头：非洲大陆与南美洲大陆是不是曾经贴合在一起，也就是说，从前它们之间没有大西洋，是由于地球自转的力量使原始大陆分裂、漂移，才形成如今的海陆分布情况的？

第二年，魏格纳开始搜集资料，验证自己的设想。他首先追踪了大西洋两岸的山系和地层，结果令人振奋：北美洲纽芬兰一带的褶皱山系与欧洲北部斯堪的纳维亚半岛的褶皱山系遥相呼应，暗示了北美洲与欧洲以前曾经“亲密接触”；美国阿巴拉契亚山的褶皱带，其东北端没入大西洋，延至对岸，在英国西部和中欧一带复又出现；非洲西部的古老岩石分布区(早于 20 亿年前)可以与巴西的古老岩石区相衔接，而且二者之间的岩石结构、构造也彼此吻合；与非洲南端开普勒山脉的地层相对应的，是南美的阿根廷首都布宜诺斯艾利斯附近的山脉中的岩石。魏格纳对此作了一个比喻。他说，如果两片撕碎了的报纸按其参差的毛边可以拼接起来，且上面的文字也可以相互连接，我们就不得不承认，这两片报纸是由完整的一张撕开得来的。除了大西洋两岸的证据，魏格纳甚至在非洲和印度、澳大利亚等大陆之间，也发现有地层构造之间的联系，而这种联系都限于中生代之前，即 2.5 亿年以前的地层和构造。

1912 年 1 月 6 日，在法兰克福地质学会上，魏格纳作了关于“大陆与海洋起源”的演讲，第一次提出了大陆漂移假说。第一次世界大战的爆发打断了魏格纳的研究，负伤回家后，他整理好资料写成了《海陆的起源》，系统地提出了大陆漂移的假说。他认为，在距今约两三亿年前，即古生代时期，大陆是一个整体，泛称大陆，渐渐地，经过地球自转产生的离心力以及潮汐力的影响，原始大陆分崩离析。破裂的板块像漂浮在水面上的冰山一样逐渐分离移动，花岗岩层在玄武岩层上作水平漂动，过了很长时间，就是我们现在所见的大陆。魏格纳说：“这个学说的最重要部分是设想在地质时代的过程中大陆板块有过巨大的水平移动，这个运动即使在今日还可能在继续进行着。”魏格纳在古生物学、地质学以及古气候学三个方面寻找到了大陆原本是连在一起而后分开的证据。

1930 年 11 月 2 日，魏格纳第四次考察格陵兰岛，没想到竟一去不复返。在大风雪中，他累倒在地上，长眠于冰雪之中。人们寻找这位令人尊敬的勇敢的探索者，直到第二年的 4 月，才发现了他的遗体。魏格纳去世以后，由于传统观念过于强大，大陆漂移说暂时销声匿迹。然而真理就是真理，后人完善了魏格纳的理论，从 20 世纪 50 年代起，由古地质学起，大陆漂移说复兴，成为地理科学的主导学说之一。魏格纳开辟了大陆形成的路径，人们还需继续前进和探索。

【教学设计理念】

本课是对“科学探究的过程和方法”中的“假设”环节进行集中强化训练。通过一系列活动，让学生理解什么是假设，还要让学生明白要想知道自己提出的假设是否正确，一定要经过亲自试验或动手收集证据来进行验证，根据经验提出的假设不一定可靠。

【教学活动】

围绕校园杀伤大树的“凶手”破案。

(1) 创设情境：大侦探破案。(了解破案步骤)

(2) 校园“寻凶”。(学会作假设)

(3) 认识魏格纳。

(4) 理解假设是怎样提出来的。(假设是在知识、经验、观察的基础上提出的)

(5) 活动：谁先落地？(认识假设有时是错误的)

……

(资料来源：苏教版小学科学四年级上册 自由研究单元 科学探究的过程和方法)

1.1.1 科学教学论发展简史

《小学科学课程教学论》课程介绍.mp4

1. 近代科学与科学教育的诞生

科学教育拥有一个短暂的历史和一个漫长的过去，近代学校科学教育的诞生，与科学的发展、科学的定位、人们对科学的认识和社会的进步密不可分。

近代以前的科学与科学教育。

(1) 从人类文明曙光乍现开始，哲学家和先贤们不断对大自然和人类自我进行探索和思考，重视观察和理性思考的科学精神已经形成。代表人物有泰勒斯(Thales，公元前624—公元前547)、苏格拉底(Socrates，公元前470—公元前399)、柏拉图(Plato，公元前427—公元前347)、亚里士多德(Aristotle，公元前384—公元前322)、彭加勒(Jules Henri Poincaré，1854—1912)等。他们宛若天上繁星，引导人们去探索追寻科学的真谛。科学技术发展到今天，形而下惠及黎民百姓，将科学视为谋生需要的“博雅学科”和“有用学科”；形而上代表人类的最高智慧，是国家竞争力的具体体现。

(2) 古罗马人学习自然科学是为了给演说雄辩提供论据和素材，科学作为雄辩术的调味品保留在培养演说家的教育中。

(3) 到了中世纪，科学是为了解释和装饰至高无上的神学。

(4) 14—16世纪的文艺复兴运动，吹响了近代科学发展和科学教育诞生的序曲。科学将人类从宗教的桎梏中解放出来。科学教育终于得以重振。代表人物及重要事件有：哥伦布(Cristóbal Colón，1452—1506)发现新大陆；哥白尼(Nikolaj Kopernik，1473—1543)创立日心说；伽利略(Galileo Galilei，1564—1642)发现自由落体定律；哈维(William Harvey，1578—1657)提出人体血液循环理论；牛顿(Isaac Newton，1643—1727)的《自然哲学的数学原理》问世，同时把实验方法和数学方法有机地结合起来；斯宾塞(Herbert Spencer，1820—1903)提出“什么知识最有价值”，吹响了向科学教育进军的冲锋号。

2. 现代科学与科学教育的兴起

(1) 16、17世纪，近代科学从哲学的母体中分离出来。代表人物有哥白尼、伽利略、牛顿等。

(2) 18 世纪中叶科学成为社会发展的开路先锋。

(3) 19 世纪中期，斯宾塞等人为科学教育鼓与呼，对科学教育的兴起与发展起到重要的推动作用。

(4) 从 18 世纪后期到 19 世纪，出现了一些私立、实科学校，以培养科学人才和具有科学素养的劳动者为目标。

(5) 从 19 世纪末到 20 世纪初，科学教育开始被纳入西方国家的义务教育体系之中。

3. 20 世纪国际小学科学教育的发展

1) 20 世纪初期国际小学科学教育的发展

对于自然研究，通过考察大自然，传授一种“自然神圣”的理念。它强调观察和亲近大自然，对于启发孩子们的想象力、对事实的领悟及表述能力，特别是对自然的敬畏等有着积极的意义。

进步主义教育研究：杜威(John Dewey，1859—1952)主张“做中学”，让学生把学习过程当作一个科学研究的过程来亲历。

教学程序：提出问题—构成假设—指导实验—验证假设—自行发现知识。缺点是“儿童中心论”的立场，以及其注重生活教育、反对教材的极端的观点。

2) 20 世纪 60 年代国际小学科学教育的发展

一个重要的起因是 1957 年苏联成功发射第一颗人造地球卫星。从古典主义的、死记硬背事实性知识的、讲述型的“教师和事实取向”的教学观，向以“探究取向”转变。其局限性在于，目标定位的是英才教育。学科中心过于关注学理和纯科学性，而没有考虑到科学在现实世界的应用，更没有认识到人人都有学科学的需要。没有相应的教师队伍与之相适应。

3) 20 世纪 80 年代以后国际小学科学教育的发展

其主要标志是 1985 年美国开始实施“2061 计划(Project 2061)”，并发展成为世界性和跨世纪的行动。有两点显著变化：在肯定“探究取向”课程的基础上，强调 STS(Science(科学)、Technology(技术)、Society(社会))课程的重要性。强调科学教育要走出纯科学的视野，要与科技、社会相结合。从英才教育开始向全民教育转变，把对儿童科学素养的培养作为科技教育的基本任务。

4) STEM 教育的兴起

STEM 最早是美国政府对 K-12 提出的教育倡议。鼓励儿童在科学、技术、工程和数学领域的发展和提高，培养儿童的综合素养，从而提升其全球竞争力。科学(Science)、技术(Technology)、工程(Engineering)与数学(Mathematics)，即 STEM，是一种以项目学习、问题解决为导向的课程组织方式，它将科学、技术、工程、数学有机地融为一体，有利于学生创新能力的培养。

STEM 是一种教育理念，有别于传统的单学科、重书本知识的教育方式。STEM 又是一种重实践的超学科教育概念。任何事情的成功都不仅仅依靠某一种能力的实现，而是需要介于多种能力之间，需要各个方面的综合才能，所以单一技能的运用已经无法支撑未来人才的发展。未来，我们需要的是多方面的综合型人才。

在 STEM 教育理念的号召下，机器人、3D 打印进入学校；教育科技产品层出不穷。之后，相继发展出 STEAM、STEWM 等教育概念；科学、技术和工程结合，写作、艺术和数学结合，打破学科的界限，形成了以科学、技术、工程、数学、艺术等多学科融合的综合教育。

思考交流

如何理解 STEM 的教育理念？

知识拓展

国际科学课程改革的三次浪潮

(1) 20 世纪 50 年代到 60 年代为第一次改革浪潮，被称为“作为学科知识的科学时期”。目标是培养科学家，课程改革的焦点是科学知识的现代化及其结构。在纳菲尔德基金会的资助下，英国开发了一系列在世界上具有影响的科学课程，即纳菲尔德课程(Nuffield Curriculum)。

(2) 20 世纪 70 年代到 80 年代初期的第二次改革浪潮，被称为“作为相关知识的科学时期”。目标是将科学作为改善个人与社会生活的工具，培养的是全体公民的科学素养和科学启蒙，课程改革的焦点是理解科学与社会的关系。提出“面向所有学生的科学”口号。科学教育的目的不再是培养科学家，而是培养有科学素养的公民。

(3) 20 世纪 80 年代到 90 年代初期的第三次改革浪潮，被称为“作为不完善知识的科学时期”。目标是缩小计划课程与实施课程之间的差距，焦点是个人、社会和文化对科学知识形成产生的影响。变革由以下诸方面体现：概念的变化；综合方式的变化；主、客体关系的变化；教师角色的变化；由精英教育向大众教育的变化；综合课程与分科课程关系的变化。

(资料来源：[EB/OL]百度文库)

1.1.2 科学教学论的学科性质

儿童科学迷思概念的特点.mp4

儿童科学迷思概念的形成.mp4

儿童科学迷思概念的转变.mp4

科学教学论的学科性质如图 1-1 所示，它是教育学、心理学、自然科学、社会科学、系统科学和教学论的交叉学科。

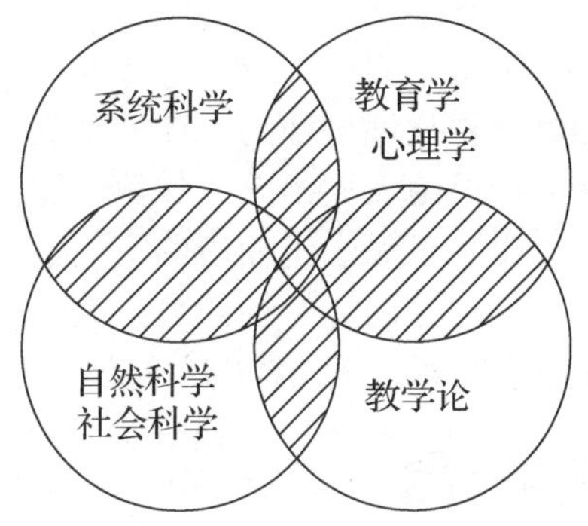

图 1-1 科学教学论的学科性质

科学是让人去了解科学是什么，科学是一种探索活动；科学是一种知识体系；科学是一种过程和方法；科学是一种精神、思想、态度；科学是第一生产力；科学也是一把“双刃剑”。

科学教学论包含的元素有：科学教育要以学生为中心，在科学概念的学习过程中，养成独立设计和安排实验、控制变因、动手操作、细心观察、尊重数据、分析资料和归纳推理的习惯；在科学教育活动中，获得独立自学能力，尊重他人、互助合作，并能运用科学精神、科学方法和科学态度评价处理各种事物；在遇到困难的情况下，能以开放的心智和理性的心态，查找变因、走出困境。

科学教学论来源于教育学，是数学教育、科学教育和自然科学、社会科学等学科融合交叉的结果，其学科性质除了具有以上学科的特点之外，还具有综合性、实践性和层次性的特点。

1. 综合性

教育学作为研究人的成长与发展的理论，由于其涉及的相关理论众多，表现出较强的学科综合性。当代科学发展呈现出各门学科之间相互融合、相互渗透、相互转化的共同特征。在教育学理论中表现得更为突出。从教育学发展的历史看，教育家提出的教育思想，都是从哲学、政治学、伦理学、心理学和社会学等学科吸取材料，加以消融、综合和统一，构成其理论基础的。教育家的教育思想就是他的哲学、政治学、心理学、社会学思想的一个组成部分，如中国的孔子(公元前 551—公元前 479)、孟子(公元前 372—公元前 289)，古希腊的苏格拉底、柏拉图、亚里士多德等。这种情况造成了教育学理论具有综合的、跨学科的主要特征，并呈现出内涵丰富、多元的特色。

2. 实践性

教育科学是一项实践性很强的理论研究工作，它的理论来自对教育实践经验的归纳和总结，并最终要接受学习者、教学实践和广大教育实践者的检查和鉴定。把教育当作一门科学来研究，必须正确地处理理论与实践、基础研究与应用研究的关系，并认真总结古今中外的教育实践经验。教育学理论的实践性主要体现为下述各点。

(1) 教育学理论的产生和发展，直接来源于人类教育实践需要。

(2) 教育学理论构建的目的是直接指向对教育实践的指导。

(3) 已经形成的教育学理论必须在教育实践中得到检验，并得以丰富和发展。

3. 层次性

教育科学是一个内部结构具有层次递进性的有序的独立系统，随着人们对教育科学的研究进一步深入，这种特性更为明显地表现出来。如第一层次所包含的内容是教育学的基础理论和应用学科，由基础理论学科可派生出相应的不同层级的学科。教育学理论的层次性从综合性这个特点而来，教育学理论的综合性的特点表明教育学理论内容的丰富性、多样性，而教育学理论的层次性则表明其内在结构的系统性、有序性及其不同的功能。

1.1.3 科学教学论的研究对象

科学教学论是从动态的教学整体出发，研究科学教学活动和教学关系，探索科学教育教学一般规律的一门学科。作为科学教育学学科的重要分支之一，科学教学论有其特定的研究对象。

科学教学论的研究对象是科学教学过程中教与学的联系、相互作用及其相关因素(教学媒体、教学环境等)的统一。科学教学论区别于其他学科的特性在于它以动态的科学教学整体为研究对象。动态的科学教学整体包括以下三个方面。

(1) 科学教学论要研究教与学的关系。

(2) 科学教学论要研究教与学的条件。例如：①课程与教材；②教学环境，包括教学空间、设施、班级规模、座位编排方式、班风校风、人际关系等；③教师的素质及特点，如知识、能力、态度、年龄、性别等；④学生的素质及特点，包括知识经验准备、智力与智慧技能、认知结构、学习动机等。

(3) 科学教学论要研究教与学的操作。例如，科学教学论要研究各种教学方法的适用范围和操作要求，教学设计的程序、方法和基本模式，课堂管理的技术和方法，教学评价工具的编制技术和使用规范，教学环境因素的调控策略等。

教与学的关系研究可以产生科学教学的原理；教与学的条件研究可以产生科学教学的知识；教与学的操作研究则可以产生科学教学的技术。由这三种研究结果构成一个相对完整的科学教学论体系。

思考交流

(1) 简述小学科学教学论的研究对象。

(2) 阐述小学科学教学中学生的主体地位和教师的主导作用。

1.2 学习科学教学论的意义

从科学教学论的研究对象角度出发，树立现代课程的科学教学观，科学阐释课程与教学问题，升华课程与教学经验。在科学教学中突出学生的主体地位，保护儿童的好奇心和求知欲，培养其科学素养和科学启蒙，崇尚科学精神，树立科学态度的价值观，为终身学习奠定基础。

1.2.1 树立现代课程与科学教学观

1. 科学课程观念的改变

回溯科学课程与教学观的变化，从中可以看出教育理论、学习理论的发展与社会发展息息相关。科学课程观念的变化经历了从注重科学知识的学习、运用科学方法、培养科学兴趣与科学素养，向技术与工程实践的转变过程。

20 世纪 50 年代英国科学课程的发展，奠定了现代科学教育的基础。GCE(General Certificate of Education，通用教育证书)课程体系中高级辅助水平(Advanced Subsidiary-level，AS)的 SPU 课程(Science for Public Understanding，公众理解科学课程)[由纳菲尔德课程中心(Nuffield Curriculum Centre)与约克郡大学科学教育研究小组(The University of York Science Education Group)共同开发]与传统科学课程有着本质不同，其最大优势在于它能够有效地激发并巩固学生对科学的学习兴趣，科学课程的实施对象由大学生拓展至中小学生。SPU 课程将科学放在一个更为广阔的背景之中，通过主题讨论的形式，使学生对科学本质有更为深入的理解。SPU 课程的核心目标是在促进学生对科学深入理解的基础上，培养学生对科学的浓厚兴趣，使学生成为聪明而成熟的科技信息的消费者和使用者。不仅要使学生理解主要的科学原理与科学模型，更要使学生理解科学本质与科学思想。SIS(Science in Society)课程就是 SPU 课程的发展，对现代科学课程体系的发展具有重要的意义。

STS 教育始于 20 世纪 60—70 年代西方发达国家。随着科学技术的迅速发展，带来了经济发达、社会繁荣和幸福生活，但与科学技术发展有关的重大社会问题，如环境破坏、生态危机、人口质量、能源枯竭和资源浪费等问题，也随之出现。为了解决这些问题，STS 教育应运而生。STS 教育的产生是适应社会发展与建立人类命运共同体的需要。

STS 课程改革运动由欧洲传播至美国，美国国家科学教师协会 (National Science Teacher Association，NSTA)(1991)将 STS 定义为，将科学教学与学习建筑于人类经验脉络中的一种教育活动。

STS 教育是科学教育改革中兴起的一种新的科学教育构想，其宗旨是培养具有科学素质的公民。它要求面向公众，面向全体；强调理解科学、技术和社会三者的关系；重视科学、技术在社会生产、人们生活中的应用；重视科学的价值取向，要求人们在从事任何科学发现、技术发明创造时，都要考虑社会效果，并能为科技发展带来的不良后果承担社会责任。

发展到 20 世纪 80 年代，STEM 教育兴起，科学课程的教学观完成由培养科学素养向注重技术与工程实践的转变。

2. 我国小学科学课程的变化

中华人民共和国成立后，在 20 世纪 50—60 年代，小学《自然》课程都在高年级开设，课时较稳定；20 世纪 70—90 年代开设小学《自然》课的年级越来越低，从小学三年级开设，课时呈上升趋势。1988 年的教学计划，小学《自然》课占小学总课时的比例是历史上最高的，这说明国家对小学科学教育越来越重视。小学科学教育课程的主要教材有两本，即小学《自然》和《九年义务教育全日制小学自然教学大纲(试用)》。2001 年，小学科学课程名称改为《科学》，还制定了《全日制义务教育科学(3～6 年级)课程标准(实验稿)》和《全日制义务教育科学(1～6 年级)课程标准(修订稿)》，随后，《科学》课从小学一年级开始开设；2017 年教育部颁布了《义务教育小学科学课程标准》。

小学科学课程教材的选用。2001 年前，小学科学课程选用的教材是由人民教育出版社统一出版的小学《自然》。之后，随着科学教育国际化趋势和普及，我国对小学科学课程教材采用“一纲多本”的形式。小学科学教材版本有苏教版、人教版和教科版等多个版本，小学科学课程教材的选择呈现百花齐放争春来的喜人景象，科学教育迎来大发展的新时代。

拓展阅读

STS 的定义

Bybee (1987)与 Fensham (1988) 分别将 STS 定义为以技术和社会作为科学学习知识、技能的背景(context)为重点的科学课程。Yager 等(1992)则将 STS 定义得更为广泛，认为 STS 为一种科学教育改革的取向(Approach)、运动(Movement)或理念。其范围将不止于课程的范围，将对包括科学教育目标、课程、评价、教学与师资培育等多方面全方位的重新思考与建构。

(资料来源：[EB/OL]百度百科)

1.2.2 科学阐释课程与教学问题

科学课程与教学的问题，包括科学课教学内容安排、探究性主题的确定，如何处理科学知识性内容与综合能力培养内容的关系，教学策略的制定与教学模式、教学方法的选择与教学评价，等等。其中，研究教与学的核心内容就是课程、教材、教法，即课程标准的制定、教材的编写和教学活动中教学方法的运用。课程分为教学内容和教学进程；教学内容中又包含学科内容、教材和课程标准；小学科学课程是以培养科学素养为宗旨的科学启蒙课程，小学科学学习倡导自主探究合作式学习。

《义务教育小学科学课程标准》的“实施建议”指出，在指导学生开展探究式学习时，一是应重视探究活动的各个要素。弄清楚小学科学探究与工程实践的区别，科学安排小学科学课程教学内容。二是应做好有关探究问题的设计。区分探究活动中的问题，给予“非良构”问题一席之地。“非良构”问题是指那些探究路径和方法不清晰的、较烧脑的、答案最好是未知的问题。这些问题的解决对儿童探究能力的提升贡献更大；把握好探究式学习中教师的角色。从学生原生态的发现，到严谨的对比试验设计，学生科学探究能力的进阶都离不开教师的指导。变化的是指导的方式，是“扶”与“放”的拿捏尺度。三是应突出学生的主体地位。学生是学习的主体，学习是学生自己的事，他人无法替代。这就要求在教学中必须重视对学生已有知识经验的了解，矫正错误概念，特别是对迷思概念(Misconceptions)的矫正。

小学科学课程的学习，不仅能培养学生的科学素质，提高学生用科学的方法分析问题、解决问题的能力，而且对语文、数学、外语等其他学科的学习也有帮助。良好的科学学习基础是使其他课程均衡全面发展的关键一步。培养学生的终身学习意识，培养创新精神，发展科学探究能力；提升培养学生综合运用科学知识、技能和科学方法解决实际问题的能力；增强学生对科学探究的兴趣，丰富他们的科学情感；培养学生的科学价值观、社会责任感和爱护环境意识，是新时代的最高要求。以学生为主体的教学理念促使教师必须由知识的传授者变为学习的促进者，并尽快适应对小学科学教师专业的新要求。

拓展阅读

迷思概念

迷思概念是指和现在学习中的学科概念不同的概念。教学中把头脑中已存在的与科学概念不一致的认识叫作“迷思概念”。“迷思”一词起源于希腊语 μθο(mythos)，是英语 Myth 的音译，又意译为神话、幻想、故事、虚构的人或事，指通过口口相传流传于世的传说和故事，泛指人类无法以科学方法验证的领域或现象，强调其非科学、属幻想的，无法结合现实的主观价值。迷思的存在主要强调其批判现实的主观价值。对于儿童来说，学习的最佳方法是在建构于原有基础知识的环境中学习；如果教学没有包含学生的已有知识，那么学生学到的知识仅够其通过考试，而在课堂之外，持有的依然是迷思概念。

(资料来源：[EB/OL]百度百科)

1.3 科学教学论的学科体系

科学教学论的学科体系由科学教育、科学教学和科学教研三部分组成。具体包括科学教育目标、科学教学内容、科学教学活动、科学教学评价和科学教学研究等内容。

1.3.1 科学教育目标

科学教育目标由科学教学目的和科学教学目标层次组成。

1. 科学教学目的

让科学教育满足社会和学生双方的需要，是21世纪我国科学教育价值取向的重要特点，反映出科学教育价值取向力图平衡社会与个人之间的关系，提高全民族科学文化素质的特性。

科学课程以探究为基础，强调整体性。通过对科学的学习，可以促进儿童身心健康发展，帮助儿童正确认识周围世界，使儿童更好地适应学习和生活的需要，为提高全民族的科学素质打下良好的基础。通过对知识的学习，可使孩子们初步掌握以观察为基础的科学探究的普遍方法和技能，以及在探究过程中形成的科学素养、科学知识和统一的科学概念，并由此培养追求真理、热爱大自然的情感，养成尊重事实、寻根问底、勇于创新的品质。

2. 科学教学目标层次

例如，我国《义务教育小学科学课程标准》有清晰的目标，按照不同的目标层次依次展开。小学科学课标中课程目标有：总目标；分目标，包括科学知识目标，科学探究目标，科学态度目标，科学、技术、社会与环境目标四个部分；四个分目标下还有学段目标。这三个层次的目标共同组成了小学科学课程目标体系。

1.3.2 科学教学内容

1. 我国小学科学课程内容简介

我国小学科学的课程性质规定，小学科学课程是一门以培养学生科学素养为宗旨的义务教育阶段的基础性课程；是一门具有活动性和实践性的实践性课程；是一门具有综合性的综合性课程；是一门与其他学科有密切联系的交叉课程。

以《义务教育小学科学课程标准》为例，小学科学课程内容包括物质科学领域、生命科学领域、地球与宇宙科学领域、技术与工程领域四部分内容。

1) 物质科学领域

人们生活在物质世界中，每时每刻都在接触各种各样的物质。感受自然界和人类生活中所发生的、丰富多彩的物质的运动和变化。物质世界中的各种现象和过程，都有着内在的规律性。物质科学就是研究物质及其运动和变化规律的基础自然科学。该领域内容的学习将有助于增强学生探究物质世界奥秘的好奇心，形成“世界是物质的，物质是运动的”观点。使学生感受到物质科学对促进社会进步、提高人类生活质量的重要作用，帮助学生初步养成乐于观察、注重事实、勇于探索的科学品质。

2) 生命科学领域

生命世界包含动物和植物等多种生物类群，生物的生存都需要一定的条件，如营养物质、适宜的温度、水和空气等，在此基础上，生物个体才能够生长、发育和繁衍后代，从而使这些生物类群得以延续。植物能够制造营养物质，可供自身利用；而动物则不能制造营养物质，只能利用植物等生物制造的营养物质。生物之间，以及生物与环境之间相互依赖和相互影响，它们组成了一个有机的整体。该领域内容的学习，将有助于激发学生了解和认识自然界的兴趣，帮助学生初步形成生物体的结构与功能、局部与整体、多样性与共同性相统一的观点，产生热爱大自然、爱护生物的情感。

3) 地球与宇宙科学领域

地球是目前人们认识到的宇宙中唯一适合人类生存的星球。地球与宇宙中的有关现象、事物和规律，具有时间和空间的复杂性，需要对它们运用实地观察、长期观测、建构模型、模拟实验、逻辑推理等方法进行研究。该领域内容的学习，将有助于激发学生对地球和宇宙的探究热情，发展空间想象、模型思维、逻辑推理等能力，初步建立科学的宇宙观和自然观，以及人地协调的可持续发展观。

4) 技术与工程领域

人类因观察自然、研究各种自然现象产生和变化的原因而产生科学，科学的核心是发现；对科学加以巧妙运用以适应环境、改善生活而产生技术，技术的核心是发明；人类为满足自己的需要，对已有的物质材料和生活环境加以系统性地开发、生产、加工、建造等，这便是工程，工程的核心是建造。运用科学、技术和工程，人类创造了丰富多彩的人工世界。该领域的学习，可以使学生有机会综合所学的各方面知识，体验科学技术对个人生活和社会发展的影响。技术与工程实践活动可以使学生体会到“做”的成功和乐趣，并养成通过“动手做”解决问题的习惯。

推荐阅读

(1) [EB/OL 百度]怪兽科学 STEM。

(2) 刘海洋. 为什么一名 STEM-PBL 课程设计师一定要学会资源整合? [EB/OL]PBL 智库，2020.

2. 科学教学内容构成及编排

教学内容设计是指为了实现预期的教学目标，运用系统设计的观点，遵循教学过程的基本规律，对教学活动进行系统规划的过程。具体包括分析学习者需求、确定教学目标、设计解决方法、反馈调整方案四个具体过程。对教学对象、教学内容、教学目标、教学策略、教学媒体、教学评价等基本要素进行优化设计。

教学内容设计的基本理念包括：面向全体、全面发展；提高学生的身体素质、心理素质、道德素质、文化素质、审美素质、劳动素质和交往素质；承认差异、因材施教、发展个性；通过有效的教学，使不同程度的学生都能在各自原有的基础上得到提高和发展，同时潜能得到发挥，个性得到发展；重点培养学生的创新精神和实践能力。在教学上要着力为学生营造一种生动活泼、思维活跃、平等和谐、积极参与和探索的教学氛围以及教学情境。

培养学生学会学习、学会生活、学会做人、学会生存。

(1) 学会学习。主要是要掌握学习方法和学习策略，为终身教育打好基础。

(2) 学会生活。主要是培养学生独立生活的能力、动手操作能力、交往能力和健康生活的能力，为适应现代社会生活打好基础。

(3) 学会做人。重点培养学生崇高的思想道德和爱国情操，做一个遵纪守法、文明有礼的现代合格公民。

(4) 学会生存。重点培养学生适应环境、改造环境的能力。

3. 教学内容设计的基本原理

1) 目标导向原理

在教学设计中，教学目标起着导向的作用。教学目标的导向作用主要有三种：①目标的指向作用。使师生把注意力集中到与目标有关的问题上。②目标的激励作用。能启发、引导学生的学习动机、兴趣与意向。③目标的标准作用。一是目标成为检查教学效果的尺度，二是反过来使教学效果成为评价教学目标的合理性、适切性的依据，以便调整目标。

2) 教学结构的整体优化原理

在教学过程中各要素都处于不断变化之中，因此，必须从动态的、综合的角度加以考察，每一个要素都会产生一定的力，但导致最后教学效果的力并不是各要素的力的简单相加，而是各要素关系之间构成的“合力”。这是教学设计必须遵循的一条重要原则。善于利用一切积极因素，克服不利因素，争取最大合力，这是教学设计的主要任务。

3) 教学活动的系统有序原理

教学活动的系统有序是指教学要结合学科内容的逻辑结构和学生身心发展情况，有次序、有步骤地进行，以利于教学目标的达成。教学有序不但包括知识教学要按照学科知识的逻辑顺序，而且包括能力、情感教学也要有一定的顺序和层次。教学有序不仅表现在教师教的活动上，而且也要体现在学生本身的学习上。不仅要贯穿于课堂教学中，而且也要贯穿于其他教学活动中，即贯穿于整个教学过程。

4) 反馈控制原理

为使教学过程有序进行，实现预期目标，必须对教学过程进行有效控制，及时纠正出现的偏差，采取补救的措施。教学设计中对教学过程的控制方法主要通过师生之间的信息反馈(前置反馈、即时反馈、延时反馈)进行。

(1) 学习者分析要点。①分析学生的知识、技能基础水平，为确定教学重点、难点、选择教学方法提供依据；②分析学生认知心理特点及认知发展水平，包括情感、动机、兴趣和意志等心理因素，以及学习能力和智力发展的水平，为制定教学目标提供依据；③分析社会背景，包括学生的生活经历以及社会、家庭的影响对教学可能产生的正负面效应，以便在教学过程中采取补救措施。

(2) 教学内容分析要点。①分析教学内容的特点，以及该部分内容在整体内容中的地位和作用；②分析本节教学内容的范围与深度、重点与难点，以适应多层次学生的需求；

③分析蕴含于知识中的智力因素和情感因素，以利于学生对知识、技能的掌握和智力的开发。

(3) 教学目标的制定。教学目标主要描述的是学生通过教学，预期产生的思想、情感和行为的变化。新教学目标的制定要依据教学大纲的要求，要接近学生的“最近发展区”。具体包括知识与技能，过程与方法，科学态度与价值观，科学、技术、社会与环境四个方面(四维目标)。

(4) 运用低起点、密台阶、多训练、勤反馈、早补救、常激励等教学策略。教学策略的设计具体包括：①新知导入起点要低。②学习新知前要进行旧知识的复习；复习的内容一定是和新知密切相联系的知识，进而铺设学生学习的各种台阶，注重教学的反馈与激励。③体现以训练为主线的教学理念，通过学生对新知的反复训练，加深对新知的理解与巩固。注重学习方法、分析问题、解决问题能力的提升。特别应注意的是训练的广度、梯度和深度。

(5) 在教学设计中应注意的问题。①要根据教学目标选择教学内容 (教学内容不等于教材内容)；②教学内容的容量、深度和广度要恰当；③教学内容的重点要明确，要把学生的注意力集中到主要内容上；④教学内容的难点也要明确，并要设计好解决、检查难点的方法。

1.3.3 科学教学活动

科学教学活动包括科学教学的原则和方法、科学教学的组织与实施、科学教学媒体的运用、科学课外探究活动、科学教学艺术和科学学习等。我国小学科学教学倡导：动手动脑学科学；积极开展探究式学习；在教学活动中要突出学生的主体地位。

1. 以教育实践为基础，开展小学科学教学

小学科学教学改革与探索的实践，既反映了《义务教育小学科学课程标准》的要求，也是孕育科学课程教学方法的沃土。教师可结合该课程各章节内容，安排学生深入一些实践场所，调查问题。例如，各年龄段儿童的科学教育目标；各年龄段在不同季节的科学活动内容等。在认真、深入调查的基础上，可要求学生将调查情况用书面、表格的形式分组整理，通过座谈等方式进行交流，努力使他们积累比较丰富、生动的小学科学教育活动的第一手资料，获得一些初步的感性认识，为下一步学习制定小学科学教育目标，选择科学活动模式、内容和方法等理论打下基础。

教育理念和理论的提出应结合小学科学教学实践。任何一种教育理念和理论都产生于社会发展和教育改革的实践之中，同时又推动、指导着教师的教育教学实践。

教师在介绍教育理念和理论时，若能注重与实践的联系，将使学生更容易理解教育理念和理论产生的根源，以及怎样做才符合其要求。强调让学生亲历探索自然奥秘的过程，让学生像真正的研究者那样去思考问题。猜想、尝试、记录、发现、讨论，改变了学生的学习观念、学习方式、教育观念和教育方式，使学生在学习过程中，掌握认识事物的方法，获得初步的科学探究能力。通过教师介绍实例，引导学生观看“做中学”教育活动实录片段，从而使学生对迷思概念能有一个比较深入、正确的理解。

2. 教学方法的运用应联系小学科学教学实践

教学有法，教无定法，贵在得法。小学科学教学活动的教学方法和形式倡导探究式学习和合作学习，教学方法的运用，必须依据以下几点：一是教育理念；二是学科具体内容的特点；三是教育对象的认知特点；四是环境与条件。另外，当学生学习科学内容后，教师可就同一教学内容，虚拟不同对象群特点、不同环境条件，引导学生分析、讨论，选择相应的教学策略和教学组织形式，进行模拟练习，以增强学生的实践能力。

3. 指导学生观看小学科学教学多媒体课件，提高学生的科学探究能力

小学科学教学活动的示范性实例，以直观形象的形式将教学方法、教育规律和教育观念呈现出来。借助于这种多媒体技术，不但能有效地帮助学生联系实际学习，还能提高学生分析、归纳问题的能力。引导学生尝试总结“操作法”的“三先三后”原则，学生动手操作在先，教师操作验证在后；学生观察表达在先，教师归纳小结在后；学生发现问题、提出问题在先，教师引导质疑问题在后，培养学生分析问题、归纳总结的能力。

1.3.4 科学教学评价

科学教学评价由科学教学测量和科学教学评估组成。我国小学科学的学习评价提倡过程性评价。评价的重点是课程目标的达成度，即学生所达到的科学素养水平。具体包括对科学概念的理解、科学探究能力的表现和科学态度的形成，学生的好奇心、求知欲，对环境和自然的责任感等方面。

1. 构建小学科学课堂教学评价体系的原则

1) 以学生科学素养的培养为前提

在小学科学教学过程中，对小学生科学素养的发展进行检验是小学科学课堂教学评价体系制定的最基础目标。随着儿童年龄的不断成长，以及学生接受教育的不同阶段，科学素养会不断发展和变化。因此，在制定小学生科学素养发展的标准和规定的过程中一定要将学生的年龄限制以及科学素养的内容结合起来。

2) 以教师提高教学水平为基础

课程内容、教学模式、教学环境及教师和学生，是作为对象被小学科学课堂教学进行评价的。在这些评价主体当中，最重要的是评价学生学习效率的提高以及对教师教学质量的提高程度。现阶段小学科学课堂教学在保证基础的教学资源和确定教学目标的基础上，更重要的是对科学教师进行充分的培养，因为他们是实施科学教学的主导。因此，促进作用在小学教师科学观和科学授课水平方面的体现是小学科学课堂教学评价体系的重要内容。

3) 以促进科学课程的发展为目标

儿童接受科学教育的过程是科学启蒙的重要阶段，小学科学教学课堂的有效应用能够对儿童起到良好的科学启蒙作用。要重视小学科学课堂教学评价体系的重要作用，以该体系来促进科学课堂教学的不断进步和完善。小学科学课堂教学评价体系能够及时帮助科学教育工作者发现工作中存在的问题，并不断将科学课堂教学进行完善，改变教学模式和教

学方法，促进新的机制在科学课程当中的形成。

2. 小学科学课堂教学评价体系的制定

新课程标准中对于小学科学课堂教学评价体系的构建有明确的规定，包括教师课堂教学评价和学生学业成就评价两方面内容。

1) 小学科学教师课堂教学评价标准的制定

只有在不断研究的基础之上，才能够促进评价体系更加科学合理地制定，同时要将多个评价标准作为构建一个科学评价体系的标准。因此，在进行小学科学教师课堂教学评价标准制定的过程中，首先，要建立统一的评价标准和多元化的评价主体。家长、学生、教师等都应该成为小学科学教师课堂教学的评价主体，并且应该将统一的标准运用于对每一个群体进行评价。学生现阶段的科学素养水平和认知水平是科学教师课堂教学的首要目标，提高学生的科学素养水平是科学教学的重要目的。因此，评价教师的课堂教学，对于学生科学素养的提高是非常重要的。

2) 学生学业成就评价标准的制定

对于学生现阶段科学素养的提高现状进行考察是学生学业成就评价系统的主要内容，同时还要将学生当前的学习水平和科学学习的进步情况进行充分考察，考察的内容可以包括学生对于科学的态度、学习科学的方法及心理因素等多方面。评价为了提高学生的科学素养而进行的教学计划和方法是教师课堂教学评价体系的重要内容，其中教师自身的知识与方法、过程和手段，以及价值观等教学目标是促进学生科学素养提高的重要内容和手段。

总之，小学科学课堂教学评价体系的建立，要对不同学龄段的学生进行区别，要能够建立不同的考察标准。在新课程改革不断深入的条件下，我国的小学科学课堂教学评价体系正在不断地进步和完善，对促进我国小学生的科学启蒙、全面发展和小学科学教学质量的提高具有重要意义。

1.3.5 科学教学研究

科学教学研究包括科学实验教学研究和科学教育教学研究。

小学科学教育是以培养学生科学素养为宗旨，积极倡导以学生亲身经历以及探究为主的学习活动，以培养学生的好奇心和求知欲，加深他们对科学本质的理解，使他们学会探究解决问题的策略。它将过去传统的、静态的、封闭的课堂变成了现代的、动态的、开放的课堂教学模式，使科学课堂更形象生动，更富感染力，更能激发学生的学习兴趣和求知欲。让学生在有限的教学时间内，轻松地学到更多的科学知识。

1. 科学实验教学研究

培养科学探究能力对提高公民的科学素养，培育创新创业人才尤为重要。现阶段在我国中小学开展科学教学探究性学习，是提高中小学生科学素养和科学启蒙教育最有效的途径。

教学案例

小学科学教学 实习生在行动

在阅读大量文献和相关理论的基础上，我在教育实习期间，针对现行小学科学教学中的一些问题，在福州市教育学院第一附属小学四年级展开以“热在固体中的传递”为教学案例的“提高小学生科学探究能力”的行动研究。旨在实现提高小学生科学探究能力的落实与深化。具体工作如下所述。

首先，通过比较研究国内外相关文献，了解我国小学生科学教育以及小学生科学探究能力培养方面的实际情况和存在的问题。

其次，分析皮亚杰认知理论和建构主义学习理论以及目前我国小学科学教育的实际情况，提出小组合作探究性学习的教学策略。

再次，通过行动研究，采用统计分析和比较研究，测试了实验班和对照班学生经过小组合作探究学习后，与本课题有关的“观察能力”“实验设计能力”“实验操作能力”“质疑能力”和“知识应用与合作交流能力”等方面是否改善，以此说明小组合作探究式学习的有效性和可行性。同时，在行动研究过程中，还对小组合作学习的组合方式、小组管理、课堂管理、学习评价和自制科学模型活动等方面提出建议措施，并辅以 A、B 样本证之。

最后，综合以上理论研究、调查研究、实验研究，证明了本文提出的有关教学、活动、评价三方面的策略，对提高小学生科学探究能力具有其理论和现实意义。

(资料来源：[EB/OL]小学科学教学网)

2. 科学教育教学研究

在《义务教育小学科学课程标准》的“实施建议”中，包括教学建议、评价建议、教材编写建议和课程资源开发与利用建议，这对小学科学课程教学的实施具有较强的指导意义。但在小学科学教育的教学研究上是空白的，这就要求我们在这一领域下一番功夫，在小学科学教育教学的实践中不断积累经验，丰富理论研究成果。

1) 对小学科学课程的重视程度不足

受应试教育的影响，学校和教师对于小学科学这门基础性课程大都采取可有可无的策略。学校和教师更愿意把有限的时间放到能够提高成绩的课程上，从而导致小学科学的学习时间无法得到保证，小学科学课程学习的内容更是无从谈起。当前的现状是重理论学习轻实践教育，这就使小学科学这门课程的教学实施举步维艰。

2) 挖掘培养学生学习的主动性

在小学阶段，儿童的性格天真活泼，缺乏组织纪律观念，其性格的塑造还有待完成，对于科学兴趣还处于懵懂无知的状态。这个阶段的儿童对于科学兴趣的选择更多是凭个人的喜好。他们对于某一学科的兴趣，往往在于被该学科的一些形象直观的好玩感觉吸引，在学习过程中体验到的快乐也会对其兴趣的产生具有一定的影响。兴趣是最好的老师，学生只有对该学科有兴趣，才会认真地去学习知识，也才会对知识中的复杂因果关系、缜密的逻辑推理产生情感。

小学阶段科学教育的目的不在于传授给学生多少知识，也不是要培养学生具备多优秀的思维能力和逻辑推理能力，而在于培养学生对于科学的兴趣。教师除了引导学生发挥学习的主动性之外，要充分激发学生学习科学的兴趣，让学生有效参与到科学奥秘的探索中来，培养科学素养和科学启蒙，为终身学习和成为合格公民奠定基础。

3) 加强小学科学教师队伍建设，提高小学科学教师水平

小学科学师资力量的水平决定了小学科学课程能否有效实施和贯彻。在实践教学中，有些教师对于小学科学这门课程的教育理念还停留在表面阶段，没有进入到实践的阶段，更不是用先进教育理念来对教学行为进行指导的。教师对于小学科学教育的目的和意义、教育培养的对象还没有全面的认识，只是觉得教学是向上级主管部门、家长完成任务，把学生在学习过程中的体验和感受都抛诸脑后。还有一些教师对于教育理念是有明确认识的，知道要将教育的主体放在学生身上，认识到教育方法应该多样化、教育内容应该丰富，但是缺乏相应的知识和办法，于是在涉及如何实施小学科学课程教学的过程中变得束手无策，达不到小学科学教学的目标要求。

4) 增加小学科学教师的教学研讨，做到有的放矢

首先，教师在多年的教学实践中，都会形成一套自己的教学模式，因此新出现的教学方法和教学工具基本上很难引起教师的重视。在实际的教学过程中，教师在选用教学方法进行教学时一般很少会考虑该方法是否有利于实现教学目标。然而，教学方法的不同会让学生对科学的感知产生变化。

其次，教师缺乏创新意识，也往往会使小学科学的课堂教学呈现刻板化和传统化的特点。没有新颖的方式方法来吸引学生的注意力，调动学生学习小学科学的积极性和兴趣，就不能保证教学目标的顺利实现。

3. 改进小学科学教学的对策

1) 强化教师和学校对于小学科学课的重视

小学科学课堂教学，教师应根据学习的内容，设置相应的情境，进行有效教学。引导学生有计划、有目的地学习，以此提高学生的学习效能，进而提高学生的科学素养水平。

小学科学课程包含多种科学知识，涉及物理、化学、生物、地理和工程技术领域，小学科学的学习就是为了让学生在现有的知识水平上实现科学的再探索。学习小学科学的重要意义在于，学校和教师应该更加重视，要加大对小学科学师资力量的培养、提供足够的课堂时间、配备完善的教学用具等。

2) 积极发挥学生学习的主观能动性

教师在引导学生探索科学知识的过程中，不能以科学家的标准来衡量学生的探索结果，也不能以科学家的眼光去评价学生的探索方法和手段，而应关注的是，学生在探索知识的过程中所呈现出的态度和感受，用激励的方法让学生积极投入到科学探索的过程中，切身感受科学探索带来的快乐，并以此来调动学生学习科学的积极性。

只有学生亲身参与到探索科学奥秘的实践中，教师才能对学生的学习活动进行管理，才能认识到学生的学习现状与目标之间的差距，从而调整教学计划，用修正后的教学方法来促进教育目标的达成。

3) 提高小学科学教师的教学水平

小学科学课程作为基础性课程，由于课程自身的特性，教学知识内容涵盖范围较广，这就需要教师只有具备丰富的学科知识，涉猎广博的科学知识内容，才能高质量地上好小学科学这门课。因此提高教师的教学水平是小学科学教育课程顺利开展的根本保障。

4) 鼓励教师采用丰富、新颖的教学方法

在小学科学课堂教学中，教师需要考虑教学对象和学科的特性来对现有的教学方法进

行调整，可以是单一调整，也可以是教学方法的组合调整。教育创新既是一种新的教育思想，也是一项需要付诸实践的教育行为。

一是教师可以对教学素材进行适应性的调整，以吸引学生学习小学科学的兴趣。比如根据学习者的兴趣爱好以及教学硬件设施的情况，运用自身的经验和知识储备，对教材内容进行合理化的删减或调整。二是可以拓宽教学素材的来源和途径。小学科学课程本身具有开放性，教师选择的内容可以来源于日常生活，也可以从学校、田野、家庭、社区等多方面丰富教材内容。三是优化组合小学科学课程的教学方法，比如教学方法组合要体现教学目标的互补性，还要注意主次得当。

对于科学教育教学研究，虽取得了一定的研究成果，但对于原创性和具有前瞻性的教育教学研究还极为欠缺，科学教育教学研究本身是一个庞大复杂的系统工程，在实践过程中会有很多问题出现，这就需要一线教师和科学教育研究人员在科学教学实践中一一发现解决。只有在实践中对小学科学课程的教学不断进行反思和调整，运用创新性的教育方法和手段，提高学生探索科学奥秘的兴趣，才能实现学生的全面发展，使小学科学课堂活起来，学生乐起来，迎接新时代科学教育的春天。

推荐阅读

刘德华. 小学科学课程与教学[M]. 北京：中国人民大学出版社，2009.

本章小结

本章介绍了科学教学论的学科性质、研究对象和学科体系，给出了科学教学论的定义和特性描述；论述了学习科学教学论的意义；分析了教学内容设计的基本原理；简要介绍了《义务教育小学科学课程标准》课程目标体系、教学内容；分析了组织小学科学教学活动的原则；介绍了科学教学评价和科学教学研究的基本内容，提出了改进小学科学教学的对策。

练习题

1. 什么是科学教学论的定义和特性？
2. 简述科学教学论的研究对象。
3. 科学教学论的学科体系组成有哪些？
4. 试述学习科学教学论的意义。
5. 简述组织小学科学教学活动的原则。
6. 简述科学教学评价和科学教学研究的基本内容。

第 2 章　科学教育及其发展

本章学习目标

- 了解科学观的变迁，认识科学的本质特征。
- 掌握科学教育、科学素养的内涵。
- 了解我国小学科学课程的产生与发展，熟悉科学教育的发展趋势。

重点难点

科学观的变迁、科学的本质、科学教育的内涵

核心概念

科学、科学观、科学的本质、科学素养、科学教育、科学课程

科学的内涵及本质.mp4

2.1　科学的本质与科学教育

科学是……

当听到“科学”这个词的时候，你想到了什么？钱学森、爱因斯坦、爱迪生、瓦特……那么，科学是不是只和科学家们有关呢？你是否也有过下面的经历？你为什么想做这些事情？

“好奇心”总是让我们去探究许多事物，想知道为什么会是这样、那样的，我们的这些经历其实和科学家的工作十分相似。

通过“纸鹦鹉‘站’起来”这个有趣的活动，你发现了什么？你能提出什么问题？

在 1824 年，英国医生罗杰特(Peter Mark Roget)也进行过类似的活动，可他不是玩玩就算了，而是对这一现象作出了自己的解释，他发表了论文《关于移动物体的视觉暂留现象》(Persistence of Vision with Regard to Moving Objects)，发现人眼具有“暂时记忆能力”，也就是人眼存在视觉暂留现象，动画由此发明。

人眼在观察景物时，光信号传入大脑神经，需经过一段短暂的时间，光的作用结束后，视觉形象并不会立即消失，这种残留的视觉称“后像”，视觉的这一现象则被称为“视觉暂留”。后来，这一解释被人们普遍接受——电影，就是根据他解释的原理制作的。19 世纪，一些科学家依据视觉暂留原理制成幻盘、诡盘和走马盘。幻盘的形状是将一张硬纸板做成圆盘，一面画着鸟笼，一面画着鸟，当圆盘转动时，小鸟便与鸟笼结合在一起，造成小鸟进笼的感觉。

这个过程就是：提出问题—作出猜测—寻找证据—得出结论。

通过前面的学习，你能告诉我科学究竟是什么吗？科学就是提出问题并想办法寻求问题答案的过程。

(资料来源：[EB/OL]七彩学科网)

【课后作业】

希望同学们利用课余时间来收集你喜欢的科学家的故事，向大家介绍他有什么研究成果，他是如何开展科学研究的。

2.1.1 什么是科学、科学的本质

1. “科学”一词的产生

“科学”(Science)一词，源于拉丁语“Scio”，即“知”“知识”的意思。“Scio”逐渐演变为“Science”，这个演变过程记录了人类对科学的认识和理解。在古代，科学并没有成为独立的活动，而是与日常生产、生活融为一体。直到1687年，牛顿奠定经典力学基础的名著《自然哲学的数学原理》(The Mathematical Principles of Natural Philosophy，简称Principia)问世。可见，最初科学还寄生于自然和哲学之中。后来，随着科学的发展，“Science”一词才从自然和哲学中分离出来，逐步得到公认。

我国古代的科学技术在世界科技发展史上占有重要的地位，纵观整个发展历程，16世纪以前的中国科学技术一直处于世界领先地位。但“科学”一词在我国的出现却较晚。1896年，梁启超(1873—1929)在《变法通议》一文中首次使用了“科学”一词。在此之前，我国古籍中的“格致”一词相当于西方的“Science”一词。“致知在格物，物格而后知至”。所谓格致，就是穷究事物的道理而求得知识。进入20世纪，在胡适、陈独秀等人发起的新文化运动中，“科学”一词在我国获得了广泛的传播。

2. 科学观的变迁

今天，“科学”一词已成为使用频率极高的词汇。那么，到底科学是什么呢？科学的本质是什么？对这些问题，人们至今并没有达成一致的理解。《中国大百科全书·哲学卷》(1987)把科学定义为：以范畴、定理、定律形式反映现实世界多种现象的本质和运动规律的知识体系。《辞海》(1989)把科学定义为：关于自然、社会和思维的知识体系。可以看出，以上两部文献均把科学视为一种“知识体系”。也有人认为，知识体系只是科学的产物，而不是科学本身。他们将科学视为探究知识的活动。还有研究者综合了以上观点，认为科学不仅包含知识体系，而且还包含知识产生的过程。那么，科学到底是什么呢？我们也许可以从人们的科学观的变迁中得到启示。

1) 朴素的古代科学观

在古代，自然科学知识融合在哲学之中，并未分化出来，并且处于萌芽状态。自人类出现后，从日常生产、生活中石器的选择与打制、采集狩猎到火的使用以及制陶和原始的冶金技术等，都蕴含着一定的科学知识，也孕育着朴素的科学思想。原始社会时期，人们

的自然观和科学观往往是通过神话传说的形式留下来的。

公元前六、七世纪，古希腊哲学家就把科学视为“个人摒除他对现实生活的关怀，采用超然冥想的沉思态度，试图穿透变幻的表象世界，认识外在世界而获得永恒不变的真理的知识”。柏拉图曾把宇宙描绘成一种“数学—几何”结构，并用数目最少的元素说明自然现象的多样性和丰富性，以此作为构成科学理论的理想目标。毕达哥拉斯[Pythagoras，约公元前580—公元前500(490)]认为，世间的一切都是数，万物皆处于数的秩序与和谐之中，并且数是依靠纯理性的沉思而获得的。

在古代，人们虽然没有形成明确的科学观，但在各种日常生活或生产技术中却孕育或蕴含着人们对科学或自然的朴素的看法。另外，在古代，关于科学的思想还包含在哲学家关于真理的超现实的自由探索过程中。古代那种朴素的、纯理性的对自然的看法对后来科学的发展产生了重要的影响。

2) 常识性科学观

长期以来，人们一直把科学视为一种系统的知识体系。直到今天，这种观点仍然有一定的市场。该观点将科学理论体系，即科学研究的结果视为科学，具有一定的合理性。因为已有的科学理论的确是一种系统的知识体系。但这种科学观也存在明显的不足，即它将科学视为一种静态的知识体系，没有体现出科学探究过程的动态性，没有全面体现科学的本质。另外，这种科学观容易给人一种错觉，即凡是系统的知识体系都属于科学知识。这样一来，人们就不能将科学与哲学、宗教等区分开来。

3) 逻辑经验主义科学观

较为系统而明确的科学观是伴随着近代实验科学的产生和发展而逐步确立起来的。自近代以来，科学家们越来越注重通过实验来验证命题或科学定理的真理性。在他们看来，只有可给予经验实证或分析的命题才是真实的和有意义的。逻辑经验主义科学观将“可证实性”作为科学的本质特征。而像哲学、宗教等知识以及像“善是道德的最高理念”“宇宙是无穷的”等这样的命题，都是无法给予经验证实的，因而都是无意义的形而上学，不属于科学知识。逻辑经验主义科学观将一切知识还原为可观察的经验，因而凡是不能被经验证实的知识都是无意义的。在逻辑经验主义看来，科学知识是通过中立的观察、实验，并经过逻辑推导而获得的。它排除了主观因素的影响，因此获得的科学知识与自然的本来面目是一致的，是客观真实的。正因如此，逻辑经验主义科学观提倡一切知识都应该像自然科学知识那样受到经验的证实，并建立了“观察—归纳—证实”的实证机制。

逻辑经验主义科学观排斥一切形而上学的问题或命题，对我们更好地认识科学与形而上学之间的关系有一定的帮助。另外，逻辑经验主义科学观所倡导的澄清问题和意义的逻辑分析方法也成为一种重要的哲学批判方法。但是，逻辑经验主义科学观也存在严重的矛盾或问题。逻辑经验主义科学观遇到的更大的麻烦是，任何具有普遍性规则的理论原则上都可以演绎出无限多个经验事实，不可能对这一切经验事实都进行检验。这意味着将来可能存在着与理论预测相反的经验事实。

4) 批判理性主义科学观

随着人们对逻辑经验主义科学观的批判，其在20世纪50年代逐渐走向衰落，而批判理性主义(Critical rationalism)科学观逐渐成为主流。批判理性主义科学观又被后来的研究者称为证伪主义(Falsificationism)科学观，其主要代表人物是卡尔·波普尔(Karl Raimund Popper，

1902—1994)。

与逻辑经验主义科学观不同，波普尔认为科学是一种“可证伪”的知识系统，应当把理论系统的可反驳性或可证伪性作为是否为科学的分界线。他认为，科学理论都只是暂时的、尚未被证伪的假设，并提出了“问题—猜想—反驳”的观点。历史上许多学说曾被认为是真理，但随着科学实践的发展，那些所谓的“真理”都被一一推翻或否定。波普尔还认为，从逻辑学上看，要证实一个全称命题(universal statement)是很难的，但要证伪它却是很容易的。例如，我们要证实“凡天鹅皆是白色的”是很困难的，也是不可能做到的，因为我们永远不能去验证每一只天鹅(包括历史上的、现在的和未来的)是不是白色的。但是，我们要反驳“凡天鹅皆是白色的”这个命题却易如反掌，只要找出一只天鹅不是白色的就可以了。与逻辑经验主义科学观相比，波普尔坚决否认将是否“有意义”作为科学与伪科学的分界线，而是将“可证伪”作为科学与非科学的区别。

通过上述分析可以看出，以上几种科学观均将科学视为一种结果，即科学理论，忽视了科学研究的过程以及社会文化因素对科学研究的影响。这就注定了它们被颠覆的命运。

5) 历史主义科学观

历史主义科学观产生于20世纪50年代末，60年代后逐渐开始流行。它的产生被认为是科学哲学发展史上的一场“革命”，在许多问题上，它都与逻辑经验主义科学观背道而驰。其代表人物主要有库恩(Thomas Sammual Kuhn，1922—1996)、图尔明(Stephen Edelston Tounmin)、费耶阿本德(Paul Feyerabend，1924—1994)、汉森(Norwood Russell Hanson，1924—1967)等。

历史主义科学观认为，科学是一种不断发展变化的探究活动，而科学理论只是这种探究活动的结果；它还将科学视为一种特殊的社会文化现象，并且与其他社会文化现象之间存在着密切的联系。历史主义科学观代表人物分别提出了一系列科学发展的动态模型。例如，库恩在《科学革命的结构》一书中提出了“前科学时期→常规科学时期→反常和危机→科学革命→新的常规科学时期……”的科学发展的动态模型。每一个阶段都有其独特的结构，而体现这种结构的实体就是“范式”。

库恩在《科学革命的结构》一书中指出：“所谓的范式通常是指那些公认的科学成就，它们在一段时间里为实践共同体提供典型的问题和解答。”当一门科学出现统一的范式之后，它就进入了常规科学时期，在这一时期，科学家们的工作主要在“专注于在一种范式支配下把知识的前沿向回推，利用范式说明和预测数据”。在库恩看来，范式之间的转换不是一个累积的逐渐转化的过程，而是一个在新的基础上重建该研究领域的基本理论和研究方法的过程，不同范式之间是“不可通约”(incommensurability)的。这样一来，新、旧范式或理论之间也就没有共同的语言、方法、问题范围和解答标准，彼此之间也就不存在真理与谬误之分。不同范式之间的好或不好的判断是通过心理学或社会学的标准衡量的，不存在评判的客观标准。

库恩的科学革命理论告诉我们，科学革命并非一个严格的逻辑推导过程或简单的线性过程，而是一个复杂的事件，其中渗透着哲学、价值观念、个人教育背景、不同的理论等非逻辑因素的重要影响。科学作为人类社会的一种探究活动，总会染上主观的色彩，不可能存在所谓严格的客观性、理性和经验证实性。

历史主义科学观不仅从静态的科学研究成果，而且从动态的科学研究活动过程来审视科学；不仅看到科学研究活动内部的认知要素，而且还看到其内部的社会文化要素；不仅从内部的认知性，而且从外部的社会性来审视科学。历史主义科学观自出现之后就开始对现代科学教育理论产生影响。受其影响，学校科学教育从原来只强调科学知识的学习与技能的训练，逐渐转变为全面提高学生的科学素养；从原来只注重已有科学结论的掌握，转变为重视学生对科学探究过程的体验；从原来只强调书本知识的学习，转变为还要关注科学、技术与社会之间的关系以及对社会热点问题的分析和决策能力的培养。

6) 辩证唯物主义科学技术观

辩证唯物主义正确地解决了哲学同科学技术的关系。在辩证唯物主义看来，科学技术为哲学提供了坚实的客观基础，哲学则是科学与技术的概括和总结。

(1) 辩证唯物主义为科学技术提供了理论思维方法，科学技术的成就丰富和发展了辩证唯物主义的理论。

自然科学的进步加深了人们对自然的认识，工业的进步、信息化促进了人们对社会的认识。只有自觉地、科学地总结概括自然知识和社会知识才有哲学的真正发展。自然科学是具有高度精确性的科学，辩证唯物主义十分重视自然科学的成就对哲学的推动作用，认为随着自然科学领域中每一个划时代的发现，唯物主义也必然要改变自己的形式。

科学离不开思维，因而科学也离不开哲学。辩证唯物主义是对人类全部认识史的概括和总结，它的科学性又受到人类全部认识史的检验。它是指导科学技术研究的正确思维方法。

辩证唯物主义为科学技术提供了理论思维方法；又从科学与技术中汲取营养，进一步丰富和发展了辩证唯物主义的理论思维方法。辩证唯物主义和科学与技术是相互依赖和相互促进的。科学与技术研究的是客观世界中某一特殊领域的规律，哲学要揭示的却是统一的客观世界的最一般的规律。

辩证唯物主义是从科学与技术的层面揭示的特殊规律中概括出来的，并从科学与技术的发展中得到不断补充、丰富和发展的关于统一世界共同本质的科学认识。因此，它可以指导科学技术活动，为它们提供正确的理论思维的方法。辩证唯物主义是推动科学与技术发展的普遍有效的认识工具。

(2) 科学发展观。中国共产党第十六届中央委员会第三次全体会议(即党的十六届三中全会)提出科学发展观，指出“发展要以人为本，全面协调可持续”，做到“五个统筹”。科学发展观的第一要义是发展，核心是以人为本，基本要求是全面协调可持续，根本策略是统筹兼顾。科学发展观作为实事求是、主客观相符以及尊重客观规律的发展观具有深刻的辩证唯物主义基础。

科学发展观是对系统策略的具体应用。系统策略就是在承认普遍联系的客观实在性的前提下去研究系统的最优解。要使系统的功能发挥最佳效果，就必须充分考虑系统的组成结构，协调系统内部各要素的关系。科学发展观体现了人、自然、社会之间和谐的系统运转规律，它遵从了三者之间的良性互动。科学发展观突出了从整体上把握发展，做到统筹兼顾，注重全面协调可持续发展。

科学发展观是体现了辩证唯物主义的发展观。科学发展观强调发展应是全面发展和协调发展，从社会系统的各个要素普遍联系相互制约的观点出发，理解和分析我国现阶段社会发展的路线的战略选择。在追求发展的过程中，应首先强调发展生产力，推动经济的快速发展，因为生产力是一切发展的决定性因素，它决定着生产关系的水平，是我们解决社会主义社会主要矛盾即人们日益增长的物质文化需要同落后的社会生产力之间矛盾的关键。科学发展观也注重全面发展，即除了经济发展外，也包括社会的发展，特别是政治文明和精神文明的发展。

科学发展观反映了辩证唯物主义的认识论思想。科学发展观的提出体现了实践决定认识，当代的中国国情赋予了我们全新的工作任务。其贯彻体现了认识反作用于实践，牢固树立和落实科学发展观，对于全面建设小康社会进而实现现代化的宏伟目标具有重大而深远的作用；它的提出彰显了马克思主义最重要的理论品质。坚持一切从实际出发，理论联系实际，实事求是，在实践中检验真理和发展真理，是马克思主义最重要的理论品质。实践永无止境，创新永无止境。

科学发展观是建立在真理与价值相统一基础之上的，它为确立社会主义的价值体系指明了方向，它作为真理性的认识能够引领人们在实践中不断追求真理并创造价值。

科学发展观体现了真理与价值的辩证统一，成功的实践必定是以真理与价值的辩证统一为前提的。它体现了真理尺度与价值尺度的辩证统一，任何成功的实践都必定既遵循真理尺度，又符合价值尺度。遵循真理尺度即“按科学规律办事”，遵循价值尺度即“满足人的需要”。在当前的中国，坚持真理的尺度，就是坚持和发展马克思主义的世界观和策略论，坚持价值尺度，就是坚持以人为本，执政为民，坚持人民利益高于一切。它体现了科学精神与人文精神的辩证统一。贯彻“以人为本”的原则，它从人民群众的利益和发展要求出发，把美好的追求作为认识和实践活动的重要目标。

总之，科学发展观是辩证唯物主义发展观在新时期的新的发展，是中国共产党社会主义建设历史经验的总结，同习近平新时代中国特色社会主义思想一并都是推进中国特色社会主义事业不断进步的指导方针，是新时期的马克思主义。

3. 科学的本质特征

在小学科学教材中，要回答“科学是……”这个问题[①]。教师通过“提出问题—作出猜测—寻找证据—得出结论”，向学生描述“科学就是提出问题并想办法寻求问题答案的过程”。

科学是指一门科学或学科，如自然科学、社会科学等，是专门的学问或技术。科学是指反映自然、社会、思维等的客观规律的学科的知识体系。科学是一个广泛的范畴，其内涵和外延既清晰又模糊。通俗地说，科学不是信仰，而是拿证据说话。科学的内涵就是其潜在能量，科学的外延就是运用到实践中的技术。科学既有感性的一面又有理性的一面。它的感性形象，科学几乎没有包装，也无须打扮，人们往往认为它高深莫测、玄奥神秘，其实它平凡、朴实、坦诚、纯真，你冷漠它，它是如此；你亲近它，它还是这般，它从不向你讨好，全靠你去追求。

科学是人类活动的一个领域，它研究关于现实的客观知识，并从理论上加以系统化；不能把科学仅归结为知识，更不只是现成知识，而且也是旨在获得知识的活动；科学产生知识，产生称作科学知识的一种特殊类型的知识，正由于它，科学才是能发挥作用的动态

① 苏教版小学科学三年级上册 第一单元 我们都是科学家 第 1 课.

有机体，它存在于知识的产地，即创造知识、产生知识的地方；科学与宗教不同，不盲信任何事物，因而在这个意义上，科学是一种社会制度。对科学知识的形成和发展活动特点的认识，反映出人们的精神活动和物质活动、结果和过程、知识和获得知识的方法的统一，是科学价值的主要组成部分①。

自从科学教育进入学校课程以来，越来越受到各国的重视。其中，关于科学本质的教育受到各国教育的高度重视，并被视为科学教育的核心。美国在 1995 年颁布的《国家科学教育标准》(National Science Education Standards，NSES)中明确提到科学的本质。英国的科学教育协会(Association of Science Education，ASE)在 1983 年的课程改革草案中提到："学生应该对科学原理(principle)及理论(theory)的历史发展有一些基本的了解。"我国在 2017 年颁布的《义务教育小学科学课程标准》中也明确提到："每个学生都要学好科学……培养小学生的科学素养，并为他们继续学习，成为合格公民和终身发展奠定良好的基础。"通过上述对不同时期科学观的分析，我们可以将科学的本质特征归纳为以下几个方面。

1) 科学是一种探究活动

科学首先是一种探究活动。自人类诞生以后，在人类与自然界交往的过程中，在日常的生产和生活过程中，人类不断地遇到各种各样的问题或疑惑，为了改进生产和改善生活，人们就开始对这些问题或困惑进行不断的探究。科学正是产生于这种探究活动中。随着社会和科学的发展，科学探究由最初的个人活动逐渐发展到集体的探究活动，以至发展为国家的探究活动，甚至是国际性的探究活动。因此，科学首先是一种探究活动。科学探究活动具有求真性、创新性、探究性。

(1) 求真性。科学活动的一个重要特点就是求真，即探寻自然现象背后的规律。人们一般认为，世界上的任何事物都是本质和现象的对立统一，透过现象可以把握其本质。本质是事物的根本特征，是同类现象中一般的或共同的东西；现象是事物本质的外部表现，是局部的、个别的。不同的现象可以具有共同的本质，同一本质可以表现为千差万别的现象。本质和现象互为事物的里表，是互相依存的。本质是现象的根据，总要表现为一定的现象；现象总是从不同的侧面以多种形式体现着事物的本质，它的存在和变化归根结底是从属于本质的。科学活动的基本任务之一就是采用一定的研究方法通过各种现象去探究事物的本质。在科学探究活动中，活动主体是有主观性、有情感或一定价值观的人。因此，要达到认识规律的目的，必须做到主观符合客观，不能有丝毫的虚假，不能靠主观臆断，更不能靠幻想，因为客观规律是不以人的意志为转移的。

(2) 创新性。科学不仅是一种探究活动，更是一种创新的活动。科学活动的主要任务之一就是探索未知的领域，即创新。科学活动只有不断地探索未知领域的规律，人类的科学知识才能不断得到积累。创新的领域既可以是基础研究领域，也可以是应用研究领域或开发研究领域。

(3) 探究性。科学活动是探究未知领域的过程，即运用已有的知识或原理去发现新的事实或规律，再通过新的事实或规律去发现未知的事实或规律，从而不断扩大认知范围的过程。科学活动对自然现象的认识不能仅仅停留于对外在现象的认识上，而是要透过现象，深入事物的内部，抽取出事物的本质。这个过程是通过探究完成的。探究活动可能要遇到

① 弗·弗·克拉耶夫斯基著. 教育学原理[M]. 北京：教育科学出版社，2007，p16～17.

多次尝试或失败，需要不断否定或修订自己的已有认知或计划，逐渐接近事物的本质。

2) 科学是一种知识体系

科学是一种抽象且逻辑严密的知识体系。科学是认识主体在对自然现象及其规律进行探究和分析的基础上，通过概念、判断以及由这些概念和判断推演出来的逻辑结论构成的一种知识体系或理论模型。这种体系或模型是对经验事实的高度概括或抽象，而非诸多概念和原理的简单堆砌，是一种系统化的逻辑体系。这种逻辑体系是一种并非现实而又合乎规律的东西。

科学知识是一种不完善的知识体系。科学探究是主体对客体的一种主观符合客观的探究活动。由于受到人类的认识能力或条件的限制，科学探究只能无限地接近规律或真理，因此，任何科学理论都是对探究现象的一种暂时的、试探性的或猜测性的解释或假说。当出现已有理论不能解释的事实或已有理论的预测不符合观测的事实时，就出现了有待解决的疑难问题。在这种情况下，通常需要对已有理论进行修订或重建新的理论框架。科学理论总是随着人类认识的发展而不断变化的，是一种不完善的知识体系。

另外，任何科学理论都是建立在一定的前提假设之上的，都有其特定的适用条件或范围。也就是说，科学理论只有当适合自身的特定条件满足时，才是有效的。当某一理论不适合某种特定情况时，并不意味着该理论无效，而只能说这个理论不能应用于那种情况。这就意味着，没有放之四海而皆准的理论，任何理论都是有适用条件的。

科学知识是一种具有可验证性的知识。任何科学理论都是在解决某类问题的过程中构建的一种假说或模型，具有尝试性。因此，任何理论总有可能与观察到的事实相冲突，从而被反驳或证伪。某种理论一旦被反驳或证伪，就必须考虑放弃或对其进行修订，以适应新的问题或矛盾。科学正是因为一些冲突而不断地去修订某些理论，从而不断实现自身的发展。对于一个假设成立的命题，不是试图去证明它的正确性，并在证实后才接受它成为科学体系中的内容，而是看它是否具有被证伪的可能性。

3) 科学是一种社会共同体

科学不仅是一种探究活动和知识体系，它还是社会分工的一个特殊部门，是一种社会共同体。从 17、18 世纪起，欧洲已有一批科学协会和研究员，还出版了科学杂志。但到 19 世纪，科学活动仍然是小规模的，只有少数人或兼职的人从事科学研究。20 世纪以来，科学活动的规模逐渐扩大，科学研究才成为社会上的一种专门职业。科学活动从最初少数知识分子的业余爱好和个人的自由探索，逐步发展成为国家规模甚至世界范围内的一种社会活动。

科学共同体是科学建制的核心，是由科学家组成的专业团体，具有共同的目标，为加强交流、促进科学进步而结合在一起。科学共同体具有科学交流、出版刊物、维护竞争和协作、把个人知识和地方知识变成公共知识、承认和奖励、塑造科学规范和方法、守门把关、争取和分配资源、科学普及或科学传播等功能。

2.1.2 科学教育的内涵

1. 科学教育

科学教育是一种通过现代科技知识及其社会价值的教学，以提高全民科学素养为目的的教育活动。

2. 对科学教育内涵的认知

科学教育的内涵随着科学在社会发展中的地位以及人们对科学的认识而变化。①有学者认为：科学教育是指传授科学技术知识和培养科学技术人才的社会活动。②有学者认为：科学教育是一种有目的地促进人的科学化的活动。③有学者认为：科学教育是培养科学技术人才和提高民族科学素养(包括科学知识、科学观念、科学的价值观、科学方法、科学精神和科学道德等)的教育。④有学者认为：科学教育涉及个人需要、社会问题、就业准备以及学术深造基础四个领域。因此，是一种向学生传授用于日常生活和未来科技世界的科学知识，教育学生如何处理科学与社会问题，让学生具有在今后择业所必需的科学技术基础与继续学习科学所必备的理论基础的教育。⑤有学者认为：科学教育是一种通过现代科学技术知识及其社会价值的教学，让学生掌握科学概念，学会科学方法，培养科学态度，且懂得如何面对现实中的科学与社会有关问题作出明智抉择，以培养科学技术专业人才，提高全面科学素养为目的的教育活动。⑥还有学者认为：科学教育是关注科学技术时代的现代人所必需的科学素养的一种养成教育，是将科学知识、科学思想、科学方法、科学精神作为整体的体系，使其内化成为受教育者的信念和行为的教育过程，从而使科学态度与每个公民的日常生活息息相关，让科学精神和人文精神在现代文明中交融贯通。

可见，不同学者对科学教育内涵的理解是不同的。传统的科学教育往往把传授科学知识与培养人的技能作为主要内容，注重科学知识体系的学习。随着科学在人类社会中地位的发展和变化，人们对科学教育的认识也在变化。目前，我们可以把科学教育理解为：科学教育是通过现代科技知识及其社会价值的教学，以提高全民科学素养为目的的教育活动。通过科学教育，使学生掌握科学概念和技能，学会科学方法，培养学生的科学态度与价值观，使学生理解“科学—技术—社会—环境”之间的关系，最终懂得如何面对现实中的有关问题作出正确的选择。

2.1.3 科学素养

在信息化时代，科学技术已成为社会经济发展的决定性因素，成为世界各国综合国力竞争的关键。综合国力的强弱越来越取决于人才的质量和数量，特别是全体公民的科学素养，同时，现代科学技术的发展，为确定一个公民的科学素养提供了重要依据。

第一个使用科学素养一词的是美国科学家、教育家科南特(J.B.Conant，1893—1978)。1952 年，科南特在《科学中的普通教育》中提到：“他(普通公民)的经验越广泛，他的科学素养就越高。”科学素养表达了课程改革的理想目标。20 世纪 80 年代以来，美国、英国等西方国家课程改革方案，都将培养学生的科学素养作为核心目标。

从 2001 年开始，我国基础教育课程改革中的科学课程标准指出，以培养学生的科学素养为宗旨。2002 年，为了实施科教兴国战略和可持续发展战略，加强科学技术普及工作，提高公民的科学文化素养，全国人民代表大会通过了《中华人民共和国科学技术普及法》。

2011 年，国务院颁发的《全民科学素质行动计划纲要实施方案(2011—2015 年)》指出：“目前我国公民科学素质水平与发达国家相比仍有较大差距。全民科学素质工作发展还不平衡，不能满足全面建设小康社会的需要和建设创新型国家的要求。”我国出台的一系列文件和规定为提高公民的科学素养提供了依据和重要保障。

思考交流

(1) 科学究竟是什么?

(2) 公民应具备什么样的科学素养?

2.1.4 科学素养内涵及其理解

1. 科学素养内涵

在信息化时代，科学素养的内涵包括以下四个方面：科学知识、科学探究(过程、方法与能力)、科学态度与价值观和对科学、技术、社会与环境关系的理解。

1) 科学知识

科学知识目标包括：一是了解物质的基本运动形式，认识物体的运动、力的作用、能量、能量的不同形式及其相互转换。二是了解生物体的主要特征，知道生物体的生命活动和生命周期；认识人体和健康，以及生物体与环境的相互作用。三是了解太阳系和一些星座；认识地球的面貌，了解地球的运动；认识人类与环境的关系，知道地球是人类应当珍惜的家园。四是了解技术是人类能力的延伸，技术是改变世界的力量，技术推动着人类社会的发展和文明进程。除了上述目标外，还包括科学知识学段目标。

2) 科学探究

学生只有亲身经历了科学探究的过程，才会体验到学习科学的乐趣，体会到科学探究过程的苦与乐，增强科学探究能力，获取科学知识，形成尊重事实、善于质疑的科学态度，才能了解科学发展的历史。但需要明确的是，探究不是唯一的科学学习的方式。在科学学习中，灵活和综合运用各种教学方式和策略是必要的。

3) 科学态度

通过科学学习，使学生保持与发展想了解世界、喜欢尝试新的经验、乐于探究与发现周围事物奥秘的渴望；珍爱并善待周围环境中的自然事物，初步形成人与自然和谐相处的意识；知道科学已经能解释世界上的许多奥秘，但还有许多领域等待去探索，不迷信权威；形成用科学提高生活质量的意识，愿意参与和科学有关的社会问题的讨论与活动；在科学学习中能注重事实，克服困难，善始善终，尊重他人意见，敢于提出不同见解，乐于合作与交流；意识到科学技术对人类与社会的发展既有促进作用，也有消极影响。

4) 对科学、技术、社会与环境关系的理解

“科学—技术—社会—环境”的关系是现代科学教育的重要内容，是公众科学素养的重要组成部分。科学技术给人类社会带来福祉的同时，也给人类带来了诸多问题，如环境污染、资源过度开发、核威胁等问题。学生只有认识了“科学—技术—社会—环境”之间的关系，才能深入地理解当今社会，才可能理解并坚持可持续发展和人类命运共同体的理念。

2. 国际科学教育界对科学素养内涵的理解

国际科学教育界对科学素养内涵的理解为我国确定本国公民应具备的科学素养目标提供了重要参考。美国《国家科学教育标准》(NSES)指出，要把美国建设成一个有高度科学素养的社会。该标准指出：良好的科学素养的一个重要方面，是对科学主题知晓得比较多，

理解得比较深。良好的科学素养还包括认清科学的性质、科学事业以及科学在社会和个人生活中所起的作用。标准还提到：所谓有科学素养是指了解和深谙进行个人决策、参与公民事务和文化事务、从事经济生产所需的科学概念和科学过程。科学素养还包括一些特定门类的能力。例如，有科学素养就意味着一个人对日常所见所经历的各种事物能够提出、发现、回答因好奇心而引发出来的问题；有科学素养就意味着一个人能识别国家和地方决定所赖以为基础的科学问题，并且能提出有科学技术根据的见解来；有科学素养就意味着能根据信息源和产生此信息所用的方法来评估科学信息的可靠程度；有科学素养还意味着有能力提出和评价有根据的论点；并且能恰如其分地运用从这些论点得出的结论。

英国《全国学校课程》提出了科学素养标准中的能力培养标准包括科学应用能力、科学调查能力、科学交流能力、自我教育能力和科学创造能力。

国际经济合作组织(Organization for Economic Co-operation and Development，简称经合组织 OECD)认为：科学素养是运用科学知识，确定问题和作出具有证据的结论，以便对自然世界和通过人类活动对自然世界的改变进行理解和作出决定的能力。科学素养还包括能够确认科学问题、使用证据、作出科学结论并就结论与他人进行交流的能力。

2.2 科学课程的产生与发展

科学教育发展概述.mp4

2.2.1 我国小学科学课程的发展历程

20 世纪 20 年代，在杜威实用主义思想的影响下，我国在中学开设了科学课程，但没有得到有效实施。20 世纪 80 年代后期，在国际科学课程改革与发展的影响下，我国部分学校或地区重新对科学课程进行了实验，并取得了一定效果。2001 年，在我国新一轮基础教育课程改革中，科学课程正式被写入《基础教育课程改革纲要(试行)》中，其地位被正式确立。

1. 萌芽期

1922 年，国民政府颁布的《壬戌学制》明确规定，初中采用混合制，综合科学课程首次被引入我国的课程体系。当时的教学形式有两种：一种是物理、化学、生物三科分别编写，分别讲授；另一种是将这三科合成一科，即综合科学课程，每科内容占教材的 1/3。当时编写出版的四套教科书均由商务印书馆印行。综合科学课程的内容多以实用为主，以理论为辅，与生活密切联系，但其内容比较分散且系统性不强。由于综合科学课程的内容涉及面较广，对教师的要求也较高，致使其在实施过程中遇到了诸多困难或问题。

针对出现的困难或问题，1929 年，国民政府颁布了《中学暂行课程标准》。标准规定，自然科学采用分科制和合科制，供学校自由采用。1932 年，国民政府颁布的《中学正式课程标准》再次规定，自然科学教学实行分科制，但教学科目表上在植物、动物、化学、物理这四科之上仍然列有“自然科”的名称，为个别学校进行合科教学仍然留有余地。1936 年颁布的《修正中学课程标准》规定，初中科学教育完全实行分科制。1940 年修订中学课程标准时，取消了植物、动物，开设博物，并规定“自然科学采取混合教学，如采用分科教学，博物科内容除动、植物外，须略及矿物地质学大要”。

从上述我国科学课程的发展变化可以看出，自 20 世纪初我国近代教育制度建立至 20 世纪 40 年代，我国初中科学课的教学一直在分科与合科之间作“钟摆式”变化，但从总体上来看，以分科为主。

从形式上看，导致这时期综合科学课程实施不力的主要原因是教材编写困难和教师不适应，但从本质上看，根本原因是我国当时的科学技术发展水平和社会需求不高，对科学的要求还没有达到非此不可的程度。从世界范围来看，为了克服教学脱离生活的弊病，进步主义课程思潮强调以儿童为中心，相对于传统教育有所进步。但儿童中心课程也存在诸多问题或不足。例如，由于教材内容不按照学科体系编排而容易导致学生的知识碎片化；由于以儿童为中心，容易忽略教育的社会责任等。

2. 实验期

党的十一届三中全会以后，我国实施改革开放政策，国际科学课程改革和课程理论研究的成果才被介绍进来，尤其是 STS 和综合理科等课程，给国内科学教育界以极大的震撼。20 世纪 80 年代中实施 STS 课程。1985 年 10 月，中央教育科学研究所受联合国教科文组织的委托，在苏州召开了中国理科教师能力问题探讨会，正式提出了“科学、技术与社会”教育在我国的实施问题。但 STS 课程在我国一些中学一直以“第二课堂”的形式进行开设，并没有被纳入正规的课程体系，另外。STS 课程的编制和实施等都存在着许多困难，以致 STS 课程的实施在我国一直没有突破性的进展。

20 世纪 80 年代，随着义务教育制度的推行以及素质教育的实施，现代综合科学课程受到我国研究者的关注。1987 年，东北师范大学附属中学首先组织专家、教师编写了综合性的《自然科学基础》作为教材，共 12 册，并进行教学实验。1986 年，上海市教育局成立了综合理科研究小组，专门研究上海地区设置初中综合理科课程的必要性和可行性，编写了实验教材《理科》(1～6 册)，并拟定了初中理科课程纲要，规定 7～9 年级的科学教育采用分科制与合科制并存。浙江省从 1991 年开始实验综合科学课程，1993 年在全省范围内全面推开。1997 年至 1999 年，浙江省修订出版了新的《自然科学教学指导纲要》和新版教材，供全省初中学生使用。

3. 发展的新阶段

2001 年，我国教育部颁布了《基础教育课程改革纲要(试行)》，简称《纲要》，新一轮基础教育课程改革在全国启动。《纲要》规定，初中阶段设置分科与综合相结合的课程，并积极倡导各地选择综合课程。科学课程正式成为我国基础教育课程体系的重要组成部分，彻底打破了中华人民共和国成立以来分科科学课程一统天下的局面。在最初的 38 个国家级课程改革实验区中，有 7 个实验区选择并实施了科学课程，从 2002 年开始，一些省级实验区也进行了科学课程的实验。从此，我国综合科学课程的发展进入了一个新的阶段。

4. 小学科学课程的发展

我国有文字记载的自然科学课程始于夏商周三代的教育。当时，自然科学课程是小学的基础学科，并被列于语文和数学之前。中国古代政府对自然科学教学的重视在秦始皇时期达到了顶峰，而到了汉武帝时期却受到冷落，并由此一蹶不振。

1903 年，清政府颁布《奏定学堂章程》，规定：完全科初等小学设修身、历史、地理、格致等课程。简易科小学将后三门合为“史地格致科”。高等小学设修身、中国历史、地理、格致。其中的“格致”即科学课。从此。科学课成为小学阶段的一门必修课程。

1922 年，小学改为四二制，初小设社会和自然两课。自然之名由此在过去的大部分年代成为我国小学科学课程的通用名称。

1949—1950 年，部分地区初小设有常识课，高小都设历史、地理、自然。自然课是每周 3 课时，每课时 50 分钟。1951 年，全国初小都取消了常识，高小仍然设历史、地理、自然。

1956 年，在学习苏联教学经验的基础上，我国制定了中华人民共和国成立后的第一个自然教学大纲，规定初小阶段的自然课内容在语文课中进行教学。除语文课编有自然课文之外，大纲规定每周要专门拿一节语文课来上“自然专课”，以使学生能有机会从事与自然科学学习有关的实践活动。高小每周 2 课时自然课。初小学习生物界自然，高小学习无生物界自然。1963 年，初小的自然课或常识课被取消。

1978 年，教育部颁布了第三个全国通用的《全日制十年制学校小学自然常识教学大纲(试行草案)》。该大纲规定，小学阶段只在最后两年开设科学常识课，而低年级的科学课仍然空缺。1982 年，教育部对 1978 年的大纲进行了修订，决定将小学自然课的学习提前至三年级开设，从而使学习时间增加了一年。1992 年出版的《九年义务教育全日制小学自然教学大纲(试用)》将小学自然课的开设时间修订为低、中、高三个阶段，并针对每个阶段作出明确的课时和内容规定，试用稿中还对各项内容要点的教学要求作出了三级规定。

2001 年，为了与国际接轨，我国又将过去的小学自然课改为科学课，并且颁布了《全日制义务教育科学(3～6 年级)课程标准(实验稿)》。该标准从整体上反映了我国社会发展对小学科学教育提出的时代要求，取代了多年来直接指导教学工作的“教学大纲”，标志着小学科学课的性质、目标、教学都发生了重大的变革。

2010 年，教育部组织专家对义务教育课程标准进行修订。从 2012 年秋季起，中小学各科开始使用新的课程标准(2011 版)。但这其中没有“小学科学新课标”，故小学科学课程标准还在使用“实验稿”。

2017 年 1 月 19 日国家教育部颁布《义务教育小学科学课程标准》。教育部教基二〔2017〕2 号文件，《教育部关于印发<义务教育小学科学课程标准>的通知》。从此，义务教育阶段小学科学课教学有了可遵循的“国家标准”。如果说“课程是教育的心脏”，那么“课程标准就是课程的核心”。小学教育专业的学生必须了解小学科学课程标准，抓住小学科学课程教学这个“纲”，这对小学科学课教学具有重要的指导意义。

课程标准是学校科学教育的纲领性文件，反映了一个国家或地区科学教学的学术积累和对课堂实践的期待，是科学教育水平的重要标志。新的课程标准将引领小学科学教育进入一个跃升发展的全新阶段。这是我国科学教育发展中一件里程碑式的大事，也令科学教育人振奋和鼓舞。《义务教育小学科学课程标准》的颁布、实施标志着我国小学阶段的科学教育发展进入了一个新的时代，它将全面引领科学课的教科书研发、课堂教学改革、教研活动焦点的转变、在职教师培训课程的设计、教育技术产品的融入等，推进这些领域的工作走上一个新的台阶。

思考交流

(1) 从我国科学课程的发展能看出什么?

(2) 科学教育应如何开展?

2.2.2 科学教育的发展趋势

科学教育作为知识形态的科学技术转化为社会生产力的重要环节，正在受到越来越多国家的关注。许多国家已把科学作为中小学的核心课程，从课程目标、课程标准、教科书、教学方法等方面进行了一系列的改革，使之更加符合时代的潮流与要求。目前，科学教育的发展趋势主要表现在以下五个方面。

1. 科学精神与人文精神相结合

工业革命以来，科学在人类社会中的作用越来越大，对科学教育产生了重要影响。在17、18世纪，霍布斯(Thomas Hobbes，1588—1679)、笛卡儿(René Descartes，1596—1650)等人在近代自然科学，特别是在力学的影响下，用自然科学的方法和理论去解释一切现象。例如，霍布斯在《利维坦》(*Leviathan*，《利维坦，或教会国家和市民国家的实质、形式和权力》1651年出版)一书的序言中，把人的心脏比作钟表上的发条，把神经和关节比作钟表的游丝和齿轮。到了19世纪，随着科技给人类的生产和生活带来的影响越来越大，人们也更加相信科学的力量。当时，以孔德(Isidore Marie Auguste François Xavier Comte，1798—1857)、斯宾塞等为代表的逻辑经验主义科学观极力推崇自然科学及其方法的作用。当时，经过经验实证的科学是一切知识的准绳。数学、物理、化学、生物学、地学和天文学已自成一体，并构成庞大的学科体系。进入20世纪，逻辑经验主义科学观把科学在人类社会中的作用和地位推向了顶峰，认为只有科学方法才是认识世界的唯一方法。科学在发展过程中，逐渐形成了其特有的精神，如理性精神、实证精神、求真精神以及创新精神等。

受科学自身发展特点以及人们对科学本质认识的影响，传统的科学教育往往从学科知识的逻辑体系出发，强调学科方面内容的系统性、完整性和严肃性，很少涉及与科学有关的社会、政治、经济、文化等方面的知识。这种做法的优点是科学知识系统化，便于学生在较短的时间内掌握系统的科学知识，便于教学；其不足主要是割裂了不同学科之间的关系，尤其是割裂了科学知识与人文学科知识之间的联系，影响了人们对科学的全面、深入认识。

科学的发展一方面改变着社会的面貌和人们的观念，另一方面也在不断改变着其自身的形象以及人类对它的看法。科学的发展给人们带来福祉的同时，也给人们带来了诸多苦涩。正如波普尔所说：科学进展是一种悲喜交集的福音。我们要正视这一点，福音是悲喜交集的，例外很少。人们一方面享受着科学带来的高度的物质文明，另一方面却在承受着资源、生态、环境等方面越来越沉重的压力。另外，对科学的过度强调或推崇，往往会迫使人们每天漫无目的地忙碌，从而丧失对意义以及对生命的深度关怀。因此，人们越来越体会到科学是一把双刃剑。

因此，现代科学教育越来越强调科学精神与人文精神的结合，越来越强调真善美的结合，越来越注重理性与情感的结合以及人与自然的和谐统一。把科学和技术放在社会和文化的广阔背景中加以审视，让学生深刻地认识科学、技术与社会之间的关系，建立更加合理的科学观和价值观，使科学技术真正为社会进步和人类幸福服务。

2. 普及科学教育与提高科学教育质量相结合

自20世纪50年代末60年代初开始，发达国家科学教育的主要目标变为培养科技人才。例如，在美国20世纪60年代的科学教育课程改革中，新编写的现代化科学课程只适合约20%的尖子学生学习，具有明显的精英教育性质。美国在20世纪80年代的调查表明，90%的美国人是科盲。可见，尽管美国学校的科学教育培养出了成千上万的科学家和工程师，但绝大多数人仍然缺乏科学素养。在精英教育思想的指导下，科学教育的内容仍然以学科知识的逻辑体系为主，忽视学科内容与日常生活的联系，因而造成大多数人科学素养不高的局面。

随着科学技术的迅速发展以及科技日益向生活、生产等方面的广泛渗透，科学技术教育必须面向每一个学生或公民。面对这种趋势，国际上许多科学教育专家和有关国家的政府部门都提出了普及科学教育和提高科学教育质量的主张或措施。例如，1985年，美国科学促进协会(AAAS)提出了一个跨世纪的科学教育改革计划，即“2061计划”，研究从幼儿园至高中的学生应该具备的科学技术知识、能力和思维习惯。1989年，AAAS通过他们的“2061计划”出版了《面向全体美国人的科学》(*Science for All Americans*)。从1992年开始，又进一步制定了《国家科学教育标准》。这一系列的科学教育改革文件表明，美国科学教育的改革在普及科学教育的同时，还注重质量的提升。在国际上影响很大的STS科学教育模式，也是注重普及科学教育和提高科学教育质量的一项重要举措。

另外，在人们的日常生活中，高科技产品越来越多，科技在日常生产、生活中无所不在。在这种情况下，一个人不仅在从事现代化的生产时需要掌握科技知识，而且在日常生活中也需要大量的科技知识和相应的能力。因此，现代科学教育与日常生产、生活的关系更加密切。

3. 强调探究在教学中的地位，注重提高学生的探究能力

探究式教学是当代小学科学教学的一个突出的特点。在以学生为中心的课堂中，学生要想形成自己的科学认识，不仅要动脑思考，也要积极动手操作。通过营造有利于学生主动探究的环境，并提供充分的指导与帮助，让学生提出问题，设计实验，进行观察，收集、整理、分析和解释信息，最后得出结论，并进行表达与交流。小组合作学习是经常被用来开展探究学习的有效途径。通过小组合作探究，可以培养学生提出问题、分析问题、收集和整理资料以及分析资料的能力。这些都是科学探究的基本能力。通过科学探究，学生还会形成对科学的态度与价值观，进而产生体验与感悟。在探究的过程中，手、脑结合还可以培养学生的动手操作能力。对低年级的学生来说，可以走出教室，到大自然、动物园、博物馆等地方进行现场观察与收集资料，对高年级的学生，则强调设计、制作、栽培、饲养与实验操作。

4. 重视交流技能的培养

人类的任何活动都需要思想交流，科学学习也不例外。学生要想在探究活动中学好科学，就必须学会准确、清晰地表达自己的思想，必须学会分享小组其他成员的观点，必须

学会向他人报告自己的探究结果。在通信高度发达的信息时代，表达与交流的技能显得尤为重要。因此，许多国家的科学教育改革都非常重视学生交流技能的培养。通过科学教育，让学生学会使用正确的科学用语，能够与他人自由交流，能够口头汇报研究过程与结果，能够撰写书面报告等。

5. 强调过程性评价

探究式教学是科学教学的重要特征。在科学探究过程中，学生要通过提出问题，设计实验，进行观察，收集、整理、分析和解释信息，得出研究结论，与他人交流自己的研究成果等过程，认识科学的本质和培养自己的科学探究技能，形成科学态度与价值观，了解科学、技术、社会与环境之间的关系。因此，对科学教学的评价不能只强调结果或只依赖考试，而是更要强调学生学习的过程，要通过对学生学习过程的考察和分析，发现他们的学习状况或程度，然后对学生的学习作出全面、客观的评价。例如，给学生建立档案袋，就是注重过程性评价的典型。

2.2.3 美国《国家科学教育标准》及《新一代科学教育标准》简介

为了保证科学教育的质量和科技领先战略，美国先后于 1995 年制定了《国家科学教育标准》，2013 年制定了《新一代科学教育标准》，目的是提高全体学生的科学素养，是美国对全体在校学生提出的国家要求；提高美国人的科学素养，是美国为全体美国人树立的目标。

1. 标准的定义

标准是指对重复性事物和概念所作的统一规定，以科学技术和实践经验的结合成果为基础，经有关方面协商一致，由主管机构批准，以特定形式发布作为共同遵守的准则和依据。

标准的含义有衡量事物的准则；本身合于准则，可供同类事物比较核对的事物；榜样；规范等。

“标”是投射器，“准”是靶心。标准合用，指具有行为和结果相一致的内涵。从哲学角度讲，标准是客观事物所具有何种意义的一种参照物。作为一种比较的标杆或区分其他事物的中介，它本身的构成必须是一分为二的相互对立的两个部分；从技术层面看标准是一种以文件形式发布的统一协定，其中包含可以用来为某一范围内的活动及其结果制定规则、导则或特性定义的技术规范或者其他精确准则，其目的是确保材料、产品、过程和服务能够符合需要。

将标准的制定和类型按使用范围划分为企业标准、行业(协会)标准、国家标准、国际标准等。

企业标准是对企业范围内需要协调、统一的技术要求，管理要求和工作要求所制定的标准。企业标准由企业制定，由企业法人代表或法人代表授权的主管领导批准、发布。企业标准的编号一般以英文字母 Q 开头。

我国国家标准的编号以 GB 开头。国家标准为在一定范围内获得最佳秩序，对活动或其结果规定共同的和重复使用的规则、导则或特性的文件。该文件经协商一致制定并经一个公认机构的批准。它以科学、技术和实践经验的综合成果为基础，以促进最佳社会效益为目的(国家标准 GB/T 3935.1—1996 文件：《标准化和有关领域的通用术语》关于国家标准的定义)。

美国的行业协会标准有 ASME 美国机械工程师学会标准、AISI 美国钢铁学会标准等，ANSI 为美国国家标准。

国际标准则是由一个公认的机构制定和批准的文件。它对活动或活动的结果规定了规则、导则或特殊值，供共同和反复使用，以获得在预定领域内最佳秩序的效果。(国际标准化组织(ISO)的国家标准化管理委员会(STACO)先后以“指南”的形式给“标准”定义。)

2. 美国《国家科学教育标准》(NSES)简介

美国科学促进会(American Association for the Advancement of Science，AAAS)、美国国家科学院(National Academy of Science，NAS)的执行机构国家研究理事会(National Research Council，NRC)专门成立全国科学教育标准与评价委员会(National Committee on Science Education Standards and Assessment，NCSESA)于 1992 年 5 月启动制定工作。1994 年 12 月《国家科学教育标准》(National Science Education Standards，NSES)在全国发布，供各州讨论审查。这部标准由 8 章组成，是为全体美国人制定的标准。公正平等是这部标准的一个基本原则，因此理所当然地要渗透到科学教育的方方面面。[①]其中各章的主题介绍如下。

第一章 阅读指要

《国家科学教育标准》的编制旨在提供一本可靠的指南，用于引导国民创建一个有高度科学素养的国度。因为这部标准展示给我们的是对有高度科学素养所作的一种构想，而要把这一构想变成现实，整个教育系统就要在各方面作彻底的改变。

第二章 原则与定义

本章写的是要使所有学生都具有良好的科学素养就必须遵循几条重大原则。这些原则，再加上对一些关键术语所作的定义，构成这部标准的思想基础。

第三章 科学教学标准

教学和教师是科学教育改革的中心环节。因此，我们把科学教学诸标准安排到了最前面。本章中心问题是教师要知道什么和要做什么；教师应该如何扩充自己的专业知识，应该如何提高自己的专业技能。

第四章 科学教师专业进修标准

明确政策制定者和社区的职责。第三章、第四章展现的是对科学教学基于这样一种坚定信念：科学探究是科学与科学学习的核心。

第五章 科学教育中的评价

科学教育评价标准是度量评价实践质量的准绳，并作为发展评价方法、制定评价政策的指南；这些标准同样也可以用来衡量课堂评价、过程评价和总结式评价。

第六章 科学内容标准

为教师和其他科学教育工作者提供指导教学标准。内容标准按 K1～4、5～8 和 9～12

---

① 国家科学教育标准[S].美国华盛顿特区：国家科学院出版社. National Research Council (1996). National Science Education Standards. Washington，DC：National Academy Press.

各年级的程度分别加以组织，这些标准是对学生在整个 Kl2 教育阶段发展理解科学和能力提高的期望。内容包括科学探究；物质科学、生命科学和地球与空间科学这类传统学科领域；科学与技术的联系；从个人与社会角度看的科学；科学史与科学的性质。内容标准还附有培养学生理解力的有关知识，也包括构成各项标准的一些基本概念。

第七章 科学教育大纲标准

大纲标准是衡量学校和学区的科学教学质量的准绳。大纲标准集中阐释的是与学生学科学和教师教科学的机会有关的一些问题。

第八章 科学教育系统标准

系统标准是为检验学校和学区以外的科学教育系统(包括从事教育工作的专业工作者和作为学校支柱的社会)的业绩而提供的测量尺度。

3. 美国《新一代科学教育标准》(NGSS)

美国国家研究理事会(NRC)在 2011 年 7 月颁布了《K-12 年级科学教育框架：实践、跨领域概念和核心概念》(A Framework for K-12 Science Education) (简称《框架》)。该《框架》作为美国科学教育课程改革的纲领性文件，构建了科学课程愿景，提出了三个课程维度，即学科核心概念(Disciplinary Core Ideas)、科学工程实践(Scientific Engineering Practice)和交叉学科概念(Crosscutting Concepts)。

随后，在卡内基基金会的资助下，由阿契夫公司(Achieve)主导，美国国家研究理事会(NRC)、美国国家科学教师协会(NSTA)、美国科学促进协会(AAAS)联合美国 26 个州的 41 位专业人员组成的研究团队花了近两年的时间，征求各州建议并多次修订，最终在 2013 年 4 月正式颁布《新一代科学教育标准》(Next Generation Science Standards，NGSS)，简称《标准》，再次引起了世界科学教育界的轰动。

先有《框架》再出台新标准，这是美国《新一代科学教育标准》制定路线图的特点。① 首先，由 NRC 制定新的科学教育纲领性指导建议，其中以概念描述的方式明确规定了 K-12 年级所有学生应该学习的具体内容。其次是在阿契夫公司(Achieve)管理下开展 K-12 年级科学教育标准的制定，该标准将拥有丰富的内容和实践指导，以贯穿学科和年级的方式组织，为所有学生提供具有国际化基准的科学教育。

1) NGSS 的三个维度(Three Dimensions)

无论是在《框架》中，还是公布的 NGSS 的部分内容中，都反复强调科学教育中的三个维度，即实践(Practices)、交叉学科概念(Crosscutting Concepts)和学科核心概念(学习内容)(Disciplinary Core Ideas)，如图 2-1 所示。

(1) 实践(Practices)。实践描述了科学家在研究和建构有关自然世界的模型及理论时的行为，以及工程师们在使用设计搭建模型和系统时一系列关键的工程实践。NRC 在《框架》和《标准》中使用“实践”代替“技能”，以强调参与科学研究不仅需要技能，而且还需要具有针对性的特定知识。使用“实践”能更好地解释和拓展“探究”在科学上的意义，说明实践所需要的认知、社会和自然实践的范围。

---

① [EB/OL]叶兆宁. 美国新一代科学教育标准概要. 大科学家，2019.

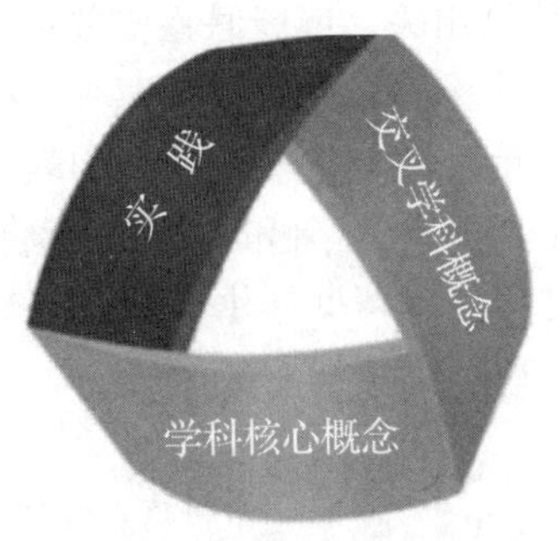

图 2-1　科学教育中的实践、交叉学科概念和学科核心概念

实践更加拓展了工程领域中科学教育的范围，尽管工程设计很类似于科学探究，但两者仍然存在较大的区别。例如，科学探究涉及的是通过研究可以回答的具体问题，而工程设计包含的是可以通过设计来解决的问题。在 NGSS 中强调工程方面的内容将帮助学生了解在日常生活中科学、技术、工程和数学方面的联系。实践方面的内容包括下述各点。

☆ 提出问题和明确需解决的难题。

☆ 建立和使用模型。

☆ 设计和实施调查研究。

☆ 分析和解释数据。

☆ 利用数学和计算思维。

☆ 建构解释和设计解决方案。

☆ 基于证据的论证。

☆ 获取、评估和交流信息。

(2) 交叉学科概念(Crosscutting Concepts)。交叉学科概念在所有科学领域中均可运用。其本身就表明和体现了在不同科学领域中统一的思维方式。《框架》强调在科学教育中需要明晰这些概念，是因为它们能帮助学生将不同科学领域中相互关联的知识组织成连贯的、条理清晰的基于科学的对客观世界的认知。交叉学科概念包括下述各点：

☆ 模式；

☆ 原因与结果；

☆ 尺度、比例和数量；

☆ 系统和系统模型；

☆ 能量与物质；

☆ 结构和功能；

☆ 稳定性与变化。

(3) 学科核心概念(Disciplinary Core Ideas)。学科的核心概念具有聚焦 K-12 年级在科学方面最重要的课程、教学和评测内容的功能。至少具有以下条件中的两条，最好是都满足的概念，才可以被认可为核心概念。

☆ 能跨越多门学科或工程领域的具有明显重要性的概念，或是一个具体学科知识组织中的关键概念。

☆ 能提供对于理解和研究更复杂概念和解决问题的关键工具。

☆ 能与学生的兴趣和生活经验相关，或能联系需要科学和技术知识才能解决的社会或个人问题。

☆ 通过增加深度和复杂性，能在持续的多个年级中教和学。

以上 3 个维度就像一根绳索中缠结在一起的三股，应将其看作是一个有机结合的系统。实践是建构和使用核心概念的过程，以帮助学生实现对自然和现实世界的认识，三者之间呈现出相辅相成的关系，如图 2-2 所示。

图 2-2　实践、交叉学科概念和学科核心概念之间相辅相成的关系

NGSS 体现了科学教育一致性和整合性的特点，从幼儿园到高中设计一贯性的科学课程。NGSS 内容围绕四大科学学科领域(物质科学、生命科学、地球与空间科学、工程与技术)和 13 个核心概念展开。

2)　《新一代科学教育标准》(NGSS)的标准框图

NGSS 的呈现方式是将 3 个维度结合在每一条标准中，并在所有标准之间设置了有意义的连接。为了给所有标准使用者提供指导和说明，制定者创设出能够突出标准所涉及的 3 个维度的内容，以及与其他年级和学科相联系的体系结构。NGSS 每一部分的内容标准都通过表格形式呈现，其中包括 3 个主要部分，即预期成果(Performance Expectation)、基础框(The Foundation Boxes)和联系框(The Connection Boxes)。其中“基础框”又从科学与工程实践、学科核心概念和跨学科概念 3 个维度展开。其内容特征和编排框架代表了美国科学教育的最新成果，如图 2-3 所示。

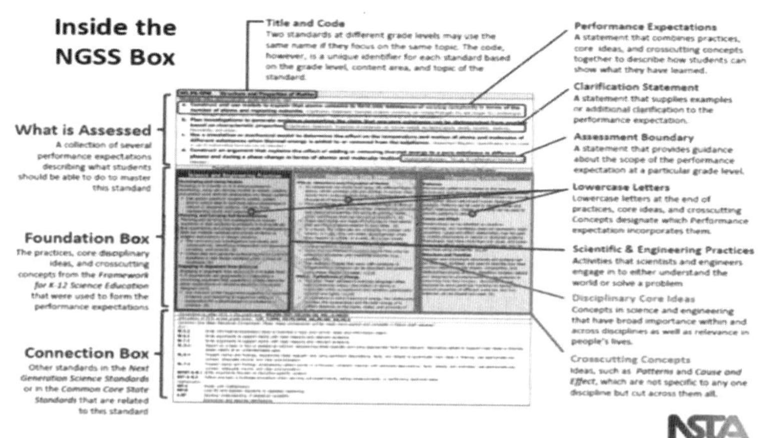

图 2-3　NGSS 标准中 3 个组成部分：预期成果、基础框和联系框呈现方式

(1) 预期成果。每条标准的表格的第一部分为“预期成果”，是说明评测内容的栏目，也是每条标准的主要内容。通过预期成果的方式描述出学生掌握该条标准后应达到的能力和水平，再由“说明”给出相关实例，“评测界线”则对该条表述的评测给予指导。

预期成果虽然是按照主题的方式呈现，但其实也可以独立出来。主题成组的方式并未暗示这是教学的最佳顺序，同样也不是一个主题下的所有预期成果都必须在一个课程单元中教与学。

(2) 基础框。基础框图中提供了附加的有用信息，拓展并解释与预期成果相关的 3 个维度中的具体要求。基础框图中的每一条陈述的末尾都用代码标示出与其对应的预期成果。依据 3 个维度，基础框可分为“科学与工程实践”“学科核心概念”和“交叉学科概念”3 个栏目，其中“科学与工程实践”的陈述选自《K-12 科学教育框架：实践、交叉学科概念和核心概念》中 8 个实践种类的具体内容，以进一步解释在每个年级段科学和工程实践的重点；“学科核心概念”栏目的陈述内容完全对应于《框架》，详细地描述对于支持学生掌握核心概念非常必要；“交叉学科概念”栏目的陈述也源自于《框架》，进一步解释了在每个年级段强调跨领域概念的重要性。

需要说明的是，虽然大多数主题中强调的仅是几种实践类型，其实所有实践类型对于每个年级段都很重要，教师在教学中都应该鼓励学生使用多种实践类型。同样，虽然大多数主题中只强调几个交叉学科概念的类型，其实所有交叉学科概念都可以在每个年级段内强调。因此，基础框中列出的仅仅是重点，并不全面，也没有限制教学的意图。

(3) 联系框。联系框可分为 3 个部分，即“同年级段中其他学科核心概念的联系”“跨年级段间学科核心概念的关联”以及“与通用核心国家标准的联系”。

“同年级段中其他学科核心概念的联系”中包括同一年级段内具有相关核心概念的其他学科主题的名称，例如物质科学和生命科学标准中都包括与光合作用相关的核心概念，它们可以在教学中彼此相关；“跨年级段间学科核心概念的关联”中包括其他科学主题的名称，这些主题可能出现在之前的年级段，以提供学生理解该条标准概念的基础，也可能出现在后续的年级段，以说明该条标准为后续学习提供的基础；“与通用核心国家标准的联系”中包括在《英语语言艺术、文学和数学的通用核心国家标准》中出现的与该条标准相关的代码和名称。用于说明该条标准与语言、数学等其他学科教学的联系。

NGSS 的组织形式不同于《框架》中按照领域组织大概念(Larger Ideas，上位概念)的方式，而是通过每个年级段中可学习的主题，以及在该主题中所涉及的 3 个维度的具体内容来呈现。

3) 《新一代科学教育标准》(NGSS)的内容

接下来阐述的 NGSS 内容为 Achieve 公司推出，2013 年 8 月由美国国家学术出版社出版的《新一代科学教育标准：源于各州，面向各州》(*Next Generation Science Standards*: *For state*, *By state*)，包括前言、课程标准和附录 3 个部分。其中，课程标准部分提供了两种模式的文本，第一种是按照“学科核心概念”组织的文本(Arranged by Disciplinary Core Ideas，简称 DCIs)，另一种是以科学实践“主题”组织的文本，即主题模式(Arranged by Topic，简称 Topic)。附录部分包括 13 个对 NGSS 的说明和解释文件。NGSS 的框架结构如表 2-1 所示。

表 2-1 《新一代科学教育标准：源于各州，面向各州》框架结构

卷 目	目 录
第一卷：课程标准——“学科核心概念模式”和“主题模式”	前言
	国家研究理事会对 NGSS 的评论
	鸣谢
	引言
	如何阅读 NGSS
	词汇表
	NGSS 的学科核心概念模式(DCIs 版)
	NGSS 的主题模式(Topic 版)
第二卷：附录	附录 A：NGSS 中的概念转变
	附录 B：对公开意见稿的回应
	附录 C：大学与职业准备
	附录 D：“所有标准，所有学生”让 NGSS 适用于全体学生
	附录 E：NGSS 中学科核心概念的进阶
	附录 F：NGSS 中的科学与工程实践
	附录 G：NGSS 中的跨学科概念
	附录 H：理解科学事业：NGSS 中的科学本质
	附录 I：NGSS 中的工程设计
	附录 J：科学、技术、社会与环境(STSE)
	附录 K：基于 NGSS 的初高中模块课程规划
	附录 L：NGSS 与《州共同核心标准(数学)》的联系
	附录 M：NGSS 中科学技术主题与《州共同核心标准(英语)》的联系

此外，由于 NGSS 中只包含课程理念和内容标准，Achieve 公司又先后推出了《为新一代科学教育标准开发评定》(*Developing Assessment for the Next Generation Science Standards*)等文件，更加丰富了 NGSS 的内容。NGSS 相关内容由阿契夫公司(Achieve)向全球公布([EB/OL]https：//www.nextgenscience.org)。

《新一代科学教育标准》和《框架》将共同成为美国新一轮科学教育改革的纲领性文件。其独特的立体化内容呈现形式以及《框架》和 NGSS 相结合的方式，使新一代 K-12 年级的科学教育更聚焦于核心概念，更关注科学和工程实践、跨领域概念与核心概念的联系，更关注对学习内容的深入理解和运用，并从《框架》和《标准》的层面给科学教育教师和使用者更具有可操作性的指导。这些特点与变化或将成为全球科学教育的热点，也必将给我国科学教育改革带来有益的启示。

知识拓展

《新一代科学教育标准》研究述评

NGSS从出版至今，国内外学者分别对NGSS进行了研究。内容主要集中在NGSS的产生背景、课程理念、课程内容、课程实施和课程评价等方面。现归纳如下。[①]

1. 产生背景

对NGSS产生背景的研究有以下成果。

(1) “四大外因、三大内因”。一是2007年8月爆发的美国次贷危机冲击，经济发展滞后，PISA学力测试表现不佳，国内就业形势严峻，亟须提高公民科学素养；二是要体现美国的科学进步、科学课程标准的国际比较研究领先、数学和语言标准的兴起。以上归因综合考虑了美国国内和国际的背景因素。还有原有科学课程标准存在的问题，科学技术与科学教育的变革和发展，民众对新课程标准的希望等(王磊等，2012；谢绍平等，2013)。

(2) 在“四大外因、三大内因”基础上又发现：美国新世纪人才观的变革、美国教育的反思精神、不断增加的课程内容与有限的教学时间之间的矛盾、国际科学教育改革和科技成果的推动等，是促成美国修订NGSS的重要背景因素。还综合考虑了科技发展、政治经济水平、社会状况以及人才培养等环节(吴成军等，2014；王保艳等，2017)。

2. 课程理念

对于NGSS设计理念的研究，是以《框架》中的设计理念为依据，总结美国新一轮课程改革的理念。培养学生学习科学的能力，关注实践与知识的结合，联结学生的兴趣、经验和促进教育公平(王威等，2012)；在《新一代科学教育标准：源于各州，面向各州》一书的附录A中，首次提出了NGSS课程理念的“七大转变”，即科学教育要反映真实社会中科学的相互联系；用表现预期评价学生学习结果；构建K-12进阶的科学概念；注重科学知识的理解和运用；将科学知识与工程实践整合；为学生今后发展奠定基础与《州核心标准(语言和数学)》保持一致性(郭玉英等，2013)；通过对NGSS指导原则的分析，将NGSS的设计理念归纳为：通过实践活动整合科学和工程教育，以探究性和发展性的方式进行科学教育，将核心概念整合为四大学习领域(刘兴然，2014)；还有通过对《框架》和NGSS的指导思想研究，得出以下三条理念：以实践中的表现为评价取向，在三个维度中制定具体课程目标和关注各种联系，从宏观领域上归纳了NGSS的课程理念(胡玉华，2015)。

3. 课程内容

NGSS的课程内容是研究的重要领域之一，学者们分别从学科整合、课程目标、学科核心概念等视角对NGSS展开述评。以“表现期望”为核心来阐明实现三维课程目标的整合，作为横向整合；基于“进阶矩阵”设计的核心概念从幼儿园到12年级的进阶发展，作为纵向整合(郭玉英，2013)；阐述NGSS内容标准中“基础框”和“联系框”的功能和作用，给出科学教师必备的综合素质和研究能力(R.W.Bybee et al，2014)；还有从课程目标的角度强调表现预期的可操作性，三维目标的整合以及学习进阶的设计(邓阳，2014)；从对学生概念转变的角度结合课堂实例证明NGSS课程内容具有相关性、严谨性和连续性的特点(Foste，2015)。还有选择NGSS的DCIs版本进行研究，分析内容框架的组成以及学科核心概念的

① 赵玉萍. 中美科学教育课程标准的比较研究[D]. 天津：天津师范大学，2019.

选择标准K(基于NGSS的初高中模块课程规划)；NGSS课程内容具有连贯性，学科概念精练以及重视科学与工程实践的特点(熊国勇等，2016)。以上对课程内容的研究多注重宏观领域的介绍，而结合应用实例研究的不多。

4. 课程实施

关于NGSS实施方面的研究，见于科学与工程实践：计划和实施调查的重要性，提出基于科学实践理念的5D学习模式，该模式有利于科学实践教学的开展，缩小了学生在理论建模和科学实践中的鸿沟(Richard A.Duschl et al，2013)。2015年Achieve公司出版《新一代科学教育标准的实施指南》(*Guide to Implementing the Next Generation Science Standards*)，介绍了关于课堂教学、教师进修学习、教材选用、教育评价、教学资源和政策宣传等方面的建议。学者对NGSS实施指南进行了解读，对NGSS实施指南中的七条实施理念和六点专门化实施建议进行了分析，得出了对我国科学教育实施的启示(李凯，2016)；2018年Achieve公司又出版了《新一代科学标准教学材料的设计、选择和实施论文集》(*Design，Selection and Implementation of Instructional Materials for the Next Generation Science Standards：Proceedings of a Workshop*)，这是NGSS实施中对教学素材选择的综述，介绍了NGSS理念下的教学素材选择、教学模式选用以及教学实施，还给出了小组合作学习的实例，汇集了NGSS在课程实施以及教学资源开发的最新成果。

5. 课程评价

NGSS的评价是研究的重点。在NGSS文件陆续颁布后，美国成立了K-12科学学习评定研制委员会(Committee on Developing Assessment of Science Proficiency in K-12)。在2014年编制了《为新一代科学教育标准开发评定》(*Developing Assessment for the Next Generation Science Standards*)一书。书中提供了发展性评价方法和评价案例，从评价设计及有效性、课堂评价、评价监控、设计评价系统和实施科学评价系统等方面，阐明了评估的开发和实施。研究人员对《为新一代科学教育标准开发评定》做了解读，介绍了NGSS的学业评价整体设计。包括运用BAS设计评定系统、建构概念图、设计测试题、编制评分指南和检验测试模型。又从内部评价和外部评价两个方面介绍了NGSS的学业评价体系(蔡敏等，2015)。还有对初中学生科学课程教学的评价手段，采用以证据为中心的评价设计框架，通过编制科学评价测试和研究测试结果，对NGSS的评价设计提供了一定的参考(Angela H.DeBarger et al，2016)。

本章小结

人们对科学的看法大致经历了朴素的古代科学观、常识性科学观、逻辑经验主义科学观、批判理性主义科学观、历史主义科学观以及辩证唯物主义科学技术观。科学是一种探究活动，是一种知识体系，是一种社会共同体。了解不同时期的科学本质观，有助于学生全面、科学地理解科学的含义，有助于学生了解科学探究的过程与方法；有助于培养学生的科学精神；有助于培养学生的价值观。

科学教育是一种通过现代科技知识及其社会价值的教学，以提高全民科学素养为目的的教育活动。通过科学教育，学生可以掌握科学的基本概念和技能，学会科学方法，产生对科学的情感、态度与价值观，理解“科学—技术—社会—环境”之间的关系，最终懂得如何面对现实中的有关问题作出正确的选择。目前，科学教育呈现科学精神与人文精神相结合、普及科学教育与提高科学教育质量相结合等趋势。

本章介绍了美国《国家科学教育标准》(NSES)及《新一代科学教育标准》(NGSS)的产生背景、基本内容和对我国科学教育改革的借鉴意义。

科学课程真正受到人们的重视开始于 20 世纪 60 年代末，到目前已成为一种世界性的潮流。20 世纪 20 年代，我国在小学开设了科学课程，其发展大致经历了萌芽期、实验期、发展的新阶段三个阶段。

练　习　题

1. 通过对不同科学本质观的认识和理解，谈谈你对科学本质的看法。
2. 学习科学本质观的意义是什么？
3. 科学教育的含义是什么？
4. 科学教育的发展趋势是什么？
5. 科学素养的界定包含哪些方面？

第3章　小学科学课程与教学的心理学、教育学基础

本章学习目标

- 了解发现法教学思想、多元智能理论和建构主义基础教学理论的内涵和特点。
- 了解行为主义、认知主义、人本主义和建构主义学派教学理论对小学科学教学的作用。
- 掌握行为主义、认知主义、人本主义和建构主义学派教学理论在小学科学教学过程中的具体使用方法，以及在教学改革、学生能力培养、教学评价等方面的指导意义。
- 了解在行为主义、认知主义、人本主义和建构主义学派教学理论基础上衍生出的新的教学方法。
- 了解多元智能理论与传统教学理论的主要区别。

重点难点

学习理论、学习策略、教学理论的应用

核心概念

建构主义学派、学习理论、学习策略、教学理论

3.1　小学科学课程与教学的心理学基础

学习理论是探讨人类如何学习的理论，旨在阐明学习如何发生、有哪些规律、是什么样的过程、如何才能有效学习等问题，它对小学科学课程与教学设计的发展具有重要的指导意义。纵观学习理论的发展，行为主义、认知主义、建构主义以及人本主义学派的学习理论为小学科学课程与教学设计的形成和发展奠定了理论基础。

引导案例

澳大利亚小学的“动物”教学

小学三、四年级混合编班的学生要上科学课中的“动物”这一单元，科学教师玛莉的教学设计是，让学生自己用计算机多媒体设计一个关于本地动物园的电子导游图，从而营造出有利于建构“动物”概念框架的情境。

她把学生分为若干个小组，每个小组负责开发动物园中某一个展馆的多媒体演示。玛莉让学生自己选择开发哪一个展馆，选择一种动物，是愿意搜集有关的动物图片资料，还是愿意为图片资料写出相应的文字说明，或是直接用多媒体去制作幻灯片。

学生们根据选择组成不同的学习小组。这样，每个展馆就成为学生的研究对象，学生都围绕自己的任务努力去搜集资料。他们到动物园的相应展馆去实地考察动物的习性、生态，到图书馆或互联网上去查找有关资料，以获取动物图片和撰写说明。在各小组完成分配的任务后，玛莉对如何到图书馆和互联网上搜集资料适时给学生以必要的帮助，对所搜集的各种素材按照重要性进行分析并分类比较，给学生以适当的指导。

最后，玛莉组织全班学生进行交流和讨论。

(资料来源：[EB/OL]澳大利亚科学院出版小学科学教材《Primary Connetions: Linking Science with Literacy》)

3.1.1 行为主义学派

在 20 世纪上半叶，占主导地位的学习理论是行为主义理论，代表人物有巴甫洛夫(Иван Петрович Павлов，1849—1936)、桑代克、斯金纳。其理论先驱是美国心理学家桑代克(Edward Lee Thorndike，1874—1949)。桑代克早期主要通过动物的行为来研究动物心理，特别是研究动物的“学习”行为。通过研究，桑代克得出了一个非常重要的结论：动物的学习是经过多次的试误，由刺激情境与正确反应之间形成的联结所构成的。

在现代心理学派中树立起行为主义旗帜的是美国心理学家华生(John Broadus Watson，1878—1958)。他提出心理学的研究应关注行为，而不是人的意识，他把有机体应付环境的一切活动统称为行为(behavior)；把作为行为最基本成分的肌肉收缩和腺体分泌称为反应(response)；把引发有机体活动的外部或内部变化统称为刺激(stimulus)，由此建立起行为主义心理学的基本公式：“人和动物的全部行为都可以分析为刺激和反应。”华生提出的这个刺激—反应公式(S-R)成为行为主义解释学习的理论基础，他们认为学习的实质就在于形成、强化刺激与反应之间的习惯性联结。

在行为主义发展的后期，对学习理论影响最大的是斯金纳(Burrhus Frederic Skinner，1904—1990)，他根据自己发明的一种学习装置——“斯金纳箱”，通过不断地实验，提出了操作性条件反射学说。根据这个实验，斯金纳将学习概括为刺激—反应—强化。他认为如果一个操作发生后，接着给予一个强化刺激，那么其强度就会增加。用这种方法就可以提高这一操作再次发生的概率。

由此可见，尽管行为主义学派内部对学习的解释有不一致的看法，但总体来说，在对宏观的学习解释上仍然是一致的。

行为主义学习理论对学习的条件、学习的过程和学习的结果作了如下解释。

(1) 学习的条件。学习的顺利进行离不开强化，强化是学习得以进行的重要条件，即外部刺激引起学习者的反应，然后经过反馈对学习行为进行调节和强化，直到学习者形成正确的学习行为，并关注学习的外部条件。

(2) 学习的过程。学习的过程是渐进的尝试错误的过程，即随着错误反应不断减少，正确反应不断增加，形成固定的“刺激—反应”之间的联结，也称为“尝试错误”，直到最后成功的过程。

(3) 学习的结果。学习的结果就是形成刺激与反应的联结，即 S-R 间的联结，即学习就是有机体在某种情境下自发作出的某种行为，由于得到强化而提高了该行为在这种情境下发生的概率，形成了反应与情境的联系，从而获得了用这种反应应付该情境以寻求强化的行为经验。

思考交流

行为主义学习理论对于哪些类型的学习内容的学习具有指导意义？

3.1.2 认知主义学派

行为主义理论将人的所有学习都简单归结为“刺激—反应”之间的联结，而不考虑人的思维、意识等内心世界，这显然存在理论缺陷，由此导致了认知主义理论的发展。

认知主义学派代表人物有布鲁纳、奥苏伯尔。认知主义学习理论源于格式塔(Gestalt)心理学，它的核心观点是：学习并非是机械的、被动的刺激—反应的联结，学习要通过有机体积极主动的内部信息加工活动，形成新的完形或认知结构。瑞士心理学家皮亚杰(Jean Piaget，1896—1980)提出的认知结构说认为：认识活动的目的在于取得主体对自然社会环境的适应，达到主体与环境之间的平衡，主体通过动作对客体的适应又推动了认识的发展，强调认识过程中主体的能动作用，强调新知识与以前形成的知识结构相联系的过程，表明了只有学习者把外来刺激同化进原有的认知结构中去，人类学习才会发生。认知主义理论的主要代表人物还有柯勒(Wolfgang Kohler，1887—1967)、皮亚杰和加涅等。

1. 布鲁纳的认知—发现学习理论

布鲁纳(Jerome Seymour Bruner，1915—2016)是美国当代著名的认知心理学家，他反对以 S-R 联结和对动物的行为习得的研究结果来解释人类的学习活动，而是把研究的重点放在学生获得知识的内部认知过程和教师如何组织课堂教学，以促进学生“发现”知识的问题上。他的认知—发现学习理论是当代认知学习理论的主要流派之一。

布鲁纳的认知—发现学习理论的主要观点是学习的结果就是形成认知结构。在布鲁纳看来，人们是根据类别或分类系统来与环境相互作用的，客观世界是由大量不可辨别的物体、事件和人物组成的，人类认识客观世界时，不是去发现各类事件的分类方式，而是创建分类方式，借以简化认识过程，适应复杂的环境；学习的过程就在于学习者主动地进行加工活动(自下而上)，形成认知结构，即进行类目化(类目编码系统)的活动过程；学习的条件涉及知识的呈现方式和学习的内在动机等。

2. 奥苏伯尔的认知同化学习理论

奥苏伯尔(David Pawl Ausubel，1918—2008)明确区分了机械学习与有意义学习、接受学习与发现学习之间的关系，并阐明学生的学习主要是有意义地接受学习，是通过同化使知识结构不断发展的过程。他认为学习过程是自上而下的同化过程，用同化来解释有意义学习的内部心理机制。有意义学习的结果是形成良好的认知结构。进行有意义学习的条件是学习材料本身具备逻辑意义，而且学习者具有有意义学习的心向；学习者的认知结构中必须有同化新知识的原有的适当概念。

3. 加涅的累积学习理论

加涅(Robert M.Gagné，1916—2002)认为，学习的复杂程度是不一样的，既有简单的联结学习，也有复杂、高级的认知学习，并将学习按简单到复杂分为八种类型(信号学习、刺激反应学习、连锁学习、语言的联合、辨别学习、概念学习、规则学习和解决问题的学习)。加涅用信息加工的学习模式来说明学习的过程，如图3-1所示。

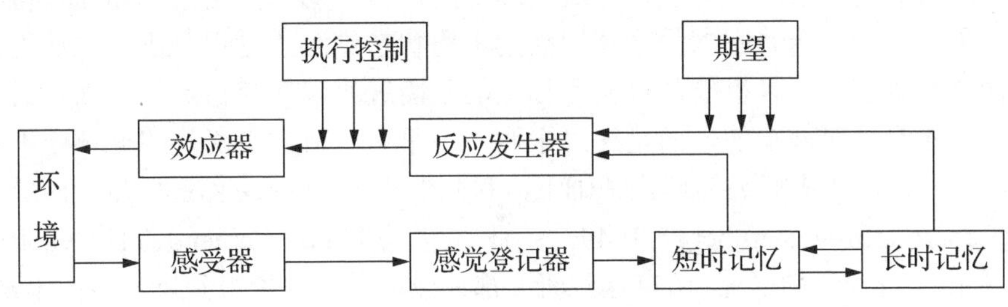

图3-1 学习的信息加工模式

从图3-1中可以看出，学生从环境中接受刺激，刺激推动感受器，并转变为神经信息进入感觉登记(瞬时记忆)，这时记忆储存非常短暂。被感觉登记了的信息很快进入短时记忆，短时记忆的容量和保持时间都是有限的，一旦超过了一定数量，新的信息进来就会把部分原有的信息赶走，若想保持信息，就得采取复述策略。当信息离开短时记忆进入长时记忆时，就要通过编码并储存在长时记忆中。当需要使用信息时，需经过检索提取信息。被提取出的信息可以直接通向反应发生器，从而产生反应；也可以再回到短时记忆中，对该信息的合适性作进一步的考虑，结果可能是进一步寻找信息，也可能是通过反应器作出反应。在整个过程中离不开期望和执行控制。期望是指学生希望实现的目标，即学习动机。执行控制即加涅所说的认知策略。

对学习条件的论述是加涅学习理论中最核心的内容。他认为学习的条件可分为内部条件和外部条件。内部条件即学生开始学习某一任务时已有的知识和能力；外部条件是指学习的环境。加涅提出了五大类学习的结果(言语信息、智慧技能、认知策略、动作技能和态度)。

关于认知主义学习理论还有其他一些代表人物以及他们的学说，但认知主义学习理论对学习的结果、过程和条件还有以下一些共性的东西。

(1) 学习的条件：注重学习的内部条件，如主动性、内部动机、过去的经验、智力等。

(2) 学习的过程：学习的过程是积极主动地进行复杂的信息加工活动的过程。

(3) 学习的结果：学习是形成反映整体联系与关系的认知结构。

思考交流

认知主义学习理论适用于指导哪些类型学习内容的学习？

3.1.3 建构主义学派

建构主义(Constructivism)学习理论是在认知主义学习理论的基础上产生发展的一种理论。其最早提出者是瑞士心理学家皮亚杰。他创立了发生认识论，认为儿童在与周围环境相互作用的过程中，会逐步建构起关于外部世界的知识，从而使自身认知结构得到发展。

在皮亚杰的理论体系中，认为认知发展受同化、顺应、平衡 3 个过程的影响。①同化原本是一个生物学上的概念，在这里是指个体对刺激输入的过滤或改变的过程。也就是说，个体在感受到刺激时，把它们纳入头脑原有的图式之内，使其成为自身的一部分，就像消化系统将营养物吸收一样。②顺应是指有机体调节自己内部结构，以适应特定刺激情境的过程。顺应与同化伴随而行。当个体遇到不能用原有图式来同化新的刺激时，便要对原有图式加以修改或重建，以适应环境，这就是顺应的过程。③平衡是指个体通过自我调节机制使认知发展从一种平衡状态向另一种较高的平衡状态过渡的过程。皮亚杰认为：智慧行为依赖于同化和顺应这两种机能从最初不稳定的平衡过渡到逐渐稳定的平衡。需要注意的是，平衡状态不是绝对静止的，而是在"平衡—不平衡—新的平衡"的循环中不断得到丰富、提高和发展的。在皮亚杰的理论基础上，科尔伯格(Lawrence Kohlberg，1927—1987)、斯腾伯格(Robert Jeffrey Sternberg，1949—　)和维果茨基(Lev Semenovich Vygotsky，1896—1934)等人作了进一步的研究。所有这些研究都使建构主义理论得到进一步的丰富和完善，为实际应用于教学过程创造了条件。

建构主义学习理论认为，学习的实质是：①学习是认知结构的改变。同化和顺应是学习者认知结构发生变化的两种方式，同化—顺应—同化—顺应……循环往复，平衡—不平衡—平衡—不平衡相互交替，人的认知水平发展就是这样一个结构变化的过程。②学习是个体主动建构自己知识的过程。学习不是由教师把知识简单地传授给学生，而是由学生自己建构知识的过程。学习不是简单的信息输入、储存和提取，而是新旧知识经验之间双向相互作用的过程。

影响学习的因素主要有：①先前知识经验的作用。学习者不是空着脑袋走进教室的，他们在开始学习之前已经存在许多先前的概念，尽管对每个学习者来说这些概念是不一样的。②真实情境的作用。建构主义强调学习情境，认为学习离不开一定的情境，知识也总是在一定的情境中才有意义。③协作与对话的作用。建构主义重视学习者之间的协作与对话，并将协作与对话建立在合作学习的基础上。建构主义学习理论认为，情境、协作、会话和意义建构是学习环境中的四大要素。由此可见，建构主义学习理论在学习的条件、过程和结果上是作如下解释的。

(1) 学习的条件。建构主义认为，学习者内部的知识经验、真实情境等因素是影响学习的重要条件。

(2) 学习的过程。建构主义认为，学习是学习者主动地建构内部心理表征的过程，是学习者从不同背景、角度出发，在教师和他人的协助下，通过独特的信息加工活动，建构自己的意义的过程。建构主义强调了这个过程的独特性与双向建构性，即建构一方面是对新信息的意义的建构，另一方面又包含对原有经验的改造和重组。

(3) 学习的结果。建构主义认为，学习的结果是学习者形成自己独特的认知结构。但这里的认知结构不是加涅所指的直线结构或布鲁纳等人提出的层次结构，而是围绕关键概念建构起来的网络结构的知识，既包括结构性知识，也包括非结构性知识。

思考交流

建构主义学习理论适用于哪些类型的学习内容？

3.1.4 人本主义学派

人本主义心理学是20世纪50年代末诞生的，是在“科学主义”被人们奉为时代圭臬，而人的情感、价值和需要却被忽略的背景下产生的。人本主义的学习理论是以人本主义心理学为基础的。人本主义心理学认为，学习是个人潜能的充分发展，是人格的发展，是自我的发展，是人的自我实现的过程，强调无条件积极关注在个体成长过程中的重要作用。以罗杰斯(Carl Ransom Rogers，1902—1987)为代表的人本主义心理学与行为主义心理学进行了长期的争论，斯金纳关心外部的控制，而罗杰斯则寻找排除外部控制的途径。人本主义学习理论反对传统的无意义的学习，倡导有意义的学习，并阐述了有意义学习的原则和条件。

(1) 学习的条件。罗杰斯指出，学生要实现有意义的学习，必须依靠一定的条件，这个条件就是教师要营造一种自由、民主、和谐融洽的充满着关爱与真诚的学习氛围。教师要为学生提供学习的手段和条件，促进个体发展成长。

(2) 学习的过程。人本主义学习理论认为，学习的过程就是学生在一定条件下自我挖掘其潜能，进行自我实现的过程。人本主义认为人皆有天赋的学习潜力，自幼就表现出对环境的探索，对世界事物的好奇，而且都有实现自我的需要。

(3) 学习的结果。关于学习的结果，人本主义心理学既反对行为主义关于形成一定刺激与反应联结的观点，也不同意认知学派关于构建认知结构的主张；而是认为学习的目的和结果是使学生成为一个完善的人、一个充分起作用的人，也就是使学生整体人格得到发展。

思考交流

人本主义学习理论适用于哪些领域？

拓展阅读

活动理论学说

活动理论学说是一种交叉学科的心理学理论，是研究在特定社会文化历史背景下人的行为活动的理论。其前身是苏联心理学家和教育理论家维果茨基的文化—历史心理学理论，后来在20世纪40年代被列昂捷夫(Alexei Nikolaevich Leontyev，1930—1979)发展成为活动理论。活动理论将人类认识的起点和心理发展的过程放在活动上，认为人的心理发展(有意识的学习)与外部实践活动是辩证统一的。活动不能在没有意识的情况下发生，意识也不能发生在活动情境之外。具体来说，活动理论的内容主要包括以下几个方面。

1. 活动系统的构成要素

活动系统包括6个要素，即主体、工具、客体、分工、共同体和规则。活动系统里的构成要素并非稳定且互相独立，而是动态且持续不断地与其他构成要素互动。它们之间的关系如图3-2所示。

在活动系统中，主体、工具和客体是核心要素。也就是说，所有活动都是以客体为导向，是由人类(主体)通过工具作为媒介对客体进行改造来完成的。每种活动最终都会产生一定的结果，这种结果可以是物质的、精神的或符号的。人类的行为活动处于社会文化的情境脉络中。而在活动系统中，规则、共同体和分工是对人类个体活动发生的社会文化环境因素的描述。共同体是活动主体所在群体，对学生来说，可能是学习小组或班集体等。规则是指对活动进行约束的明确的规定、法律、政策和惯例，以及潜在的社会规范、标准和共同体成员之间的关系。分工是指共同体内合作成员横向的任务分配，也指纵向的权力和地位分配，即分工可以根据各活动的具体情况协商进行，也可以自上而下纵向组织。一个组织如何分工，在某种程度上决定了参与者的工作文化的性质和氛围。由此可见，这 6 个要素是互相联系的，共同制约着活动系统的运行。

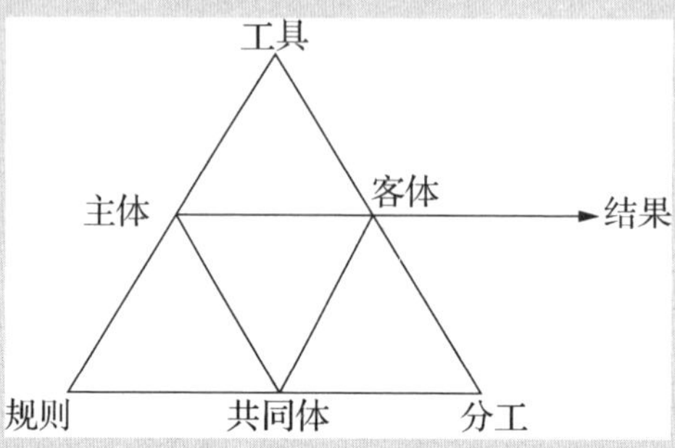

图 3-2　活动系统结构示意

2. 活动具有层次结构

活动理论认为，活动是由动机和目的连接的活动，是活动、行动和操作的完整体系。活动是有意识的过程，包括一连串的行动，行动又包括一连串自动化的、无意识的操作。它们之间的关系是双向动态的：活动可以分解为行动，并最终被分解为操作；操作也有可能成为行动。它们之间的关系如图 3-3 所示。

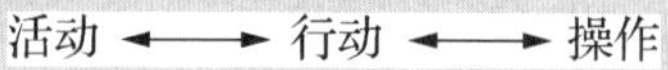

活动 ←——→ 行动 ←——→ 操作

图 3-3　活动、行动、操作的层级性质

3. 活动以工具作为中介

活动理论认为人类活动必须以工具作为媒介。工具是人类(主体)作用于客体的手段。工具可以是像榔头、计算机等物的东西，也可以是像符号系统、程序语言、模式或启发等抽象的、精神上的东西。工具可将活动主体与客体联系起来。工具不仅在活动自身的发展中形成，而且还保留了特定的社会、文化、历史色彩。因此，对特定文化工具的使用影响了个体外部行为的属性和内部心理机能的发展。

4. 活动理论的启示

活动理论的特点是认为个体是存在于某种活动中，个体不可能脱离活动而单独存在；同时，个体的活动存在于社会之中，个体的活动绝不可能脱离他所处的社会环境与文化背景而单独存在。个体的活动，即使是最为私密的活动，也是社会中的活动，也受到文化与历史的制约。因此，只有在活动中来理解个体才有意义，同时，只有在社会中来理解个体的活动才有意义。个体的学习活动同样如此。个体的学习活动绝不是单纯个体的事情，而是与他所处的社会环境密切相关。因此，活动理论的学习观，强调在整个完整的活动系统中来理解与设计个体的学习活动，在这个过程中，既要考虑主体的因素，如个性、动机等，也要考虑客体的因素，如任务的性质、分工等，同时还要考虑主体为了实现客体所需要的中介工具，如交流工具、认知工具等。同时，还需要考虑个体所处的学习共同体，以及该共同体所制定的规则、分工等。

(资料来源：[EB/OL]百度百科)

推荐阅读

[EB/OL]百度文库，列昂捷夫。

【教学活动建议】

(1) 教师引导学生采取小组协作的方式，访问相关网站或通过搜索引擎搜索、查阅与新建构主义学习观相关的文章等。使学生通过上网查阅相关文件或文章，并通过小组讨论，理解发展小学科学与教学设计的意义。

(2) 围绕“小学教育专业学生应如何学习《小学科学课程教学论》”这一主题开展如下活动。

① 先分学习活动小组，给每个小组布置不同的活动任务，然后各组内再进行分工。每个小组根据自己小组的具体情况访谈相应专业的同学，与他们探讨和交流，其中重点要了解学生是怎样进行学习的这一主题。

② 各小组上网利用自己熟悉的搜索引擎去搜索有关的学习理论，深刻理解每一种学习理论的内涵和实质，然后分析自己了解的学习与所查找的学习理论上的介绍是否对应，学习理论如何指导学生当前的学习等相关问题，在小组内讨论并达成一致观点。

③ 各小组选派一名代表进行主题发言，汇报小组对学习理论的理解及学习理论对《小学科学课程教学论》的指导意义，以共享他们的信息资源。

④ 各小组把自己的活动结果发布在自己的个人主页或博客上，参与日志的评论和交流。

⑤ 评价方法。采用个人自评、小组互评和教师评价相结合的办法。

在这个活动过程中，教师应指导主题活动，收藏相关网络资源，观察学生的表现，解答学生活动中出现的问题，指导小组学习并进行评价。

3.2 小学科学课程与教学的教育学基础

3.2.1 学习策略与学习理论

STEM 教育概述.mp4

STEAM 教学模式在小学科学教学中的应用.mp4

学习策略(Learning Strategies)历来是教学心理学、学习理论和教学论等学科共同关注的一个重要问题。学习策略主要包括学习策略的含义及实质、学习策略体系和影响学习策略因素等。

1. 学习策略概述

学习策略是指具体的学习技能，如复述、想象和列提纲等；也指自我管理活动，如计划、领会、监控等；还指具体技术组合的计划。学习策略甚至与元认知、认知策略、自我调节等概念相重叠。概括起来，对学习策略的定义有下述几种。

☆ 学习策略是学习活动或步骤。不是简单的事件，而是用于提高学习效率，对信息进行编码、分析和提取的智力活动，是选择、整合应用学习技巧的一套操作过程。

☆ 学习策略是学习的规则、能力或技能。

☆ 学习策略是学习计划，是学习者为了完成学习目标而制订的复杂计划。

综上，学习策略是学习者为了提高学习效能(效果、效率和目标完成)，有目的、有意识地制定的有关学习过程的活动方案。

根据学习策略的作用，丹瑟路(Dansereau，1985)把学习策略分为基本策略和支持策略。基本策略指直接操作材料的各种学习策略，包括信息的获得、存储，信息的检索和应用的策略。支持策略指帮助学习者维持适当的学习心理状态，以保证基本策略有效操作的策略，如集中注意策略。根据学习策略的成分，迈克卡等人(McKeachie et al，1990)将学习策略分为认知策略、元认知策略、资源管理策略。

学习策略遵循的原则有主体性原则、内化性原则、特定性原则、生成性原则、有效的监控、个人自我效能感。学习策略具有以下特征：主动性。学习者学习是有意识的心理过程；有效性。是相对效果和效率而言的；过程性。是有关学习过程的策略；程序性。是学习者制订的学习计划，由规则和技能构成。

学习策略与学习方法既有区别，又相互联系。学习方法是学习策略的基础，没有学习方法或者学习方法缺乏就不可能形成较高水平的学习策略。学习策略是学习者完成学习任务时选择、使用和调控的程序、规则、方法、技巧、资源等，各因素之间相对稳定的联系，与学习者的特质、学习任务的性质以及学习发生的时空均密切相关，是一个有特定指向的认知场函数。

2. 布鲁纳的结构—发现教学理论

布鲁纳在 1959 年提出了“结构—发现”教学理论(课程结构论和发现教学法)。1958 年美国国会通过“国防教育法”，大量拨款改革中小学的学科设置和教学方法。1959 年美国国家科学院(NAS)召开了中小学教学讨论会，布鲁纳在会上正式提出“课程结构论和发现教学法”。主要观点是就“教什么，什么时候教，怎样教”提出了新见解。

教什么——认为课程的中心是学习学科的基本结构。首先要学生学习这门学科的基本结构，使学生掌握学科的基本事实和技巧，是教授和学习基本结构。

什么时候教——任何学科的基本原理，都可以用某种形式教给任何年龄的任何人。教什么和什么时候教，他提出了两条原则：第一，各门学科都要给那些和基础课有关的普遍的和强有力的概念和态度以中心地位。第二，要把教材分成不同的认识水平，使之和不同年级、不同能力的学生配合起来，使它既能由普通的教师教给普通的学生，同时又能清楚地反映学科的基本原理；并要善于发现学生的认识结构，使课程设计与认识结构统一起来。

怎样教——强调发现法教学。发现法是指以探究性的思维方法为目标，以基本教材为内容，让学生自我去发现。发现法教学可分为四个步骤：①提出问题。提学生既可能解答又能使之前进的难易适当的“适中问题”，以激发其兴趣和探究要求，明确发现目标。②提出假说。让学生提出解决问题的可能的方案。③得出结论。搜集资料，发现依据，得出结论。④运用检验。

3. 行为主义学派学习策略——桑代克的“感应结”、斯金纳的“强化刺激”

按照行为主义学派观点，学习就是学习者形成或改变行为。学习行为的实质是在刺激(S)同反应(R)之间建立联结，即“感应结”。这种联结，有的是先天的本能，有的是后天习得的即习惯，学习就是在本能的基础上养成习惯。经典条件反射与操作条件反射理论都认为强化是形成和巩固条件反射的重要条件。个体的学习行为倾向完全取决于先前的这种学习行为与刺激因强化而建立的牢固联系，强化可使人在学习过程中增强重复学习的力量。而不断强化可以使这种联结(刺激与学习者之间的联系物)得到加强和巩固，任何学习行为都是为了获得某种报偿。因此，在学习活动中，采取如奖赏、赞扬、评比、竞赛等外部手段，可以激发学习者的学习动机，促使其相应的学习行为改变。

对学习者的强化，既可以是外部强化，也可以是内部强化。前者是由教育者施与学习者身上的强化手段，后者则是自我强化，即学习者在学习中由于获得成功的满足而增强了学习的成功感与自信心，从而增强了学习动机。在学习过程中应合理地增强正强化，减少负强化，这将有助于提高学习者的学习动机水平，改善他们的学习行为及其结果。

班杜拉(Albert Bandura，1925—　)在强调学习活动中也重视强化对学习者学习行为的调控作用。他将强化分为：一是直接强化，即通过外部因素对学习者的学习行为予以强化；二是替代性强化，即通过榜样来强化相应的学习行为或学习倾向；三是自我强化，即学习者按照评价标准进行自我评价和自我监督来强化相应的学习行为。这三种强化的综合运用，能激发、形成和增强学习者的学习动机。

4. 认知主义学派学习策略

认知主义学派把人看成信息加工系统，是现代认知心理学的核心观念。认知中对思维、理解、语言、记忆、知识、创造力的认识，都离不开编码操作。编码是信息加工的核心，通过编码，各种通道对信息的变换、存储、再认和提取，提高了信息传递的效率。信息加工系统的基本特征在于它能以符号的形式表示外部环境中的事物及自身内部的一系列操作过程，并能对它们进行信息加工。通过研究人在环境中获得、加工、存储、使用信息的过程，揭示学习的本质，从而改善教育方式，更好地发挥人的潜能。

1)　布鲁纳提出的学习的“3个过程”

布鲁纳认为学习包括 3 个同时发生的过程：一是新知识的获得；二是知识的改造，即个体仔细处理已有知识，使它适合新的工作任务；三是检查知识是否恰当和充分。在这一过程中，学习者应积极选择信息，形成知觉上的假设，减少从环境输入信号中的意外，达到获取有价值的学习目的。学习的中心问题是概念化或类型化。学习是个体把同类的事物联系起来，并联结成有一定意义的结构。学习的最好状态是思维，思维是个体通过概念化或类型化的学习活动弄懂并厘清事实的过程。

2)　奥苏伯尔提出的“有意义学习的心理机制——同化”

奥苏伯尔认为有意义学习是分层次进行的。他把学习分为 4 个层次。第一层是表征学习，即学习各种符号的意义。第二层是概念学习。概念是指某一领域因具有共同特征而组织在一起的特定事物。第三层是命题学习。一个命题包含两个以上的概念，命题之间相互关联，有上位、下位和组织关系。第四层是发现学习。发现学习是指学习内容不是以定论的方式呈现给学习者，而是要求学习者把结果并入自己的认知结构之前，先要从事某种心理活动，如对学习内容进行重新排列、重新组织或转换。学习者能否习得新的知识，主要取决于其认知结构中已有的相关概念，这就是“同化”。有意义学习是通过新的信息与学习者认知结构中已有的相关概念之间的相互作用——同化，才得以发生的，由于相互作用导致了学习者新旧知识的同化的结果。

3.2.2 布鲁姆的教学目标分类理论

教学目标的分析与阐明决定着教学的方向、教学内容的确定、教与学活动的设计、教学策略和模式的选择与设计、学习环境的设计、学习评价的设计等。教学目标的阐明是教学设计中的一个重要环节。

1. 教学目标的分类

对教学目标进行分类可以使琐碎的目标变得有序，可以防止目标分析中的疏漏与偏颇。目标分类理论主要有布鲁姆(Benjamin.S.Bloom，1913—1999)的教学目标分类理论。布鲁姆将教学活动所要实现的整体目标分为认知、情感、动作技能三大领域，并从实现各个领域的最终目标出发，确定了一系列目标序列。其中认知领域的目标可分为识记、领会、运用、分析、综合、评价 6 个层次；动作技能学习领域目标可分为感知、准备、有指导的反应、机械动作、复杂的外显反应、适应、创新 7 个级别；情感学习领域目标可分为接受或注意、反应、评价、组织、价值与价值体系的性格化 5 个级别。

在我国基础教育阶段，小学数学、语文等科目(不包括小学科学课)的课程标准强调，无论哪一门学科，都要在课程的总体目标上落实“知识与技能、过程与方法、情感态度与价值观”的三维目标。三维目标是当代知识观在教育教学中的体现，是知识的本质和价值在课程知识观中的体现。三维目标在具体的课堂教学活动中是不可分割的，是统一的整体，为当前教学目标的编写提供了依据。

2. 教学目标的编写

教学目标的重点应说明学习者行为或能力的变化，而且能反映学习者在完成教学学习之后具有什么新的能力。教学目标是从学习者的学习过程中提取出来的，而不是设计者或教育者施加给学习过程的。因此，教学目标必须是特定而具体的，必须反映学习者的学习行为。一般采用以下两种方法。

1) ABCD 法

一个规范的教学目标包括教学对象、行为、条件、等级四个要素。为了便于记忆，把编写教学目标的方法简称为 ABCD 法。

A——对象(Audience)。就是要指明特定的教学对象，有时候如果教学对象已经明确了，就可以从目标中省略。

B——行为(Behavior)。行为是教学目标中必不可少的要素，它表明学生经过学习以后能做什么和应该达到的能力水平。一般情况下，使用一个动宾结构的短语来描述行为，其中动词是一个行为动词，它表明了学习的类型，而宾语则说明了具体的教学内容。

C——条件(Condition)。说明了上述行为是在什么样的条件下产生的。因此，在评价学生的学习结果时，也应以这个条件来衡量。条件一般包括下列因素：环境、设备、时间、信息以及同学或老师等有关人的因素。比如，“在 30 秒内完成 10 个仰卧起坐”就规定了完成仰卧起坐的具体时间；再比如，“查字典，翻译下面的英语短文”就考虑了信息方面的因素。

D——等级(或程度 Degree)。表明了行为合格的最低要求。

教学案例

ABCD 法示例

“初中二年级上学期的学生(教学对象)，能在 5 分钟内(条件)，完成 10 道因式分解题(行为)，准确率达 95%(等级)。”

采用 ABCD 法，并不必须四个要素一应俱全。其中只有行为要素不能省略，而其他三个要素都可以根据具体情况适当省略。

(资料来源：[EB/OL]百度知道)

2) 内外结合法

行为目标虽然避免了传统目标中陈述含糊的不足，但它本身也存在缺陷。它在很大程度上忽视了学习者内在的认知和情感的变化。这样，用内部过程和外显行为相结合的教学目标阐明方法应运而生。

用内外结合法陈述的教学目标由两部分构成：第一部分为一般教学目标，用一个动词来描述学生通过教学所产生的内部变化，如记忆、知觉、理解、创造、欣赏等；第二部分为具体教学目标，列出具体行为样例，即学生通过教学所产生的能反映内在心理变化的外显行为。

教学案例

内外结合法示例

教学目标是“培养学生关心班集体的态度”。态度本身是无法观察的，但是通过列举一些学生的具体行为变化，用于反映他们的态度是否已经改变，学习结果也就能够观察出来了。上面这个教学目标可以这样来描述。

☆ 内部心理描述：具有关心班集体的态度。

☆ 列举行为样例：认真做值日；主动做对班集体有益的事情；积极参加班集体组织的各项活动；在年级或全校的各项比赛中，积极为自己的班级争取好成绩。

(资料来源：[EB/OL]搜狗问问)

3.2.3 加德纳的多元智能理论

1. 多元智能理论的内涵

多元智能理论是自 20 世纪 80 年代中期以来风行全球的国际教育新理念。它是由美国当代著名心理学家和教育学家加德纳(Howard Gardner，1943—)于 1983 年在其《心智的结构》一书中首先系统地提出，并在后来的研究中得到不断发展和完善的人类智能结构理论。

多元智能理论对智力的定义和认识与传统的智力观是不同的。加德纳认为，智力是在某种社会和文化环境的价值标准下，个体用于解决自己遇到的真正难题或生产及创造出某种产品所需要的能力。智力不是一种能力而是一组能力，智力不是以整合的方式存在而是以相互独立的方式存在的。多元智能中的各种智能的内涵如下所述。

(1) 言语语言智能。这是指人对语言的掌握和灵活运用的能力，表现为用词语思考，用语言和词语的多种不同方式来表达复杂意义。

(2) 数理逻辑智能。这是指人对逻辑结果关系的理解、推理、思维表达能力，突出特征为用逻辑方法解决问题，有对数字和抽象模式的理解力，认识、解决问题的应用推理。

(3) 视觉空间智能。这是指人对色彩、形状、空间位置的正确感受和表达能力，突出特征为对视觉世界有准确的感知，产生思维图像，有三维空间的思维能力，能辨别感知空间物体之间的联系。

(4) 音乐韵律智能。这是指人的感受、辨别、记忆、表达音乐的能力，突出特征为对环境中的非语言声音，包括韵律和曲调、节奏、音高、音质的敏感度。

(5) 身体运动智能。这是指人的身体的协调、平衡能力和运动的力量、速度、灵活性等，突出特征为利用身体交流和解决问题，熟练地进行物体操作以及需要进行良好动作技能的活动。

(6) 人际沟通智能。这是指对他人的表情、说话、手势动作的敏感程度以及对此作出有效反应的能力，表现为个人能觉察、体验他人的情绪、情感并作出适当的反应。

(7) 自我认识智能。这是指个体认识、洞察和反省自身的能力，突出特征为对自己的感觉和情绪敏感，了解自己的优缺点，用自己的知识来引导决策，设定目标。

(8) 自然观察智能。这是指观察自然的各种形态、对物体进行辨认和分类、能够洞察自然或人造系统的能力。

加德纳认为，他所提出的 8 种智能的观点，在某种程度上还只是一个理论框架或构想，随着心理学、生理学等相关学科的发展，多元智能的种类将可能得到发展。

2. 多元智能理论的特征

(1) 智能的多元性。人的智能是由多种要素构成的，这些智能要素是多维度、相对独立地表现出来的，不同的智能要素之间没有主次之分，应同等对待这些要素。

(2) 智能的文化性。从加德纳对智能的解释可以看出，智力与一定的社会文化环境下人们的价值标准有关，不同的社会文化环境下人们对智力的理解各不相同，对智力表现形式的要求也不尽相同。

(3) 智能的差异性。由于环境与教育的差异，使个体智能的发展方向、发展程度和表现形式有着明显的差异性，因而每个人的智能各具特点，每个人都有一种或数种适合自身心理特点的学习内容和方式。

(4) 智能的实践性。加德纳把智能看作是个体解决实际问题的能力，是在实践中发现新知识和创新新产品的能力。

(5) 智能的开发性。人的多元智能的发展，关键在于开发。学校教育的宗旨应是开发学生的各种智能和学生的潜能，促使学生全面发展。

思考交流

阐述多元智能理论对小学科学教学及教学改革的意义。

拓展阅读

1. 发现法教学的起源

发现法教学在我国可以追溯到先秦教育名篇《学记》中，“君子之教，喻也”“道而弗牵，强而弗抑，开而弗达”的古训。其中，“开而弗达”(开启、引导学生的思维而不要代替学生作出结论)，就是发现法教学的思想。在国外，发现法教学可追溯到公元前5世纪到公元前4世纪，古希腊哲学家苏格拉底和柏拉图创用的“产婆术”。他们将学生获得知识喻为产妇生产，教师只能充当“助产士”的角色。荷兰数学教育家汉斯·弗赖登塔尔(Hans Freudenthal，1905—1990)在《作为教育任务的教学》中指出，学习过程含有直接创造的因素，通过创造获得知识与能力。布鲁纳则明确提出了“发现法”这一术语，要求学生自己去探索、发现，发展个人的创造性。

2. 建构主义的主要流派

建构主义的主要流派包括个人建构主义、激进建构主义、社会建构主义、社会建构论、批判建构主义、语境建构主义6个学派。

3. 学习理论研究简介

桑代克的经典性条件反射学说认为学习是暂时的神经联系。巴甫洛夫在其著作《条件反射》中指出，学习都是联系的形成。格斯里(E.R.Guthrie)认为学习的主要条件是刺激与反应的接近。赫尔(G.S.Hall)提出了学习的需要削减理论，强调学习过程中的刺激、提示、反应和报酬等要素构成学习。苛勒认为学习的实现和成果是由于人和动物对问题情境顿悟的结果，这种理论被称为学习的顿悟理论。埃斯蒂斯(W.K.Estes)认为学习是有机体对刺激的反应，是一种随机的过程，可以用概率论加以分析，这种理论被称为刺激抽样理论。托尔曼(E.C.Tolman，1886—1959)则认为学习是“认知地图”的过程，这种理论被称为学习的认知理论。

(资料来源：[EB/OL]百度文库)

思考交流

(1) 什么是发现法教学？发现法教学的意义是什么？

(2) 如何在小学科学课程学习中采用发现法教学方式？

(3) 发现法教学的主要过程是什么？

3.2.4 西蒙斯的关联主义学习观

2004年，加拿大学者乔治·西蒙斯(George Siemens，2004)在国际上率先提出了“关联主义”(Connectivism)(也译为联通主义、连接主义)的概念。关联主义是一种超越行为主义、认知主义和建构主义，适合解释和指导数字时代学习现象与学习需求的理论。

1. 关联主义：数字时代的一种学习理论

关联主义认为，学习不再是个体的内部活动，知识也不再以线性的模式获得，学习(被定义为动态的知识)不仅发生在学习者内部，还可存在于学习者自身之外的组织、社群或数据库中，学习是一个连接专门节点或信息源的过程。

如果说行为主义的学习隐喻是“强化”，认知主义的学习隐喻是“习得”，建构主义的学习隐喻是“建构”，那么，关联主义的学习隐喻是“连接”。作为数字时代的学习理论，在确切定义和解释人们是如何学习这一方面，关联主义的核心观点认为“学习就是形成网络(Network forming)”。任何理论的验证标准都取决于它能把该领域的问题和矛盾解决到什么程度，当学习被看作“一种形成连接(创建网络)的过程”时，以往行为主义、认知主义和建构主义中关于学习的种种悬而未决的问题便会得到很好的解答。

1) 关联主义解析

关联主义是一种经由混沌、网络、复杂性与自我组织等理论探索的原理的整体。学习是一种过程，这种过程发生在模糊不清的环境中，将核心成分置于个人的控制之下。学习被定义为动态的知识，可存在于自身之外，在一种组织或数据库的范围内。将学习集中在将专业知识系列的连接方面，这种连接能够学到比现有的知识体系更多、更重要的东西。

关联主义建立在这样一种理解上，即知识基础的迅速改变导致决策的改变。新的信息持续被获得；区分重要信息与非重要信息的能力至关重要。当新的信息改变了建立在昨天决策基础上的知识全景时，要有识别能力，这点同样非常重要。

2) 关联主义的基本原则

关联主义有 8 条基本原则：①学习和知识存在于多样性的观点中；②学习是一个连接专门节点或信息源的过程；③学习可存在于人工制品(Artifact)中；④可持续学习的能力比当前掌握的知识更重要；⑤促进持续学习需要培养和保持各种连接；⑥能洞察不同领域、观点和概念之间的内在联系；⑦知识的现时性(精确的、最新的知识)是学习活动的宗旨；⑧决策本身是一种学习过程。人们应根据不断变化的现实来选择“学什么”“怎样学”和“如何理解新信息的意义”。

3) 关联主义的基本观点

结合关联主义的基本原则从知识观、学习观、能力观对关联主义作如下阐释。

(1) 知识观。知识能被描述但不能被定义，它是一种组织，并非是一种结构。在传统认知上，知识的组织主要采用静态的层级和结构，今天，知识的组织主要采用动态的网络和生态。①知识的类型：西蒙斯将知识的类型分为知道是什么(Knowing about)、知道如何做(Knowing to do)、知道成为什么(Knowing to be)、知道在哪里(Knowing where)和知道怎样转变(Knowing to transform)，“知道成为什么”(需要什么)、“知道在哪里”找到知识以及“知道怎样转变”将成为数字时代越来越重要的知识和能力。②知识的分布：关联主义引入网络的概念，认为学习网络由节点(Nodes)和连接(Connections)组成，知识不仅存在于个体的头脑中，还存在于个体外部世界的各种人工制品(如组织、社群、数据库)中，而这些皆可被视为节点。 此外，关联主义认为知识的现时性是所有关联主义学习活动的宗旨，人们只有在不断的循环流动更新中才能获得精确的、最新的知识，而知识的流动离不开各种工具的支持，因此，关联主义的基本要素包括节点、连接、网络、知识流和工具。

(2) 学习观。关联主义诠释的是一种“关系中学”和“分布式认知”的学习观。关联主义认为，知识以碎片化的方式分布于知识网络或社会网络的各个节点上，学习就是把分散的各个节点连接关联起来的过程。面对数字时代信息或知识的过载，我们并不用也不可能学会所有的知识，因此我们要学会将认知负荷卸载到网络中，正如凯伦·斯蒂芬森(Karen Stephenson)所说“长期以来，经验被认为是知识最好的老师。但我们无法经历所有的事，因此他人的经历，乃至其他人，都将成为知识的代名词，‘我把知识储存在朋友处’诠释的正是一种通过创建人际网络汇聚群体智慧来获取知识的公理”。

(3) 能力观。关联主义认为，今天有效的学习需要不同的方法和个人能力。是在应用知识的同时，促进已知的知识。不过，当知识为人所需，而又不为人知时，寻找出处而满足需要就成了十分关键的技能。由于知识不断增长进化，获得所需知识的途径比学习者当前掌握的知识更重要。关联主义是适应当前社会结构变化的学习模式。学习不再是内化的个人活动。当新的学习工具被使用时，人们的学习方式与学习目的也发生了变化。在认识到新的学习工具所带来的影响及学习意义的环境变化方面，关联主义提供了学习者在数字时代成功学习所需的学习技能与学习任务的见解。

在关联主义的视角下，需要具备如下终身学习的能力：智商与情商相结合的能力、应用能力或实践能力、关联能力、搜寻能力、分布式学习能力、协作学习能力、信息素养、兼容和整合能力、知识管理能力、决策与创新能力。此外，应变能力、问题求解能力、迁移能力、沟通交流能力、批判性思维、可持续发展等高阶能力也是关联主义下学习者必须具备的学习能力。

2. 关联主义学习观：学习即连接的建立和网络的形成

1) 学习即网络的形成

网络由节点和连接两部分组成，网络中意义的创建源自连接的形成和对节点的编码。新的节点的出现并不能保证学习的发生，因为新增的节点不能确保知识的传输和意义的转换。这些新节点必须被编码且与网络中的其他节点发生联系，即连接是关联主义学习的关键。因此，学习是允许我们接受新知识，并将新知识作为个人知识网络的新节点而编码的过程。

知识的获得不是直接的转换过程，而是意义化的过程。该过程是在包含内容、资源创造者和学习者的情境中发生的。影响连接强度的关键因素包括动机、情感、对节点的重视程度以及节点中的矛盾、节点的开放程度和重复性、模式化、逻辑和经验等。知识获取过程包含了丰富的认知和情感参与，在与他人持续的反馈中认知和情感不断交织。情感和认知影响如何将其他节点整合到更大的网络中。

图 3-4 表征了关联主义的学习观。

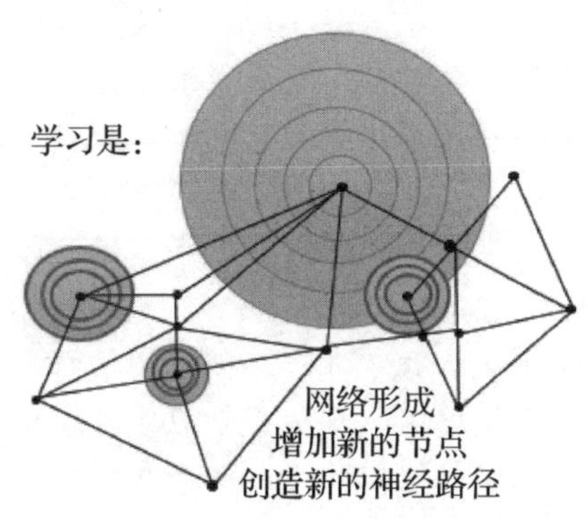

图 3-4　关联主义学习观的学习网络模型(Siemens，2005)

学习就是形成三个基本网络：内部认知神经网络、概念网络和外部/社会网络间连接的过程。网络是独特的认知元素，能处理、过滤、评价和验证新信息，具有适应性、易流动性和可定制性。关联主义学习网络模型把某些知识流的处理交给网络的其他节点。个人创建由人和网络等可信节点构成的技术增强型个人学习网络。

学习者聚合节点并与节点中的知识进行联结。学习者通过学习发展个人知识网络，知识网络的发展有利于保持知识的时代性。网络节点聚合形成学习结构，如果从学习网络中去除关键节点，整个组织就会失效。学习不是单一的行为，也不是最终的目的，而是不断发展的过程。个人网络通过新节点而被持续扩大和增强。未知和迷惑是学习和知识生成过程的一部分。

2) 对模式识别的重新认识

模式识别(Pattern Recognition)是通过计算机用数学技术方法来研究模式的自动处理和判读，把环境与客体统称为“模式”。模式识别是复杂的信息处理过程，其过程的一个重要形式是生命体对环境及客体的识别。

由于人们对事物的认识是按照一定方式组织和体现连接的模式，因此关联主义学习更重要的是模式识别。西蒙斯认为，模式识别需要更高水平的思考、推理和运作(在更复杂的知识空间中导航)，知道某些内容按照特定的方式组织、展现关联的模式，西蒙斯一直没有给出清晰的模式识别的定义。模式“是指隐藏在事物之中的一种内在规律，找到这种规律可以指导我们预测和应对同类事物”(王竹立，2011)，而模式识别就是发现规律，并用文字符号进行加工整理，形成新的方法、理论和概念，模式识别即知识创新。模式识别定义包括发现规律和表征规律两方面，而关联主义学习理论中还没有上升到表征规律这一层面，模式识别是意会的重要手段。[注：意会一般被认为是个体在日常生活中应对不确定性、复杂主题或变化环境的活动(Siemens，2011)]西蒙斯认为意会实质上是概念关联的体系结构，如项目框架，即指持续地寻找“理解关系”。意会发生在个人和组织生活的方方面面，以及个人面临没有明确路径的模糊问题时。意会有日常意会、映射到现有知识意会、新知识意会和危机意会四种。

拓展阅读

有关教学理论简介

教学理论是研究教学客观规律的科学。教学理论的研究范围主要包括教学过程、教师与学生、课程与教材、教学方法和策略、教学环境以及教学评价和管理等。教学理论是从教学实践中总结并上升为理论的科学体系，它来自教学实践又指导教学实践。对于现代教育技术而言，为了解决教学问题就必须遵循教学的客观规律，也就有必要与教学理论建立起一定的联系。

教学理论的研究和发展为现代教育技术提供了丰富的科学依据。如前所述，教学理论研究的范围涉及诸多方面，其研究成果极其丰富。现代教育技术从其指导思想到教学目标、教学内容的确定和学习者的分析，从教学方法、教学活动程序、教学组织形式等一系列具体教学策略的选择和制定，到教学评价，都从各种教学理论中汲取精华，综合运用，寻求科学依据。此外，巴班斯基的教学最优化理论，混合式教学理论等，都在现代教育技术的实践中被接纳和融合。

1. 人本主义学习观

人本主义学习观来源于 20 世纪 50 年代的人本主义心理学。其代表人物是罗杰斯和马斯洛(Abraham H.Maslow，1908—1970)。人本主义学派认为：人只有着眼于现在，着眼于发展人的智慧和人性，要重视人内在的感情、信念、价值观，要重视人类经验的形成，强调自我概念。

在教育过程中强调认知，教育的价值在于人的发展，教育学习的目的是自我实现，强调“非指导性”和“经验学习”。“非指导性”要求以学生的经验为中心，依靠经验去发展学生的洞察力，通过学习，走向“自我理解”。教师的角色是促进者，帮助学生澄清想学什么，安排适当的活动和学习材料，发现所学内容的个人意义，营造学习过程的心理氛围。

个体的自我实现是学习的一项主要动机。个人学习就是为了追求自我实现，即通过学习使个人潜能、价值和个性得到充分发挥、发展和实现。个体的自我实现应与社会实现统一起来，一起推动社会实现、社会进步。

2. 动机理论中的学习观

动机理论即成就理论。20世纪30年代由默里(H.A.Murry，1938)提出成就动机这一概念。成就动机是个体努力克服障碍，施展才能，力求尽可能又快又好地完成工作任务的愿望或趋势。成就动机是在个体成就需要的基础上产生的，它是激励个体在自己认为重要的或有价值的任务中乐意去力求获得成功的一种内在驱动力。这种动机是人类所特有的，其形成与生理需要无关，是后天获得的具有社会意义的动机。在学习活动中，成就动机是一种主要的学习动机。

阿特金森(J.W.AtKinson)把成就动机分为两种相反倾向的因素：一种是力求成功的动机，即个体追求成功和由成功带来的积极情感的倾向性；另一种是避免失败的动机，即个体避免失败和由失败带来的消极情感的倾向性。这两种动机或倾向性构成个体的个性特征。奥苏伯尔认为成就动机有三方面的内驱力：一是认知的内驱力；二是自我提高的内驱力；三是附属的内驱力。上面三种内驱力在学习活动中的作用不是固定的，随学生的年龄、性别、个性特征以及环境文化背景等因素而变化。

3. 建构主义学派的学习观

对学习实质的理解，维特罗克的生成学习理论，是一种建构主义的学习理论。

维特罗克(Merlin C.Wittrock，1931—)认为，学习的实质就是一个主动建构和生成意义的过程。1974年，维特罗克在《美国心理学家》杂志上发表了《作为生成过程的学习》(*Learning as a generative process*)一文，正式提出了生成学习理论。

(1) 生成学习理论。

维特罗克学习本质的第一个核心观点：“学习是学习主体内部的主动建构，不是外界信息的单纯输入。”这一观点发展了加涅的信息加工理论，克服了该理论仅仅考虑信息的输入、处理、输出环节，而很少考虑“如何通过学习促进学生的发展”的缺陷。

维特罗克学习本质的第二个核心观点：“人脑并不是被动地学习和记录输入的信息，而是有选择地去注意所面对的大量信息，并主动构建对输入信息的解释，从中作出推论；学习过程就是学习主体的原有认知结构与从环境中接收的感觉信息相互作用，是主动构建信息意义的生成过程。”

在学习中，学生可能进行不同的建构，学生自己主动建构有利于学生对所学材料的理解和掌握。这说明学习活动是由一系列的主动建构过程完成的，个体认知结构的形成和发展是“学习生成”的结果。“生成论”隐含了皮亚杰的“顺应”概念的内涵。“顺应”是当原有图式容纳或同化不了客体或主体动作经验时，在主体自我调节之下改变原有动作结构产生新的图式，以适应环境变化的过程，顺应能够引起认知结构质的变化。而认知结构的“顺应”是建构主义区别于认知主义的本质特征。因为虽然建构主义是认知主义的发展，但是区分认知主义和建构主义的关键是对“认知结构是如何形成和发展”这一问题的不同回答。因此，维特罗克生成学习理论本质上属于建构主义学习理论。

(2) 生成学习模式的核心要素。

① 生成。维特罗克的学习模式被称为生成学习模式。他将生成界定为“学生设置新模式和解释，或者使用、修改旧模式和解释，把新信息组织进一个牢固的整体，这个整体会弄清楚新信息并且使之与他们的经验和知识相一致”。生成是学习中的一个基本认知过程。生成可能是一种同化学习，也可能是一种顺应学习。生成不是发现，而是一个理解的过程，它不排斥教师对学习者的指导，却也不把学习者看成一个接受器。在这个意义上，生成学习既包括学习者的生成学习，也包括教师对学习者的学习进行生成教学指导。

② 生成教学。与生成学习相对应，生成教学在生成学习模式中占有重要地位。维特罗克认为其生成学习模式与其他理论最大的不同之处，就在于生成学习模式既可以用于指导学生的学习过程，又可以用于指导教师的教学过程。维特罗克的生成教学艺术强调的是“怎样以及在什么时候推动学习者建构课文各部分之间的关系和课本与其知识之间的关系。此外，教师要能教给学习者怎样增强他们控制生成过程的能力，从而自己能独立地进行理解性学习”。维特罗克认为生成教学首先始于教师对学生的学习模式、有关的先前知识和对教材的信任状况的了解。其次，生成教学强调教师要有强烈的责任心去督促学生通过修正以前的概念生成新意义或理解。

③ 生成学习的策略、反审认知。维特罗克认为学习策略是指“人们用于增强信息与知识的获得及保持的认知过程，诸如建构摘要和推论来提高阅读理解能力”。维特罗克把反审认知定义为“对一个人认知过程的意识与控制”。诸如对有关增强注意、知识获得、保持或执行等一系列学习策略的计划、发展和使用。维特罗克认为反审认知和普通的能力倾向是不同的概念，对于学习困难者，反审认知可以被传授和学习，这一发现的实际应用就是不同能力的学习者都能被教以管理和控制他们的生成过程，从而增加他们在校学习成功的概率和迁移所学和怎样学的能力。学习策略、反审认知的传授能有效地促进注意、动机、记忆和理解，也能促进学习困难者的学习。

(3) 生成模式的特点。

生成模式建立在有关大脑过程的知识以及对理解、知识获得、注意、动机、迁移的认识研究之上，并且经过了一系列实验的检测。

① 生成模式是一种功能性模式，它注重学习者在教学中用于生成意义和理解的神经系统与认知系统的功用。它不仅使我们知道信息的结构，而且知道意义、推论和理解是如何生成的，以及概念、经验之间的关系是如何建构的。

② 生成模式既是一种学的模式，也是一种教的模式。

③ 生成学习模式建立在神经研究基础之上。在注意、动机、知识与前概念、生成等每一个过程中都得到了相应的大脑的神经研究的支持。

4. 巴班斯基的教学最优化理论

巴班斯基(Юрий Константинович Бабанский，1927—1987)提出了教学最优化理论。所谓的教学过程最优化，是指根据培养目标和具体的教学任务，考虑教学的实际，教师制定或选择这样一个最佳的方案，它能使教师和学生在花费最少的必要时间和精力的情况下取得最好的效果。

他提出了10条基本的教学原则：①方向性；②科学性和实践性；③系统性和连贯性；④可接受性；⑤激发动机；⑥自觉性、积极性和独立性；⑦各种方法有机结合；⑧各种教学形式最优结合；⑨为教学创造最佳条件；⑩巩固性和效用性。

5. 混合式教学理论

混合式教学理论来源于辛格(Singh)和里德(Reed)提出的混合式学习(Blended Learning)模式。依据迈克尔·霍恩(Michael Horn)和希瑟斯·泰克(Heather Staker)合著的《混合式：用颠覆式创新推动教育革命》一书，混合式学习是一种正规的教学模式：①提供数字化学习，让学生灵活地选择他们想要的学习方式；②结合实体课堂和面授教师；③学生有机会通过参加不同形式的活动加强学习。

(1) 混合式教学的内涵。

混合式教学是指在适当的时间，通过应用适当的媒体技术，提供与适当的学习环境相契合的资源和活动，让适当的学生形成适当的能力，从而取得最优化教学效果的教学方式。“混合式教学”这一将线上、线下相融合的教学方式，强调的是学生的主体性并充分发挥其积极性、主动性、创造性，并借助在线教育资源与信息技术革命促进课堂教学、提升学习效果。

(2) 混合式教学的特征。

混合式教学的主要特征：①混合式教学是将在线教学和传统教学的优势结合起来的一种“线上”+“线下”的教学方式。通过两种教学组织形式的有机结合，可以把学习者的学习由浅到深地引向深度学习；②“线上”的教学不是整个教学活动的辅助或者锦上添花，而是教学的必备活动；③“线下”的教学不是传统课堂教学活动的照搬，而是基于“线上”的前期学习成果而开展的更加深入的教学活动，是“线上”教学的延续；④混合式教学没有统一的模式，但是有统一的目标，就是要充分发挥“线上”和“线下”两种教学的优势改造我们的传统教学方式，改变我们在课堂教学过程中过分使用讲授而导致学生学习主动性不高、认知参与度不足、不同学生的学习结果差异过大等问题；⑤混合式教学改革一定会改善传统课堂教学方式，因为这种教学把传统教学的时间和空间都进行了扩展，“教”和“学”不一定要在同一时间同一地点发生，在线教学平台的核心价值就是拓展了教和学的时间和空间。

(资料来源：[EB/OL]百度百科)

思考交流

(1) 发现法教学的主要过程是什么？

(2) 阐述多元智能理论对小学科学课程教学及教学改革的意义。

推荐阅读

(1) 霍力岩. 多元智力理论与多元智力课程研究[M]. 北京：教育科学出版社，2003. 该书包括四章内容：多元智力理论研究、多元智力课程研究、在比较中认识多元智力理论与课程、多元智力理论与课程引发的思考。

(2) [美]玛拉•克瑞克维斯基. 多元智能理论与学前儿童能力评价[M]. 李季湄、方钧君译，北京：北京师范大学出版社，2003.

本 章 小 结

教学理论是从事教学工作者必备的基础理论。本章以小学科学课程的特点为依据，阐述了适用于小学科学教学的发现法教学思想、多元智能理论和建构主义理论。介绍了行为主义、认知主义、人本主义和建构主义学派教学理论的内涵和特点及对小学科学教学的作用；以及在小学科学教学过程中的指导方法和在小学科学教学改革、学生能力培养、教学评价等方面的指导意义。

其目的在于让学生了解小学科学教学的基本理论及在这些基本理论的基础上衍生的新的教学理论方法。通过对本章内容的学习，有助于培养具有一定理论基础和教学技能水平的小学科学教师。

练 习 题

1. 什么是多元智能理论？它与传统教学理论的主要区别是什么？
2. 阐述多元智能理论对教学评价的方法产生的影响。
3. 什么是建构主义理论？如何引导学生进行知识建构？
4. 建构主义的教学观包括哪些内容？建构主义的教学模式有哪些？
5. 阐述建构主义教学理论对小学科学课程的教学设计和教学过程的影响。
6. 教学目标分类理论主要内容有哪些？
7. 阐述关联主义学习观。

第 4 章 《义务教育小学科学课程标准》解读与小学科学课选用教材简介

本章学习目标

- 了解《义务教育小学科学课程标准》产生的背景、意义。
- 了解小学科学课程的性质、基本理念和课程内容。
- 掌握《义务教育小学科学课程标准》的设计思路，基本理念；总目标与学段目标体系(科学知识目标、科学探究目标、科学态度目标和科学、技术、社会与环境目标)；课程内容体系和实施建议。
- 了解我国小学科学课选用教材情况和国外小学科学教材的特点等。

重点难点

科学素养的内涵，《义务教育小学科学课程标准》的基本理念、课程目标体系、知识结构导图与课程内容的相互关系

核心概念

课程标准、科学素养、课程理念、课程目标

在我们的生活中，经常会遇到这样那样的科学问题，需要我们开动脑筋去发现探索，然后想办法去解决问题，这就是一个科学探究的过程。科学探究离我们的生活并不遥远。《义务教育小学科学课程标准》指出：“探究活动是学生学习科学的重要方式。小学科学课程把探究活动作为学生学习科学的重要方式。”下面就对小学科学课程标准进行解读，包括小学科学课程的性质、课程基本理念、课程设计思路、课程目标、课程内容及实施建议。

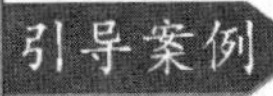

韭菜与鸡瘟的探究

去年夏初，我们这里发生了鸡瘟疫情，鸡大量死亡。我家一窝鸡突然也有几只染上了瘟疫，爸爸到县里兽医站花 20 多元钱买回了治鸡瘟的药，给鸡喂药后效果却不佳，结果我家的鸡也死了十几只。爸爸妈妈担心剩下的鸡都会染上鸡瘟，愁眉不展。

我放学回家，发现鸡群中有几只鸡特别有精神，一点儿也不打蔫。这引起了我极大的兴趣，暗下决心认真观察其中的究竟。从这天起，每天放学回家，我就去找这几只鸡，并没有发现有什么异样的表现。只是这几只鸡经常远离鸡群，跑到邻家的菜地去觅食。我发现韭菜地里的土松松的，并且有些小窝窝，仿佛鸡在那里钻过，而韭菜高的高，矮的矮，参差不齐，有被鸡啄过的痕迹。难道韭菜对预防和治疗鸡瘟有作用？我抱着试试看的心理开始做试验，首先选两只病鸡作为试验对象，到菜园里割回一小把韭菜，把韭菜捣烂搓成豌豆大小、鸡刚好能吞下的丸，一天分早、中、晚三次定时定量(每次三丸)给两只病鸡喂药。

开始几天，鸡的病状没有什么变化。第四天早上，我又给鸡喂药，发现鸡略微有了一些精神，好像有了食欲，我忙抓来一把小米，它们能啄上十几下，这坚定了我试验的信心。我按前三天的方法继续喂了三天，奇迹出现了，病鸡竟活泼起来了。为了进一步验证试验的准确程度，我把三只病鸡和三只无病鸡分别进行笼养试验，并做好了病鸡观察记录。

我根据鸡的病情定量喂药，结果病鸡痊愈了。这说明韭菜确实能防治鸡瘟。消息像长了翅膀似的，一传十，十传百，全村人都知晓了，乡亲们都按我的方法进行预防和治疗，效果也十分理想。

(资料来源：[EB/OL]百度文库)

4.1 小学科学课的课程性质

小学科学课是义务教育阶段小学生学习的核心课程，小学科学课也是一门基础性课程、实践性课程和综合性课程。

4.1.1 核心课程

1. 小学科学课课程标准的诞生

21世纪的前20年，世界各国对科学教育的改革都给予高度重视，并取得了重大的进展。尤其是美国，从20世纪80年代中期开始启动，计划用半个世纪的时间完成科学教育的系统改革，提出了“每个孩子都是科学家”的口号。在这种大背景下，我国的小学科学教育也迈出了与国际科学教育同步发展的关键一步。

2001年，我国在世纪之交的新一轮课程改革中，将小学自然常识课更名为“小学科学”课，并且颁布了《全日制义务教育科学(3～6年级)课程标准(实验稿)》。该课标从整体上反映了我国社会发展对小学科学教育提出的时代要求，取代了多年来直接指导教学工作的“教学大纲”，标志着小学科学课的性质、目标、教学都发生了重大的变革。

2010年，随着党中央、国务院印发的《国家中长期教育改革和发展规划纲要(2010—2020年)》(简称《教育规划纲要》)，教育部又组织对各科义务教育课程标准进行修订。从2012年秋季起，中小学各科开始使用新的课程标准(2011年版)。但这其中没有“小学科学新课标”，故小学科学课课程标准还在使用“实验稿”。

2017年1月19日，国家教育部颁布《义务教育小学科学课程标准》。根据教育部教基二〔2017〕2号文件——《教育部关于印发〈义务教育小学科学课程标准〉的通知》，从2017年秋季学期起，在我国小学一年级开设科学课。从此，义务教育阶段小学科学课教学有了可遵循的“国家标准”。

如果说“课程是教育的心脏”，那么“课程标准就是课程的核心”。小学教育专业的学生必须了解我国小学科学课程标准，而抓住小学科学课程教学这个“纲”，对小学科学课教学具有重要的指导意义。

2. 小学科学课程的定义

小学科学课程定义：小学科学课程是以培养科学素养为宗旨的科学启蒙课程。从中可以看出两点，课程的教育目的：培养学生的科学素养；课程的定位：科学启蒙。

小学科学课程是以培养科学素养为宗旨的科学启蒙课程。所谓科学素养是指“了解和深谙进行个人决策，参与公民事务和文化事务，从事经济生产所需要的科学概念和科学进程。有些科学素养还包括一些特定门类的能力”。具体地说，它包括科学知识、科学方法、科学态度和科学精神。《义务教育小学科学课程标准》明确指出“探究活动是学生学习科学的重要方式……通过学生亲身经历动手动脑等实践活动，了解科学探究的具体方法和技能”。

施瓦布(Joseph.J.Schwab)认为：科学知识不是固定不变的，随着探究方式的更新，它们会被不断地修正。因此，他认为不能把科学知识当作绝对的真理教给学生，而应作为有证据的结论。教学内容应呈现学科特有的探究方法，如解决问题的方法等。在学习科学概念之前应先进行探究活动，再根据自己的探究提出科学的解释。他认为在教学过程中，学生学习的过程与科学研究在本质上是一致的。因此，学生应像“科学家”一样，以主人的身份去发现问题、解决问题，并在探究的过程中获取知识，发展技能，培养能力特别是创造能力，同时受到科学方法、精神、价值观的教育，并发展自己的个性。

教学案例

在“水能溶解一些物质”一课中，教师出示两杯一模一样的水(一杯白开水，一杯白糖水)，并让学生观察两杯水有什么不同，几乎所有学生都会认为没有什么不同。这时，教师要求学生尝一尝，并指导学生尝的方法，两位学生通过尝的方法知道：一杯是白糖水，一杯是白开水，学生会感到很好奇：为什么它们看起来都是一样的？这时教师趁势将学生的好奇心及时引导到这节课的中心来，“既然是糖水，就应该有糖有水，可糖到哪儿去了？我们怎么看不见呢？”学生根据已有经验描述糖“化了”“在水里了。”教师又继续追问：“那它是怎么化的呀？”学生根据日常经验描述，对于如何“化的”描述不清，教师接下来问：“你们想不想看一看它的过程呀？”以此激发学生的学习欲望。

(资料来源：教科版小学科学四年级上册　二溶解　第1课)

问题从孩子们生活中感兴趣和需要解决的问题中来，巧妙地创设问题情境，一方面可以让学生通过生活中的问题进入教学情境，能够激发每一位学生的好奇心和求知欲；另一方面学生通过语言描述不清“白糖怎样化了的？”正说明学生头脑中对“溶解”概念的前认知是模糊的、不清楚的，这就需要对“溶解”过程作进一步观察认识，这一环节在教学中起到了预测的作用。

教学案例

在讲授“材料在水中的沉浮”一课时，教师出示一张纸、一块塑料泡沫，让学生先猜一猜它们在水中分别是沉还是浮。

学生1：我认为塑料泡沫会沉，纸会浮。

学生 2：我认为塑料泡沫会浮，纸会沉。

教师：哦，你为什么这样认为呢？

学生 1：因为泡沫比较大，纸比较小。

学生 2：因为泡沫比较轻，纸比较重。

教师：是吗？好，心动不如行动，验证你们的猜测吧！……

(资料来源：教科版小学科学五年级下册　一沉与浮　第 3 课)

本环节教师不急于让学生观察到哪些物体在水中会浮？哪些物体在水中会沉？而是充分激发学生已有的生活经验和认知水平，关注学生“你为什么这样认为？”引导学生进行有意义的猜想，为学生经历一个“猜想—发现—修正—再猜想—再发现—再修正”的科学探究过程做好铺垫。

3. 小学科学课是核心课程

小学科学课程是一门以培养学生科学素养为宗旨的义务教育阶段的核心课程。对于小学科学课程的这一课程性质，可以从两个方面来理解。

一是小学科学课程的目标是培养学生的科学素养。小学科学课程自改革开放之初开设(曾被定名为“自然常识”“自然课”等)，至今历经 40 余年的时间，课程目标也是几经变动，从最初定位于“学习自然科学知识”，到“进行科学启蒙”，再到现在的“培养学生的科学素养”，是一个不断规范化、合理化、国际化的过程。

科学素养比科学知识内涵更为丰富和全面，不仅包括科学知识，而且包括科学兴趣、科学能力、科学态度、应用科学知识解决实际问题的能力以及对于科学与技术、社会关系的认识和理解等。

培养学生的科学素养有助于为学生的终身学习和全面发展奠定良好基础。同时，课程目标定位于“科学素养”“有利于小学生形成科学的认知方式和科学的自然观，丰富童年生活，发展他们的个性，开发他们的创造潜能”。

需要说明的是，小学科学课程标准对于学生的科学素养要求是全面立体化的，但并没有超出小学生能够达到的水平，因为层次水平相对较低。

二是小学科学课程成为义务教育阶段的核心课程。1977 年，《全日制十年制学校小学自然常识教学大纲(试行草案)》将小学科学课程(当时称为“自然常识”)定位为“小学阶段学生学习自然科学知识的一门主要学科”，也就是说当时定位为小学的一门主要学科，该定位表明当时的“自然常识”并不是小学核心课程，这就决定了在之后的教学中小学“自然常识”课程被逐渐边缘化，成了名副其实的“副科”。

1986 年，修改后的教学大纲将小学科学课程(当时称为“自然课”)定位为“对小学儿童进行科学启蒙教育的一门重要基础学科”。也就是说，当时的小学“自然课”是小学的一门重要基础学科，地位有所上升，但是 1988 年“自然课”又重新被定位为小学阶段的“一门主要学科”。

2001 年新课程改革将小学科学课程定位为“科学启蒙课程”，但是对于小学科学在小学阶段课程中的地位却没有论及，导致小学科学课在实践中依然没有得到应有的关注，处于“副科”的地位。因此，修订版的小学科学课程标准将小学科学定位于小学阶段 1～6 年级的“核心课程”，具有历史性的意义。

首先，第一次将小学科学课程定位为小学阶段的核心课程，这就将其放到了和“数学”等学科同等重要的位置，这也符合国际科学教育发展潮流。

其次，将小学科学面向小学1～6年级，这是前所未有的，这意味着小学科学课程将贯穿于义务教育的整个阶段，学生从小学一年级开始就要学习科学知识，提升科学能力，认识科学的价值，培养科学精神，并利用所学知识解决实际问题。这同样符合国际科学教育发展趋势。

推荐阅读

[EB/OL]2015—2016年影响科学教育发展的重要政策分析(一)：《义务教务小学科学教育标准》发布，2018.

4.1.2 实践性课程

科学探究是学生学习小学科学课程的重要方式，而科学探究本身就具有活动性和实践性。学习科学是学生自己做的事，而不是别人为他们做的事。

在科学学习中，学生需要描述物体和事件，提出问题，获取知识，对自然现象作出解释，以不同方法对所作解释进行测试，与他人交流想法。“主动的过程”既有动手的活动，也有动脑的活动，仅有动手活动是不够的。科学教学必须让学生参与以探究为目的的研究活动，使他们与教师和同学一起相互启发相互促进；学生需要将他们目前具有的知识同多渠道获取的知识联系起来，要将科学知识应用于新的问题，他们要参与解决问题、计划、决策、小组讨论，他们还要经历与主动的学习途径相配合的考核。

强调主动的科学学习意味着不再把重点放在教师的知识传授及课题覆盖上，教材包揽一切题目、词汇和信息的做法直接有悖于让学生通过理解来学习科学知识的这个中心目标。这是美国《国家科学教育标准》(NSES)中提出的一个原则。任何一种有效的、成功的教育都必须有学生积极主动的参与。教育的成败，归根结底取决于学生自身的努力，取决于学生对教育过程是否参与、怎样参与以及参与了多少。一切教育影响只有通过学生自身的积极活动才能转化为学生内在的精神财富，才能使学生得到成长和发展。

苏格拉底把学生获得知识比作产妇生产，教师的角色就是“助产士”，学生才是教育的真正主体。科学教育的形式也应该是丰富多样的，除了课堂教学外，还必须有各种各样的课外活动。

课外活动是科学教育中不可缺少的重要内容，它有着课堂教学无法替代的重要作用。它可以补充课堂教学所授知识的不足；可以使学生理论联系实际，开阔眼界和思路，培养动手实践与创造能力；也可以使学生综合利用各科知识，培养解决实际问题的能力，得到全面、和谐的发展。

科学探究的活动性，体现在科学探究需要学生基于一定的科学知识，设计探究方案，并展开探究活动，从而得出问题的答案。探究本身是基于活动的，这种活动不仅包括外在的身体活动，而且还包括内在的思维活动。

科学探究的实践性还体现在多个方面，可以是学生在教师指导下的科学小制作，也可以是学生在教师指导下的科学探究活动，还可以是学生的家庭小实验等，这些都是学生的科学实践活动。

4.1.3 综合性课程

小学科学课程的综合性体现在两个方面，一是学科内容的综合，二是学习方式的综合。

1. 学科内容的综合

小学科学课程的内容包括了物质科学、生命科学、地球与宇宙科学和技术与工程等领域的科学知识，并且小学科学课程并非这些学科领域的简单相加，而是不同知识内容之间内在的有机融合，这种融合是先天的而非人为的，从而体现了自然科学的本质、方法、思维方式等。

2. 学习方式的综合

小学科学课程的学习方式包括课堂学习与社会实践的综合、知识学习与科学探究的综合、课内正式学习与课外非正式学习的综合、个体学习与小组合作学习的综合。

1) 课堂学习与社会实践的综合

毫无疑问，课堂教学依然是小学科学课程实施的最主要、最重要的形式，但是小学科学课堂学习要实现必要的变革，即从以往教师的讲授为主向学生的主动科学探究为主转向，教师的角色将从知识的传授者向科学探究活动的组织者、引导者以及答疑解惑者转变。同时，科学社会实践活动将成为小学科学课程的重要实施形式，包括户外科学活动(户外调查、观察等)、家庭科学活动(家庭小实验、家庭生活问题解决等)。以科学内容为载体的社会实践活动将成为小学科学课程的重要实施形式，不仅仅是对课堂教学的有效补充，并且将成为科学教学的重要实施形式。

2) 知识学习与科学探究的综合

我们以往的小学科学课教学主要以传统的讲授式教学为主，学生只是被动的知识接受者，并且接受的知识也是静态的“死知识”。这种教学一方面无法调动学生学习的积极性，另一方面泯灭了学生固有的探究天性，同时对于学生认识科学的本质也是极其不利的。新课程重视学生主动的科学探究，将科学探究作为小学科学学习的主要的学习方式，符合国际科学教育的发展趋势。

3) 课内正式学习与课外非正式学习的综合

由于信息化时代的到来，传统的课堂教学方式受到了极大的挑战。但是不可否认，课堂教学依然是小学科学课堂教学的主要形式。同时，随着互联网科普资源的丰富，课外的非正式学习将成为科学学习的重要方式，同时也是课内正式学习的重要补充，共同提升着学生的科学素养。课外的非正式学习包括参观博物馆、科技馆、科技中心以及家庭小实验、课外科学小调查等。

4) 个体学习与小组合作学习的综合

我们以往的学习，往往重视学生的个体学习，而忽视学生的小组合作学习。但是，我们知道，现代科学研究已经成为一种社会建制，也就是需要诸多科学研究者组成一个研究团队分工合作共同解决某个科学难题。因此，小学科学课程的重要目标就是要让学生认识科学的本质，基于某个科学问题，共同合作探究，养成团体意识。

3. 小学科学课程是一门与其他学科有密切联系的课程

小学科学课程与小学语文、数学、品德与社会、信息技术等课程有着密切的联系。例如，语文课程中包括了大量与科学活动、科学家有关的故事，这些故事与小学科学课程内容可以共同促进学生对于科学活动和科学家的认识，同时语文课程对于语言知识的学习有助于学生更清晰透彻地理解和学习科学课程内容。而数学作为科学的重要支柱，多位科学家都曾指出，自然科学是用数学语言表述的，因此数学与科学课程更是密不可分。

同样，品德与社会、信息技术等课程也与科学课程密切相关，甚至部分内容相互交叠。例如，环境教育问题是品德与社会、科学课程共同关注的问题，而电子计算机、互联网等既是科学课程的内容也是信息技术的重要基础。

小学科学课倡导跨学科学习方式。STEM 以项目学习、问题解决为导向的课程组织方式，有利于学生创新能力的培养，已经应用于小学科学课的教学实践中。

思考交流

(1) 小学科学课程从“自然”到“科学”，课程性质发生了哪些变化？
(2) 如何理解小学科学课程是面向全体师生的？

推荐阅读

(1) 搜索关键词“小学科学课程性质”。你是怎样理解“小学科学课程”的？
(2) 搜索“小学科学教材”。朗诵一篇你感兴趣的小学科学课内容。
(3) 人教版小学科学教材。
(4) 苏教版小学科学教材。
(5) 教科版小学科学教材。
(6) 小牛顿科学网(北京)。
(7) 兴华科教网(广西桂林)。
(8) 课标教材网(西南师范大学出版社)。

教学行为规范

(1) 观看小学科学教学片：神奇的水(苏教版 三年级上册 第三单元 生命之源 第2课)。
(2) 观看小学科学课程教学视频，了解小学科学教学情境，增加教学经验。

4.2 小学科学课程的基本理念

小学科学课程基本理念.mp4

4.2.1 面向全体学生、促进学生全面发展

小学科学课程面向全体学生，旨在促进学生全面发展，倡导探究式学习，培养学生基本的科学伦理精神和热爱科学的品质，保护学生的好奇心和求知欲，激发学生学习科学的兴趣，突出学生的主体地位。学生是学习与发展的主体，教师是学习过程的组织者、引导者和促进者。

1. 小学科学课程的基本理念

1) 面向全体学生

《义务教育小学科学课程标准》指出；科学课程要面向全体学生，为每个学生提供公平的学习科学的机会和有效的指导，要充分考虑到每个学生在性别、禀赋、兴趣、生活环境、文化背景、民族、地区等方面存在的差异，在课程、教材、教学、评价等方面鼓励多样性和灵活性。这既体现了义务教育的公平性原则，保证每个学生有平等的接受科学教育的权利，而且也反映了现代科学教育面向全体的思想。

这是因为随着科学技术的日益发展，其对人类生活的影响越来越大。这种影响不仅表现为高新科技不断进入人类的日常生活，如家用电器、计算机、新材料产品、各种通信手段、数字化生活方式，使生活在新时代的人类需要各种科学知识，适应与享受现代生活，而且表现为需要人类理智地认识这些现象。知道科学技术在给人类带来福音的同时，也会给人类造成麻烦，如环境污染、能源枯竭、情感丧失、生态破坏等。这些负面效应必须引起人类的高度重视，需要每个人在享受现代生活方式的同时，关注可能伴随而来的各种问题，自觉地防止与减少负面影响的出现。这是每个生活在这个时代的人都必须知道，并付诸行动的。

因此，科学素养是新时代的人必须具备的基本素养。要让每个人具有科学素养，必须实施面向全体的科学教育。科学课程面向全体学生还意味着必须提高每个人对科学进步与社会发展做贡献的能力。在科学技术作为第一生产力的时代，一个国家公民科学素养的水平直接反映了这个国家的科学技术水平与国民生产能力，也是这个国家综合国力的体现。因此，不少国家都把科教兴国作为一项基本国策实施，美国提出了“面向全体美国人的科学”，日本提出了“全体国民教育”，我国也提出了“科教兴国”的国策，这些都充分反映了科学教育面向全体的思想。

2) 学生是科学学习的主体(学生的主体地位)

“学生是学习与发展的主体”是指要充分信任学生，在科学学习中要体现学生的主动性，发挥他们的能动作用，让他们在参与科学探究活动中自己提出问题，设计解决问题的方案，自己动手收集各种资料，开展调查与实验，自己整理信息，作出解释或结论，自己写研究报告，并进行表达与交流。只有这样，学生才能在学到科学知识的同时，习得开展科学研究的方法，提高科学研究的能力，并培养科学的情感、态度与价值观。

要实现学生在科学学习中的主体地位，关键是要转变教师的教学观，重新定位课堂教学中的师生关系。在以知识传授为目标的课堂教学过程中，学生的主要任务是接受知识。至于接受哪些知识，学习哪些内容，则是由大纲与课程事先规定了的，学生没有选择的机会和余地，完全处于被动接受的地位。而教师通过设计教案，主持上课，指挥与控制着课堂教学，处于主体地位。在这样的课堂教学模式中，教师往往会认为学生在课堂内的主要任务就是从不懂到懂，从不会到会，而教师的主要任务是教会学生，因此，学生应该完全听教师的。教师让学生做什么，学生就做什么，不能自己在课堂里随便想做什么就做什么，唯一应该做的就是听从教师的安排，按教师的要求去做。在这种教学观的支配下，学生的主体地位是很难实现的。现代科学教育以培养学生的科学素养为目的。学生科学素养的形成不是简单地通过教师的讲授就可以实现的，其中科学方法与能力、科学态度与价值观的培养往往需要学生在参与科学探究活动中体验与感悟。在这类教学中，学生的参与性和主体性是必须体现的。

为此，教师需充分认识到这一点，不能再按照以往的教学观看待学生在课堂里的角色，要建立学生也是具有主体能动性的人的教学观，从学生的主体性角度出发，设计教案，并创设各种条件与机会，实现学生在课堂里的主动学习。

3) 科学学习要以探究为核心，科学课程应具有开放性。

在以培养科学素养为宗旨的小学科学课教学中，由于教学目标的多元性，除了书本知识的学习，还包括科学方法与技能的训练，科学能力的培养以及科学态度与价值观的养成，其教学就不能简单地采用知识传授的做法，必须采用新的教学方法。探究是科学教学的中心环节，贯穿于各个领域的学习之中。科学探究活动一般应经历由简单到复杂、由教师带着走逐渐到由学生自己走的过程，让学生有一个逐步熟悉的过程，不能要求学生一步到位。

在小学科学教学过程中，应注意对学生进行发散性提问的训练；鼓励学生大胆猜想，提出多种假设或预测；培养学生在解决问题前先思考行动计划的习惯；培养学生搜集、整理和分析资料的能力以及表达自己的研究成果和分享他人的研究成果的能力等。

4) 科学课程的内容要满足社会和学生双方面的需要(好奇心和求知欲)

小学科学课程的内容要满足社会和学生双方面的需要。应选择贴近儿童生活的、符合现代科学技术发展趋势的、适应社会发展需要的和有利于为儿童的人生建造知识大厦永久基础最必需的内容。这些内容需加强科学各领域之间的有机联系，强调知识、能力和科学态度与价值观的整合。新的小学科学课程标准对小学科学教师的地位与作用进行了重新定位，即教师作为学生学习过程的组织者和引导者，而不再仅仅是传统意义上的科学知识的传授者。这种表述一方面表明了教师地位和作用的转变，另一方面也体现了学生在科学学习过程中的主体地位以及学习方式的转变。

传统的小学科学学习是教师按照小学科学教材进行教授，教师是小学科学课堂的主导者、知识的传递者，而学生仅仅是被动的知识接受者，从而导致了学生主体地位、能动性和创造性的丧失。而新的小学科学课程，试图改革小学科学的教学方式，从传统的讲授式向探究式教学转变，将科学课堂还给学生，使学生在其中发挥自身的主动性、创造性和积极性，主动探究，在探究中学习科学知识，获得科学能力，感受科学魅力。创设愉快的教学氛围，保护学生的好奇心和求知欲，激发学生学习科学的兴趣，引导学生主动探究，积累生活经验，增强课程的科学性和趣味性。

5) 以提高学生的科学素养为宗旨，促进学生的全面发展

科学课程教育的目的是培养学生的科学素养。该学科的名称从“自然常识”到“科学”，也在一定层面上反映了学科培养目标的变化。以往的“自然”学科主要以让学生学习与周围自然现象有关的知识为主，包括相关的技能、学习的兴趣以及爱祖国、爱家乡、爱大自然的情感。

现代科学教育则强调通过现代科学知识及其社会价值的教学，让学生掌握科学概念，学会科学方法，培养科学态度，且懂得如何在面对现实生活中的科学与社会有关的问题时作出明智决策，注重科学精神与人文精神的结合、现代科技与日常生活的结合、科学内容与科学过程的结合以及知识教育与能力培养的结合。因此，以科学素养为教育的目的最能反映出小学科学学科的这一变化趋势。

小学科学课程的定位是科学启蒙。一个人的科学素养形成是长期的过程，但早期的科学教育将对人的科学素养形成起决定性的作用。因为，小学阶段是一个人长身体、长知识的关键期，也是心理发展的重要转折期。在这一阶段学生将掌握基本的学习方法，养成学习习惯，所学到的知识将对后继学习产生重大的影响。同时，这一阶段又处于打基础的阶段，学生知识积累与思维能力的发展都极其有限。

因此，科学教育不可能以系统的知识学习与方法训练为主，只能根据学生的经验，在他们熟悉的周围生活中选取有关的内容，让他们看一看、做一做、玩一玩、想一想，从中学到知识，培养兴趣，练习方法，为后继的科学学习打好基础，这就是科学启蒙的含义。

6) 小学科学课程的评价体系应以促进儿童科学素养的形成与发展为目的

评价是课程体系的重要组成部分，评价能够检测学生科学学习的效果及存在的问题，从而为改进教学提供可靠的信息。因此，小学科学课程评价目标是利于学生发展和科学素养的提高。

小学科学教学的评价不能只限于看到评价的回顾功能，对已经做过的工作的总结作用，还应该看到评价的前瞻功能，对将要做的工作的导向功能。形成性评价就是小学科学教学的有效评价方式之一。形成性评价与传统教学评价的最大区别是在评价功能上的拓展，形成性评价强调通过一系列间隔性评价来控制学生的学习和教师教学过程，发现问题，及时反馈，及时矫正，使学生的学习和教师的教学始终保持正确的方向与良好的状态。

教学评价的发展趋势主要表现在两个方面：一是从过去只关注学生的学习结果到关注学生学习的全过程；二是评价的方式方法从单一的考试发展到了多元评价。关注学生学习全过程的评价包括学生学习目标的设定、学习过程的诊断以及学习结果的判定。学习目标的设定是指在一个阶段的学习开始之前，通过前置性评价，先了解学生进入下一阶段学习的准备状况，以便为学生制定一个合适的期望目标。这一点在现在的学科教学中得到特别重视。学习目标的适切与否对学生的学习有非常大的影响。期望的学习目标过高，超出了学生所能达到的程度，他们会认为反正再努力也达不到，不如放弃；期望的学习目标过低，学生无须努力就可以达到，对他们也不会产生激励作用。因此制定一个合适的期望目标，对调动学生的学习积极性，引导他们有效学习，无疑是十分重要的。学习过程的诊断是指在学生的学习过程中，教师应通过各种手段，如形成性测验、作业检查、课堂提问等，把握学生的学习状况，发现问题，及时反馈，及时矫正。学习结果的判定不仅包括传统的学业成绩的判定，还应该包括所有学习目标的达成情况的判定。

学科评价方式方法的多元化包括评价主体从教师为主，发展到了学生的自评与他评，还有学生家长对评价的参与；评价方法除了传统的书面考试之外，还有口试、作品制作、杰出表现记录、答辩、轶事记录等；评价结果可以是分数，也可以是等级评定或者评语。

小学科学课程的教学评价还有一个特点就是评价时空的拓展，它强调评价贯穿于教学的全过程之中。不仅当学习告一段落的时候要进行结果评价，而且在学习开始的时候就要进行前置性评价，在学习之中要开展形成性评价，实现评价时机的全程化。总之，评价主体的多元化、评价内容的全面化、评价方法的多样化、评价时机的全程化是小学科学课程教学评价的最主要特点。

2. 小学科学课程的意义

人们对科学的看法大致经历了朴素的古代科学观、逻辑经验主义科学观、批判理性主义科学观、历史主义科学观以及辩证唯物主义科学技术观的发展过程。科学是一种探究活动，是一种知识体系，是一种社会共同体。科学教育的意义在于有助于学生全面、科学地理解科学的含义，有助于学生了解科学探究的过程与方法；有助于培养学生的科学精神；有助于培养学生的科学态度与价值观；有助于学生科学素养的形成。而科学素养的形成是长期的，不是一蹴而就的，科学教育对一个人科学素养的形成起决定性的作用。

从儿童开始开展科学课程教育，已成为一种世界性的潮流。科学教育呈现出科学精神与人文精神相结合、普及科学教育与提高科学教育质量相结合等趋势。科学教育是一种通过现代科技知识及其社会价值的教学、以提高全民科学素养为目的的教育活动。通过科学教育，学生可以掌握科学的基本概念和技能，学会运用科学方法，秉承科学的态度与价值观，理解“科学—技术—社会—环境”之间的关系，最终懂得如何面对现实中的有关问题作出正确的选择。

4.2.2 以探究、合作学习为主

小学科学课程的学习方式是多种多样的，探究式学习、合作式学习是学生学习科学的重要方式。探究式学习是指在教师的指导、组织和支持下，让学生主动参与、动手动脑、积极体验，经历科学探究的过程，以获取科学知识、领悟科学思想、学习科学方法为目的的学习方式。小学科学教学强调做中学和学中思，通过合作与探究，逐步培养学生提出问题的能力、收集和处理信息的能力、获取新知识的能力、分析问题和解决问题的能力，以及交流与合作的能力等，发展学生的创造性、批判性思维和创新能力，培养学生的科学素养、科学伦理和热爱科学的品质。

1. 小学科学课教学的理念

(1) 认识自我。

(2) 认识人类美好生活。

(3) 认识人类社会文明。

(4) 认识人的能力发展(生理本能)和智能。

(5) 认识人类的责任。热爱自然，珍爱生命和保护环境。

2. 以探究式学习、合作学习为主

1) 让学生学会分工合作

合作学习不是一种个人的学习行为，而是一种集体行为。这就需要学生在“合作”中活而不乱，有足够的团队意识。合作学习要想成功开展，建立分工合作的意识是必不可少的。首先要选拔好组长，因为没有组长的组织和指挥，小组不能进行较好的合作。其次是记录员、实验操作员、汇报员等。这样避免了合作学习中的“口才”型学生搞一言堂，一个人滔滔不绝，成为合作学习中的“话霸”，影响其他学生的交流。同时小组成员的分工要定期轮换，以使每个学生得到多方面的发展。

2) 了解实验情况

分组后要考虑是否便于学生交流，是否便于营造和谐的探究氛围，是否利于优势互补，集思广益，形成正确的认识，提高探究效率。在汇报实验结论中，小组成员是否每个学生

都讲了话，发表了看法，是否每个学生都参与进来了？

3) 控制合作时间

一节课，学生独立学习的时间多少，合作学习的时间多少，要有合理的安排。尤其是在合作之前，要留足学生独立思考的时间，只有在学生百思不得其解的时候，进行合作才有效。绝对要保证给学生充分的操作、探究、讨论、交流的时间，让每个学生都有发言的机会和时间，有相互补充、更正、辩论的时间，使不同层次的学生的智慧都得到发挥和发展。不能让合作学习走过场，搞形式。

教学案例

在讲授“溶解得快与慢”这节课的实验中，教师安排了20分钟时间进行实验，其具体实验过程为，实验要求：设计三个对比实验，即搅拌与不搅拌、冷水与热水、切碎与不切碎。

☆ 各小组同学认真合作实验。

☆ 严格按实验要求操作。

☆ 认真观察实验发生的现象。

☆ 认真填写好实验记录单。

（资料来源：教科版小学科学四年级上册 二溶解 第5课）

4) 在科学实验课的合作学习中让学生学会倾听

专心听讲是一种良好的学习习惯，也是获取信息的必要手段，在小学科学实验教学中应按照教给倾听的方法；培养倾听的习惯，训练倾听的能力两个步骤来进行。

教给倾听的方法。要求学生既要学会倾听老师讲课，又要学会倾听同学发言。听时，要做好积极的心理准备，把注意力集中到将探讨的问题上，先独立想一想自己对这个问题的看法，再虚心倾听别人的意见，逐步学会记住他人发言的要点，并用语言信号和非语言信号作积极的信息交流。听时还要求学生目光注视对方，用点头、微笑、摇头等非语言信号表示自己在听；用“我明白了”“请您把它再讲一遍好吗？”等语言信号表明自己听的结果。

培养倾听的习惯，训练倾听的能力。一定要付诸行动，例如，在课堂中，可以随时请学生复述前一位同学的回答，并及时给予肯定。而在分组讨论时，请学生认真倾听大家的意见等，都是行之有效的方法。

老师讲课的时候眼睛总是注视着学生，学生分组汇报质疑的时候尽量面对学生讲话，通过眼神的互相交流，学生听的兴趣感也就强了，另外材料的出示要计算时间，如讲解“探究磁铁的磁力”[①]一课时，学生应该在设计方案后领取磁铁和回形针，这样听课的注意力就不会分散，长此以往学生就能养成上课认真倾听别人发言的好习惯。

5) 在科学实验课的合作学习中让学生学会表达自己的见解

表达自己的见解就是“说”，即语言表达能力。在小学科学实验教学中，包括回答老师提问、修正他人发言、质疑和参加小组讨论四种情况。无论哪种情况都要求学生先想后

---

① 苏教版五年级上册 小学科学实验 第3单元 电和磁 研究磁铁的磁力大小.

说，想好再说，逐步做到语句完整，条理清晰，即回答老师提问时音量要大，语气要肯定，让全班同学都听见。修正他人发言时态度要诚恳，要先肯定对方发言中对的方面，再诚恳地指出不足，说出自己的意见，千万不要讲伤害对方的话。而被修正意见的同学，应虚心听取对方的意见，如果意见不正确，也要等对方把话说完后再发表意见，可以说："谢谢你，不过我还是坚持我的意见，因为……"小组讨论时要用商量的语气相互补充，音量宜小不宜大，不要影响其他小组的学习。

6) 在小组合作学习中，采用激励法让每个孩子都参与实验

采用这种方式可以使他们增加对学习的兴趣，增强学习信心，改正自己的缺点和错误，提高学习效率。

教学案例

三年级二班有名学生叫曾晓宇，不管上什么课都坐不住，一会儿搞玩具，一会儿讲话，一会儿又去招惹旁边的同学，根本不听老师的招呼，简直就是一个"问题"儿童。林德龙老师了解了这个情况后，就开始思考：怎样才能让他有所转变？

于是，每当林德龙老师到他班上课，首先就将他的某些优点表扬一番："今天曾晓宇同学穿着干净，真讲卫生！""首先老师要表扬一名同学。他在路上老远就向老师问好，很有礼貌。大家知道他是谁吗？他就是曾晓宇同学!"只要一发现曾晓宇举手要回答问题，林德龙老师马上就会请他，然后肯定他的积极性。这样，一段时间后，林德龙老师发现曾晓宇同学居然能安静地坐上 5 分钟了。这时，林德龙老师立刻表扬："同学们，大家看看曾晓宇同学坐得多端正，听得多认真啊！"他听老师这么一说，小腰板挺得更直了。在教学"物体在水中的沉浮"这一课时，需要在实验室进行分组合作学习，林德龙老师首先就将曾晓宇编在第一小组，让他担任实验操作员。

一上课，林德龙老师就问："曾晓宇同学，老师准备让你担任实验操作员，你有没有信心？"他回答："有。"林德龙老师进一步说道："你那个组的实验完成得好不好，全看你哟!"经林德龙老师这么一说，他立刻精神大振，坐得端端正正。从老师介绍实验器材，再到操作方法，以及注意事项等，他都听得非常认真。在活动过程中，他还组织同组的同学认真地观察、讨论，结果，他那一个小组最先完成实验任务。在评价的时候林老师高兴地说："本节课的实验，各小组同学齐心协力，都圆满地完成了任务。老师还特别表扬第一组，他们取得了第一名的好成绩，大家鼓掌欢迎。""啪、啪……"教室里响起了热烈的掌声。这时林德龙老师看见曾晓宇同学脸上露出了灿烂的笑容。通过林德龙老师的鼓励，曾晓宇同学在纪律、学习、文明礼貌等各方面都有了巨大的进步。

(资料来源：[EB/OL]百度文库)

总之，在合作学习中，只要小组中的每个成员都积极地参与到学习活动中来，学习任务由大家共同分担，问题就变得比较容易解决。而且大家在互相学习中能够不断地学习别人的优点，反省自己的缺点，就有助于进一步扬长避短，发挥自己的潜能，使大家在共同完成合作实验中不断提高动手能力、实验技能和学习效率。

4.2.3 促进学生发展和科学素养的形成

小学科学课程教育的目的是培养学生的科学素养。通过小学科学课程的学习，一是学生受到科学启蒙，掌握基本的学习方法，养成科学学习习惯，为下一阶段学习打下坚实基础；二是促进学生发展和科学素养的形成，培养学生创造性思维，促进创新能力的提高；三是提高我国公民的科学素质，筑牢科技强国根基。

1. 公民科学素养要求

科学素养(Scientific Literacy)包括科学知识、科学的研究过程和方法以及科学技术对社会和个人的作用。这是国际上测度公民科学素养普遍采用的标准，只有在上述三个方面都达到要求，才算是具备基本科学素养的公民。

1) 公民的基本科学素养

在古代，中国没有“科学”一词，是康有为(1858—1927)首先把这个词介绍到中国。严复(1854—1921)在翻译《天演论》时把英语 Science 翻译成了“科学”。“五四”时期说的“赛先生”指的就是科学。科学素养教育作为一种国际思潮在 20 世纪 50 年代起源于美国。公民的基本科学素养一般是指必要的科学知识、科学的思维方式、对科学的理解、科学的态度与价值观，以及运用科学知识和方法解决问题的意识和能力。

2) 我国公民科学素养的现状

(1) 总体上公民科学素养水平逐渐提高，但与发达国家相比还有差距。

(2) 不同群体表现出明显的群体差异。较低年龄段高于较高年龄段；受教育程度越高整体水平越高；城市公民高于农村公民。

(3) 公民科学素养水平的变化显示，科学素养较低的群体有较快提高，特别是受教育水平较低(指受初中教育)和农村公民科学素养整体水平提高的幅度较大，对公民整体科学素养提高影响显著。

(4) 公民对科学研究的过程和方法理解水平较低。

(5) 公民科学精神比较欠缺，存在大量相信迷信和伪科学的公民；对青少年科学精神的调查结果出现回落，学校对科学精神的培养还存在较大问题。

3) 公民科学素质

科学素质不等于科学知识，科学知识不等于书本知识。通过批判性思维和积极的实践探索，发展科学，包括修正不完善理论、推翻伪科学理论、在实践中提炼出新的科学理论，是科学素质的核心。科学素质是公民发展重要指数之一，提高公民科学素质是重要的素质系统工程。

科学素质是公民作为主体尊重科学、学习科学、发展科学、运用科学的精神、态度、方法、知识和能力的素质，是公民素质的重要组成部分。公民具备基本科学素质一般指了解必要的科学技术知识，掌握基本的科学方法，树立科学思想，崇尚科学精神，并具有一定的应用科学处理实际问题、参与公共事务的能力。

国务院于 2016 年 3 月印发《全民科学素质行动计划纲要实施方案(2016—2020)》(简称《方案》)。《方案》指出，公民科学素质是实施创新驱动发展战略的基础，是国家综合国力的体现。到 2020 年我国全民科学素质工作的目标是：科技教育、传播与普及长足发展，建成适应创新型国家建设需求的现代公民科学素质组织体系，公民具备科学素质的比率由2015年的6.2%提升到10%以上；要促进创新、协调、绿色、开放、共享的发展理念。

4) 培养学生科学素养的主要任务

国际经合组织(OECD)的国际学生科学素养测试(The Program for International Student Assessment，PISA)提出，科学素养有3个方面：科学基本观念、科学实践过程、科学场景，在测试范围上由科学知识、科学研究的过程和科学对社会的作用界定。

我国基础教育阶段学生需要具备的科学素养一般是指下述各点。

☆ 了解必要的科学技术知识。

☆ 掌握基本的科学方法。

☆ 树立科学思想。

☆ 崇尚科学精神。

☆ 具备一定的应用它们处理实际问题、参与公共事务的能力。

以《义务教育小学科学课程标准》为例，科学素养的内涵包括以下四个方面：科学知识、科学探究(过程、方法与能力)、科学态度和对科学、技术、社会与环境关系的理解。在小学阶段，培养学生的科学素养主要包括以下几方面的任务。

(1) 细心呵护儿童与生俱来的好奇心，培养儿童对科学的兴趣。儿童天生就对周围的事物充满好奇心，面对儿童提出的“这是什么”“那是什么”“为什么”“怎么样”等问题，科学课程将抱着极大的热忱，使儿童的思维得以展开，使他们在一系列活动中找到他们想要得到的答案，使好奇心得到最大限度的满足。

对科学具有好奇心是培养科学兴趣最好的心理基础。“兴趣是最好的老师”，无疑培养学生对科学的兴趣是科学教育的必由之路，只有激发起学生对科学的兴趣，学生才能积极主动地投入各种科学探究活动，积极主动地学习自然科学知识。小学科学教育的任务就是要使学生的这种好奇心得以保持和发展，逐步形成对科学的兴趣和求知欲。

科学课程要培养学生愿意亲近大自然，爱观察各种自然事物的习惯；要培养学生爱看科普题材的书籍和影视节目；要培养学生爱动脑筋，爱提问题，爱对各种不明白的问题进行探究；要培养学生乐于参加栽培、饲养、制作等实践活动。

(2) 引领儿童学习与周围世界有关的科学知识。儿童生活在一个物质世界之中，他们周围的各种各样的物质都有着各自不同的特征；各种各样的物质之间有着各种各样的联系；各种物质在不同的条件影响下发生着各种各样的变化。科学课程将引领儿童对周围世界包括生命世界、物质世界、地球与宇宙和工程与技术四大知识体系的知识进行学习，使儿童在头脑中形成关于这个世界的轮廓，关于这个世界的模型，形成对于这个世界的初步的理解。

(3) 帮助儿童体验科学活动的过程和方法。科学知识是从哪里来的，是科学家们经过艰苦的努力，经历了无数次的观察、实验才得出来的。科学课程将带领儿童去亲身经历、体验科学发现的过程，学习运用科学的方法，一步步深入，探寻科学的结论。在这个过程中，儿童好像科学家一样，真刀真枪地搞科学。儿童要自己提出研究的问题；对问题作出有依据的假设；根据自己已有的经验设计能够验证假设的实验；亲自动手做实验，从而验证假设的正确与否；分析实验结果，作出最后结论；最后还将向全班公布、发表自己的研究过程及结果。

(4) 使儿童了解科学、技术、社会与环境的关系。人类不断探索科学的奥秘，目的是要将科学技术转化为生产力，使人类的物质生活更加趋于文明。科学只有与生产、生活联系起来了，并在生产或生活中发挥了作用，才能体现其价值所在。然而科学也是一把双刃剑，它在给人类带来福音的同时，也会给人类造成灾难和不幸。这一点也应该逐步让学生领会。

(5) 培养儿童乐于与人合作，与环境和谐相处的习性。

在科学课程的学习过程中，儿童都被分配在一个个小组里进行探究活动，每个人要与同伴进行协商，要听取同伴的意见，要有分工，集中集体的智慧才能完成好小组的探究活动，在这种环境氛围里学习，就能逐渐培养儿童与人合作的精神，学会与人和谐相处，这是人类生存的一种必需的素养。

2. 提高公民科学素养的意义

公众科学素养关乎综合国力。当今世界各国之间的竞争，归根结底是科学技术的竞争，掌握了先进的科学与技术，国家就有力量，落后就要挨打。

1) 维系国家与民族的命运

在科学技术正日益深刻影响我们生活的今天，公民科学素养的高低，绝不是无关紧要的，已经开始影响到一个现代社会中的人的生活质量，同时也在不断影响和改变公民的价值观和对许多问题的看法。随着科学技术的发展，今后需要有效地借鉴科学技术知识才能得以解决的公共政策问题越来越多，科学技术决策的民主化进程与公民科学素养水平的提高具有密切的相关性。

2) 维系个人与社会的生存与发展

对科研方法的了解关乎公民的综合素质。卡尔·萨根(Carl Edward Sagan，1934—1996)说过：“科学方法似乎毫无趣味、很难理解，但是它比科学上的发现要重要得多。”国际科普理论学者认为，科学方法是科学素养中最重要的内容，公民理解科学，最重要的就是要理解科学方法并应用这些科学方法解决个人生活和工作中的各种问题，在现实生活中，一些公民的盲信行为，也与缺乏科学素养有关。公民科学素养还影响着国家宏观科技决策。

现在制约我国社会发展的一个很重要的问题就是公民的科学素养偏低，一个缺乏科学素养的民族是不可能在公共或个人问题上作出明智的决策的。在我国，伪科学事件层出不穷，如“水变油事件”。只有具有较高科学素养的人才能识破形形色色的迷信和伪科学现象并给予有力的抵制，作出更合理的选择。1989 年，美国科学促进会制定的《面向全体美国人的科学》(Science for all Americans)中指出：科学素养可以增加人们敏锐的观察事件的能力、全面思考的能力以及领会人们对事物所作出的各种解释的能力。这种内在的理解和思考可以构成人们决策和采取行动的基础。

3) 关乎个人适应现代社会的能力和生活质量

现在是一个科学技术飞速发展的时代，社会生活的方方面面都受科学技术的影响，高新科技产品不断进入日常生活，如电脑、通信技术、数字化生活方式等。选购食品时对转基因食品的了解，网上购物时常常需要使用信息技术。只有具备合格的科学素养的人，才能自如地应对现代生活，过上幸福的生活。

无论从国家、社会的立场，还是从个人发展的角度，提高公民的科学素养都具有重要意义。因此目前它已成为世界各国科学教育的最主要目标。正如澳大利亚小学科学课大纲所说："为了个人、社会、环境和经济的种种理由，我们必须把年轻人培养成这个科学技术化社会的积极的参与者。"

教学案例

研究磁极的相互作用

实验过程中，有一名学生不小心摔断了磁铁，他手中握着红、蓝两块磁铁对我说："老师，借我一块磁铁吧，我的实验没法做了。""为什么？"我追问。"您看，这块磁铁摔断了，这块是N极，这块是S极。"他指着手中两块摔断了的磁铁。我明白了：他认为这两块磁铁两端都是N极或S极。我并没有急于帮助他，而是对他说："把你的困难告诉大家，请同学们来帮忙好吗？"当他在同学面前说出他的问题之后，立刻引起了同学们的争议。我请同学们谈了自己的想法并进行了统计，大致有这样几种看法：一种同意他的想法，即摔断的两块磁铁两端都是N极或S极，占全班人数的2/3；另一种看法觉得任何形状的磁铁都有两个极，这两块磁铁也应该有两个极；少数同学认为两种都有可能。学生的意见不一致，最好的解决方法就是设计实验，通过实验验证猜想是否正确。只见有的小组将蓝磁铁的两端分别与完好磁铁的S极接近，结果是一端相互吸引，另一端相互排斥；用红磁铁实验也是发生一端相吸，一端相斥的现象；还有的小组将线系在断磁铁的中间，等它静止后观察磁极的指向。"老师快来看，断了的磁铁原来也有两个极！""老师，我的猜想是正确的！"……我看到的是一张张洋溢着成功的笑脸，听到的是一声声赞叹。

（资料来源：[EB/OL]百度文库）

教师善于抓住课堂上引发学生争论的因素，让学生真正独立地阐述自己的真实看法，学生创造的火花就会在阐述、辩论、实验中时时闪烁。教师应随时注意捕捉学生在科学学习中闪现出来的富有创意的思想火花，并且尽可能地创设条件，引领和启发学生开展进一步的探究活动，为学生的需要建构探究活动的平台，把学生稍纵即逝的思想火花转换为卓有成效的探究活动。

总之，在课堂教学中教师要注意引起学生对学习内容的注意和兴趣、引发学生提出研究问题、引导学生设计研究方案、引领学生经历探究过程，为学生提供足够的自主时间和足够的活动机会，激发孩子的好奇心，使学生产生强烈的学习意愿，使学生获得积极的、深层的体验，促进学生主动发展，培养对科学的积极态度，必将会促进每个孩子的科学素养的形成和发展。

思考交流

(1) 小学科学课程是以培养科学素养为宗旨的科学启蒙课程，在小学阶段，培养学生的科学素养主要包括哪些方面的任务？

(2) 小学科学课程的基本理念包括哪些内容？

推荐阅读

搜索关键词"小学科学课程标准""科学素养"。你是怎样理解个人的"科学素养"的？

教学行为规范

(1) 观看《小学科学》教学片：声音的变化(苏教版 四年级上册 第三单元 奇妙的声音王国 第4课 不同的声音)。

(2) 观看《小学科学》课程教学视频，了解小学科学教学情境，增加教学经验。

4.3 小学科学课程标准的设计思路

4.3.1 小学科学课程目标解读

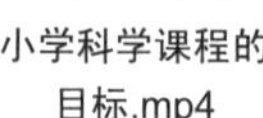
小学科学课程的目标.mp4

《义务教育小学科学课程标准》解读.mp4

小学科学课程是以培养学生科学素养为宗旨的核心课程。科学素养的内涵非常丰富，其主要维度或基本要素包括对科学知识的积累和应用，对科学探究的过程和方法的了解和实践，对与科学相关的积极向上的态度与价值观的培养以及科学技术的研究与应用、保护环境的意识和社会责任感。

课程目标就是以这四大维度或四大要素为脉络来进行表述的。总目标对学生经由科学课程的学习而在科学素养主要维度上的预期发展水平作了高度概括，分目标则对学生通过科学课程的学习而在科学素养主要维度上的具体发展内容作了明确界定。总目标和分目标一起，勾画了学生科学素养的大致轮廓。正如《义务教育小学科学课程标准》所指出的，虽然将总目标分解为四个分目标，“但绝不意味着在教学过程中各分目标的达成是单独进行的”。

有效的教学活动，往往同时能兼顾或达成多个分目标。例如，一位科学教师在教授《秋天的果实》这一课的时候，通过引导学生动手动脑，研究果实最重要的特点，既使学生初步了解了科学探究的过程和方法，又使学生掌握了区分果实和非果实的一些知识，还使学生体会到科学注重事实、说话要有证据、成人的看法不一定正确，从而大大激发了学生探究和发现周围事物奥秘的兴趣。这位科学教师的课，成功地兼顾了由课程总目标分解而来的科学探究、科学知识、科学态度与价值观和科学、技术、社会与环境四个分目标。

根据《义务教育小学科学课程标准》，其总目标是“培养学生的科学素养，并为他们继续学习、成为合格公民和终身发展奠定良好的基础。学生通过科学课程的学习，保持和发展对自然的好奇心和探究热情；了解与认知水平相适应的科学知识；体验科学探究的基本过程，培养良好的学习习惯，发展科学探究能力；发展学习能力、思维能力、实践能力和创新能力，以及用科学语言与他人交流和沟通的能力；形成尊重事实、乐于探究、与他人合作的科学态度；了解科学、技术、社会和环境的关系，具有创新意识、保护环境的意识和社会责任感”。总体来看，小学科学课程的总目标或宗旨是培养学生的科学素养，而小学生的科学素养又包括多个维度或层次。

从“小学科学课程目标分解图”可以看到，小学科学目标体系分为两个部分4个模块，一是总目标，二是学段目标；4个模块：科学知识目标、科学探究目标、科学态度目标和科学、技术、社会与环境目标。

1. 小学科学目标体系

小学科学目标体系概括出了小学阶段，学生经过科学课程的学习，在科学素养方面应该达到的水平和程度。

小学科学教育不是精英教育，培养的不是少数科学家，是培养学生的科学素养，提高新一代公民的科学素质，帮助学生更好地理解和运用科学解决个人与社会问题。

在我国，长期以来科学教育的价值取向基本上指向两个方面：第一，强调传授给学生传统的科学学科体系，以知识为中心，注重知识传授和技能训练，忽视科学精神、科学方法、科学态度的培养；第二，把基础教育中的科学教育看作是为了培养科学家和专业人才，只注重少数尖子生，而忽视全体学生科学素养的培养。

《义务教育小学科学课程标准》中的“课程目标”由“科学知识、科学探究、科学态度和科学、技术、社会与环境四方面目标组成”，有15项总目标、19项学段目标，一起构成相互关联、有机的小学科学课目标体系。

2. 科学知识目标

1) 科学知识目标有4项总目标

根据《义务教育小学科学课程标准》，科学知识分目标包括以下内容。

(1) 了解物质的基本性质和基本运动形式，认识物体的运动、力的作用、能量以及能量的不同形式及其相互转换。

(2) 了解生物体的主要特征，知道生物体的生命活动和生命周期；认识人体和健康，以及生物体与环境的相互作用。

(3) 了解太阳系和一些星座；认识地球的面貌，了解地球的运动；认识人类与环境的关系，知道地球是人类应当珍惜的家园。

(4) 了解技术是人类能力的延伸，技术是改变世界的力量，技术推动着人类社会的发展和文明进程。

2) 科学知识学段目标

科学知识学段目标包括4个领域：物质科学、生命科学、地球与宇宙科学和技术与工程。

学习生命世界、物质世界、地球与宇宙和技术与工程四大领域中浅显的、与日常生活密切相关的知识与研究方法，并能尝试用于解决身边的实际问题。

通过对物质世界有关知识的学习，了解物质的常见性质、用途和变化，对物体的运动以及能量的不同表现形式具有感性认识；通过对生命科学有关知识的学习，了解生命世界的轮廓，形成一些对生命活动和生命现象的基本认识，对人体和健康形成初步的认识；通过对地球与宇宙有关知识的学习，了解地球、太阳系的概况及运动变化的一般规律，认识人类与地球环境的相互作用，懂得地球是人类唯一家园的道理；通过认识身边的人工世界，了解常见工具与简单机械，知道其功能和使用方法。知道设计包括一系列的步骤，需要分工合作配合。了解技术和工程的科学原理，了解科学技术推动人类社会的发展和文明进程。

3. 科学探究目标

1) 科学探究的4项总目标

(1) 了解科学探究是获取科学知识的主要途径，科学探究是通过多种方法寻找证据、运用创造性思维和逻辑推理解决问题，并通过评价与交流等方式达成共识的过程。

(2) 知道科学探究需要围绕已提出和聚焦的问题设计研究方案，通过收集和分析信息获取证据，经过推理得出结论，并通过有效表达与他人交流自己的探究结果和观点；能运用科学探究方法解决比较简单的日常生活问题。

(3) 初步了解分析、综合、比较、分类、抽象、概括、推理、类比等思维方法，发展学习能力、思维能力、实践能力和创新能力，以及运用科学语言与他人交流和沟通的能力。

(4) 初步了解通过科学探究达成共识的科学知识在一定阶段是正确的，但是随着新证据的增加，会不断完善和深入，甚至会发展变化。

2) 科学探究学段目标

科学探究学段目标有 8 项，包括提出问题、作出假设、制订计划、收集证据、处理信息、得出结论、表达交流和反思评价。

课程标准从 8 个方面对科学探究的目标进行了阐述，包括知道科学探究涉及的主要活动，理解科学探究的基本特征；能通过对身边自然事物的观察，发现和提出问题；能运用已有知识获得自己对问题的假想答案；能用自己擅长的方式表达探究结果，进行交流，并参与评议，知道对别人研究的结果提出质疑也是科学探究的一部分等。科学探究的目标包含了对科学探究活动每一个环节的要求。

4. 科学态度目标

1) 科学态度的 4 项总目标

(1) 对自然现象保持好奇心和探究热情，乐于参加观察、实验、制作、调查等科学活动，并能在活动中克服困难，完成预定的任务。

(2) 具有基于证据和推理发表自己见解的意识；乐于倾听不同的意见和理解别人的想法，不迷信权威；实事求是，勇于修正与完善自己的观点。

(3) 在科学学习中运用批判性思维大胆质疑，善于从不同角度思考问题，追求创新。

(4) 在科学探究活动中主动与他人合作，积极参与交流和讨论，尊重他人的情感和态度。

2) 科学态度学段目标

科学态度有 4 项学段目标：探究兴趣、实事求是、追求创新和合作分享。

4 项学段目标要求：一是乐于尝试、敢于探索发现周围事物的奥秘。对周围世界保持好奇心和求知欲。二是珍爱大自然，保护环境与周围的生物，初步形成人与自然和谐相处的观念。三是学会用科学的方法来解释自然界中的一些现象，形成严谨的科学态度。四是学会自主学习探究，积极探索，主动发现新知，学会合作学习，能与同学朋友和谐友好相处。

5. 科学、技术、社会与环境目标

1) 科学、技术、社会与环境目标有 3 项总目标

(1) 初步了解所学的科学知识在日常生活中的应用。

(2) 初步了解人类活动对自然环境、生活条件及社会变迁的影响；了解社会需求是推动科学技术发展的动力；了解科学技术已成为社会与经济发展的重要推动力量。

(3) 初步了解在科学技术的研究与应用中，需要考虑伦理和道德的价值取向；热爱自然，珍爱生命，具有保护环境的意识和社会责任感。

2) 科学、技术、社会与环境学段目标

科学、技术、社会与环境有 3 项学段目标：科学技术与日常生活的联系、科学技术与社会发展的联系和人类与自然和谐相处。其中 3 项学段目标要求：了解科学技术给人类生活带来的便利，了解在享受科学技术成果时必须考虑伦理和道德的价值取向；了解兴趣、好奇心和社会需求是科学技术发展的动力；了解地球上的资源是有限的，人类的活动会对

环境产生负面影响，我们要自觉采取行动，爱护和保卫环境免遭破坏。

6. “用教材教”而不是“教教材”(课程设计思路)

聚沙成塔，滴水穿石。为了使小学科学课程的目标不再是口号，教师要把小学科学课的课程目标落实到每一节课中。教师在上每一课时之前要制定教学目标，设计教学目标时要注意以下几点：要有“用教材教”的意识，而不是“教教材”。二者的区别在于，“教教材”的教学，常常把教学目标单一地定位于传授知识；“用教材教”是把知识的教学贯穿于培养能力、态度的过程中，把科学探究、科学态度与价值观的目标与科学知识目标有机地结合在一起。

7. 不同类型的教学目标用不同的行为动词表述

1) 教学目标分类

课标中所涉及的教学目标可分为两种。

(1) 按课程目标领域分，有课程探究目标、科学态度与价值观目标、知识目标。

(2) 课程与教学目标的取向：采用了一些课程论专家的目标分类理论，将教学目标分为普遍性目标、行为性目标(博比特 John Franklin Bobbitt)、生成性目标和表现性目标。

2) 行为性教学目标的优点

行为性教学目标描述的是学生在教学过程结束后所发生的行为变化。它的主语一般是行为主体——学生，谓语用可观察、可测量的行为动词，故称为行为性目标。

行为性目标具有明显的优点，如“会说出鸡蛋的构造”就是一项行为性教学目标，可使教师明确地意识到，通过学习学生能做什么，教学后学生应发生哪些方面的行为变化。这便于教师考查学生，了解是否实现了学习目标。还便于教师考虑用什么样的教学策略实现这些目标。例如，“会做……”，就要用练习的教学策略；“意识到……”，就要创设情境给学生体验的机会。

因此，行为性目标的优点是，明确具体、可操作、可测评，避免了因目标表述过于抽象、空洞而难以把握、无法测量的弊端。

3) 行为性教学目标中的行为动词

在课标中，列举了几个不同教学目标使用的不同行为动词。

(1) 涉及科学探究能力的教学目标，行为动词主要用“在教师指导下，能……”

会：指学生知道规则、方法或程序，能正确操作，大多用于技能目标。

能够：指学生掌握规则、方法或程序，胜任操作，大多用于科学探究能力的目标。

例如，“会用温度计、简易风向仪、雨量器搜集有关数据”。

(2) 涉及科学态度与价值观的目标，行为动词主要用“体验”“意识”。

体验：指学生在参与科学学习与探究活动中获得情绪感受，并融入自身的经验之中。它强调学生亲历过程，伴有情绪反应，并对原有经验产生影响。

意识：指学生知道某一概念及其价值，并把它纳入判别标准，用于指挥或规范自己的行为。

如“体会长期地测量和记录天气数据是非常有用的”。

(3) 涉及科学知识的目标时，行为动词主要用“知道”“认识”“理解”。

知道：指学生能说出、写出或识别所学的内容。

认识：指学生在经历认知过程的基础上，对所学内容有一定程度的反应。

理解：指学生懂得所学内容的道理，往往表现为可以举例、类比、解释、概括或应用。比如，“知道天气可以用一些可测量的量来描述”。

行为动词更明确的一般有：写出、背出、选出、认出、辨别、比较、解决、设计、对比。含糊一点的有：知道、了解、欣赏、喜欢、相信。

8. 用表现性目标表达需长期积累才可能实现的目标

行为表现未必反映了学生内在的真正变化，行为的完成不一定就意味着科学态度与价值观目标的达成。行为性目标的缺陷可能导致教师只关注学生外显的行为变化，淡化对学生科学态度与价值观的培养，回避那些较高层次、很难测评的目标。

一些技能或科学态度领域的目标，不可能指望在一节课内就能学会，需要长期积累才可能实现，如批判性思维能力、对大自然美的鉴赏能力。因此“需长期积累才可能实现的目标尽可能用表现性目标表达”。

美国课程论专家艾斯纳(Elliot W.Eisner，1933—2014)倡导表现性教学目标。这种目标旨在培养学生的创造性，追求的是个性化，而不是同一化。它只规定学生应该参加的活动、将要处理的问题，但不精确规定每个学生应该从中习得什么，结果是开放性的。如“通过使用铁丝与木头发展三维形式”“参观动物园并讨论那些有趣的事情”等。

小学科学课程目标指出，最好把“热爱大自然”这样的目标，分解为“观赏植物的花和叶”或“朗读有关星空的美文”。目标没有指明学生在参加活动后能做什么，但学生行为的变化是可能发生的，活动的收获是完全可能超越预期的。

推荐阅读

(1) 搜索关键词“小学科学课程标准设计思路”。尝试设计一下个人的设计思路。

(2) 搜索“小学科学教材”。朗诵一篇你感兴趣的小学科学课内容。

教学行为规范

(1) 观看小学科学教学片：人体指挥中心——大脑(苏教版 五年级下册 第五单元 人体的“司令部” 第1课 大脑)。

(2) 观看小学科学课程教学及点评的视频，观察小学科学教学情境变化，增加教学经验，改进教学行为。

4.3.2 《义务教育小学科学课程标准》课程内容、实施建议

物质科学领域内容解读.mp4

地球与宇宙科学领域内容解读.mp4

常见的校外科学活动.mp4

现代教育技术在小学科学教学中的运用.mp4

第一部分　课程内容

小学科学课程内容包括物质科学、生命科学、地球与宇宙科学、技术与工程4个领域。从这4个领域中选择适合小学生学习的18个主要概念，其中，物质科学领域6个；生命科

学领域6个；地球与宇宙科学领域3个；技术与工程领域3个。通过以上课程内容的学习，可以为小学生科学素养的初步形成和持续发展奠定良好的基础。

1. 物质科学领域内容

物质科学领域有6个主要概念(物质世界、物体、物体运动、力的作用、运动状态、能量转换)；10个主题内容；31项基本内容。

人们生活在物质世界中，每时每刻都在接触各种各样的物质，感受自然界和人类生活中所发生的、丰富多彩的物质的运动和变化。物质世界中的各种现象和过程，都有着内在的规律性。物质科学就是研究物质及其运动和变化规律的基础自然科学。

该领域内容的学习将有助于增强学生探究物质世界奥秘的好奇心，形成“世界是物质的，物质是运动的”的观点。使学生感受到物质科学对促进社会进步、提高人类生活质量的主要作用，帮助学生初步养成乐于观察、注重事实、勇于探索的科学品质。

在教学中，教师应帮助学生形成以下主要概念。

(1) 物体具有一定的特征，材料具有一定的性能。

(2) 水是一种常见而重要的单一物质。

(3) 空气是一种常见而重要的混合物质。

(4) 物体的运动可以用位置、快慢和方向来描述。

(5) 力作用于物体，可以改变物体的形状和运动状态。

(6) 机械能、能声、光能、热能、电能、磁能是能量的不同表现形式。

本领域学习内容的知识结构图，如图4-1所示。

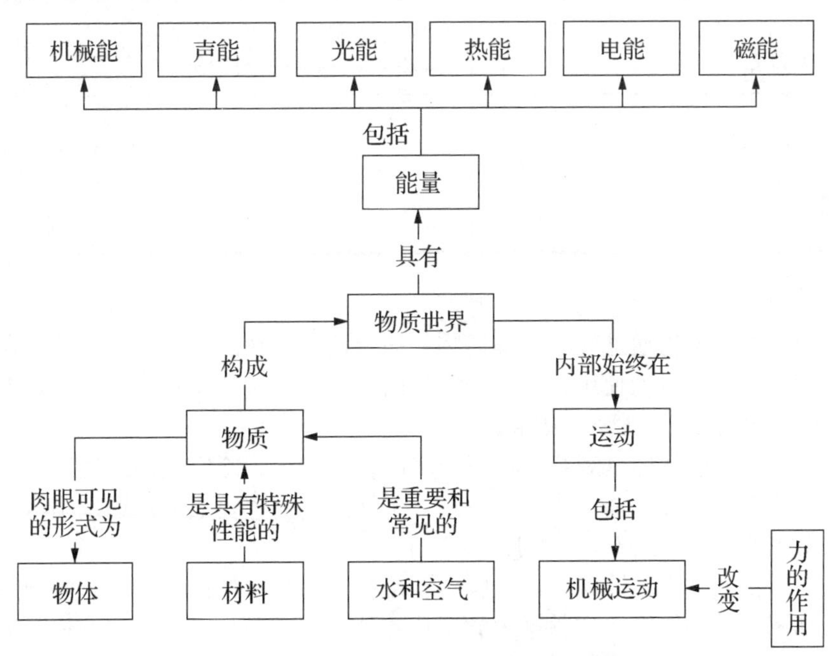

图4-1 物质科学领域知识结构导图

知识结构图中涉及的学习内容，不同学段有不同的要求和学习目标，如表4-1所示。

表 4-1　物质科学领域学习内容与学习目标(部分)

学习内容	学习目标		
	1～2 年级	3～4 年级	5～6 年级
1.4 利用物体的特征或材料的性能，把混合在一起的物体分离		根据物体的特征或材料的性能将两种混合在一起的物体分离开来，如分离沙和糖、铁屑和木屑等	
3.2 空气是由氮气、氧气、二氧化碳等组成的混合物质		知道空气中的氧气和二氧化碳对生命具有重要意义	•知道空气是一种混合物质。 •知道氮气和氧气是空气的主要成分
4.3 物体的机械运动有不同的形式		•列举并描述生活中常见物体的直线运动、曲线运动等运动方式。 •比较不同的运动，举例说明各种运动的形式和特征	
6.2.3 太阳光包含不同颜色的光			描述太阳光穿过三棱镜后形成的彩色光带。知道太阳光中包含不同颜色的光
6.4.3 电是重要的能源。但有时也具有危险性		•列举电的重要用途。 •知道雷电、高压电、交流电会对人体产生伤害；知道安全用电的常识	
6.6.1 自然界中存在多种能量的表现形式		•能识别日常生活中的能量。 •知道运动的物体具有能量	知道声、光、热、电、磁都是自然界中存在的能量形式
6.6.2 一种表现形式的能量可以转换为另一种表现形式			调查和说明生活中哪些器材、设备或现象中存在动能(机械能)、声能、光能、热能、电能、磁能及其之间的转换

【活动建议】

(1) 教师应指导学生通过观察，描述物体的特征、材料的性能和物质的存在状态。通过实验学习简单测量工具的使用，学习一些量的特征的测量和记录方法；能依据性能对物体或材料进行简单的分类。(学习内容 1.4)

(2) 教师应指导学生通过观察，认识空气的特征和热、冷空气的流动现象；通过简单的实验，证实空气的存在；通过查阅的方法，了解空气的主要成分；通过小组讨论列举风给人类生活带来的好处与危害。(学习内容 3.2)

(3) 教师应指导学生通过观察，了解运动是物体的基本特征，运动有多种形式，可用速度描述运动和比较其快慢。在教学中尝试让各种物体运动起来。观察物体前进、后退、转弯、旋转、滚动、振动、绕圈等各种不同的运动形式描述其特点，用图示、文字等方式描述物体运动的状态与过程。(学习内容 4.3)

(4) 教师应指导学生通过观察和实验，了解光源、光的传播、人眼看到物体的条件，以及光的反射现象。观察太阳光穿过三棱镜后投射到墙上的彩色光带，了解太阳光由各种颜色的光组成。(学习内容 6.2.3)

(5) 教师应指导学生通过实验、观察和调查开展对电现象的探索。了解电路的基本构成；调查自然界和生活中各种电现象；制作安全用电小报。(学习内容 6.4.3)

(6) 教师应指导学生通过观察、实验和探索了解能量的各种形式，以及如何实现能量的转换。

① 尝试打击、碰撞物体，观察发生的现象。了解运动的物体具有能量，可能对人体造成伤害，因此需要注意交通安全、遵守交通规则。(学习内容 6.6.1)

② 观察开启的电灯、电炉，了解电能转换为光能和热能的过程；以麦克风(话筒)、电话为例，了解声能转换为电能再转换为声能的过程。(学习内容 6.6.2)

要点：1.4、3.2、4.3、6.2.3、6.4.3、6.6.1、6.6.2。

2. 生命科学领域内容

生命科学领域有 6 个主要概念(地球生物、动物、植物、人的生命活动、繁衍、环境)；6 个主题内容；24 项基本内容。

生命世界包含动物和植物等多种生物类群，生物的生存都需要一定的条件，如营养物质、适宜的温度、水和空气等，在此基础上，生物个体才能够生长、发育和繁殖后代，从而使这些生物类群得以延续。植物能够制造营养物质，可供自身利用；而动物则不能制造营养物质，只能利用植物等生物制造的营养物质。生物之间，以及生物与环境之间相互依赖和相互影响，它们是一个有机的整体。

本领域内容的学习，有助于激发学生了解和认识自然界的兴趣，帮助学生初步形成生物体的结构与功能、局部与整体、多样性与共同性相统一的观点，产生热爱大自然、爱护生物的情感。

在教学中，教师应帮助学生形成以下主要概念。

(1) 地球上生活着不同种类的生物。

(2) 植物能适应环境，可制造和获取养分来维持自身的生存。

(3) 动物能适应环境，通过获取植物和其他动物的养分来维持生存。

(4) 人体由多个系统组成，这些系统分工配合，共同维持着生命活动。

(5) 植物和动物都能繁殖后代，使它们得以世代相传。

(6) 动植物之间、动植物与环境之间存在着相互依存的关系。

本领域学习内容的知识结构图，如图 4-2 所示。

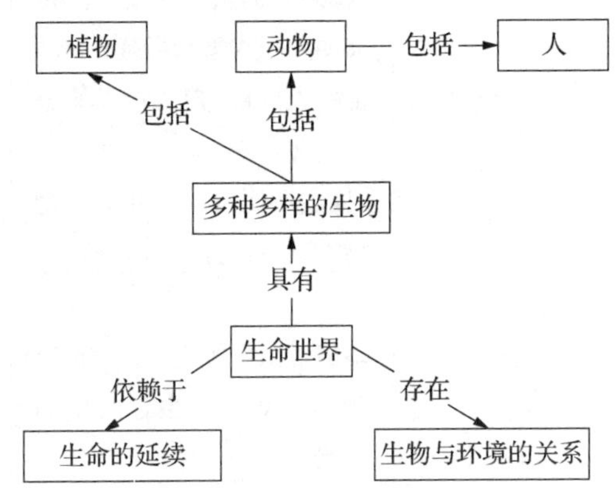

图 4-2 生命科学领域知识结构导图

知识结构图中涉及的学习内容，不同学段有不同的要求和学习目标，如表4-2所示。

表4-2 生命科学领域学习内容与学习目标(部分)

学习内容	学习目标		
	1～2年级	3～4年级	5～6年级
7.4 细胞是生物体的基本组成单位			明白细胞是生物体的基本组成单位
7.5 地球上多种多样的微生物与我们的生活密切相关			•知道蘑菇和木耳是生活中可以直接看到的微生物。 •知道感冒、痢疾是由肉眼难以观察到的微生物引起的
8.3 植物能够适应其所在的环境		举例说出生活在不同环境中的植物其外部形态具有不同的特点，以及这些特点对维持植物生存的作用	
9.3 动物的行为能够适应环境的变化			举例说出动物在气候、食物、空气和水源等环境发生变化时的行为
10.3 人脑具有高级功能，能够指挥人的行动，产生思想和情感，进行认知和决策			简要描述脑是认知、情感、意志和行为的生物基础
11.1 生物有生有死；从生到死的过程中，有不同的发展阶段		举例说出植物和动物从生到死的生命过程	
11.2 生物繁殖后代的方式有多种		•描述有的植物通过产生足够的种子来繁殖后代，有的植物通过根、茎、叶等来繁殖后代。 •描述和比较胎生和卵生动物繁殖后代方式的不同	
12.4 自然或人为干扰能引起生物栖息地的改变，这种改变对于生存在该地的植物和动物种类、数量可能产生影响		举例说出人类生产、建筑等活动对动植物生存产生的影响	•认识到人与自然环境应该和谐相处。 •认识到保护身边多种多样的生物非常重要

【活动建议】

(1) 教师应指导学生通过对动物和植物的观察，学习观察和简单归类的方法，初步认识生活中常见的动植物，了解我国特有的动植物资源，意识到动植物与人类关系密切，认同保护生物多样性非常重要。在此基础上，5～6 年级的学生能通过显微镜从微观上观察到细胞是生物体的基本组成单位。

① 用显微镜观察洋葱表皮细胞，观察各种动植物细胞图片等。(学习内容 7.4)

② 观察家中的蘑菇和木耳，带到学校用显微镜观察。从而看到微生物，了解微生物与我们之间的联系。(学习内容 7.5)

(2) 教师应指导学生通过栽种盆栽植物等活动，对植物进行观察和记录，初步认识植物体生命过程中需要养分，植物体的外部形态特征会发生变化；通过收集资料和讨论等途径，初步了解生活在不同环境中的植物具有适应其所在环境的外部形态特征，并都具有生命的基本特征及维持生命活动的相应结构。利用图片等资料，对比沙漠中、盐碱地及海底的植物在外部形态上的异同。(学习内容 8.3)

(3) 教师应指导学生通过观察、调查、实验等多种途径，认识生物体的形态、结构和功能的关系，以及生物与生物、生物与环境的相互作用等；学习科学探究的基本方法。

(4) 教师应指导学生通过观察、调查、讨论等多种途径，初步认识人体的结构组成，以及保健常识，进而形成健康生活的意识，养成良好的生活和行为习惯。制订自己的作息计划。(学习内容 10.3)

(5) 教师应指导学生通过观察和交流等途径，初步认识生物体的生命过程以及生物的繁殖特性；通过收集资料和讨论等途径，激发学生的学习兴趣。

在教学中，教师可以指导学生开展以下活动。

① 种养一株植物或照顾一种小动物一段时间，观察并记录生物体的成长过程。交流栽培植物和饲养小动物的经验和体会，展示观察记录。(学习内容 11.1)

② 展示一株植物生命过程的照片。(学习内容 11.2)

(6) 教师应指导学生通过讨论、调查等多种途径，讨论某些动植物的基本生存需要和动植物之间的关系，学习调查的方法，初步认识动植物之间、动植物与环境之间相互依赖的关系。举例说出人是自然的一部分，讨论人类活动对动植物的影响，帮助学生形成热爱大自然、爱护生物的情感，提高环境保护意识。讨论人类保护自然环境和维持生态平衡的重要性；讨论人如何与自然和谐相处，保持可持续发展。(学习内容 12.4)

要点：7.4、7.5、8.3、9.3、10.3、10.4、11.1、11.2、12.4。

3. 地球与宇宙科学领域内容

该领域有 3 个主要概念(地球家园、太阳系、地球构造：大气、水、生物、土壤、岩石、地壳、地幔、地核)；3 个主题；12 项基本内容。

地球是目前人们认识到的宇宙中唯一适合人类生存的星球。地球与宇宙中的有关现象、事物和规律，具有时间和空间的复杂性，需要对它们运用实地观察、长期观测、建构模型、模拟实验、逻辑推理等方法进行研究。

本领域内容的学习，将有助于激发学生对地球和宇宙的探究热情，发展空间想象、模型思维、逻辑推理等能力，初步建立科学的宇宙观和自然观，以及人地协调的可持续发展观。

在教学中，教师应帮助学生形成以下主要概念。

(1) 在太阳系中，地球、月球和其他星球有规律地运动。

(2) 地球上有大气、水、生物、土壤和岩石，地球内部有地壳、地幔和地核。

(3) 地球是人类生存的家园。

本领域学习内容的知识结构图，如图 4-3 所示。

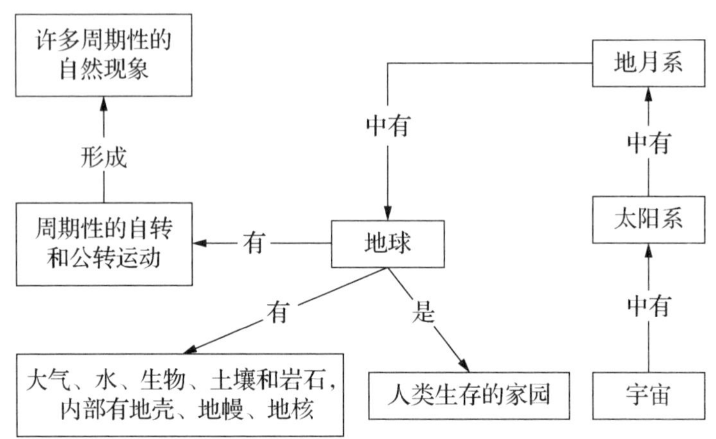

图 4-3 地球与宇宙科学领域知识结构导图

知识结构图中涉及的学习内容，不同学段有不同的要求和学习目标，如表 4-3 所示。

表 4-3 地球与宇宙科学领域学习内容与学习目标(部分)

学习内容	学习目标		
	1～2 年级	3～4 年级	5～6 年级
13.1 地球每天自西向东围绕地轴自转，形成昼夜交替等有规律的自然现象	描述太阳每天在天空中东升西落的位置变化；描述怎样利用太阳的位置辨认方向	描述一天中在太阳光的照射下，物体影子的变化规律	•知道地球自西向东围绕地轴自转，形成了昼夜交替与天体东升西落的现象。 •知道地球自转轴(地轴)及自转的周期、方向等
14.5 地球内部可以划分为地壳、地幔和地核三个圈层			•描述地球内部有地壳、地幔和地核三个圈层。 •知道地壳运动是地震、火山喷发等自然现象产生的原因。 •说出地壳主要由岩浆岩、沉积岩和变质岩三大类岩石构成

续表

学习内容	学习目标		
	1～2 年级	3～4 年级	5～6 年级
15.2 人类生存需要不同形式的能源			•描述人类的生产生活离不开能源。 •知道太阳能是生活中可利用的一种清洁、可再生能源。 •描述煤炭、石油和天然气是目前人类利用规模最大的能源，知道它们的形成与太阳能有关。 •树立节约能源的意识，了解开发利用新能源的一些举措
15.3 人类生存需要防御各种自然灾害，人类活动会影响自然环境		了解台风、洪涝、干旱等气象灾害对人类的影响	•了解地震、火山喷发等自然灾害对人类的影响，知道抗震防灾的基本常识。 •说出人类不合理活动对自然环境的影响，树立保护环境的意识。 •举例说出人类保护环境的举措，能够针对现实环境问题提出适当建议

【活动建议】

(1) 教师应指导学生通过对太阳和月球等天体的观察，学习实地观察和观测的方法，初步认识一日内太阳在天空中位置变化的规律；通过模拟实验和建构模型等方法，了解由于地球的自转和公转运动产生的昼夜交替、四季变化等自然现象和规律。观察、记录、描述太阳每天东升西落的现象，认识太阳每天的位置变化规律，学习观察的方法。(学习内容 13.1)

(2) 教师应指导学生通过对地球上的大气、水体、土壤、生物、岩石等组成物质，以及自然现象和一些规律的观察，学习对事物从局部到整体进行观察和记录数据、分析数据等方法；通过对比实验、辩证分析和逻辑推理等方法，初步认识地球物质不断变化并且互相影响产生的多种自然现象。利用图片和视频资料或通过模拟实验，初步了解地震和火山喷发发生的原因。(学习内容 14.5)

(3) 教师应指导学生通过查阅和分析资料，学习分析与综合的思维方法，初步了解地球为人类生存提供必需的资源和能源，知道保护它们的重要性；通过联系社会生活中出现的资源、能源和环境问题，培养学生运用科学知识解决生活中实际问题的能力，增强珍爱生命、热爱自然、保护地球资源与环境的意识和社会责任感，并落实到行动中。

在教学中，教师可以指导学生开展以下活动。

① 查阅和分析资料，认识一些资源、能源及其形成过程；认识我国是一个能源短缺的国家，我们需要节约能源，并积极开发利用新能源。(学习内容 15.2)

② 观看台风、洪涝、干旱等气象灾害，以及地震、火山喷发等自然灾害的图片或视频资料，了解防御各种自然灾害的措施。(学习内容 15.3)

要点：13.1、14.5、15.2、15.3。

4. 技术与工程领域内容

该领域有 3 个主要概念(人工智能、技术发明、工程设计：科学技术、制造产品、解决问题)；3 个主题；8 项基本内容。

人类观察自然、研究各种自然现象产生和变化的原因，而产生科学，科学的核心是发现；对科学加以巧妙运用以适应环境、改善生活而产生技术，技术的核心是发明；人类为满足自己的需要，对已有的物质材料和生活环境加以系统性地开发、生产、加工、建造等，这便是工程，工程的核心是建造。运用科学、技术和工程，人类创造了丰富多彩的人工世界。

技术与工程领域的学习可以使学生有机会综合所学的各方面知识，体验科学技术对个人生活和社会发展的影响。技术与工程实践活动可以使学生体会到“做”的成功和乐趣，并养成通过“动手做”解决问题的习惯。

在教学中，教师应帮助学生形成以下主要概念。

(1) 人类为了使生产和生活更加便利、快捷、舒适，创造了丰富多彩的人工世界。

(2) 技术的核心是发明，是人类对自然的利用和改造。

(3) 工程技术的关键是设计，工程是运用科学和技术进行设计、解决实际问题和制造产品的活动。

本领域学习内容的知识结构图，如图 4-4 所示。

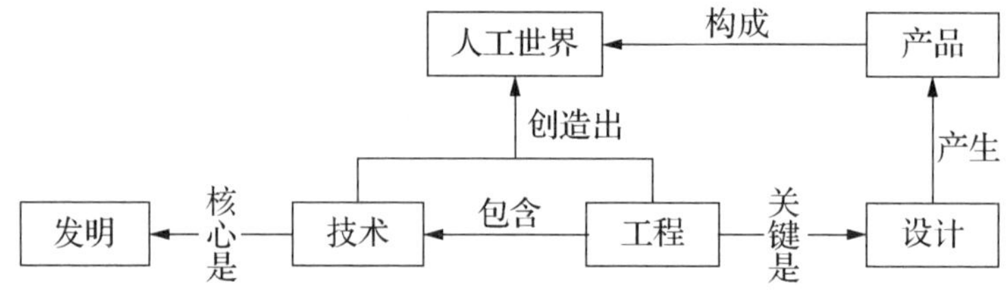

图 4-4 技术与工程领域知识结构导图

知识结构图中涉及的学习内容，不同学段有不同的要求和学习目标，如表 4-4 所示。

表 4-4 技术与工程领域学习内容与学习目标(部分)

学习内容	学习目标		
	1～2 年级	3～4 年级	5～6 年级
16.2 工程和技术产品改变了人类的生产和生活	体会生活中的科技产品给人类带来的便利、快捷和舒适。	举例说出制造技术、运输技术、建筑技术、能源技术、生化技术、通信技术的产品	•知道重大的发明和技术会给人类社会发展带来的深远影响和变化。 •知道某些科技产品可能对人类生活和环境产生负面影响

续表

学习内容	学习目标		
	1～2 年级	3～4 年级	5～6 年级
17.2 技术包括人类利用和改造自然的方法、程序和产品	认识周围简单科技产品的结构和功能	举例说出改变方法和程序可以提高工作效率	认识生活中保温、防霉、防锈等技术的应用
17.3 工具是一种物化的技术	•认识常见工具，了解其功能。 •使用工具对材料进行简单加工。 •描述肉眼观察和简单仪器观察的不同	•使用和制作简易的古代的测量仪器模型，如日冕、沙漏等。 •知道使用工具可以更加精确、便利和快捷	•知道完成某些任务需要特定的工具。 •知道杠杆、滑轮、轮轴、斜面等是常见的简单机械。 •能使用杠杆、滑轮、轮轴、斜面等简单机械解决生活中的实际问题
18.1 工程是以科学和技术为基础的系统性工作		举例说出一项工程运用到的科学技术和原理，如汽车刹车系统设计中运用到的科学与技术	了解一项工程需要由多个系统组成，如建造住宅需要考虑结构、供水、采光、供暖系统等
18.2 工程的核心是设计		•知道工程设计的基本步骤，包括明确问题、确定方案、设计制作、改进完善等。 •针对一项具体任务，按照设计的基本步骤来设计一款产品或完成指定的任务	•利用摄影、录像、文字与图案、绘图或实物表达自己的创意与构想。 •将自己简单的创意转化为模型或实物。 •根据现实的需要设计简单器具、生产物品或完成任务
18.3 工程设计需要考虑可利用的条件和制约因素，并不断改进和完善	•利用提供的材料和工具，通过口述、图示等方式表达自己的设计与想法，并完成任务。 •对自己和他人的作品提出改进建议	•对自己或他人设计的想法、草图、模型等提出改进建议，并说明理由。 •在制作过程中及完成后进行相应的测试和调整	•根据设计意图，分析可利用的资源。 •简单评估制作一款产品或系统的可行性，预想使用效果。 •从经济效益、社会效益、环境效益等方面评价某项工程设计，并提出改进和完善建议

【活动建议】

(1) 教师应指导学生通过观察、阅读、制作等活动，了解工程师职业特点。让学生意识到工程师和科学家不同，科学家的职责是探索世界以发现科学原理；而工程师的职责是根据科学原理设计实际应用的产品，这些产品应给人类生活带来方便和舒适。使用手机、电饭煲、洗衣机、卷笔刀等常见的科技产品，掌握使用的方法；调查当地的工程项目，了解其设计进程和功用。(学习内容 16.2)

(2) 教师应指导学生通过对常见工具和器具的操作与使用，学习简单的加工方法，初步认识生活中常见的简单机械，以及身边可以操作使用的轻便器具，意识到人类的生活离不开各种工具，工具是人的力量的一种延伸。

在教学中，教师可以指导学生开展以下活动。

①尝试将周围简单科技产品分解，了解其各部分之间的功能。例如，将一支圆珠笔拆开分解成各个部分，再重新组装起来，认识圆珠笔各部分之间的关系及其功能；通过分析保温杯的结构，了解其如何运用科学原理进行技术应用。(学习内容 17.2)

② 操作和使用锤子、刀具、温度计、酒精灯等常见的简单工具，对身边的物品进行简单的加工、测量、加热等。识别生活中常见的测量仪器，运用基本测量仪器来测量和比较长度、时间、温度等量的大小，如制作日冕和沙漏，比较手表、秒表、沙漏、日冕等计时工具的准确性，体会使用工具的优越性。(学习内容 17.3)

(3) 教师应指导学生通过设计和制作一件作品或产品，了解设计作品、完成项目的基本过程；体会科技产品给生活带来的方便和舒适；认同创意设计能够改善生活质量；知道技术应用会带来某些不良的影响，如环境污染等问题。

在教学中，教师可以指导学生开展以下活动。

① 认识自己家的住房环境系统，了解家庭电力的供应系统，并知道安全使用常见的家用电器，了解梁柱、楼板、墙、门窗、楼梯等材料，以及各个系统(如供水、采光、供暖系统等)是如何协调工作的。(学习内容 18.1)

② 通过按图装配、按流程完成等程序性说明书，完成一架玩具飞机的组装，了解设计图、说明书和成品之间的关系。(学习内容 18.2)

③ 在家里或校园中观察常见的物品，寻找这些物品的不足和缺陷；查阅有关资料，对设计方案加以改进。设计通过不同途径传递信息的简单方案，如声音传播信息、制作“土电话”来传送声音信息、闪光传递信息等。(学习内容 18.3)

要点：16.2、17.3、18.1、18.2、18.3。

第二部分 实施建议

实施建议分别从教学、评价、教材编写和课程资源开发与利用四个方面提出小学科学课程实施的建议。这些建议汲取了当代学习理论与教学理论的精华，也是对近年来我国小学科学教学经验的凝练与提升。小学科学教育工作者应尽可能理解、内化并指导自己的科学教育实践。

1. 教学建议

1) 教学目标建议

培养学生的科学素养是科学课程的宗旨。小学阶段的科学教学是为培养学生科学素养打基础的，科学教师应将科学素养的培养作为教学设计与实施的最高准则。在确定教学目标时既要关注科学知识，也要关注科学素养的其他成分，注重各方面目标的整合与平衡。

2) 教材使用建议

教材包括教科书、学生活动手册、教学具和教师教学用书，它们是科学教学的重要资源，为科学课的设计及实施提供了很大的便利。科学教师要创造性地使用教材。各个地区的科学教学资源不同，不同地区的学生也存在着差异，教师应据此对教材作适切性的处理加工，这是科学教师专业素养的体现，也是科学教师发挥创造力的机会。

3) 教学活动建议

为了培养学生的科学素养，教师要为学生提供多样化的学习机会，如探究的机会，综合运用知识解决真实情境问题的机会，讨论辩论的机会，关心与环境、资源等有关议题的机会等。

(1) 动手动脑做科学实验。小学科学课与其他课的重要区别之一是，很多情况下学生要通过动手做来学习科学。比如，做实验，制作模型，观察、测量、种植与饲养……这些活动不仅是学生喜欢的学习方式，也是学生理解科学概念的重要经验支撑。动手不应是纯粹的操作性活动，还应与动脑相结合。边动手边思考，可以使两者相互支持，相得益彰。

(2) 开展探究式学习活动。探究式学习类似于科学研究的方式。这种符合儿童天性的学习方式可以激发儿童学习科学的兴趣，有利于对科学概念的理解，也是培养小学生科学探究能力、科学思维能力、科学精神的有效学习方式。

指导学生进行探究式学习，应注意以下问题。

① 重视探究活动的各个要素。科学探究包括提出问题、作出假设、制定与实施研究方案、收集和分析数据、得出结论、表达交流、反思评价等要素。每个要素都会涉及多个科学思维方法。只有让学生有机会充分练习这些思维方法，科学思维方式才能逐渐形成。要避免程式化、表面化的科学探究。

② 精心设计探究问题。探究问题可以来自学生，也可以来自他人。无论问题来自何方，都必须与学生探究能力的水平相符。

③ 处理好探究式学习中学生自主学习和教师指导的关系。探究式教学强调要以学生为主体，但这并不意味着教师要放弃指导。为了保证指导的适时有效，教师要对学生在探究中出现的问题保持高度的敏感，必要时给予适当的指导。指导要富于启发，最好是在教师的提示下学生自己发现问题所在。

④ 不要把探究式学习作为唯一的科学学习方式。科学素养包括多个维度，不同的素养要通过不同的学习活动加以培养，科学教师应尽可能掌握多种科学教学方法和策略。要多采用能激发学生兴趣、符合学生认知发展规律，以及能充分调动学生积极性的教学方法和教学策略，使学生愿意主动学习。戏剧表演、科学游戏、模型制作、现场考察、科学辩论会等，都是科学学习的有效方式。

(3) 突出学生的主体地位。学习是学生自己的事，他人无法替代。教师不能只关注自己的教学，更应关注学生的学习。学生在学习科学探究、学习运用科学知识解决实际生活中的问题时，不可能一蹴而就、一帆风顺，教师要为学生的活动留有充足、必要的时间。匆匆而过、急于求成的活动对于学生能力的提升是无益的。教师要讲究为学生的科学活动提供帮助的艺术，变告诉为启发，变单向传输为师生互动，变学生被动为学生主动。

4) 科学学习场所建议

教室、实验室是科学学习的重要场所，但教室、实验室外还有更广阔的科学学习天地。

校园、家庭、社区、公园、田野、科技馆、博物馆、青少年科普教育实践基地……到处都有科学学习资源，到处都可以作为科学学习的场所。不要把学生束缚在教室、实验室这些狭小的空间里，不要把上下课铃声当作教学的起点和终点。

5) 学科关联建议

科学学科与小学其他学科关系密切，科学学科可以为其他学科做贡献，其他学科也可以为科学学科做贡献，尤其是数学、语文、综合实践活动等课程。

(1) 与数学的关联与互动。科学探究中的数据处理、模型建立都离不开数学。要尽可能让学生在探究的过程中，应用数学知识和数学思维方式。例如，通过连续测量一杯热水的温度，绘制曲线图。

(2) 与语文的关联与互动。科学课有很多听、说、读、写的机会，教师应多提供这些机会，并设法使之带有科学色彩。例如，让学生撰写观察日记，阅读科普书籍，按科学探究的线索重组科学家传记中的信息，撰写科学小论文，编写与表演科普剧等。

(3) 与综合实践活动的关联与互动。科学探究的许多课题可以成为研究性学习的内容，对这些课题的研究可因其情境的真实性和时间的机动性而使学生获益；综合实践活动也会因科学与社会问题的交织而相得益彰。与环境保护、可持续发展有关的议题较为容易实现两者的互动与整合。

(4) 积极推进跨学科学习方式。科学(Science)、技术(Technology)、工程(Engineering)与数学(Mathematics)，即 STEM，是一种以项目学习、问题解决为导向的课程组织方式，它将科学、技术、工程、数学有机地融为一体，有利于学生创新能力的培养。还有，在此基础上发展起来的 STEAM(A 即艺术，Arts)，科学教师可以尝试运用于自己的教学实践。

6) 教学媒体建议

教学媒体多种多样，有传统的挂图、投影片等媒体，也有更先进的媒体，以计算机、网络为基础的现代教学媒体及技术正成为科学课堂上师生重要的认知工具。现代教学媒体及技术具有许多优势：它能将抽象的科学概念具象化，有助于学生的理解；它可以创设虚拟的问题情境支持学生的探究活动；利用电子探测仪和图像软件包，可以使信息的采集和处理更加便利、直观。通过互联网可以迅速有效地获取与共享信息，体现大数据时代相关性研究的便利。现代教学媒体还有利于激发学生的学习动机。

2. 评价建议

教学和评价是课程实施的两个重要环节，二者相辅相成。评价既可对教学的效果进行监测，也可与教学过程相互交融，从而促进与保证学生的发展。评价的涵盖面比较广，本标准所涉及的评价只限于学生在课程学习过程中的学习情况和质量水平的评价，简称学习评价。

学习评价的目的在于了解学生在学习过程中的表现及其存在的问题，鉴定学习的质量水平。评价的内容包括科学知识、科学学习能力和探究能力，以及对科学和科学学习的科学态度与价值观。通过学习评价确保课程实施的质量，促进学生科学素养的发展。

1) 学习评价的原则

学习评价必须以国家素质教育方针为指导，以有关基础教育课程改革理念为引领，以本标准为基本依据来进行。

学习评价必须做到主体多元、方式多样。不仅有以教师为主体的测评，还要有学生的自我测评、相互测评，以及家长对学生的测评；不仅要有终结性的测评，更需要有过程性的测评；不仅要有量的测评，还要有质的测评；不仅有纸笔形式的测验，还要有以活动、实验、项目报告等多种方式进行的测评。各种形式的测评相互补充，才能较为全面地评估学生的学习质量和学业水平。

学习评价必须覆盖本标准规定的各个方面的目标要求，对学生的科学素养进行综合评价。

2) 学习评价的内容

小学科学的学习评价主要包括以下几个方面。

(1) 科学知识。考查学生对本标准所规定的18个主要概念的掌握情况。

(2) 科学探究。考查学生对科学探究方式的了解和科学探究能力。包括以科学的方式进行观察，提出问题和猜想，安排计划，能通过规范合理的方法测量和收集证据，会分析证据并以逻辑合理的方式得出结论，能合理顺畅地表达探究结论，进行交流和讨论，等等。

(3) 科学态度。考查学生进行科学学习和探究所必须具备的基本态度。包括对科学的兴趣和参与科学活动的热情；具有基于证据和推理发表自己见解的意识；重视人与人之间的合作与交流，勇于表达，乐于倾听，尊重他人不同意见的态度；对科学的坚定信念，以及对科学技术作用的正确认识。

(4) 科学、技术、社会与环境。考查学生对科学、技术、社会与环境相互关系的了解，以及热爱自然、珍爱生命、保护环境的意识和社会责任感等。

3) 学习评价的方式

学习评价有多种不同的方式，就小学科学课而言，主要有过程性评价和终结性评价两种。过程性评价指的是在学习过程中进行的，与学生的学习交融在一起的，包括课前、课中、课后针对学生的学情及学习表现所进行的评价活动；终结性评价指的是在学习进行到一个阶段之后，针对学习的效果进行检查的评价活动。

(1) 过程性评价。

① 学情诊断。学生学习科学的过程很大程度上受其原有的知识、经验和认知结构的影响，有必要在教学准备阶段进行学情诊断，让学生和教师了解学习的出发点在哪里，这是学好科学的前提。学情诊断包括如测试、访谈、让学生画思维导图或概念图、观察等。通过各种方法得到的学情信息，具体地描绘了学生学习的出发点，同时也是教师组织教学的重要参考。学生要在了解学习目标的基础上，将目标与出发点进行对比，明确学习方向。教师可以依据这些信息，对教材作加工处理，或对教学内容、教学方法、教学策略作适切性修改，使之更适合自己的学生。

② 评价过程中教师对学生的评价。现代学习和教学理论强调学生的学习是一个自主的建构过程，教师的作用在于通过与学生的互动来促进和帮助学生的学习。这就要求教师在教学过程中要不断地通过评价了解学生的学习情况，及时调整教学的过程，这样才能切实帮助学生建构自己的知识体系。

教学过程中教师对学生评价的重点有下述几点。

☆ 学生对正在进行的学习活动是否感兴趣，是否有足够的投入。

☆ 学生的思考过程是否合理。

☆ 学生当前的水平与学习目标之间的差距。

☆ 学生存在的学习困难及导致困难的原因。

教师在教学过程中对学生进行评价的常用方法包括对话、提问和追问、观察(实验操作、小组讨论)、检查作业(实验报告、实验设计、实验记录)等。进行评价时教师应让学生有机会充分展示他们的想法和做法，这是提高评价效度的重要保证。

(2) 终结性评价。终结性评价指在进行一个阶段的科学课程学习之后进行的评价，其目的主要在于让社会、家长、学校及学生本人对学习的质量和水平有一个具体、确实的了解，以确认学生学习所达到的水平。终结性评价的期限一般是以学期或者学年、学段为界。终结性评价的方法包括纸笔考试、表现式的考试、学习总结汇报、成长记录等。终结性评价的重点是课程目标的达成度，或者说是学生所达到的科学素养水平，主要包括以下几方面。

① 科学概念理解。在小学阶段学生必须明确与科学概念相关的自然现象和过程，能够用科学的或接近科学的术语对自然的事物或现象进行描述和解释，能够知道某些科学概念之间的联系，以及各个科学概念的应用范围。

② 科学探究能力。对小学生探究能力的要求应该是初步的，评价所涉及的探究能力情境和知识内容比较简单，实践活动和思维推理的过程也应该是简单的，探究结论的表达和讨论的方式也是简单直接的。

③ 科学态度。学生的好奇心、求知欲、对环境和自然资源的责任感，以及质疑问难、实事求是、不怕失败、坚持不懈等科学精神是科学素养的重要组成部分，理应纳入学习评价之中。教师应该利用好“成长记录”，收集和选择学生的作品，如实验设计、实验记录、实作或照片，还有学生对自己学习过程的感受与反思，对同伴学习过程的评论等，较为全面地展示学生的真实态度和情感，以及对自然和社会的看法。

随着评价范围的扩展，科学评价的方式也应该多样。除了纸笔测验，还要重视表现性评价，即通过有组织地收集学生在学习中的成果表现，如媒体成果、小制作、科学报告、观察记录等对学生进行评价。

3. 教材编写建议

小学科学教材包括教科书、学生活动手册、教学具和教师教学用书等。小学科学教材的编写与开发应以《义务教育小学科学课程标准》为依据，全面落实标准所提出的课程理念和课程目标，使教材起到支持教师开展教学、促进学生学习的作用。

1) 教科书编写建议

教科书是课程内容的载体，它系统地呈现了科学学习的内容。教科书也是学生学习所必需的材料和工具，对学生的科学学习过程起着指引作用。教科书还是开展教学活动的基本依据，是师生在课堂上开展对话和互动的平台。为此，教科书的编写应以学生的学习为指向，从内容的选择和编排到呈现方式上，要力求体现以学生为本，而不是单纯呈现课程内容。

2) 学生活动手册编写建议

学生活动手册是教材的必要组成部分。活动手册不是练习册、作业本，也不是课外阅读材料，而是对学生探究活动的具体指导及学生探究活动的真实记录，它是将探究式学习方式落实于课堂的基本保证。学生活动手册应与教材配套发行。

3) 教学具开发建议

教学具是教学活动中供教师演示和学生操作所用的材料。科学探究离不开物质材料的支持。精心设计的教学具可以帮助学生更好地理解抽象、难懂的科学知识，体验科学探究过程，并能激发学生的学习兴趣，启迪思维，培养动手能力。编写人员在编写教科书的同时，还应该设计相应的教学具与之相配套。

4) 教师教学用书编写建议

教师教学用书的作用是帮助教师理解教科书和本标准的联系，引导教师用好教科书，理解教科书的编写理念、框架和结构，各部分之间的联系，以及教科书内容、活动的设计意图。

4. 课程资源开发与利用建议

小学科学课程资源是指有助于进行科学教学活动的各种资源。教学过程中合理使用课程资源，将会在很大程度上提高学生学习科学的兴趣和质量，也会提高教学活动的水平。教材编写者、教学研究人员、教师和有关人员应依据本标准，有意识、有目的地开发和利用各种小学科学课程资源。开发和利用课程资源要注意资源的思想性、科学性、适宜性和经济性。

1) 科学实验室的建设、利用与管理

开展观察、实验活动，是小学生学习科学的主要学习方式，实验室是学生科学学习最重要的资源，也是主要的学习场所，它对学生科学素养的形成具有不可替代的作用。

教育主管部门和学校应加大经费投入，保证科学实验室建设的条件，配备满足科学教学要求的实验设备和器材，保证实验耗材和自制教具的经费。每所学校必须建立科学实验室和仪器室，并按国家有关标准配备相应的仪器设备，不断提高实验室的信息化水平。同时学校还应为教师自制教具与学具提供物质保障。

2) 校园资源的开发与利用

校园环境和学校的一些活动场所、设施等都是实施科学教学的有效资源。学校和教师应当充分利用校园环境中与科学有关的资源，让校园成为科学学习的大课堂。同时，可合理规划、利用各类资源，建立校园科学学习中心，如校园气象站、校园种植园、校园养殖场、校园科普宣传区、校园科学活动区、校园探索实验区等，让这些资源为学生理解科学概念、进行科学探究和运用知识解决实际问题服务。

3) 校外资源的开发与利用

科学课程的社会资源十分丰富，应当积极开发、利用社会教育资源。

要发挥各类科普场馆的作用，因地制宜设立定点、定时、定人的科学教育基地，以便于学生在课程实施过程中进行参观和学习。还要利用学校周围的自然资源和社会资源，如公园、田野、山林、自然水域、矿山等，以补充校内资源的不足。

报纸杂志、电视广播和网络等媒体，常常可以提供很多贴近时代、贴近生活、有意义的科学议题，教师要利用好社会媒体，将这些科学议题作为科学学习的重要资源。

4) 网络资源的开发与利用

互联网已经深入到人类日常生活的各个方面。网络资源以其信息的丰富性、生动性和便捷性很好地弥补了现实教学的一些不足。利用和开发能促进小学生科学学习的网络资源，已成为当前科学教师的重要技能。

教师要充分利用网络资源，运用合适的方法(如在线学习、专题研讨、微课、资料查询等)促进学生的科学学习，为教学服务；可以把网络资源作为教师教学研究的重要资源，也可以利用网络技术开展学习评价。

教师要积极参与网络资源建设，为科学教学提供更多的优质资源。网络资源的积累、共享有赖于全体科学教师的参与和贡献，如建立专门的学生科学学习网站、资源库等；运用各种网络工具(如资源网站、论坛、博客、QQ 群、微信等)促进教师开展网络研修活动，提高教师的专业水平。

4.4 小学科学教育选用教材简介

教材，又称教科书，是根据课程标准(或教学大纲)编写的教学用书。教材的主体，是师生教学的主要材料；考核教学成绩的主要依据；学生课外扩大知识领域的重要基础。教材通常按学年或学期分册，划分单元或章节。主要由课文、注释、插图、实验和习题等构成。其中课文是最基本的部分。教科书是最基本、最重要的教学媒体，是教材的核心，作为教学资源尤其是作为学生资源而存在。

4.4.1 我国小学科学教材简介

小学科学教材简介.mp4

我国义务教育阶段小学科学课程教学，在教材选用上采用“一纲多本”的形式。“一纲”是我国教育部 2017 年颁布的《义务教育小学科学课程标准》；“多本”是各出版社组织专家编写的小学科学教材。各省市、地区根据区域特点，可分别采用人教版、苏教版和教科版等不同版本的适用教材。

从 2017 年 9 月秋季学期开学，我国将从小学一年级起开设科学课，教育部颁布《义务教育小学科学课程标准》，修订了小学科学课程目标。小学科学课成为小学一年级的必修课，重点培养学生的科学素养，科学课也由“启蒙课程”改为“基础课程”。要求学生了解人类活动对自然环境和社会变迁的影响，在科学技术的研究实验中考虑伦理道德的价值取向。教学内容方面，新增了“技术与工程”领域的相关内容，更加重视培养孩子们的创新能力、动手操作和实践能力，倡导探究教学、合作学习。

1. 国内现行小学科学教材的共同特征

(1) 突出“以学生为主体”的编写指导思想。小学科学教材把重点放在学生“如何学”上，编者希望教材能成为学生爱看、想看、看得懂、能照着做的学习科学参考书，小学科学教材经历了从“教本到学本”的转变，体现在以下几个方面。

一是教材都采用了大 16 开本，版面生动活泼，含有大量色彩亮丽的插图，还穿插有学生喜爱的卡通人物作功能介绍，在语言运用上采用了第一、第二人称的儿童化语言，具体亲切，好像是孩子们自言自语或听小朋友说话。课本中设计的一些实验、讨论和作业等小栏目，侧重于引导学生亲身参与，有的还特意安排了一些学生习作，以取得学生心理认同，提高儿童的学习积极性。

二是教材选取那些学生亲身经历、熟悉、容易理解的事物作为教学活动内容，尤其在引入教学方面，平易自然，把学生不知不觉地带进科学殿堂，使他们产生一种“科学并不神秘”“科学就在我们身边”的感觉。

三是实验易做，材料好找，便于就地取材。在小学科学教材中，烧杯、试管、玻璃水槽等常见的实验仪器不见了、取而代之以可乐瓶、矿泉水瓶和脸盆等，目的是考虑经济欠发达地区的实际教学条件。这给科学实验带上了一层“玩”的色彩，孩子们又是最大的受益者；课堂上没有做或者没做完的实验，回家还可以照书接着“玩”。

(2) 体现了以科学探究为中心的科学教育精神。在《义务教育小学科学课程标准》中，科学探究作为科学教育的四大目标之一提出，是一种科学研究综合能力的体现。小学科学教材在这方面做出了巨大的贡献，使它成为亮点。

一是在课程内容设计中，力图体现科学探索的全过程。教学内容设计遵循“发现问题—提出问题—进行推测或假设—通过观察实验或查阅资料验证假设—处理数据、讨论交流成果、得出结论—运用结论解释或解决实际问题(或再循环)”这一模式。在教育观念上代表着科学教育改革的方向。

二是注意学生科学探究能力的培养。在小学阶段，科学探究能力表现在发现和提出问题、作出初步推测和假设、设计简单实验或研究方式、收集处理数据学会与人合作和交流成果等方面。教材通过活动，采用图示、文字框、旁白等方式，具体指导学生一步一步地进行科学探究。

三是强调学生在探究过程中的“亲身经历、直接体验”。教材要求学生自己动手动脑，主动参与教学活动，在活动中自主发展探究能力。

(3) 教材注重时代性、基础性和发展性，加强科学、技术、社会与环境的内容，注重科学、人文社会与环境的结合。

一是在小学科学教材中涉及一些社会热点问题，让学生分析讨论。如环境问题、人口问题、资源的合理利用、社会可持续发展和提高生活质量等。

二是重视环保教育，提倡人与自然和谐相处。如学生做完实验后，把小动物(蚯蚓、蚂蚁等)“送回到它妈妈那里去”；采集树叶标本，要收集从树上落下来的叶子；还有纸的回收、“白色污染”问题的研究等。

三是在发展性方面，开辟拓展性栏目。如“阅读与拓展”“科学在线”等。一方面向学生介绍有关知识和最新科研成果；另一方面，给那些学有余力、学有余兴的学生课后继续深入探究的机会。

(4) 在学生科学态度、价值观以及科学行为习惯的培养目标方面，编者付出了很大的努力。

一是教材以保护学生兴趣激发好奇心为主要目标，通过有趣的科学探究过程，通过典型科学事例介绍，培养学生崇尚科学精神，促进科学启蒙教育。

二是教材设计了许多图表，要求学生以求真求实的科学精神对每一次观察和实验进行完整详细记录，尤其是对于需要长时间观察的实验项目，要持之以恒，培养学生养成良好的科学习惯，为未来学习和终身发展奠定坚实基础。

教育科学出版社出版的小学科学教材是最早出现的小学科学教材之一。该教材以学生探究能力发展为主线，围绕“典型的科学探究活动”进行教学设计，讲究活动与活动之间的结构，注意从接近学生生活实际入手展开教学，体现出非常前沿的教学理念。江苏凤凰教育出版社出版的小学科学教材在小学科学课程改革中也起到了“开拓者”的作用。他们以深厚的科学教育理论作为支撑，以小学科学教材为依托，在小学科学教育的理论和实践领域，注重科学教育和人文主义精神的结合。

2. 小学科学教材编写中存在的问题

1) 先进教育理念与科学教育教学现状的矛盾

我国科学教育改革吸收了国外教育理论的先进成果，借鉴了许多科学技术教育的发展经验，如美国《国家科学课程标准》产生的背景，强调以学生为中心，追求学生个性发展等，通过课程标准，对各年级要求达到的科学素养水平作出具体规定。我国小学科学教材的编写就是要根据建构主义原理，在学生认知水平基础上构建新的小学科学课程框架。这种理念如何在教材中体现出来？学生认知水平起点如何定？给教师留下多少选择空间？等等，从已出版的小学科学教材教学实践来看，那些理念符合科学技术教育教学改革潮流的内容学生是很喜欢，但科学老师认为教起来很难；而那些看起来改革幅度不大的内容却受到欢迎。因此，怎样使小学科学教材既具有先进理念，又容易为科学教师所接受，这是一个需要认真思考的问题。

2) 小学科学教材的“通适性”问题

我国幅员辽阔、地理条件复杂，既有城市和乡村的区别，又有经济发达地区和发展中地区的差异，要想几套教材走遍全国，这也是一个很难实现的目标。

3) 科学教育支援系统

由美国国家科学教育标准与评价委员会主席理查德·科劳斯纳和美国国家科学院前任院长布鲁斯·艾尔伯茨(Bruce Alberts)联合署名的美国《国家科学教育标准》序言——《行动的号角》(Call to Action)里有这样一段话：“在改革科学教育的工作中，起关键作用的将是教师，科学视导员，课程设计人员，出版商，工作在博物馆、动物园和科学中心的人，科学教育专家，全国各地的科学家和工程师，学校管理人员，学校的董事会成员，学生家长，工商业界人士，立法机关的工作人员及政府其他官员等多种多样的人。”从中可以看出，科学教育是大家的事，是全民的责任和义务，小学科学教材真正走进学生和教师的心中，还有很长的一段路要走。为了实现《义务教育小学科学课程标准》所提出的目标，只有科学教育界、科学教育支援系统一起努力，这个目标才能实现，相信那一天会很快到来。

4.4.2 国外小学科学教育选用教材简介

在这一部分，我们将介绍美国、英国小学科学课程选用的主流教材，供小学科学教师和科学教育教学研究人员借鉴。

1. 美国、英国小学科学课程选用教材

美国学者戈温(Gowin，1981)认为，教科书是具有教育性质的工具书，教科书的特性是作为好的思维或情感的媒介；作为具有潜能的可促使新事件发生的过去事件的记录；作为思想或过程的权威记录；作为概念或知识(信息)实体的编制者；作为增强意义和丰富经验的刺激物。

1) 美国小学科学选用教材

美国小学的科学课程一般包括地球科学、生命科学、物理科学和太空技术四大类。

(1) *Science A Closer Look*。*Science A Closer Look*(GK-G6，幼儿园、1～6年级)是由McGraw-Hill集团出版的一套科学教材，是加利福尼亚、田纳西等地区公立学校选用的科学教材，与Reading Wonders(加州新版语文教材)是相对应的。该教材文笔生动活泼，内容丰富多彩，图片精美绝伦，能激发儿童对科学的浓厚兴趣。此教材是2014年新版(代替Treasure旧版科学教材)。包括学生用书、教师用书、分级读物(包含课文、社会、科学)Treasure Chest和练习册。

(2) 《科学启蒙》。《科学启蒙》丛书由美国麦克米伦公司(McGram-Hill Education Macmillan)出版，被多数美国小学学校选用。该丛书具有以下特点。

① 重视科学方法的教育。用浅显生动的事例教给孩子们，科学家是怎样认识周围世界的，什么是科学以及科学探究的方法。依据儿童不同年龄的差异，事例也不一样，但都图文并茂、生动有趣，特别能吸引孩子们的注意力。

② 丰富的探究活动，文学、数学、艺术、写作的综合训练。《科学启蒙》丛书的每一课，都从探索活动开始，课文中又有一到两个探索活动案例或小实验穿插其中。

③ 妙趣横生的文字和美丽生动的图片。《科学启蒙》丛书内容丰富，语言风格风趣幽默，配有大量美丽生动的图片，它很适合儿童自己阅读、探究和学习。

④ 重视对环境的保护。《科学启蒙》丛书每一册都有许多关于保护环境、关爱地球、尊重生命的内容，让孩子们从很小开始就在潜移默化中形成正确的科学态度和价值观。在课文的故事中，在探索活动中，在艺术、数学或写作链接中不断出现。随着年级的增长，科学内容越来越丰富多彩，保护环境的意识也会不断增强。

2011年《科学启蒙》丛书由我国浙江教育出版社引进出版发行。

(3) *Scott Foresman Science*(斯科特·弗斯曼科学)。在美国小学科学教材中，最有名的一套教材是由美国培生教育集团(Pearson K-12 Learning)出版的*Scott Foresman Science*丛书。

(4) *Science Fusion*。*Science Fusion*是由霍顿·米夫林哈考特集团(Houghton Mifflin Harcourt Group，HMHG)出版的一套顶级科学课程教材，是德克萨斯州公立小学选用的科学教材，完美呼应STEM教育。课程内容从GK到Grade 8(幼儿园～中学)，共9个级别。在教材设计上不仅完全覆盖了美国最新科学课程标准，还成功地将课堂学习、家庭学习、网络学习和纸质课本学习进行了优化组合，为儿童迎接深度课程以及未来的学习打下坚实的基础。

(5) *SCIENCE HORIZONS*(科学视野)。该丛书由美国SILVER BURDETT & GINN公司1991年出版。该教材内容丰富，结构合理，语言生动，对科学教师而言，不失为学习和借鉴的一套好材料。这套教材共6册。每册正文由4个单元组成，正文前是绪言，绪言讲的是学生熟悉的、生活中常见的事物。这套丛书虽然是美国最新一轮课程改革之前的作品，但仍然值得认真研究，有许多地方是可以学习和借鉴的。

这套教材将科学知识内容分为4个单元：生命科学、理化科学、地球科学和人体科学，每册都由这4个单元构成，知识内容在各册同一单元出现多次，由浅入深，形成循环。除了编有与其他教材内容相近的课文外，还开辟了一个《科学、技术与社会》栏目。每一单元都有一至两篇科技短文，全套书共38篇。这些短文用通俗的语言，介绍了与社会生活密切相关的科学技术新成就，以及人类普遍关注的社会问题。

① 注重指导学生学习探索知识的过程。教材中除了分别培养学生观察、实验、思维

等能力外，还特别注意指导学生学习如何研究和解决科学问题。第一类是技能(skills)。专门培养训练学生各种能力，每进行一项能力的训练，都是从低年级到高年级反复训练，由浅入深。第二类叫作活动(activity)。指导学生学习探索科学知识的过程和方法。其下分为解决问题(problem solving)、探究(explore)、集体探究(explore together)、发现(discover)。每一种活动都设计了一套完整的探索过程，从提出问题开始，直到最后得出结论为止。问题提出后，安排的活动过程如下。解决问题：思考问题、作出计划、具体实施、汇报；探究和集体探究：准备材料、有步骤地探究、记录结果、得出结论并汇报；发现：准备材料、有步骤地观察或实验。

② 注重指导学生学习探索科学知识的方法。这套教材中不仅将每类科研的完整过程设计好，而且还把进行科研的方法交代得非常清楚。

2011 年，由浙江教育出版社引进的第一套美国小学科学教材《科学启蒙》(美国 McGram-Hill Education Macmillan 出版)丛书全译本出版。该书的出版为科学教师提供了丰富多彩的“自助餐”。其中的科学内容、活动设计、小实验、艺术、文学、社会和教学链接，都非常适合在小学科学课上借鉴使用。《科学启蒙》的英文版为 1～6 年级每个年级一本。为便于儿童阅读和使用，浙江教育出版社按照原书的三个单元，将每个年级分为生命世界、地球科学和物质科学三本出版。

推荐阅读

[EB/OL]美国培生教育集团(Pearson K-12 Learning)。

2) 英国小学科学选用教材

(1) 《纳菲尔德小学科学》。这是 20 世纪 60 年代末出版的科学教材，包括两本教师用书、一本教学具使用指导书、一本关于动物和植物的参考书以及一些供学生阅读的科普小册子。这套教材以科学探究为学生活动的中心，为学生设计了课内和课外的科学实践活动，鼓励学生通过这些活动体验科学探究的过程，以此促进儿童的身心发展。但整个教材缺少完整的结构和固定的教学方法，这对科学教师的教学组织能力提出了很高的要求。

(2) 《5～13 岁》。这套丛书由麦克唐纳教育出版社于 20 世纪 70 年代初出版，包括教师指导用书——《目标在心》，没有学生用书。教材按小学低、中、高三个年级段编写，为教师提供了详细的教学建议。不足之处是没有学生用书，给学生的学习带来很多不便。

(3) 《在学习中进步》。该书于 20 世纪 70 年代末出版，特点是强调科学经验要与学生的认知、心理发展相适应，重视学生对科学概念和科学能力的掌握，注重学生科学态度的培养。教材设计了大量的科学问题和探究项目，设有 3 个按等级分好的探究结果供学生选择，学生可通过观察选出符合实际的选项，教师给出评语。

(4) 《从科学探究中学习》。该丛书是 20 世纪 80 年代初出版的由多套学生使用的学习卡片组成。按照科学知识内容分成不同的单元，引导学生进行科学探究活动，给学生充分的想象空间，发展儿童的独创性，要求教师详细记录学生在科学探究活动中的发展情况。

(5) 1990—1993 年出版的英国《科林斯小学科学》教材。《科林斯小学科学》于 1990 年起陆续出版，1993 年全部出齐。由学生用书、教师指导用书、评价手册组成，是以活动为基础、专题式的小学科学教材。从儿童日常经验入手，科学探究能力与知识的理解教学并重，对儿童要培养的技能和概念目标并不局限于自然科学的范畴。教材中有丰富的培养综合技能的活动，如描述观察到的现象、整理调查结果、制作图表和测量等，每册图书设一个专题，围绕专题展开活动，涉及历史、地理、音乐、体育和劳动等学科的内容。教师指导用书中还为教师指出每课与其他课或学科的联系，与国家课程注重教学评价相适应。这套教材以国家课程标准规定为依据，配备专门的评价手册，评价方式多样。因此，这套教材从内容上和形式上都具有很强的综合性，具有一定的研究价值。

拓展阅读

英国《科林斯小学科学》教材

《科林斯小学科学》学习内容组织形式、能力培养的阶梯目标及教材编排形式，体现了科学活动课的选择性与弹性，知识与能力并重，打破学科界线，成功地进行了学科的综合，不失为课程综合的借鉴范例，利用评价来指导科学教师教学的形式很有参考价值。科学思维是进行科学研究的中心环节，是对科学证据进行整理的过程，这套教材的能力目标中比较详细地列出了对学生的阶梯培养目标，这对学生科学思维能力的培养具有很大的推动作用。

1. 教材的编写体系

1) 教材编写依据

1989 年英国统一制定了《英国国家科学课程标准》，有 17 个目标。1991 年调整为四个培养目标，即科学调查研究、生物与生命过程、物质及其性质、物理过程。科学调查研究目标是能力目标，其余三个目标是科学知识与理解目标。能力与知识在教学中占有同等重要的地位，在科学活动中要为培养学生的科学能力和学习科学知识提供均等的机会。

《科林斯小学科学》设置了能力与概念两大目标，各占教学比率的 50%左右。以概念目标为教材的明线，以能力目标为教材的暗线。形成“二维双线”的编写体系。

英国国家课程将基础教育分成四个阶段，小学有两个阶段：5～7 岁为第一阶段(Key Stage 1)，7～11 岁为第二阶段(Key Stage 2)，中学有两个阶段：11～14 岁为第三阶段(Key Stage 3)，14～16 岁为第四阶段(Key Stage 4)。根据 1988 年教育改革的精神，英国的科学课程标准中将要实现的目标细化成由低到高 10 个等级,各等级中又列出若干可操作性的细目，要求 KS1 达到 1～3 级，KS2 达到 4～5 级。本套教材以培养目标的实现与否作为教学评价的依据。1999 年版的科学课程标准将培养目标分为 10 级，各项内容更加细化。

学校所开设的课程虽有自己独特的内容和进展程序，但彼此不是隔绝的，都是学校完整课程的一部分，都要服从完整课程的总体目标及要求。各门课程在内容与技能上有交叉，加强课程的联系，有利于保证总体目标的实现。因此，英国在《全国学校课程》中提出在课程设置和具体教学中，都要贯彻“课程交叉技能”和“课程交叉主题”。课程交叉技能，是指各门课程都涉及的、需要培养和发展的一些基本技能，如交流技能、数学技能、解决问题的技能、学习技能、处理个人与社会关系的技能、信息技能等。科学技术教育课程应与其他课程配合，保证基本技能得到全面、和谐的发展。课程交叉主题，是指在所有课程中应贯穿的一些重要的思想与内容。《全国学校课程》指出基础教育阶段要贯彻执行五个最主要的主题：对经济与工业的理解、职业教育与指导、健康教育、公民教育、环境教育，每一主题又下分具体目标。《科林斯小学科学》加强了课程之间的联系，十分注重对学生综合能力的培养。

2) 科学知识与理解目标

KS1 阶段学生学习注重玩中学，科学学习内容以日常生活的相关事物为主题，注重对日常生活中科学知识的理解；KS2 阶段根据科学知识与理解的三个目标，每年级有三个主题。教材根据主题分专题，每册书即为一个专题，再由专题展开活动，整套教材呈明显的纵向联系。

3) 能力目标体系

《科林斯小学科学》在国家课程标准对能力目标要求的基础上，又进行了细化，在小学的低、中、高年级都详细列出了能力培养目标，这些能力根据科学调查研究的方法来设定，主要有观察、分类、测量、假设、实验、设计制作、记录、调查、交流和总结等，目的是教给学生科学的解决问题的能力。

4) 科学态度目标

英国国家科学课程标准中未提及科学态度培养目标，但《科林斯小学科学》根据课程交叉的精神，认为科学态度的培养是许多学科中都要考虑的，科学课更要提倡科学态度的养成，需要一个良好的学习环境——学校和班级氛围，因此要给学生提供合作的活动机会，分享他人的观点，发展自己的观点，个人在集体中都要受到尊重。

2. 教材与实施的保证

1) 学生用书

(1) 学生用书按照科学知识与理解目标体系编写，课程内容分两个阶段：KS1 以生活常识为主，起奠基的作用；KS2 以科学知识为主，有完整的概念体系。

(2) 每阶段有同样的主题，每年级一个循环。

(3) 根据专题数设定书的册数，每册书有一个专题。专题的展开非常注重学科交叉。如 KS1 第一册《饮料》内容有品尝饮料、最受欢迎的饮料；给茶分类、有多少种茶、茶有多浓；做茶叶袋、奶昔、制作饮料和吸管等；KS2 第一册《运动》的内容有使物体旋转、陀螺、旋转运动、游乐场的转盘、轮子；使物体前进、利用风力、运载的船等；空中的运动、制作降落伞、螺旋桨、飞机；快速运动、射击目标、我们怎么运动、动物的运动、过去和现在的运输方式等。

(4) 注重横向联系。教材横向、纵向紧密联系，避免易于出现的学科孤立现象，对培养学生综合解决实际问题的能力很有易处。

2) 评价手册

英国有比较完善的督学机制——女王督学团，非常重视对学校及各科教学的评价。在小学阶段，学科教学要求主要进行形成性评价和诊断性评价。形成性评价是在学习过程中不断反馈学生学习成败的信息，诊断性评价就是在形成性评价中发现学生有没有达到教学要求的目标，经过一段时间后再次检测学生的学习是否达到了教学要求。其目的是在教学过程中，定期检测学生的学习是否达到了相应的等级水平，找到学生学习的不足之处，再进行检测评价。

3) 教师指导用书

在教师指导用书中，详细介绍了 KS1 或 KS2 阶段的内容体系及其如何体现了国家课程标准，这使教师更容易厘清教材的体系。通过列表分析要达到的国家课程要求，使教师恰当地把握教学目标。教师用书中说明了教学活动组织原则，如男女平等、避免种族歧视等，要创造良好的民主的课堂气氛。教师用书中特别指出科学课与信息技术的联系，要求教师在科学课的教学中利用相关的信息技术辅助教学。教师用书还列出了科学课上常用的仪器材料和常遇到的安全注意事项。

(资料来源：[EB/OL]百度文库，英国《科林斯小学科学》教材介评)

2. 趣味科普读物

(1) 《科学是什么？》Adam Larkum，What's Science All About？ Usborne Publishing Ltd.2012.

该书的编写采用对话的方式，为儿童提供了一些浅显易懂的关于物理、化学和生物学的信息来源，它的特点是给孩子们举一些有趣简单的可以学习的实验例子。

(2) 《物理是什么？》Kate Davies，What's Physics All About？ Usborne Publishing Ltd.2013.

该书解释“为什么东西掉在地上，声音是如何穿过墙壁”等诸如此类的问题，以及各种各样物理现象，阐述其原理。书籍涵盖所有重要的科学课题，包括电学、力学、磁学和天文学等学科内容。

(3) 《化学是什么？》Alex Frith，What's Chemistry All About？ Usborne Publishing Ltd.2012.

该书描述了日常生活中的化学——从我们吃的食物分解到大气变化的化学过程，还阐述了关于化学元素周期表、原子结构和辐射等若干个化学专题。

推荐阅读

(1) 网络搜索“身边科学小常识”，你的科学知识储备怎么样？如何提高个人的科学知识水平？有哪些途径？

(2) 搜一搜你喜欢的科学普及读物有哪些？辨析“科普知识”与“科学知识”的异同。

(3) 徐学福.科学探究与探究教学[J]. 课程•教材•教法，2002(12).

文章指出，要从科学探究的基本程序和科学探究的基本精神两个维度认识科学探究，并认为科学探究的基本程序表明科学探究要先做什么，再做什么，后做什么，科学探究的基本精神包括求知精神、进取精神、求实精神。最后，笔者认为，要从“形”和“神”两个方面使科学教育中的科学探究接近真实的科学探究。

(4) 刘恩山.《义务教育小学科学课程标准》的变化及其影响[J]. 人民教育，2017(7).

《义务教育小学科学课程标准》将全面引领小学科学课的教科书研发、课堂教学改革、教研活动焦点的转变、在职教师培训课程的设计、教育技术产品的融入等，推进这些领域的工作走上一个新的台阶。《义务教育小学科学课程标准》的实施必将为全民科学素养提升助力、加速，为实现“大众创业、万众创新”的国家发展战略夯实路基。

(5) 刘英建. 国外小学科学教材的编写特点[J]. 小学青年教师，2002(10).

(6) [EB/OL]美国小学科学教材《A Closer Look》合集。

(7) [百度文库]美国小学科学教材全译本——《科学启蒙》丛书。

(8) [百度文库]蔡矛. 美国小学科学教材介绍.

(9) [百度文库]英国《科林斯小学科学》教材介评，2004。

教学行为规范

(1) 观看小学科学教学片。

(2) 观看小学科学课程教学及点评的视频，观察小学科学教学情境变化，增加教学经验，改进教学行为。

本章小结

本章主要对小学科学课程标准进行了解读，分析了小学科学课程的性质以及从“自然”到“科学”课程性质变化背后的范式转变。较详细地阐述了小学科学课的基本理念，理念的变化将决定小学科学的未来发展方向。分析了小学科学课程的设计思路并对课程目标、课程内容和实施建议进行了解读。最后介绍了国外小学科学教材的特点。

练习题

1. 小学科学课的课程性质有哪些变化?
2. 阐述小学科学课的基本理念。
3. 小学科学课的课程目标设计思路有哪些?
4. 阐述《义务教育小学科学课程标准》的课程目标。
5. 简述《义务教育小学科学课程标准》的课程内容。
6. 简述《义务教育小学科学课程标准》的实施建议。
7. 什么是科学探究? 为什么要在小学科学课程中强调探究?
8. 什么是课程目标? 小学科学课的课程目标体系包括哪些?
9. 简述美国《新一代科学教育标准》(NGSS)的课程理念。

第 5 章　小学科学课的教学设计

本章学习目标

- 认识教学设计的概念、特点，掌握教学设计的基本任务。
- 了解教学设计的理论基础，掌握小学科学教学设计的一般过程。
- 了解小学科学教学设计的基本理念。
- 了解教学设计模式的种类，掌握建构主义教学模式和双主教学设计模式。
- 掌握小学科学课教学设计的基本原则与教学策略。
- 了解小学科学课教学的特点，掌握撰写教学案例的要点，运用适合的教学方法，使小学科学课教学更有效。

重点难点

小学科学课教学设计流程、小学科学课教案编写、小学科学课教学方法的运用

核心概念

教学设计、教学设计模式、教学策略、教学方法、有效教学

5.1　小学科学课教学设计的基本理论

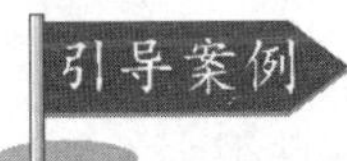

引导案例

电与磁

“电和磁”是教育科学出版社出版的六年级上册小学科学教材第三单元“能量”的第 1 课，它要求学生探究电和磁之间的关系，并进一步探究磁场强度与电流大小和线圈匝数的关系。对于六年级的学生来说，在一节课的时间内完成以上学习任务，具有很大的难度，因为这节课的内容是高中物理才深入研究的，电和磁都是既看不见又摸不着的能量，它对于学生的抽象思维、逻辑推理能力要求特别高。

小学科学课李明老师设计得比较巧妙，他首先介绍了指南针的原理，也就是磁体的基本性质：同名磁极相互排斥，异名磁极相互吸引。指南针南极指南，也就是指向地磁的北极(地磁北极在地理的南极附近，地磁的南极在地理的北极附近)。小磁铁红色的一面代表北极(N)，蓝色的一面代表南极(S)。

然后，李老师开始导入新课，他用双手拿住导线拉直，置于指南针的上方，与磁针的方向一致。指南针静止后，闭合开关接通电流，观察指南针有什么变化；断开开关切断电流，观察指南针有什么变化。实验现象很明显：接通电流时指南针发生了偏转。是什么原因造成了这种变化？之前教师对指南针受地磁场的影响发生偏转的相关知识做铺垫，学生想到了一定是磁场让指南针发生了偏转，于是进一步进行猜想：可能是通电导线产生了一个新的磁场，干扰了地磁场。显然，这节课的关键或难点在于学生对地磁场知识的认识。

我们知道，教学是学校的中心环节，是学校实施全面发展教育的基本途径。教学过程包括教学设计、教学实施和教学评价三个基本环节。教学过程是由这三个环节所构成的动态发展系统。其中，教学设计是保障教学有效性的前提，是教学实施前要做的一切准备工作；教学实施是对教学设计的静态内容的动态展现；教学评价是对教学设计和教学实施两个环节的总结、反思与提升，又是保证新的教学过程顺利进行的基础。

(资料来源：[EB/OL]百度文库)

小学科学课教学是让儿童去经历、去探索，让学生在科学课程的学习过程中爱科学、爱探究、爱思考，并将学生的思维延展到更为广阔的空间。小学科学教学过程是科学教学设计、教学实施和教学评价三者之间相互渗透、相互作用、循环往复和深化发展的动态过程。同时，小学科学教学过程也是一个认识过程，它必须服从一般的认识过程规律，让学生的思维通过实践从感性认识上升到理性认识，又从理性认识回归到实践，从生动直观到抽象，再从抽象到实践。

5.1.1　小学科学课教学设计概述

小学科学教学目标设计.mp4

小学科学教学内容分析.mp4

1. 教学设计概述

教学设计是在教学理论、学习理论指导下，运用系统论、控制论方法对各个教学环节(教学目标、教学媒体、教学方法和教学评价等)进行具体的设计与计划，是对教什么和如何教的一种操作方案。教学设计是介于教学理论、学习理论与教学实践之间的中间环节或桥梁。

1)　什么是教学设计

教学设计(Instructional Design，ID)是 20 世纪 50 年代逐渐形成的一门实践性很强的新兴学科，以解决教学问题、提高教学效果、优化教学过程为目的。教学设计作为一个重要的研究领域被国内外学者重视，并逐渐发展成为教育技术领域的重要研究方向。随着国内外学者研究的不断深入，教学设计的理论和实践得到了不断的深化。美国学者布里格斯(Leslie J.Briggs)认为，“教学设计是分析学习需要和目标以形成满足学习需要的传送系统的全过程”。在此基础上瑞达 • 瑞奇(Rita Richey)认为，“教学设计是为了便于学习各种大小不同的学科单元，而对学习情境的发展、评价和保持进行详细规划的科学”。加涅(Robert M.Gagnè)在《教学设计原理》中的定义是教学设计是一个系统规划教学系统的过程。当代著名教学设计理论家迪克(W.Dick)和凯里(L.Carey)在其《教师规划指南》中认为，教学设计是设计、开发、实施和评价教学的系统化过程。这些有关教学设计概念的描述，对人们从不同角度认识教学设计的本质都有一定的启发和借鉴作用。国内学者王辉认为，“教学设计是以获得优化的教学效果为目的，以学习理论、教学理论和传播理论为理论基础，运用系统方法分析教学问题、确定教学目标，建立解决教学问题的策略方案、试行解决方案、评价试行结果和修改方案的过程”。李伯黍认为，“所谓教学设计，就是为了达到一定的教学目的，对教什么(课程、内容等)和如何教(组织、方法、传媒的使用等)进行设计”。顾明远认为，“教学设计就是研究教学系统、教学过程，制订教学计划的系统方法”。乌美娜认为，“教学设计作为一个系统计划的过程，是应用系统方法研究、探索教学系统中各个要素之间的关系，并通过一套具体的操作程序来协调配置，使各个要素有机结合完成教学系统的功能”。

教学活动具有明确的目的、丰富的内容、复杂的对象、不同的形式、多样的方法、灵活的传媒、固定的时间、繁重的任务以及影响教学活动的各种多变的因素。教学活动要在诸多因素影响下，取得令人满意的绩效，优质高效地实现预定目标和完成预期任务，更需要对其进行全面细致的安排和精心巧妙的设计。因此，教学设计就是在进行教学活动之前，根据教学目的的要求，运用系统的方法，对参与教学活动的诸多要素所进行的一种分析和策划的过程，运用传播理论选择最恰当的教学内容的传播方式；运用学习理论归纳总结人类学习规律，使教学过程更加符合学习者学习的内在规律；运用教学理论使教学设计符合教学规律，选择和设计灵活多样的教学方式或教学模式。简言之，教学设计是对教什么和如何教的一种操作方案。

(1) 教学设计的定义。

教学设计是指以教学理论、学习理论和传播理论为基础，运用系统方法分析和研究学习需求，设计出解决教学问题的方法和步骤，形成教学方案，并对方案实施后的效果作出价值判断的规划过程和操作程序。教学设计可为实施教学活动提供最佳的方案和措施，使教学工作更加合理化、科学化。通过教学设计，可以解决“教什么”和“学什么”的问题，解决教学资源的问题，解决教学效果的问题，是对整个教学系统的设计。

(2) 教学设计的特点。

① 教学设计强调运用系统方法。教学设计把教学过程视为一个由诸要素构成的系统，因此需要用系统思想及方法对参与教学过程的各个要素及其相互关系进行分析、判断和操作。教学设计的系统方法是指从“教什么”入手，对学习需要、学习内容、学习者进行分析；然后到“怎么教”，确定具体的教学目标，制定行之有效的教学策略，选择恰当的媒体，具体、直观地表达教学过程中各个要素之间的关系，对教学效果作出评价，根据反馈信息调控教学设计的各个环节，以确保教学和学习获得成功。

② 教学设计以学习者为出发点。教学设计非常重视对学习者不同特征的分析，教学设计要分析学习者的起点能力、一般特点和学习风格等，并以此作为教学设计的出发点和进行教学设计的依据。教学设计强调充分挖掘学习者的内部潜能，开发脑资源，调动他们学习的主动性和积极性，突出学习者在学习过程中的主体地位，促使学习者内部学习过程的发生和有效进行。教学设计注重学习者的个别差异，着重考虑的是对个体学习的指导作用。

③ 教学设计以教学理论和学习理论为其理论基础。教学设计依赖系统方法，可以保证过程设计的完整性、程序性和可操作性，但设计对象的科学性是系统方法无法解决的。保证设计对象的科学性，必须依据现代教学理论和学习理论。在教学理论和学习理论指导下，才能设计出明确的、具体的、具有可观察性的教学目标，才能依据学习者的实际，确定科学的教学程序，选定合适的学习内容，采取恰当的教学策略，选择有效、经济的教学传媒体系，从而保证能制定出一个优化的教学设计实施方案，保证提高教学效率和教学效

果。

④ 教学设计是一个问题解决的过程。教学设计是以促进学习者有效学习为目标的。因此，教学设计不仅是以学习内容为依据，更要以学习者所面临的学习问题为出发点，进而捕捉问题，确定问题的性质，分析研究解决问题的方法，最终达到解决学习者所面临的学习问题的目的。从以上分析来看，教学设计不是以现成的方法找问题，而是以学习者所面临的学习问题找方法。这就增强了教学设计的科学性，同时也增强了教学的针对性，提高了教学的有效性，缩短了教学时间，提高了教学效率，使教学活动形成优化运行的机制。

(3) 教学设计的功能、层次。

① 教学设计的功能。

a. 教学设计有助于突出学习者的主体地位。

b. 教学设计有助于增强学习者的学习兴趣。

c. 教学设计有助于增强教学工作的科学性。

d. 教学设计有助于提高教学效率和教学效果。

e. 教学设计强调了目标、活动和评价的一致性。

② 教学设计的层次。教学设计是一个问题求解的过程，根据教学问题的范围和大小的不同，教学设计也相应地具有不同的层次，即教学设计的基本理论与方法可用于设计不同层次的教学。教学设计一般可分为以下三个层次。

a. 以产品为中心的层次——教学产品设计。教学设计的最初发展是从以“产品”为中心的层次开始的。它把教学中需要使用的媒体、材料、教学包等当作产品进行设计。教学产品的类型、内容和教学功能常常由教学设计人员、教师、学科专家等共同确定。有时还吸收媒体专家以及媒体技术人员，对产品进行设计开发、测试评价。

b. 以课堂为中心的层次——教学过程设计。以课堂为中心的教学设计是对一门课程或一个单元，甚至一节课的教学过程进行设计。对一门课程或单元的教学设计称为课程教学设计，对一节课或一个知识点的教学设计称为课堂教学设计。这一层次的设计一般由专门的教研机构组织教学设计人员、学科专家、教师和学生学习小组共同完成。

c. 以系统为中心的层次——教学系统设计。相对于产品和课堂来说，这里的“系统”是指较综合的教学系统。例如，一所学校或一门新专业的课程设置、某行业职业教育中的员工培训方案等。这一层次的设计通常包括系统目标的确定及实现目标方案的确立、试行、评价和修改等，涉及内容多，设计难度较大。而且系统设计一旦完成就要投入范围很广的场合去使用和推广。因此这一层次的设计需要由教学系统设计人员、学科专家、教师、行政管理人员以及学生等共同完成。

(4) 教学设计的基本任务。

教学设计必须解决好如下基本问题：一是学习者的特点是什么；二是教学的目标是什么；三是教学资源和教学策略是什么；四是怎样评价和修改教学结果。依据以上基本问题，教学设计包含四个基本要素，即学习者、教学目标、教学策略和教学评价。

教学设计的基本任务一般包含学习需求分析、学习内容分析、学习者特征分析、学习目标的确定、教学策略的制定、教学方法的运用、教学媒体的选择和教学效果的评价等要素。

教学设计的基本任务，如表 5-1 所示。

表 5-1　教学设计的基本任务

基本要素	任务描述
学习需求分析	根据教学工作的需求分析结果，实践证明对学生有学习难度的内容和其他对教学的新需求，制定学习目标，确定学生学习后能够做什么
学习内容分析	确定学习目标以后，就要研究什么样的学习内容，才能够使学生逐步实现这些目标，根据学生先前的认知、现在需求什么样的知识、技能和态度才能进行学习
学习者特征分析	学习者特征分析是教学设计必要的环节，对学生进行分析，了解学生当前的知识、技能和态度、水平以及学生学习风格等特征，可以确定教学的起点
学习目标的确定	通过教学分析确定教学起点后，陈述学习目标。学习目标将描述学生通过教学后，能够获得的学习效果和行为标准
教学策略的制定	根据前面的准备工作，制定实现具体学习目标的实施教学的策略，它包含教学过程(如教学前、教学中、教学后等环节)的策略
教学方法的运用	在教学目标、教学内容和教学对象确定以后，选择不同的教学方法就会获得不同的教学效果。因此，教师应根据具体情况，合理选择和恰当运用教学方法，以使所采用的方法发挥最大的效益
教学媒体的选择	在设计教学的过程中采用什么样的教学媒体取决于学习的形式、媒体相关内容是否有利于教学，教学媒体材料是否能优化教学效果
教学效果的评价	它主要包括形成性评价和总结性评价两种。形成性评价可对学习需求分析、学生分析、教学起点分析、教学策略等的有效性进行再检验；总结性评价主要是实施教学设计方案后对教学设计成果的一种最终评价，可为后续的教学设计提供借鉴

2)　教学设计的理论基础

(1)　系统论(Systems Theory)。

系统论的创立者是奥地利生物学家贝特朗菲(Luduig Von Bertalanffy，1901—1972)，他于 1947 年发表了《一般系统论》一文，奠定了系统论的基础。系统论认为，系统是相互依存、相互作用的，并由与环境进行能量和信息交换的各个部分组成的具有一定功能的有机整体。用系统论的观点分析、研究教育问题，指导教育实践就构成了教育系统论，这个教育系统由教师、学生、教学内容、教学媒体等诸多要素构成。教育系统论运用系统分析的方法处理教育系统各要素之间、各要素与整体之间以及整体与环境之间的相互依存、相互制约的关系，以求得对问题最优化的处理。

①　系统论的定义。系统是相互联系相互作用的诸元素的综合体。系统一般具有三个基本特征。

a. 整体性。系统是所有元素构成的复合统一整体。

b. 三类方式的相关性。系统不存在孤立元素组分，所有元素或组分间相互依存、相互作用、相互制约。

c. 多元性。系统是多样性的统一，差异性的统一。

②　教学设计系统观。系统理论指导下的教学设计，在最大程度上摆脱了传统教学思想的束缚，树立了崭新的教学理念，那就是以学习者为中心，突出学习者的中心地位，而

以学习者的“学”为教学设计的出发点，遵循了学习的内在规律。在系统理论指导下的教学设计，要根据学习者的学习能力和水平以及客观条件制定教学目标；要按照教学目标的要求和学习者的实际情况挑选不同的教材；要依据学习者的初始状态组织不同的教学活动，提供不同的教学资料，并参照学习者的初始状态来评价教学效果；要根据学习者的学习特征，选择不同的教法，安排不同的学法；要根据不同的学习理论原则来组织教学内容的顺序；要根据学习者掌握学习内容所消耗的时间的差异，因人而异地作出适当的安排；要以传播理论为依据选用教学媒体；要发挥其自身在教学过程中的指导者、管理者、咨询者和促进者的作用。

教学设计的系统观指出，从教学设计过程本身看，教学设计过程是一个系统，它由各个要素构成，这些要素主要包括学习需要、学习内容、学习者的特征等方面的分析；教学目标、教学策略、教学媒体等方面的确定和选择；教学活动的具体展开，教学效果的评价等。这些要素相互联系和相互依赖，形成一定的结构，指向特定的目标，所有要素发挥各自的作用并形成一定的整体功能，构成一个有机的整体。

教学设计的系统观要求以系统论的思想和观点作为教学设计的指导思想。从系统论的角度出发，对参与教学过程的各个要素、各个要素构成的结构和教学环节等进行最优化的设计，以期获得最佳的教学效果。在最大程度上摆脱传统教学思想的束缚，克服只凭主观经验进行教学活动的倾向，充分体现现代教学的特点。只有对教学过程实行最优化的设计，才有可能使教学达到最优化。因此，教学设计的系统观是实现教学最优化的关键所在。

(2) 传播理论。

① 传播的概念。所谓传播，就是通过一定的渠道，运用一定的方式或方法，将有关信息从一个地方传送到另一个地方。传播理论就是运用现代传播学的理念与方法，对相关信息传送的过程与方式、信息的结构和形式、信息的效果和功能等方面作出相应的解释与说明。用信息传播理论来分析教学活动，教学内容(各类知识、各种技能、思想观念、意识等)是多样化的教学信息，教学过程就是一种信息传播的活动。

② 教学设计传播观。传播理论的基本思想和观点，可以应用到教学设计中。教学设计可应用传播理论的一些具体方法。例如，对学习者的分析，其宗旨就是要了解学习者原有的经验、兴趣和动机等，以便使信息发送者清楚信息接收者具备哪些经验。传播模式中的反馈是为了了解信息接收者是如何解释所发出的信息，接收的效果如何。教学设计也必须通过反馈环节不断地了解学习者的学习需要，以便及时修改教学信息，使传送的教学信息更加科学合理、高效流畅。

传播理论十分重视传播媒体的分析和选择，不同的媒体将产生不同的传播效果。教学设计也十分重视教学媒体的分析和选择，因为教学媒体是传递教学信息的通道，哪些通道便于学习者理解和接受教学信息？哪些通道有利于提高教学效率和效果？这是进行教学设计时必须加以考虑的。同时，应用传播理论可以使教学设计者科学地考查学习者接受信息的能力，以便有效地提高学习者理解和接受教学信息的能力和水平。

(3) 学习理论。

① 学习的概念。日常所理解的学习是泛指人的行为的改善，而学习理论中所讲的学习则泛指有机体因经验而发生的行为的变化。加涅认为，学习是人的倾向性或能力的变化，但这种变化要保持一定时期，且不能单纯归因于生长过程。梅耶(Mayer，1998) 则认为，学习是由经验引起的一个人的知识或行为相对持久的变化。不同学派的学习理论对学习有

不同的理解和认识。归纳起来主要有三类，即学习是指刺激与反应之间的联结与加强(行为主义)；学习是指个人认知结构的改变(认知学派)；学习是指自我概念的变化(人本主义)。这些定义可以包含以下3个方面的含义：第一，这种变化持续的时间不是短期而是长期的；第二，这种变化是指大脑中知识内容结构的变化或者是学习者行为的变化；第三，变化的原因是环境中学习者的经验变化，而不是由于成熟、疾病、药物等引起的。

② 学习理论对教学设计的影响。行为主义学习理论非常强调环境对学习影响的重要作用，非常重视学习环境的设计与分析。行为主义学习理论中的程序教学理论对教学设计的重要影响，就是其对教学设计中教学组织形式的思考，教学者在教学过程中设计了一系列有序的刺激项目(学习项目)，学习者从他所知道的东西开始，通过刺激—反应—强化的步骤学习，从而获得教学目标所要求他们学习的知识。行为主义学习理论虽然注重和强调了学习者通过学习活动产生变化的一面，即学习者变化的可观察性这一方面，但是它没有深入地考虑学习过程中学习者的思维过程、心理状态以及许多无法通过行为直接观察到的心理现象，未涉及学习者的内在认知结构和学习能力。

认知学习理论对教学设计的理论基础产生的影响，主要体现在以下几方面：学习中存在着不同水平的认知过程；学习的积累及其合理恰当与否，学习者已有的认知结构；学习是知识在人们头脑中不断组织和表征的过程，学习过程应是学习者一种积极的建构过程；在教学设计过程中，要根据认知的过程对学习的任务和行为进行分析。

建构主义学习理论特别强调学习者在学习过程中的自主建构、自主探究和自主发现，并要求将这种自主学习与基于情境的合作学习和基于问题解决的研究性学习结合起来，因此就特别有助于学习者创新意识、创新思维、创新能力以及合作精神的培养。根据建构主义学习理论的基本理念，在教学设计过程中，教师必须走出教学中以自我为中心的传统角色定式，在教学设计中真正树立尊重学习者的个性，倡导积极交往与对话，积极开展自主学习、合作学习和研究性学习的教学观念。因此，教师在进行教学设计工作时，要能够针对学生认知结构的不同特点，选择和设计灵活多样的教学方式或教学模式。

(4) 教学理论。

① 教学的概念。概括地说，教学是教师与学生以课堂为主渠道的交往过程，是教师的教与学生的学的统一的活动。通过这个交往过程和活动，学生应掌握一定的知识技能，形成一定的能力态度，获得一定的人格的发展。

② 教学观。教学是一种促使学习者从他主、他导、他律到自主、自导、自律转移的过程。成功的学习者必然具有自主(自己做主)、自导(自己指导自己)、自律(自我约束)的特征，这是教育者所期望看到的。教学是一种有着明确目标的交往过程。教学是指向特定目标的师生、生生的交往活动。师生交往的主导方是教师，因为这不是一种自然交往，而是一种强制交往。教师主导着师生关系的根本性质。良好的师生关系必须以尊重和爱护学生、宽容和信任学生为基础。

教学并不是一种确定性的过程。教学的结果和目标总是存在着某些不一致性，因为教学系统是一个复杂系统，这个过程中可能包含传播、协作、冲突、协商等，但这些内容又无法代表教学的全部，即使人们尽心设计、精心组织，但仍然有不确定的因素导致达不到预期目标。

教学作为一种系统，本身包含很多方面的内容。既包括教师如何教得更好，也包括学生如何学得更好。而教学设计作为一门规划教师教学的技术，自然而然地包含于教学这个系统之中。因此，教学理论是教学设计者最直接的理论来源。

3) 典型教学设计模式

虽然不同的教学设计模式有各自不同的设计步骤，但基本上都能清楚地解决 4 个问题：一是学习者的特点是什么；二是教学的目标是什么；三是教学资源和教学策略是什么；四是如何进行教学评价。对这 4 个基本问题的处理和展开，从而形成了不同风格的教学设计模式。教学设计模式可分为三大类，即以教为主的教学设计模式(该模式由于学习理论基础的不同，又可分为基于行为主义学习理论的 ID1 和基于认知主义学习理论的 ID2)、以学为主的教学设计模式和集两种模式优点的双主教学设计模式，即以“教师为主导、学生为主体”的教学设计模式。

传统教学设计模式的发展经历过两个阶段，而且每一个阶段都有其自己鲜明的标志。第一阶段教学设计模式的主要标志是在其学习理论方面以行为主义的联结学习(即刺激—反应)作为其理论基础；第二阶段教学设计模型的主要标志是以认知学习理论(奥苏伯尔的认知学习)作为其主要的理论基础。学习理论在不同教学设计模式中的体现有显著的差异。

(1) 加涅和布里格斯教学设计模式。

加涅和布里格斯的教学设计模式是建立在现代认知学习理论基础之上的，即建立在信息加工学习理论的基础之上，其核心内容是为学习者提供有效学习的基本程序和教学的基本程序，这一教学基本程序包括以下 9 个教学事件。①引起注意；②告知学习者学习目标；③回顾所需的先决技能；④呈现刺激材料；⑤提供学习指导；⑥引发学习行为；⑦提供行为正确与否的反馈；⑧评估学习行为；⑨增强保持与迁移的能力。

加涅和布里格斯指出，在上述 9 个教学事件中，具体的教学设计应集中在④～⑥三步上。这一教学设计模型强调教学设计要根据实际情况灵活地运用教学技巧，巧妙地组织教学活动，以优化每一个教学事件，提高教学活动的整体效果。在此基础上，他们构建的教学设计模型(见图 5-1)包括以下 9 个阶段。①鉴别教学目标；②进行教学分析；③鉴别起点行为和学生的特征；④陈述作业目标；⑤开发标准参照的测验题；⑥开发教学策略；⑦开发与选择教学媒体；⑧设计与开展形成性评价；⑨设计与开展总结性评价。

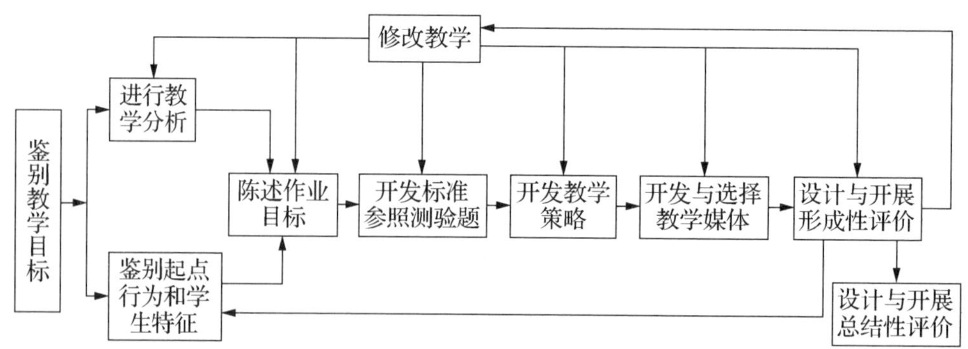

图 5-1 加涅、布里格斯教学设计模式

(2) 肯普模式和迪克-凯瑞模式。

① 肯普模式。肯普(J.E. Kemp)认为，一个教学系统应包括 4 个基本要素，即学生、方法、目标和评价。这 4 个基本要素及其关系组成教学系统设计的出发点和框架，即教学系

统设计的椭圆形结构模型，该模型属于 ID1 模型，见图 5-2。

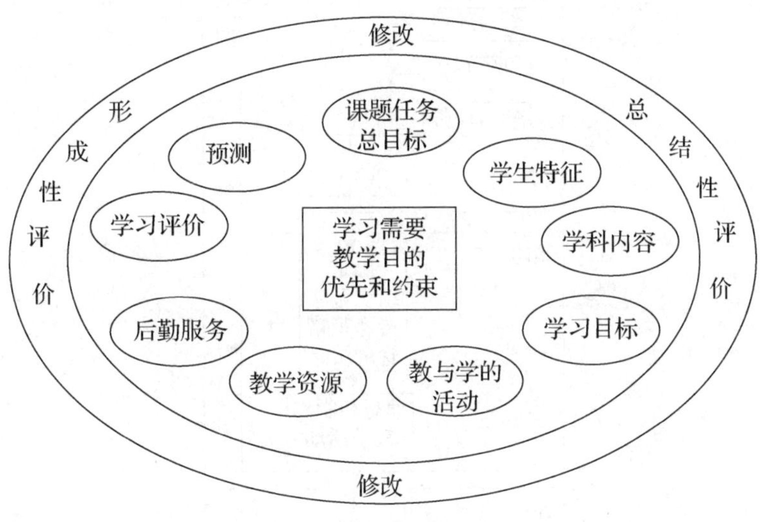

图 5-2 肯普模式

② 迪克-凯瑞模式。迪克-凯瑞(W.Dick & L.Carey)模式(见图 5-3)是基于行为主义的系统教学设计模式，该模式也属于 ID1 模式。该模式从确定教学目标开始，到总结性评价结束，组成一个完整的教学系统。

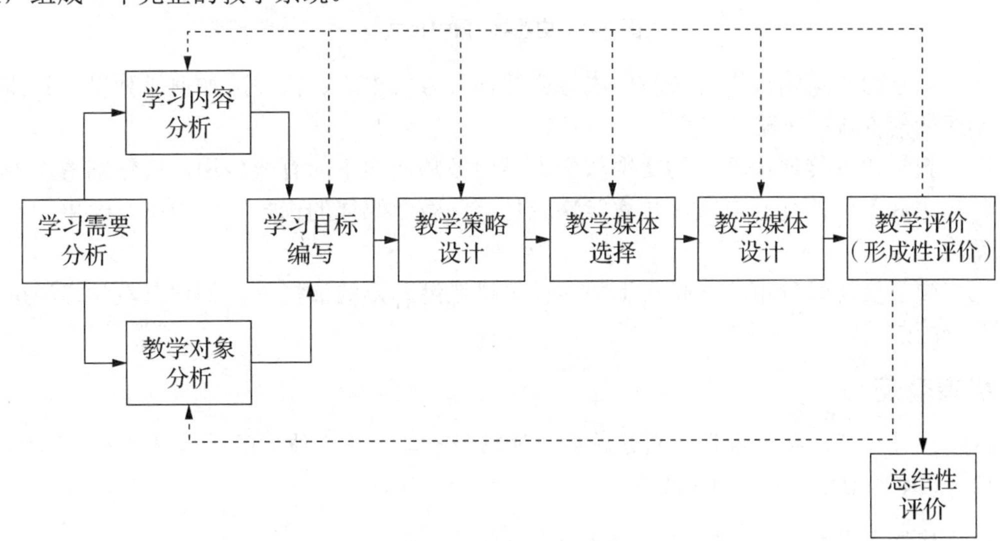

图 5-3 迪克-凯瑞模式

(3) 史密斯-雷根模式。

史密斯-雷根(P.L.Smith &T.J.Ragan)模式是把教学设计划分为 3 个阶段，即分析、策略和评价。第 1 阶段，分析学习环境、学习者、学习任务，制定初步的测验项目；第 2 阶段，确定组织策略、传递策略、设计出教学活动过程；第 3 阶段进行评价，对设想的教学过程予以修正。

史密斯-雷根模式是 ID2 的代表模型(见图 5-4)，其特点是明确指出应设计三类教学策略。

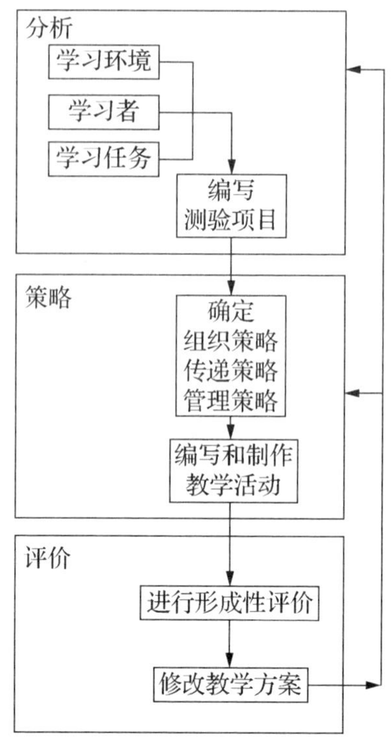

图 5-4 史密斯-雷根模式

① 教学组织策略。指有关教学内容应按何种方式组织、次序应如何排列以及具体教学活动应如何安排的策略。

② 教学内容传递策略。为实现教学内容由教师向学生的有效传递，应仔细考虑教学媒体的选用和教学的交互方式。传递策略就是有关教学媒体的选择、使用以及学生如何分组的策略。

③ 教学资源管理策略。指在上面两种策略已经确定的前提下，如何对教学资源进行计划与分配的策略。

思考交流

(1) 为什么可以把教学设计划分成第一阶段和第二阶段两种不同的模型？

(2) ID1 和 ID2 有哪些不同？

(4) 建构主义教学设计模式。

建构主义学习理论认为，学习者的学习不是被动地接受知识灌输的过程，而是通过主观认知与客观知识的相互作用，建构起对新知识的理解的过程。在这个过程中，尤其受关注的是学习者主动性的发挥和知识建构的意义性。

在建构主义学习理论指导下的教学模式是以学生为中心，以教师为组织者、指导者和帮助者，利用情境、协作、会话等要素充分发挥学生的主动性，最终达到学习者对所学知识的意义建构。基于建构主义的典型教学设计模式，见图 5-5。

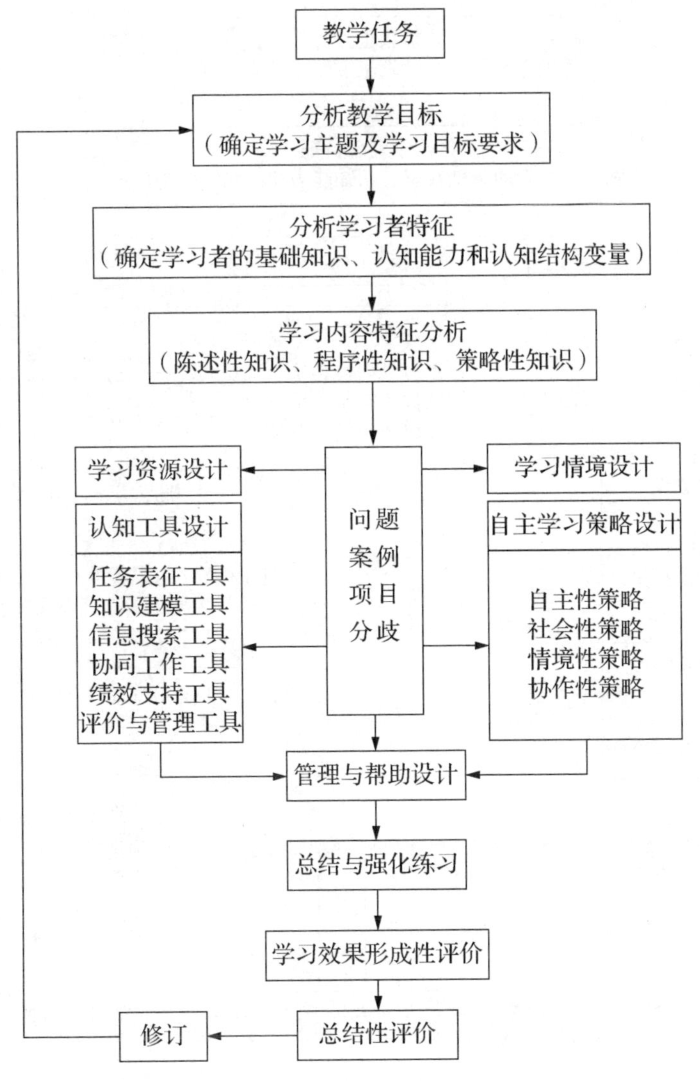

图 5-5 建构主义教学设计模式

(5) 双主教学设计模式。

“主导—主体”教学设计模式，简称双主模式。该模式是在发挥教师的主导性作用的同时也要发挥学生的主体性作用，也就是怎样使在教师主导下的课堂中让学生参与进来共同学习的一种教学模式，这种模式不同于国内以往“以教师为中心”的教学模式，在以教为主的模式中学生只是被动地学习，没有发挥其主观能动性，老师花了很大的精力讲课，但学生学习效果很差；也有别于“以学生为中心”的教学模式，在以学为主的教学模式下学生在学习过程中可能会花费大量的时间来学习与教学重点无关的知识，教师功能极其弱化，学习效率也很低下，教师未能起到引导学生学习、提高学习效率的作用。双主模式正是弥补了两种模式的不足，吸取了两种模式的长处而形成的一种教学模式。

“主体—主导”设计模式，见图 5-6。

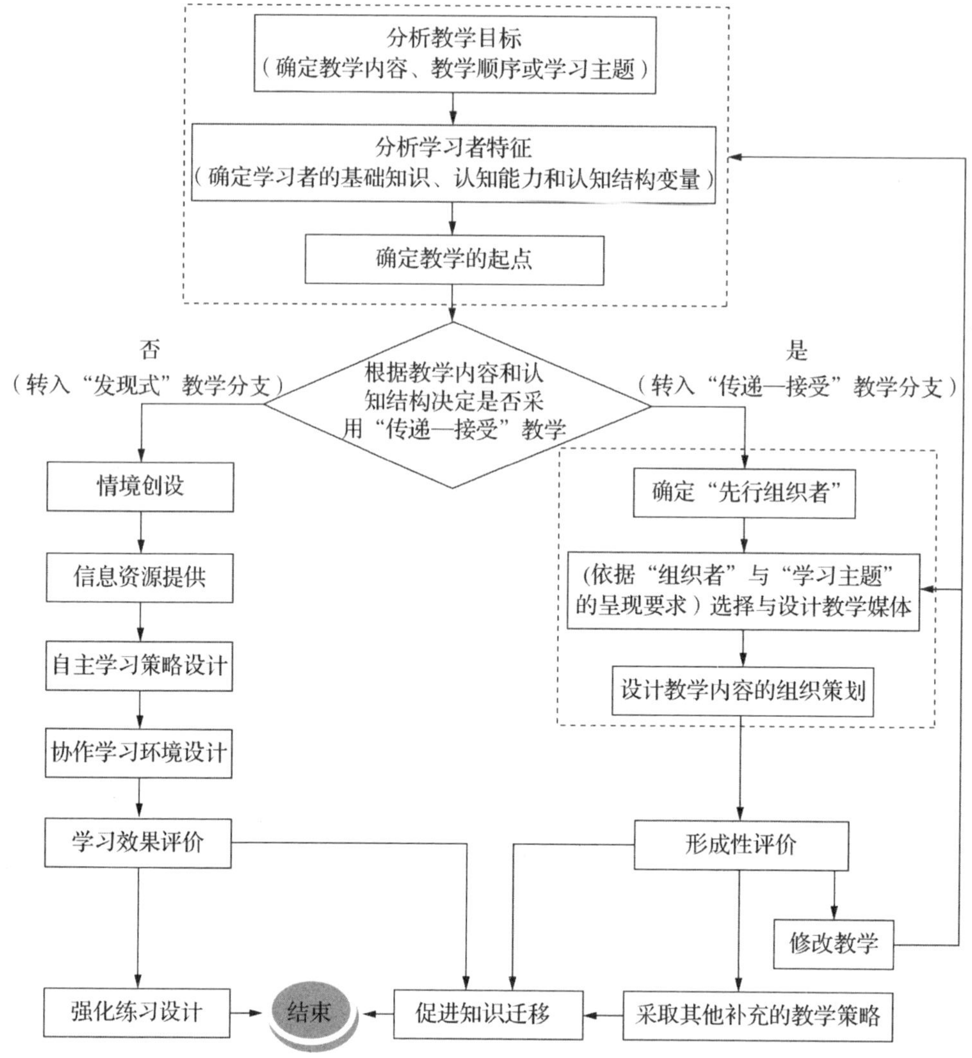

图 5-6　双主教学设计模式

从图 5-6 可以看出，“主导—主体”教学设计模式具有以下四个特点。

① 可根据教学内容和学生的认知结构灵活选择“发现式”或“传递—接受”教学分支。

② 在“传递—接受”教学过程中基本采用“先行组织者”教学策略，同时也可采用其他的“传递—接受”教学策略(甚至是自主学习策略)作为补充，以获得更佳的教学效果。

③ 在“发现式”教学过程中也可充分吸收“传递—接受”教学的长处(如进行学习者特征的分析和促进知识的迁移等)。

④ 便于考虑情感因素(即动机)的影响：在“情境创设”框(左分支)或“选择与设计教学媒体”框(右分支)中，可通过适当创设的情境或呈现的媒体来激发学习者的动机；而在“学习效果评价”环节(左分支)或根据形成性评价结果所作的“修改教学方案”环节(右分支)中，则可通过讲评、小结、鼓励和表扬等手段促进学习者三种内驱力的形成和发展(视学习者的年龄与个性特征决定内驱力的种类)。

拓展阅读

以教为主的教学设计模式

以教为主的教学过程设计是把教学内容、教学活动当作设计工作的重心。优点是有利于教师主导作用的发挥，教师可以按照教学目标的要求组织教学。该类型的教学设计在教学中有很大的影响。

1. 以教为主的教学过程设计

以教为主的教学过程设计，是基于行为主义学习理论和认知主义学习理论。设计的焦点在“教师如何教”上，强调教师的主导作用，突出循序渐进、按部就班、精细严密地对教学进行设计。这类模型用于课堂教学，已有的教师、学生、课程计划、设施设备和各种资源都是设计的前提条件。设计目的是强调教师在这些条件下如何做好教学工作，以完成预期的教学目标。该模型设计的重点在于让学生达到教学目标的要求。

以教为主的教学设计模式，见图 5-7。

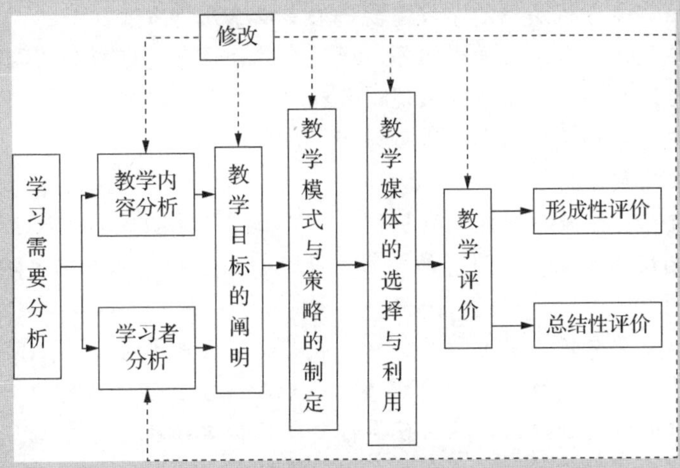

图 5-7　以教为主的教学设计模式

2. 以教为主的教学过程设计要素分析

从图 5-7 中可以看出，以教为主的教学设计包括学习需要分析、教学内容分析、教学模式与策略的制定以及教学媒体的选择与利用等要素。

1)　学习需要分析

教学设计是一个问题求解的过程，只有发现问题，认清问题的本质，才能更好地解决问题。而对问题的鉴别与分析通常也被称为学习需要分析。

(1)　学习需要的含义。

学习需要是指在某一特定的情境下，学习者学习方面目前的状况与期望达到的状态之间的差距。目前的状况是指学习者群体在能力素质方面已达到的水平，期望的状况是学习者应当具备的能力、素质。

(2)　学习需要分析的内容。

学习需要分析是指经过系统化的调查研究，发现教学中存在的问题，通过分析问题产生的原因，从而确定问题的性质，并论证解决该问题的必要性和可行性。也就是说，学习需要分析是找差距发现问题，而不是寻求解决问题的方法。

学习需要分析的内容包括以下几方面的工作。

① 通过调查研究，分析教学中是否存在需要解决的问题。

② 分析存在问题的性质，以判断教学设计是不是解决这个问题的合适途径。

③ 分析现有的资源及约束条件，以论证解决该问题的可能性。

④ 分析问题的重要性，确定解决问题的优先次序。

⑤ 学习需要分析的方法。

学习需要分析就是采取适当的分析方法，找出“是什么”和“应该是什么”之间的差距。根据参照系的不同，分析学习需要的方法一般包括内部参照需要分析法和外部参照需要分析法两种。

(3) 内部参照需要分析法。

内部参照需要分析法是由学习者所在的组织机构内部，用已经确定的教学目标(期望的状态)与学习者的当前学习状态作比较，找出两者之间存在的差距，从而鉴别出学习需要的一种分析方法。

采用内部参照需要分析法确定学习需要一般有以下几种方法。

① 设计测试题、问卷等让学生回答，通过对其作统计、分析来获取期望信息。

② 查阅学生近期的学业成绩和表现记录材料。

③ 对与学生有密切关系的人员进行访问、座谈。

(4) 外部参照需要分析法。

外部参照需要分析法是指根据教育机构外，即社会的要求(或职业要求)来确定对学习者的期望值，以此为标准来衡量学习者的学习现状，找出差距，从而确定学习需要的一种分析方法。

采用外部参照需要分析法确定学习需要一般有以下几种方法。

① 对毕业生进行跟踪访谈、问卷调查，获取毕业生在实际工作中感受到的需求，以及他们对学校工作的意见和建议，从而获得社会需求和学习者现状的信息。

② 进行专家访谈，了解当今社会及未来发展对人才在知识、技能和素质方面的要求，以获得社会的需求信息。

③ 查阅毕业生所在单位的记录，了解用人单位对毕业生的评价，从而获取社会的需求信息。

④ 现场调研，深入工作第一线，获取对人才能力素质要求的第一手信息。

在实际分析时，可采取内外结合的方法，如图 5-8 所示。根据外部社会需求调整修改已有的教学目标，并以修改后目标所提出的期望值与学习者的现状相比较找出差距。

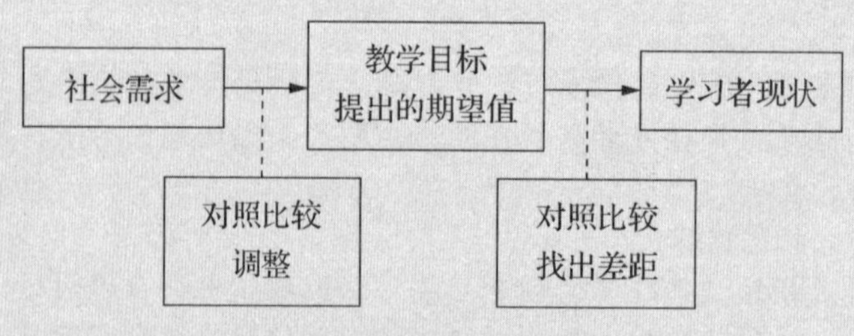

图 5-8 内外结合学习需要分析法

2) 教学内容分析

通过学习需要分析，已揭示出教学中存在的问题及其主要原因，紧接着需要考虑的问题是怎么填补这个差距，也就是用什么样的教学内容去促进学生能力的发展变化，这就是教学内容分析。

(1) 教学内容分析。

教学内容是指为实现教学目标，要求学习者系统学习的知识、技能和态度的总和。教学内容的分析是以教学目标为依据，进而规定学习内容的范围、深度和揭示学习内容各部分之间的联系。

(2) 教学内容分析的方法。

① 归类分析法。归类分析法主要是研究对有关信息进行分类的方法，旨在鉴别为实现教学目标所需要学习的知识点，它比较适合于言语信息类教学内容的分析。确定分类方法后，或用图示，或列提纲，把实现教学目标所需学习的知识归纳成若干方面，从而确定教学内容的范围。

② 图解分析法。图解分析法是一种用直观形式揭示教学内容要素及其相互联系的内容分析方法，常用于对认知教学内容的分析。图解分析的结果是一种简明扼要、提纲挈领地从内容和逻辑上高度概括教学内容的一套图表或符号。这种方法的优点是使分析者容易觉察内容的残缺或多余部分以及相互联系中的割裂现象。

③ 层级分析法。层级分析法是用来揭示为了实现总教学目标所要求掌握的从属目标(技能)的一种内容分析方法。它是一个逆向分析的过程，即从已确定的教学目标开始考虑，要求学习者为了获得教学目标规定的能力，他们必须具有哪些次一级的从属能力？而要培养这些次一级的从属能力，又需具备哪些再次一级的从属能力，并依次类推。

④ 信息加工分析法。信息加工分析法由加涅提出。这是一种将教学目标要求的学习者心理操作过程揭示出来的方法，即分析要实现特定的教学目标时，学习者要经历怎样的心理活动程序或过程。这种方法揭示出了学习者在学习或解决问题时所进行的思维活动过程，这一步步的心理过程就构成了要学习的内容。

3) 教学模式的制定

在构建了教学目标后，接下来就要考虑“如何教”“如何学”的问题，这就要涉及制定教学模式与策略的问题。

教学模式是在一定的教学理论和学习理论指导下，为完成特定的教学任务和内容而围绕某一主题形成的比较稳定的简明教学结构理论框架及其具体可操作的教学活动方式。

在以教为主的教学模式中，比较有代表性的、对教育教学有较大影响的教学模式有先行组织者教学模式、五环节教学模式、情境—陶冶教学模式、示范—模仿教学模式等。

(1) 先行组织者教学模式是奥苏伯尔的有意义学习理论的一个重要组成部分。提供先行组织者的目的，就在于用先前学过的材料去解释、整合和联系当前学习任务中的材料。该模式的教学过程主要由三个阶段构成，具体见图 5-9。

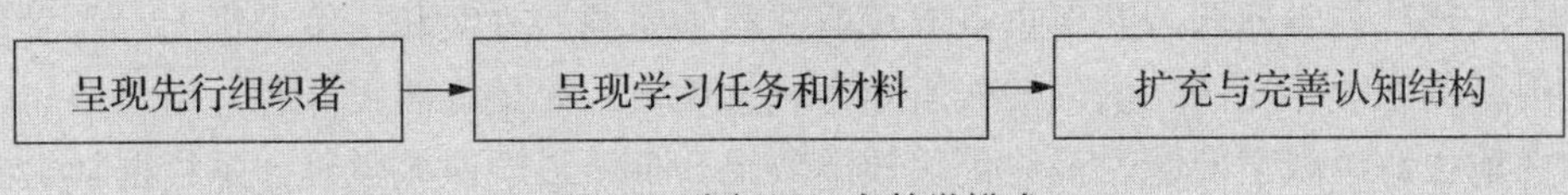

图 5-9 先行组织者教学模式

(2) 五环节教学模式是源于赫尔巴特学派的"五段教学法"，后来经过苏联及国内教育学家改造成以下模式。该模式的教学过程见图 5-10。

图 5-10　五环节教学模式

(3) 情境—陶冶教学模式，也称暗示教学模式，主要通过创设某种与现实生活类似的情境，让学生在思想高度集中但精神完全放松的情境下进行学习。通过学生与他人的充分交流和合作，提高学生的合作精神和自主能力，以达到陶冶修养和培养人格的目的。这是一种主要用于实现情感领域教学目标的教学模式。该模式的教学过程见图 5-11。

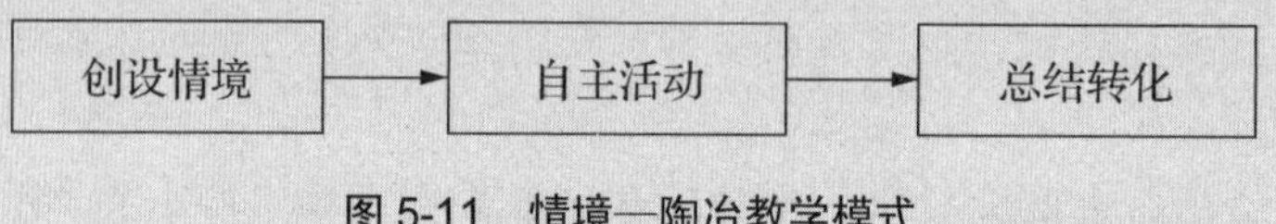

图 5-11　情境—陶冶教学模式

(4) 示范—模仿教学模式是一种主要用于动作技能领域的教学模式，该模式的教学过程见图 5-12。

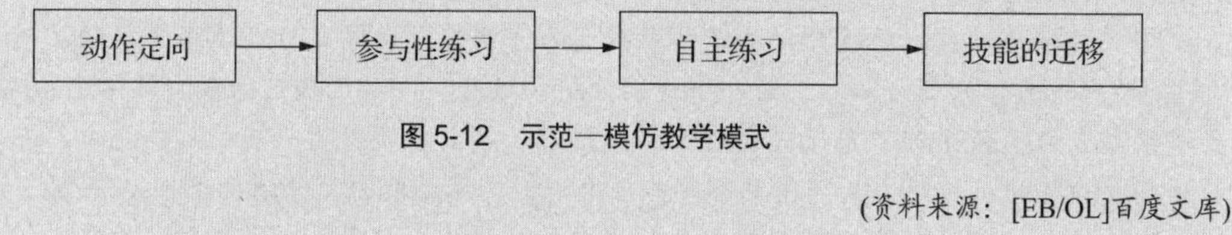

图 5-12　示范—模仿教学模式

(资料来源：[EB/OL]百度文库)

2. 小学科学课的教学设计

小学科学课的教学设计是以培养小学生的科学素养为宗旨，运用系统论、控制论等方法将学习理论与教学理论等原理转换为对小学科学教学目标、教学内容、教学策略和教学评价等环节，进行教与学的具体计划与创设的系统过程。小学科学课教学设计的成果就是教学方案，即教案。随着信息技术的发展，越来越多的教师将信息技术与科学教学设计相整合，使教学的条件和环境都发生了根本性变化，课程内容的呈现形态也有了质的改变，利用信息技术的优势提高了小学科学课程实施的质量和效率。因此，小学科学课教学设计的成果还包括信息技术与科学课程整合的结果，如多媒体课件、信息技术教学工具制作等。

3. 小学科学课教学设计的本质

从本质上讲，设计就是一种问题解决的方法。设计是目标定向的过程，设计的目的在于构思与认识某种或某些新的事物。教学设计实质上就是采取一定的教学策略，运用合适的教学方法解决教学问题，并将重点放在解决教学问题的方案和决策过程上。教学设计不是去发现新的客观存在的、尚未被人所知的教学规律，而是需要设计者运用已知的教学规律创造性地去解决教学问题，最终优化教学效果。小学科学课教学设计是根据学生的特点和科学课程目标确定合适的教学起点与终点，将科学教学诸要素进行有序、优化安排，形成小学科学教学方案的过程。小学科学课教学设计需要运用系统方法科学解决教学问题，其根本目的在于通过对小学科学教学过程和科学课程资源的统筹设计与安排，创设各种科学教学活动，促进学生的科学学习，小学科学课教学设计过程既是一个动态的非确定性的过程，又是一个学习的过程。

4. 小学科学课教学设计的基本理念

新课程改革对小学科学课教学设计提出了更高要求，加强课程内容的综合性，淡化学科界限，加强教学内容与现实生活和学生经验的联系，培养学生在科学知识方法与技能、批判与创新等方面的能力，以全面提高学生的科学素养。这都要求教师以学生为学习主体，联系学生生活实际，让学生在亲自体验中建构个体知识、整合相关知识、培养科学态度、发展个体能力和保护环境，最终实现四维目标。为此，小学科学课教学设计的基本理念包括以下几点。

1) 面向全体学生，全面提高学生科学素养

小学科学课教学设计面向全体学生，意味着要照顾学生的个体差异，考虑到学生在性别、天资、兴趣、生活环境、地域等方面的差异，充分发展每一位学生的潜能。与此同时，小学科学课教学设计应建立在对每个学生心理发展水平认识的基础上，了解每个学生的已有认知水平以及他们对科学概念的初步认识，包括错误的理解，还有他们感兴趣的学习内容等，为每个学生提供公平学习科学的机会和有效指导，为促进每个学生正确理解科学概念、培养学生对科学的态度等奠定基础。

另外，全面提高学生的科学素养是科学教学的宗旨，它要求培养学生在科学知识学习过程与结果中的全面发展，小学科学教学设计要使学生逐渐养成科学的行为习惯和生活习惯；了解科学探究的过程和方法，尝试参与科学探究活动，逐步学会科学地看问题、想问题；保持和发展对周围世界的好奇心与求知欲，形成大胆想象、尊重证据、敢于创新的科学态度和爱科学、爱家乡、爱祖国的情感；亲近自然、欣赏自然、珍爱生命，积极参与资源与环境的保护，关心科技的新发展。

2) 回归学生生活实际，加强知识间的整合

小学科学课教学设计需要回归学生的生活实际，加强学生对科学、技术与社会等相关知识的建构、整合与应用，选择与学生紧密联系的日常生活实际激发学生的学习兴趣，让学生将所学的科学知识应用于生活实际；加强学生对科学与技术、科学与社会联系和融合的认识，促进学生对科学知识的建构、迁移和运用；增强学生对人与社会、人与自然等问题的关注，培养学生发现问题和解决问题的能力，最终发展学生的思维能力。

首先，小学科学课教学设计在内容的选择与顺序的安排上，应遵循不同年龄阶段学生的心理发展水平，根据学生的认知特点选择与学生日常生活联系紧密，且是学生感兴趣的内容，从而增强学生学习科学的主动性与自觉性。其次，创设与科学、技术、社会与环境相关的课题，让学生将所学科学知识与之联系起来，加强学生各方面知识间的整合。最后，从学生实际出发，注重各种学习情境的创设，激发学生的好奇心与求知欲，使他们在科学探究过程中体验学习科学的乐趣与奥秘。

3) 加强学生的参与，促进科学知识的建构

建构主义认为，知识是由认知主体通过新、旧经验的积极互动建构起来的，学生的学习不是被动接受的过程，而是主动建构的过程。这种建构是无法由他人来代替的，即便教师也一样爱莫能助，教师只是学生科学学习活动的组织者、引领者和帮助者。这要求我们的教学设计必须以学生为主体，把学习主动权交与学生，给学生提供参与各种科学探究活动的机会，让他们在亲自体验过程中认识自然、学习科学。让学生个体在提出问题、分析问题与解决问题的过程中建构属于自己的知识结构。

小学科学教学活动是一个能动的建构过程，学生只有在主动学习科学的过程中才能获得科学素养的全面发展。设计多种多样的科学探究活动，即让学生充分参与科学探究的每一个步骤与环节，促进个体的认知建构和知识迁移；为学生提供真实的问题情境，激发学生的学习兴趣和学习动机；利用各种教学资源，让学生体验实践与协作的过程，让学生在观察、模拟、实验等多种活动中多动手、勤动脑，促使他们积极主动地去探究自然，在体验科学的乐趣中建构知识。

4) 注重教学的过程性评价，促进学生发展

评价是为了提高学生的科学素养，促进学生的学习和发展，小学科学课教学设计的评价应贯穿于整个教学过程，教师需要及时关注学生的表现与反应，并给予及时、必要、恰当的鼓励性和指导性评价。发挥评价促进发展的作用，需要教师在小学科学课教学设计中了解学生的发展需求，发现和发展他们多方面的潜能。同时，帮助学生认识自我、建立自信，促进学生在已有基础上获得发展。教师在此过程中，不仅是学生科学课程学习的伙伴和激励者，同时也是自己科学教学的调控者。

当然，学生在被评价的同时也参与了同学间的互评及自评活动。在教师与学生互动的过程中，还包括教师与学生的相互评价，他们在不断协商交流的过程中，可以不断发现问题、解决问题，从而优化教学设计方案与教学策略等。过程性评价与自评互评体现在教学过程中的每一个环节。例如，在实验方法讨论阶段，小组讨论与全班交流可使每个同学都有机会参与讨论，相互检查实验方法与科学思维，在倾听与对比中，审视与反思自我，促进自我发展。

5.1.2 小学科学课教学设计的一般过程

小学科学教学过程设计.mp4

教案编写规范及要求.mp4

小学科学教学板书设计.mp4

小学科学学情分析.mp4

教学设计的过程就是运用系统论、控制论方法分析教育教学问题、确定教育教学问题解决方案、检验和评价解决方案的过程。小学科学课教学设计包括小学科学学科学习者分析、熟悉有效教学活动流程、教学模型与教学策略选择和小学科学课教学设计结果评价。

1. 有效教学活动流程

教学的有效性是教育教学改革追求的目标，小学科学课教学的目的就是培养儿童的科学素养和对儿童进行科学启蒙，激发学生的好奇心和求知欲，为学生终身学习奠定基础，使教师的课堂教学更有效。因此，在小学科学课教学中，提高上课的有效性是核心，只有唤醒学生的好奇心和激发学生的学习兴趣，才能提高教学的有效性。

小学科学课教学应按照有效教学流程组织教学。首先，应做到精细分析学习者特点、熟悉教学一般流程；其次，应正确选择教学模式和教学策略，编写完整、规范、有理论深度的教案，合理运用教学方法和教学媒体开展教学；最后，应选择合适的评价方法对教学设计结果进行评价。

1) 教学设计的一般流程

教学过程设计是对于一门课程或一个单元，一节课的教学全过程进行的教学设计。把对一门课程或单元的教学设计称为课程教学设计；对一节课或一个知识点的教学设计称为课堂教学设计。

(1) 教学过程设计模式。教学过程设计必须依据课程标准进行教学设计，教学过程设计的模型，见图 5-13。

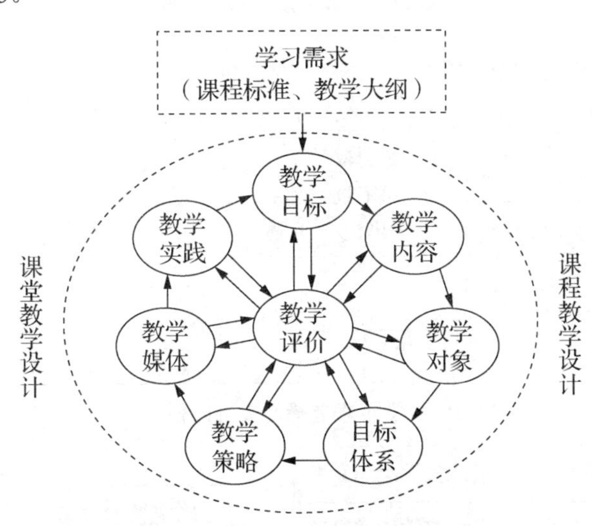

图 5-13 教学过程设计模型

根据不同的教学目标和教学内容，教师可以采用不同的教学方式。对适合课堂教学的内容，则进行课堂教学设计。对适合学生进行主动探索学习的内容，则进行自主学习教学设计。最后，按照设计好的方案开展教学实践，并进行相应的评价和修正。教学过程设计的程序如图 5-14 所示。课程标准中规定的或根据教学大纲中教学目的所拟定的总体教学目标是教学过程设计的出发点，同时又是教学过程设计的最终归宿。

(2) 小学科学课的教学设计流程。小学科学学习应倡导自主合作探究式学习方式，小学科学课教学应倡导探究式教学。小学科学教学设计的流程可划分为 3 个阶段，分别为：小学科学课教学分析、小学科学课教学模式与教学策略选择和小学科学课教学设计结果评价，如图 5-15 所示。

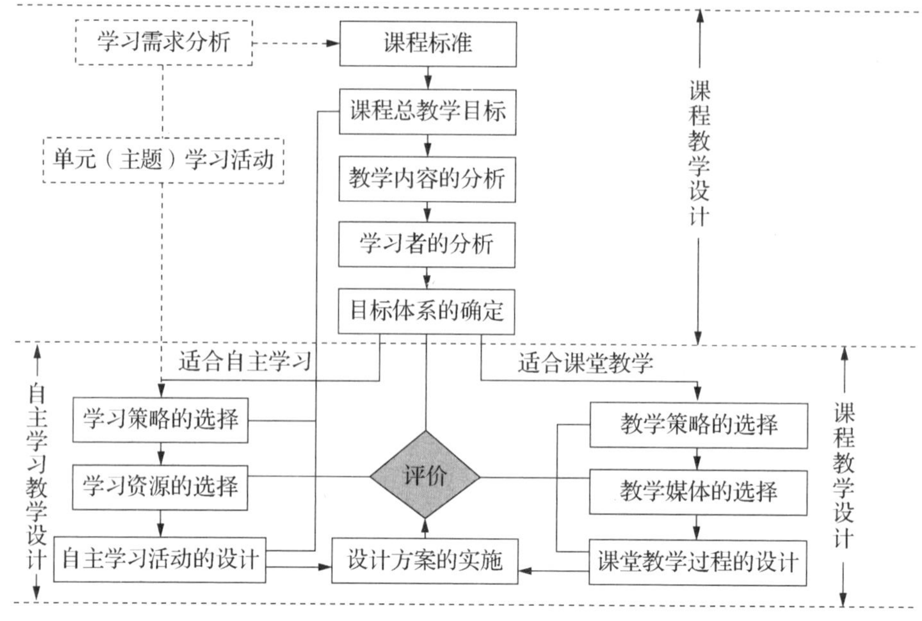

图 5-14　教学过程设计程序

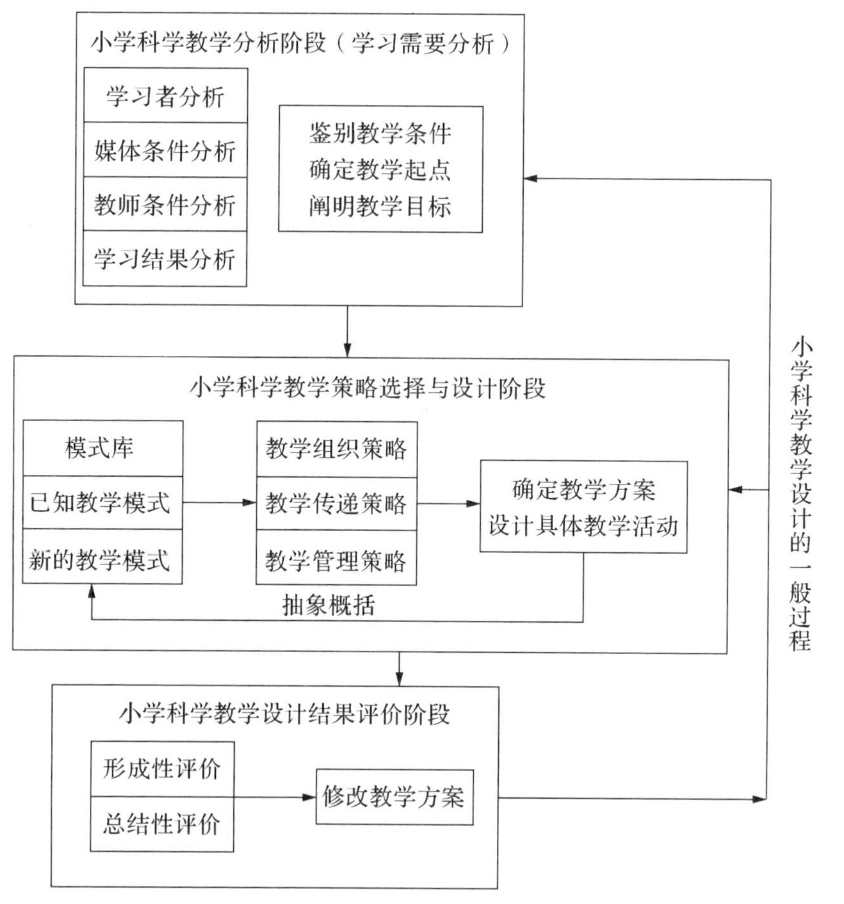

图 5-15　小学科学课教学设计流程

2) 教案编写及教案模板

依据教学目标，编写教案是小学科学课教学设计的核心任务。根据《义务教育小学科学课程标准》的教学目标要求，教师应精心进行学习者分析和教学目标分解，形成相对独立的若干教学环节(教学步骤)，并有意识地在局部教学过程中借助多媒体学习资源组织教学活动，从而更好地激发学生的学习动机或帮助学生实现知识建构，是教师专业素养的核心要素，是对每一个小学科学教师教学基本功的基本要求。

我们给出的教案模板，如图 5-16 所示，目的是使教师教案的编写更加规范化。通过认真完成每节课的教学设计，使教案编写规范、完整、有理论深度和有效运用教学策略，并促使教师逐步形成自己的教学理念。

____________课教案

____年级____班　　　　上课时间：　　年　　月　　日

<table>
<tr><td>教案主题</td><td colspan="3"></td><td>章节</td><td></td></tr>
<tr><td rowspan="3">教学目标分析</td><td colspan="5">知识与技能：</td></tr>
<tr><td colspan="5">过程与方法：</td></tr>
<tr><td colspan="5">科学态度与价值观：</td></tr>
<tr><td>重点难点分析</td><td colspan="5"></td></tr>
<tr><td>学习者分析</td><td colspan="5"></td></tr>
<tr><td>教学策略选择</td><td colspan="5"></td></tr>
<tr><td rowspan="2">教学准备</td><td>教材版别</td><td colspan="2">教学具</td><td colspan="2">场地</td></tr>
<tr><td></td><td colspan="2"></td><td colspan="2"></td></tr>
<tr><td>教学流程（知识导图）</td><td></td><td colspan="2">注意事项</td><td colspan="2"></td></tr>
<tr><td colspan="6">教学过程</td></tr>
<tr><td rowspan="3">教学环节包括：
复习
新课导入
教学环节1、2、3……
总结与巩固
拓展延伸
反思与提升
评比、交流

可加附页</td><td colspan="3">教学活动的组织与实施</td><td rowspan="2">教学策略选择及设计意图、简笔画等</td><td rowspan="2">时间分配</td></tr>
<tr><td>教师活动</td><td colspan="2">学生活动</td></tr>
<tr><td></td><td colspan="2"></td><td></td><td></td></tr>
<tr><td>布置作业</td><td colspan="5"></td></tr>
<tr><td>板书设计</td><td colspan="5"></td></tr>
</table>

图 5-16　小学科学课教案模板

① 教案表头部分的“教案主题”“教学目标分析”等项目是对教案的总体性阐述。

② 教学环节则是对教学活动组织和教学流程控制的具体描述，是教案开发的主要内容。

③ 在教学环节部分，新课导入是教学开始的首要环节，可以包括相关知识回顾、以激发学习动机为目的的课堂提问或优质课例展示等具体步骤。

④ 教学环节1、2、3……则是教师为了完成教学任务而设计的多个具体工作步骤。

⑤ 对于每个步骤都应说明具体的教学内容、具体的教学流程、学习资源和对教师仪态、教师动作等要求。

⑥ 在右侧单元格的相应位置说明教学环节所借助的教学策略，以及教师设计本环节及其教学策略的设计意图是什么。

教学案例

《空气占据空间吗》课教案

三年级1班　　　　上课时间：2020年5月18日

教案主题	空气占据空间吗	章节	三年级下册 第三单元 第三课
教学目标分析	知识与技能目标： 空气占据空间		
	过程与方法目标： 1.用对比实验法验证空气占据空间。 2.在科学事实的基础上进行预测和解释		
	科学态度、价值观目标： 培养与他人合作的良好习惯，形成尊重事实、实事求是的科学态度		
重点难点分析	通过实验探究空气占据空间		
学习者分析	三年级的学生已具备一定的动手操作能力，可以和小组成员进行良好的合作，并已学会记录实验报告，有一定的学习能力基础。 但三年级的学生大多喜欢边学边玩，导致实验观察不够细致，因此教师应明确规定，并给予一定的指导		
教学策略选择	“探究—研讨”教学法、合作学习教学法		
教学准备	教材版别	教学用具	场地
	人教版	粉笔、粉笔盒、水、杯子、纸团、水槽、气球、充气筒、塑料瓶、剪刀	班级教室
教学流程	读诗——猜一猜引入主题 实验一：纸团会不会湿？ 实验二：吹气球 实验三：瓶中吹气球能吹大吗？ 小组总结得出结论 交流拓展 评价反思	注意事项	实验一：杯子要竖直倒扣入水中，不能倾斜，纸巾要塞入杯底，防止掉落。 实验二：气球大小适度即可，松口时要拿住气球，以免飞出去。 实验三：使用剪刀要注意安全

续表

教学环节	教学活动的组织与实施		教学设计意图、简笔画等	时间分配
	教师活动	学生活动		
一、复习旧知	出示小诗(PPT) 虽然看不到你， 也摸不着你， 可你自由自在地， 在世界每个角落嬉戏； 你呀，总是这么调皮； 植物说，有了你， 我们才能茁壮成长； 动物说，没有你， 我们就会停止呼吸； 你呀，就是这么神奇。 猜一猜这首小诗写的是什么事物？ 结合这首小诗，再回顾之前学到的知识，你能说一说空气的特点吗	学生齐读 学生答：空气 学生答：没有味道；没有气味；没有颜色；会流动；有质量……	激发兴趣，调动学生积极性 调动积极性	5分钟
	通过这首小诗我们知道空气存在于地球上的每一个角落，可是它没有味道、颜色、气味，请同学们猜一猜空气会占据空间吗？你是怎么想的 那么，老师来做一个同类型的小示范吧(吹气球)	学生自由答：会，因为皮球鼓鼓的，里面就是空气； 不会，因为我感觉不到空气在生活中占什么地方……	复习巩固 锻炼学生思维能力	
二、导入新知	环节一：教师示范 (1)教师出示一盒满满的粉笔，问：同学们，老师手里的这盒粉笔，已经是满满的了，老师想问大家一下，还能往盒子里放进粉笔吗？为什么？说一说你的理由 (2)教师再出示一杯满满的水，问学生：还能往水杯里倒水吗 教师引导：同学们，粉笔盒满了，就不能再放粉笔了，水杯里的水满了，就不能再加水了。粉笔盒和水杯都是有一定的空间的，而粉笔盒和水都是占据空间的，当这个空间被占满了，就不能再往里面放东西了。所以，我们发现水和粉笔，都是占据空间的，那么，我们周围的空气到底占不占据空间呢？今天我们就来研究这个话题 板书：第3课　空气占据空间吗	学生答：不能放了，因为粉笔盒已经被放满了，没有地方再放粉笔了 学生答：不能，因为杯子里的水已经满了，再倒就漫出来了	具体直观地为学生呈现，鼓励学生踊跃回答 调动积极性	25分钟
	环节二：做实验 实验一：纸团会不会湿(板书) 教师出示实验操作图及实验方法，介绍实验的材料：纸团；杯子 教师介绍方法及实验操作要求：把纸团塞在杯子底部，然后把杯子竖直倒扣在水槽中	以小组为单位，拿出学具：纸团；杯子；水槽 翻开书浏览图片，按照要求，明确注意事项 学生答：会或者不会 预测实验结果，并将预测结果填写在活动手册上。	锻炼小组合作能力与动手能力	

续表

教学环节	教学活动的组织与实施		教学设计意图、简笔画等	时间分配
	教师活动	学生活动		
	注意：杯子要竖直倒扣入水中，不能倾斜，纸巾要塞入杯底，防止掉落 教师引导：同学们，在做实验之前，我们还是来预测一下，纸团会不会湿(板书) 教师巡视，指导学生正确地进行实验操作 交流结果 (板书) 教师引导：同学们，假如我们在实验过程中，纸杯不是垂直入水，而是倾斜入水，结果会怎样呢	学生明确小组分工，有人做实验，有人负责观察、记录 进行实验操作，注意观察实验现象 学生交流实验的结果，小组代表汇报：纸团不会湿 将实验结果填写在活动手册上 学生动手操作，然后汇报实验结果：倾斜水杯入水，纸团就会湿掉	调动学生思维 锻炼小组合作能力与动手能力 培养学生总结能力 锻炼动手操作能力	
二、导入新知	实验二：吹气球(板书) 教师介绍材料与注意事项：气球不能吹太大，以免气球爆炸身体受伤，放手时要捏住气球，以免乱飞 然后交流实验的结果(板书)	以小组为单位，拿出学具：气球、充气筒，学生明确小组分工，有人做实验，有人负责观察、记录。进行实验操作，注意观察实验现象。 学生交流实验的结果，小组派代表汇报：充气时气球变大，松口时气球变小	锻炼小组合作能力与动手能力 培养学生总结能力	25分钟
	实验三：瓶中吹气球能吹大吗？(板书) 教师介绍方法及实验操作要求：把气球套入塑料瓶中，然后对气球吹气 先预测一下，能吹大吗？ 交流实验现象(板书)，并想一想，为什么呢？ 教师引导：那我们如果想把气球在瓶中吹大，有什么办法呢？ 教师提醒同学注意安全，并进入不同小组，指导学生操作。	以小组为单位，拿出学具：气球、塑料瓶。学生明确小组分工，有人做实验，有人负责观察、记录。进行实验操作，注意观察实验现象。 学生答：能或者不能，气球吹不大。因为瓶子里有空气，占据空间。 学生答：可以把瓶子变成不封闭的空间，让空气出去。 学生拿出剪刀，用刀尖儿在瓶子上扎一个小洞。 学生进行操作实验，然后汇报结果：气球能吹大了	锻炼小组合作能力与动手能力 培养学生思维能力	
三、总结知识	实验交流总结(板书) (1)同学们，刚刚我们做了三个小实验，按照要求的实验方法去做，我们发现纸团会湿吗？ (2)吹完气球后再松手，气球变小了吗？ (3)在瓶子上钻个洞，瓶子里的气球能吹大吗？ 同学们，你们知道这是为什么吗？请小组交流讨论一下。 (4)因此我们可以得出什么结论呢？(板书：结论：空气占据空间) 并引导学生把实验手册填写完整	(1)学生答：不会。 (2)学生答：变小了。 (3)学生答：能吹大。 小组进行交流讨论，并指定一位组员发言：这是因为空气占据空间	培养学生总结能力 锻炼学生想象力与创造力 培养动手能力 培养学生总结能力	6分钟

续表

教学环节	教学活动的组织与实施		教学设计意图、简笔画等	时间分配
	教师活动	学生活动		
四、拓展延伸	请同学们想一想，生活中还有哪些现象可以证明空气占据空间呢？在生活中的应用又有哪些呢	第一个实验中，水杯里盛有满满的空气，因此，即使把水杯放入水中，水杯里的纸团也不会湿。 第二个实验中，气球吹大了，占据空间是因为里面有空气，松口变小了是因为空气流走了。 第三个实验中，因为塑料瓶中有空气，空气占据空间，所以气球是吹不大的。钻个小孔，空气流动了，就吹大了。 学生答：空气占据空间	师生共同回顾实验过程，巩固实验结果。 锻炼小组合作能力与总结能力。 锻炼学生总结能力	
五、反思与评价	虽然没有给学生讲这课，但通过教学设计以及分析三年级学生实际的身心发展情况，反思以下几个可能出现的问题 1.课堂组织欠缺，没有规范好学生的学习行为习惯 按照教学设计，课堂内容虽然能顺利完成，但在实际操作中可能会出现一些突发状况。主要表现在小组成员实验操作任务不明确、学生在实际操作中没有明确目标等方面。虽然给小组进行了任务的分配，但是对组员再分工，组长可能没有经验，可能会浪费上课时间。针对此问题，在实际上课前教师应当与小组先进行接触，了解不同学生的特长与特点，引导组长明白应该如何合理分工，在实验前也要多次强调实验目标，以保证每位同学都明确目标。 2.实验都来源于教材，有可能导致学生失去积极性与兴趣。 这节课的实验主要以教材内容为主，有些学生因好奇提前进行了实验，可能会导致他在课堂上没有积极性，而且还会影响到其他同学。针对这个问题，上课前教师可不引导孩子进行预习，并对特别有好奇心的孩子进行引导，鼓励学生积极做实验，踊跃发言，以保证课堂教学效果。 3.通过实验以及学生手册的记录，帮助学生明确知识点，实现教学目标。在解决上述两个问题的基础上，学生完全能够在动手操作实验中探究发现“空气占据空间”这一观点	学生答：皮球、轮胎、游泳圈等	拓展延伸知识点，使教学生活化	4分钟

续表

<table>
<tr><th rowspan="2">教学环节</th><th colspan="2">教学活动的组织与实施</th><th rowspan="2">教学设计意图、简笔画等</th><th rowspan="2">时间分配</th></tr>
<tr><th>教师活动</th><th>学生活动</th></tr>
<tr><td>布置作业</td><td colspan="4">1.用思维导图总结空气的特点。
2.课后继续探究生活中还有哪些现象可以证明空气占据空间</td></tr>
<tr><td>板书设计</td><td colspan="4">第 3 课　空气占据空间吗
<table>
<tr><td>实验</td><td>预测</td><td>实验结果</td></tr>
<tr><td>实验一：纸团会不会湿？</td><td>会</td><td>不会</td></tr>
<tr><td>实验二：吹气球</td><td></td><td>放手后变小</td></tr>
<tr><td>实验三：瓶中吹气球能吹大吗？</td><td>能</td><td>不能(但钻孔后能吹大)</td></tr>
<tr><td colspan="3">结论：空气占据空间</td></tr>
</table></td></tr>
</table>

2. 小学科学课教学分析

小学科学课教学分析的主要任务是鉴别出小学科学教育教学存在的问题、分析小学科学教育教学问题的根源、确定解决相应教学问题的相关条件，也就是对小学科学教学过程所有相关因素进行分析。

小学科学课教学分析主要包括学习者分析、教学媒体条件分析、教师条件分析、学习结果分析等。关于小学科学课程目标及学习结果评价等相关内容，本书在第 4 章及第 7 章中有详述，在此主要对小学科学学科的特点、小学科学学科学习者的特点、新课程改革对小学科学教学设计的基本要求进行分析。

1)　小学科学学科特点分析

小学科学教学以培养学生的科学素养为宗旨，小学科学课程的定位是科学启蒙。首先，小学阶段是学生发展的关键期，学生的科学态度与价值观在这个阶段逐渐形成。学生在这个时期所获得的知识与技能、掌握的基本学习方法、养成的学习态度与习惯，将对他们将来的学习和发展产生重要影响。其次，学生天生对周围事物具有较强的好奇心，喜欢探个究竟，喜欢动手操作，具体形象事物的支撑有利于学生的思考。小学科学课教学需要让学生在具体的观察、操作和反思中进行学习活动和学习探究，提高他们的科学学习能力。最后，小学科学教学强调培养学生对科学的兴趣与求知欲，培养学生在科学活动中掌握科学探究的方法，培养学生自主与合作的精神。另外，小学科学教学可以让学生了解科学学习与生活、社会、科学技术、环境之间的关系，学会与人合作、与环境和谐相处，为未来科学学习、其他学科的学习及终身学习奠定坚实基础。总之，早期的科学教育教学启蒙对学生的科学素养形成具有决定性作用。小学科学教学设计需要充分考虑小学科学学科的特点，并将其作为小学科学课教学设计的重要依据。

小学科学课教学以探究为最为重要的方式。科学探究是科学研究过程的本质特征，科学探究活动可使学生更积极主动地参与到学习活动中，像科学家一样进行科学学习，从中掌握新概念和新技能，培养他们的合作能力和团队意识，体验科学的价值和魅力。在小学科学课教学中，教师是学生学习科学的支持者和引导者。引导学生主动探究，亲历科学探究的过程，将有利于激发学生的好奇心、激发学生学习科学的主动性。科学探究是学生学习科学的重要方式，但不是唯一的方式，根据教学内容的不同，学生的学习方式可以是多样的。教学中要根据教学目标和内容采用不同的教学方式与策略，让学生将探究式的学习与其他方式的学习充分结合起来，以获得最佳的学习效果。

此外，小学科学教学设计具有开放性，科学教学在学习内容、活动组织、作业与练习、评价等方面给教师和学生提供了选择的机会和创造的空间。小学科学教学需要在最大限度上满足不同地域、不同经验背景的学生学习科学的需要。

2) 小学科学学习者特点分析

从心理发展角度来看，小学生对世界充满了好奇，活泼好动，敏感好胜，学习代替游戏成了小学阶段的主导活动。从思维发展角度来讲，小学生的思维水平正在逐步提高，他们开始从具体形象思维逐渐向抽象逻辑思维过渡，小学阶段是一个人心理发展的关键时期，小学生在这个阶段的主要心理特点与学习特点同时也是我们进行小学科学课教学设计的重要依据，表现在下述几方面。

第一，小学科学教学设计及实施中需要考虑学生的认知习惯，要善于从学生的已知经验出发，从直观形象过渡到抽象的知识。因为，小学生对事物的感知不精确易于笼统，他们往往只能感知事物的整体而不能够精确感知事物的各个部分，更难以发现事物各部分的特征及之间的相互关系。

第二，小学科学教学设计要以具体形象、生动鲜活的事物为实例，营造浓厚的学习氛围和学习情境，吸引学生的注意力，激发学生积极的学习情感和学习兴趣。一方面，小学生的注意力不稳定，且不易持久，他们对事物的注意力保持的时间比较短暂，而且常常带有个人情绪色彩。新颖、生动的事物比较容易引起他们的注意，而比较抽象的概念或原理等则不易激发他们的兴趣，很难长时间集中他们的注意力。另一方面，小学生的注意范围也比较狭小，容易出现顾此失彼的现象。

第三，小学科学教学设计要安排变化多样的教学形式，便于学生理解，增强他们的记忆，同时还需及时地复习知识、巩固知识，加深学生的印象。对于小学生来讲，他们的记忆可以说是无意识的，他们能够较好地记住一些有趣的、具体的、直观的材料，而对于教师布置的抽象的学习任务则较难一一记住。只有鲜活、生动形象的事物或环境才可以促进师生、生生之间的互动和沟通，从而激发学生的求知欲，刺激他们对环境的情感反应，增强学生的记忆力，同时逐步培养学生从形象直观思维向抽象逻辑思维过渡。

3) 新课程改革对小学科学教学设计的基本要求

新课程改革倡导自主合作探究式学习方式，发挥教师的主导作用，体现学生的主体地位，最终使学生获得全面发展。新课程改革为小学科学教学设计提供了重要依据，主要表现为以下几点。

(1) 确立和发挥科学教师的主导作用。以“科学探究”为核心，学生应该成为探究活动和探究过程的参与者和实施者，教师则应扮演探究活动的组织者、指导者和合作者的角色。为此，我们的科学教师需要根据教学内容和学生的特点，营造适合的学习氛围或创设恰当的学习情境，将学生引入学习活动当中。同时，在探究活动中，科学教师需要给予学生及时的提醒和指导，让学生自己多动脑、多思考，去发现问题及解决问题，促进学生进行自主合作探究式学习。

(2) 尊重和彰显学生的主体地位。一方面，应充分关注学生的兴趣点，浓厚的学习兴趣可以提高学生的学习积极性，使学生始终保持良好的学习状态。另一方面，应引导学生进行积极的实践体验。学生通过亲身经历和切身体验获得知识，对于他们的学习积极性、主动性及积极情绪情感的维持都具有重要的激励作用。小学科学课程具有开放性和综合性的特点，小学教师要善于挖掘教学资源中一切能够让学生体验的条件，为学生提供观察、交流、动手操作、反复锻炼的机会，让他们通过体验发现问题、获得新知、发展能力。

(3) 注重真实情境和学习环境的创设。心理学认为，情境对人有直接刺激作用，有一定的生物学意义和社会意义。情境在激发人的情感方面有特定作用，学习情境能够激发学生积极的学习情感体验，促使学生参与交互性活动，促进学生对学习内容及学习意义的认识。为此，小学教师需要有情境意识，按照情境教学的要求进行设计、组织和运用，关注学生需要学习的相关内容及其间的关联关系，科学教师可以利用实际生活或生产中的实例，考虑学生的需要、心理特点、科学知识的特性及教学资源和环境等相关因素，采取适当的方式或途径将其情境化，促进学生学习和能力的提高。

(4) 整合信息技术与科学课程教学。在小学科学教学设计方面，信息技术的引入，使科学教学的条件和环境都发生了根本性转变，课程内容的呈现方式也有了质的变化，可以辅助教师营造新颖、形象、趣味、多样的学习气氛。将信息技术引入小学科学教学设计及课堂，符合小学科学教学及学生的心理发展特点，在一定程度上能够有效地提高教学的质量。同时，我们也应该认识到，信息技术也仅仅是一种工具，它的选取需要结合教学内容的特点，并依赖于科学教师对信息技术的熟练及合理运用。

5.2 小学科学课教学设计的基本原则与教学策略

5.2.1 小学科学课教学设计的基本原则

1. 目标导向原则

小学科学课教学设计是按照新课程改革和小学科学课程标准制定的学习要求、目标和规划，它是综合考虑具体的学习主体、学习内容、学习者的特点和外界的影响因素而创设的，它是预先设计的“路径”或“蓝图”。明确清晰的目标能够使学习活动和教学活动设计的方向性更加明确。这里的目标包括过程与方法，知识与技能，科学态度与价值观和科学、技术、社会与环境目标。

目标的分析和确定是整个小学科学课教学设计中最为关键的一个环节，一方面目标具有导向、激励和检测的功能；另一方面，它又是对教学效果进行评估的重要指标和重要依据，判断一个教学设计案例成功与否的关键是要看它能否体现教学目标。因此，对教学目标的分析与设计是必要的也是首要的一项工作，目标的分析和确定应根据教学内容和学习者水平，它要求教师必须吃透教材，充分了解教材的重点难点以及新、旧知识间的联系，明确学生应该掌握哪些知识、明白什么道理以及发展哪些能力。

2. 规律指示原则

小学科学课教学设计不仅要以目标为导向，还应遵循小学科学学科的特点。

(1) 作为一个教学系统，小学科学课程的教学设计必须遵循科学的教学规律。

(2) 小学科学课教学环节的设计要符合学生的认知规律，即按小学科学课程的一般内在规律，根据教学要求分解知识点，明确教学重点，难点；再根据所讲内容设计练习、任务和测试。

(3) 不同课程内容的学习规律也不尽相同，这就要求小学科学课教学设计的形式要灵活多样，在具体的教学设计中，教师需要根据不同内容的特点及学生的特点构造多种类型的表现形式。

3. 学生主体原则

不同年龄段的学生接受知识的能力往往会有很大的差异。建构主义认为知识的获取是个体通过自己的活动与环境交互作用，逐渐形成个体的认知结构，它强调学生的认知主体作用，认为学习是学生主动地对知识进行意义建构的过程。为此，好的小学科学课教学设计需要对学生的特征及需求进行分析，了解学生的年龄特点及智力水平、心理状态、兴趣爱好、知识水平和生活经验等。

小学生的思维相对比较简单，缺乏抽象思维能力，学习动机主要取决于感兴趣的程度和对教师的偏爱。小学生有强烈的好奇心和求知欲，喜欢接受新知识。他们的思维活动依赖具体的事物和经验，具有可塑性，往往希望得到教师和家长的表扬。教师在进行媒体或任务设计时，可以从实际出发，充分考虑学生现有的文化知识、认知能力、兴趣特点等，由浅入深、由表及里地进行教学设计。

4. 学习情境原则

建构主义认为，学习环境或学习情境是学生可以在其中进行自由探究和自主学习的场所。为了培养学生的自主学习能力，必须注重学习环境和学习情境的设计，一个好的学习环境意味着学生拥有更多的主动和自由。课堂中的学习情境复杂而多样，由于人们的理论依据不同、认识角度不同，学习情境有多种分类方法，并且还有一定的交叉性。按照在课堂上应用的环节不同，学习情境可分为导入情境、重点情境、难点情境、总结情境。每一节完整的课堂都需要创设这四个环节的情境，它们可以是真实情境，也可以是虚拟情境，如表 5-2 所示。

表 5-2　教科版小学科学三年级上册课程学习情境分类

小学科学课程		真实情境	虚拟情境			
			直接情境	问题情境	实验情境	体验情境
植物	1.我看到了什么	√				
	2.校园的树木	√				
	3.大树和小草	√				
	4.水生植物	√				
	5.植物的叶	√				
	6.植物发生了什么变化		√			√
	7.植物有什么相同点	√	√			
动物	1.寻访小动物	√				√
	2.蜗牛(一)	√				
	3.蜗牛(二)	√				
	4.蚯蚓	√				√

续表

小学科学课程		真实情境	虚拟情境			
			直接情境	问题情境	实验情境	体验情境
动物	5.蚂蚁	√				√
	6.金鱼	√			√	
	7.动物的共同特点		√			
我们周围的材料	1.观察我们周围的材料	√				
	2.谁更硬一些			√		
	3.比较柔韧性	√			√	
	4.它们吸水吗	√		√		
	5.材料在水中的沉浮	√			√	
	6.砖和陶瓷	√				
	7.给身边的材料分类					√
水和空气	1.水	√				
	2.水和食用油的比较	√				
	3.谁流得更快些		√			
	4.比较水的多少				√	√
	5.我们周围的空气					√
	6.空气占据空间吗					√
	7.空气有重量吗					√

5.2.2 小学科学课教学模式与教学策略的选择

以学为主的教学模式设计.mp4

分析了小学科学学科学习者的特征，明确了学习的起点；分析《义务教育小学科学课程标准》目标体系，明确了教学的终点。那么，遵循小学科学课教学设计的基本原则进行教与学，就是选择恰当的教学模式、教学策略的问题，也是教学设计的核心问题。

1. 常用的教学模式

对于小学科学课教学，《义务教育小学科学课程标准》倡导探究式合作学习方式，发挥教师的主导作用，体现学生的主体地位，最终使学生获得全面发展。小学科学课教学应首先选择“以学为主”的教学模式。其次，是选择双主教学模式。最后，根据科学内容实际，辅以“以教为主”的教学模式组织开展教学活动。

1) 教学模式与教学策略

教学模式是在一定的教育思想、教学理论和学习理论指导下，为完成特定的教学任务而围绕某一主题形成的比较稳定且简明的教学进程结构及其具体可操作的教学活动方式。教学模式是教学理论与教学实践的桥梁，既是教学理论的应用，对教学实践起直接指导作用，又是教学实践的理论化、简约化概括，可以丰富和发展教学理论。

一般可将教学策略理解为在不同的教学条件下，为获得不同的教学结果所采用的方式、方法、媒体的总和，它具体体现在教与学相互作用的活动中。教学策略分普遍性教学策略和具体性教学策略。普遍性教学策略是指不与具体的学科知识和技能教学紧密相连的策略，如学习动力激发策略、课堂组织策略、自主学习策略、协作学习策略等。具体性教学策略是指针对某一具体知识和技能教学的策略，如语文学科的识字教学策略、作文教学策略；英语学科的听说教学策略、词汇教学策略等。

虽然在实践层面，教学模式和教学策略包括教学方法之间常常不是那么界限分明，但我们认为，相对而言，教学模式属于较高层次，规定着教学策略、教学方法，教学策略比教学模式更详细、具体，直接受教学模式的制约。在某个教学模式中，可以采用多种教学策略；同时，一个教学策略可用于多种教学模式中。

2) 常用的教学模式

(1) 传递—接受教学模式。该模式适用于实现认知领域的教学目标，其特点是教师控制教学过程，学生能在较短的时间内掌握大量的知识，其缺陷是不利于学生主体地位的发挥。该模式包括激发学生的学习动机、复习学过的知识、讲授新知识、巩固提高和检查评价五个主要环节。

(2) 九段教学模式。该模式是由加涅将认知学习理论应用于教学过程而提倡的一种教学模式。加涅认为，教学活动是一种旨在影响学习者内部心理过程的外部刺激。因此，教学程序应当与学习活动中学习者的内部心理过程相吻合。根据以上观点，他把学习活动中学习者内部的心理活动分解为9个阶段，相对应的教学程序也应包含9个步骤：引起注意→阐述教学目标→刺激回忆→呈现刺激材料→提供学习指导→诱发学习行为(反应)→提供反馈→评价表现→促进记忆与迁移。“九段教学策略”由于有认知学习理论作基础，所以，不仅能发挥教师的主导作用，也能激发学生的学习兴趣，在一定程度上调动学生的学习主动性、积极性，建立教与学之间的良好关系。

(3) 掌握学习(Mastery Learning)。掌握学习由布鲁姆于1976年最先提出，旨在把教学过程与学生的个别需要和学习特征结合起来，让大多数学生都能够掌握教师所教内容并实现预期教学目标。该模式包括学生定向、常规授课、揭示差错、矫正差错、再次测评、总结性评价6个环节。

(4) 引导—发现教学模式。该模式适用于实现认知领域的教学目标，其特点是以问题解决为中心，注重学生独立活动，有利于学生的探究能力和创造性思维能力的培养，需要学生具有一定先行经验的储备，比较适用于数理学科。该模式包括提出问题、建立假说、拟订计划、验证假说和交流提高5个环节。

(5) 抛锚式教学模式(Anchored Instruction Model)。抛锚式教学模式是由范德比尔特认知与技术小组(Cognition and Technology Group，CTG Vanderbilt University)在约翰·布朗斯福特(John Bransford)领导下开发的。该教学方法能很好地提高学生的兴奋点，引导学生自主学习、合作交流、自我探索等，提高学生学习和解决实际问题的能力。

这种教学模式要求在多样化的现实生活情境中(或在利用技术虚拟的情境中)运用情境化教学技术以促进学生反思，提高其迁移能力和解决复杂问题能力。抛锚式教学模式的核心要素是“锚”，学习与教学活动都要围绕着“锚”来进行设计。教学中使用的“锚”一般是有情节的故事，而且这些故事要设计得有助于教师和学生进行探索。在进行教学时，这些故事可作为“宏观背景”提供给师生。该模式在全球范围内产生了较大的影响，并得到了广泛认可和应用。

(6) 随机进入教学模式(Random Access Instruction Model)。由于事物的复杂性和问题的多面性，要做到对事物内在性质和事物之间相互联系的全面了解与掌握，真正达到对所学知识的全面而深刻的意义建构是很困难的。因为从单一视角提出的每一个单独的观点虽不是虚假的或错误的，但却不是充分的，往往从不同的角度考虑可以得出不同的结论。为克服这方面的弊病，在教学中就要注意对同一教学内容，要在不同的时间和情境下、为不同的教学目的、用不同的方式加以呈现，应避免内容的过于简单化。在条件许可时，应尽可能保持知识的真实性与复杂性，保证知识的高度概括性与具体性的结合，使知识富有弹性，以灵活适应变化的情境，增强知识的迁移性和覆盖面。作为教学内容的知识源泉应该是高度联系的知识整体，而不是各自为政的、分割的。换句话说，学习者可以随意通过不同途径、不同方式进入同样教学内容的学习，从而获得对同一事物或同一问题的多方面的认识与理解，这就是所谓的“随机进入教学”。

随机进入教学模式主要包括以下几个步骤：呈现基本情境→随机进入学习→思维发展训练(随机进入学习的内容通常比较复杂，所研究的问题往往涉及许多方面，因此在这类学习中，教师还应特别注意发展学生的思维能力)→小组协作学习→学习效果评价。

(7) 支架式教学模式(Scaffolding Instruction Model)。支架式教学模式来源于苏联心理学家维果茨基的“最邻近发展区”理论。最邻近发展区是指学生独立解决问题时的实际发展水平(第一个发展水平)和教师指导下解决问题时的潜在发展水平(第二个发展水平)之间的距离。由此可见，学生的第一个发展水平与第二个发展水平之间的状态是由教学决定的，即教学可以创造最邻近发展区。因此教学绝不应消极地适应学生智力发展的已有水平，而应当走在发展的前面，不停顿地把学生的智力从一个水平引导到另一个新的更高的水平。建构主义者正是从维果茨基的思想出发，借用建筑行业中使用的“脚手架”(Scaffolding)作为上述概念框架的形象化比喻。所谓脚手架是指教师所能提供给学生，帮助学生从现有能力提高一步的支持的形式。支架的例子包括教师揭示或给予线索，或帮助学生在停滞时找到出路，通过提问帮助他们去诊断错误的原因并且发展修正的策略，激发学生实现任务目标的兴趣及指引学生的活动朝向预定目标。通过这种“脚手架”的支撑作用，可以不断地把学生的智力从一个水平提升到另一个新的更高水平，真正做到使教学走在发展的前面。支架式教学策略由搭“脚手架”、进入情境(将学生引入一定的问题情境)、独立探索、协作学习、效果评价等环节组成。

在以上几种教学模式中，传递—接受教学模式和九段教学模式主要体现了以教为主的教学思想，引导—发现教学模式、支架式教学模式、抛锚式教学模式及随机进入教学模式特别强调情境创设、学生主体地位的发挥，倡导自主、合作、探究的学习方式和策略，因而具有更鲜明的信息化环境下的教学特征。除了上述几种模式外，近些年在信息化教学实践中，已逐渐探索和形成了很多信息化教学模式。由于自主、合作、探究的学习方式既是信息化教学的主要特征，也是新课程改革所倡导的，以下将重点对自主学习策略和协作学习策略作进一步的介绍。

3) 自主学习策略

自主学习策略的核心是要发挥学生学习的主动性、积极性，充分体现学生的认知主体作用，其着眼点是如何帮助学生“学”。因此，这类教学策略的具体形式虽然也是多种多样，但始终有一条主线贯穿始终，这就是“自主探索、自主发现”。因此，通常也把这类教学策略称为自主学习策略或是发现式教学策略。然而，由于一些教师对自主学习缺乏深入的了解和深刻认识，导致在实践中出现诸多问题。

(1) 缺乏明确的学习目标。学习过程松散而效率低下，一切从学习的“需要”和“兴趣”出发，课堂处于放任自流状态。

(2) 缺乏必要的指导。教师在课堂上为了多给学生留出“自由”的空间，而不敢多讲一句话，不敢多提学习要求，不敢多对学生的学习作出适当的评价。

(3) 自主学习活动花样繁多。为了自主而“自主”，缺乏对教材内容、学生特征等作深入的分析，在形式上追求丰富性，忽略了促进学生的意义建构这一根本目的。因此，在自主学习设计中，应该注意以下几个方面。

① 重视人的设计。要在学习过程中充分发挥学生学习的主动性，体现学生的首创精神。环境是促进学习者主动建构知识意义的“外因”，理想的学习环境是必要的，但学习者是学习的“内因”，缺乏人的自主学习，意义建构就无从谈起。设计的重点应放在能够促进学生的发展上，而不是活动的形式上。

② 目标明确。在自主学习中，学生对知识的意义建构是整个学习过程的最终目的。在学习过程中强调对知识的意义建构，无疑是正确的，但如果不分析学习目标，对当前所学内容不加区分一概完成“意义建构”(即确定深刻的理解与掌握)是不恰当的，正确做法应该是在进行教学目标分析的基础上选出当前所学知识中的基本概念、基本原理、基本方法和基本过程作为当前所学知识的“主题”(基本内容)，然后再围绕这个主题进行意义建构。另外，要让学生有多种机会在不同情境下去应用他们所学的知识，即将知识外化。

让学习者能根据自身行动的反馈信息来形成对客观事物的认识和解决实际问题的方案，即能实现自我反馈。

③ 重视教师的指导作用。教师是学习过程的组织者、指导者，教师要对学生的知识意义建构起促进和帮助作用。在充分体现学生主体地位的同时，不能忽视教师的指导作用。

4) 协作学习策略

协作学习是以一种小组或团队的形式，组织学生协作完成某种既定的学习任务的教学策略或形式。在协作学习的过程中，学习者之间应以融洽的关系、相互合作的态度，对同一问题运用多种不同观点进行观察、比较、分析和综合，学习者可以共享学习资源，共同担负学习责任，共同享受成功的喜悦。常见的协作学习策略有讨论策略、角色扮演策略、竞争策略、协同策略和伙伴策略等。

(1) 讨论策略。讨论策略的运用要求整个协作学习过程均由教师组织引导，讨论的问题皆由教师提出。“课堂讨论”教学策略的设计通常有两种不同方式：一种是学习的主题事先已知；另一种是学习的主题事先未知。多数的协作学习属于第一种情况，但是第二种情况在教学实践中也会经常遇到。

(2) 角色扮演策略。角色扮演包括师生角色扮演和情境角色扮演两类。师生角色扮演就是让不同的学生分别扮演学习者和指导者的角色，学习者需要解答问题，指导者则检查学习者在解题过程中是否有错误。当学习者在解题过程中遇到困难时，指导者应帮助学习者解决疑难。在学习过程中，他们所扮演的角色可以互换。情境角色扮演是要求若干学生，按照与当前学习主题密切相关的情境分别扮演其中的不同角色，以营造一种身临其境的气氛，使学生能设身处地地去体验、去理解学习的内容和学习主题的要求。

(3) 竞争策略。竞争指两个或多个学习者针对同一学习内容或学习情境，通过计算机网络进行竞争性学习，看谁能够首先达到教学目标的要求。由于学习者的竞争关系，学习者在学习过程中，会很自然地产生人类与生俱来的求胜本能，所以学习者在学习过程中会全神贯注，易于取得良好的学习效果。在运用这种协作学习策略时，教师须注意恰当选择竞争对象，巧妙设计竞争主题，一方面要避免学生产生受挫感，另一方面又要巧妙利用学生不愿服输的心理刺激其进一步的学习。

(4) 协同策略。协同指多个学习者共同完成某个学习任务，在共同完成任务的过程中，学习者发挥各自的认知特点，相互争论、相互帮助、相互提示或者是进行分工合作。学习者对学习内容的理解和领悟就会在这种和同伴紧密沟通与协作的过程中逐渐形成。

(5) 伙伴策略。在现实生活中，学生们常常与自己熟识的同学一起做作业。没有问题时，大家各做各的；当遇到问题时，便相互讨论，从别人的思考中得到启发和帮助。伙伴策略与此类似，它可以使学生在学习过程中感觉到他并不是孤独的，而是有一位伙伴可以互相支持、互相帮助，当碰到问题时，他可以随时与伙伴讨论。由于个人的思考范围有限，若在学习过程中，能和伙伴相互交流、相互鼓励将可获得事半功倍的效果。

在设计协作学习策略以及协作学习过程时，要注意以下几个方面。

① 建立合适的协作小组。协作学习是学习者组成一个群体，互相帮助，共同学习，通过协商和辩论加深对问题的认识。因此，形成一个适当规模和构成层次相当的协作小组对于协作学习的成功与否非常重要。如果规模不合适或协作者之间基础相差悬殊，则可能无法形成协作或协作不充分，协作学习自然失败。

② 学习主题具有挑战性，问题具有争论性。协作学习的主题可以由教师指定，也可以由学生自行确定。学习者协作解决的问题可以是围绕主题的能引起争议的初始问题，可以是深化主题的问题，也可以是稍稍超前于学生的智力发展水平的问题，这些问题是否具有可争论性关系到是否有必要组织协作学习。

③ 重视教师的主导地位。协作学习的设计和学习过程都需要教师的组织及引导，教师要设计有争议的问题以及评价方式。在协作过程中，教师还要关注每位学生的表现，对学生表现出的积极因素给予及时的反馈和鼓励；如果学生的讨论出现离题或开始纠缠于枝节问题时，要及时加以正确引导，将其引回主题；对于学生讨论过程中暴露出来的关于某个概念或认识的模糊或不正确的问题，要用适当的方式进行引导；对于整个协作学习的过程，教师要作出恰当的评价。

现代信息技术在学生的自主学习和协作学习方面，能够提供有效的支持。信息技术可以为学生提供探索的问题情境，提供可以利用的各种信息资源和工具，支持学生之间的合作和沟通，并更好地超越课本与教材的限制，拓展学生学习的空间。近些年，计算机支持的协作学习(Computer Supported Collaborative Learning，CSCL)使协作学习超越了时空的限制，拓展了学习的空间。

2. 小学科学课教学设计中教学策略的选择

小学科学课教学策略选择与设计阶段的任务是根据小学科学课教学分析的结果确定具体的教学方案。教学策略是为实现教学目标而制定的、付诸教学过程实施的整体方案，它是对教学活动程序、教学方法、教学媒体等因素的综合利用。小学科学课教学策略大概可以分为3个方面，即教学组织策略、教学传递策略和教学管理策略。

1) 小学科学课教学策略的选择

(1) 教学组织策略。教学是通过一定的组织形式实现的。为了达到教学目的，怎样把一定的教学内容教给学生，怎样组织好教师和学生，怎样有效地利用教学的时间、空间，怎样发挥教学设备的作用等，这些都是教学组织策略要解决的问题。教学组织策略指教学活动的组织策略，基本上有3种教学组织形式，即集体授课、个别化学习和小组学习。

集体授课或班级授课是我国现行的教学组织形式，它按照学生年龄和程度编成有固定人数的教学班，由教师根据教学计划通过讲授、谈话、板书、演示等方式进行教学。个别化学习指学生自己通过阅览各种视听资料、做笔记等方式获取教学信息的教学组织形式。小组学习指师生、生生之间通过问答、讨论、交流、协作等方式分享教学信息的教学组织形式。3种方式各有优势，也有各自适用的条件和对象，小学科学教师在教学设计和实施中应根据实际需要综合考虑和使用。

(2) 教学传递策略。教学传递策略指教学内容以什么样的形式及按照什么样的顺序传递给学生，教学形式的选择需要根据教学目标、学生的特点和教学媒体的特性来确定，相比而言教学顺序则较为复杂，有直线式教学顺序，也有螺旋式教学顺序。直线式教学顺序为按照学习结果的目标顺序关系组织教学内容。螺旋式教学顺序为根据不同学生的智力发展水平，让学生在不同程度上学习和掌握学科的基本概念和原理等内容，随着学生智力发展的成熟，围绕着学科的基本结构应不断地加深学习内容的难度，让学生循序渐进地学习，从而使学生对学科有更加深刻的意义理解。

此外，还有不少学者提出确定教学顺序的相关策略。例如，奥苏伯尔提出的“先行者”策略，它是先于学习任务本身呈现的一种引导性材料，它具有更高的抽象、概括和包容水平，并且能清晰地与认知结构中原有的观念和新的学习任务关联，简单来说，就是在学习新任务之前，呈现一种引导性材料，可以是一个概念，也可以是通俗易懂的语言或直观形象的具体模型，构建一道新、旧知识联系的桥梁，以便帮助学生学习新知识、理解和保持已有知识。

还有精细加工策略，它主张教学内容的结构化，先给学生呈现一些一般性的概念，其中涵盖一些简单的和基本的观点，然后对所呈现的观点加以详细解释。逐层分解，以此来展开教学活动。

不管哪种教学顺序的安排，都要符合从整体到局部，从一般到个别，从已知到未知的规律。

(3) 教学管理策略。教学管理包括对教学进度、教学资源和教学活动的控制与管理。不同的教学组织形式就有不同的控制和管理者，教师在集体授课中扮演主要控制者的角色，学生在个别化学习中扮演主要控制者的角色。在小组学习中，教师和学生共同承担教学控制的任务。不管哪种组织形式，科学教师都要尽可能地发挥学生的主观能动性，让学生参与并担当相关教学管理的任务，让他们成为学习的主人。

(4) 教学方案的确定。确定教学方案即将教学策略根据教学的实际转换为具体的教学活动序列，加涅的认知加工模型提出了9种教学方式(或活动)，如表5-3所示。这9种教学方式的出发点是：按照学习发生的过程来组织教学，教学活动必须支持学生内部的学习活动。

表 5-3　加涅的认知加工模型

教学方式	与学习过程的关系
1.引起注意	接受各种神经冲动
2.阐述教学目标	激活执行控制过程
3.刺激回忆	把先前学过的内容提取到短时记忆中
4.呈现刺激材料	有助于选择性知觉
5.提供学习指导	语义编码，提取线索，有助于激活执行控制过程
6.诱发学习行为(反应)	激活反应器
7.提供反馈	建立强化
8.评价表现	激活提取，使强化成为可能
9.促进记忆与迁移	为提取提供线索和策略

2)　教学媒体的选择

(1)　选择教学媒体的依据。教学媒体可根据教学目标、教学内容、教学对象和教学条件等因素加以选择。媒体在教学中的使用目标可以分别表述为展示事实、创设情境、提供示范、呈现过程、设疑思辨等。

(2)　选择教学媒体的方法。①确定教学媒体的使用目标：依据知识点的学习目标，认真分析教学内容，确定教学媒体的使用目标，即确定在实现该学习目标时媒体在教学中的作用。由于教学过程是复杂的、动态的，随着教学内容、教学对象、教学方法的不同，教学媒体所起的作用不是固定不变的。而且，同一种媒体随着使用方式的不同，对实现教学目标的作用也是不同的。②选择教学媒体的类型：依据教学媒体的使用目标和教学对象的特点，按照教学媒体层次的划分，选择合适的媒体类型。③确定教学媒体的内容：媒体类型确定后，可查阅资料目录，确定所选媒体的具体内容。如果现有媒体内容合适，则可在教学中使用。否则可通过选编、修改，甚至重新制作等方法来确定内容合适的媒体。

此外，在选择媒体时也可以基于媒体选择最小代价的原则，采用流程图选择法、矩阵选择法、问卷选择法等来进行选择。

3)　小学科学课教学设计结果评价

小学科学课教学设计以教案的形式呈现，对其评价方法有定性评价、定量评价以及形成性评价和总结性评价等。不同的评价有不同的评价对象和评价方式，教师应根据教学的实际需要作出决定。对于小学科学课程与教学的评价，将在第 7 章“小学科学课程与教学评价”中进行阐述。

知识拓展

教学策略的选择

教学策略是指为了实现特定的教学目标而采用的灵活多样的教学方式，主要包括教学方法、教学组织形式的选择等一些具体教学问题。

1. 教学方法的选择

教学方法是教师和学生为了实现教学目标，完成教学任务，由教学原则作为指导，借助一定的教学手段(工具、媒体或设备)而进行的师生相互作用的活动。在教学过程中，教师和学生都必须采用一定的方法、运用特定的形式和利用恰当的媒体，才能顺利实现教学目标。

根据教学方法的外部形态以及教师在课堂教学中使用的手段来分类，教学方法主要有以下5种。

(1) 语言教授法。包括讲授法、谈话法、讨论法。

(2) 直接感知法。有演示法、参观法。

(3) 实际训练法。包括练习法、实验法、实习作业法。

(4) 欣赏活动法。有欣赏法。

(5) 引导探究法。有发现法。

由于教学学科、教学内容、学习目标，尤其是教学对象的不同，教师所选用的教学方法也应该不同。一般来说，选择教学方法主要应依据教学目标、学科的特点、教学内容、学生的实际情况以及教师本身的素养条件。从实践结果来看，讲授法、谈话法对学生记忆类的学习有帮助，而讨论法、练习法、实验法则对学生在学习过程中发现概念或原理有较好的帮助。如果以学科的角度归纳，在文科类的教学中，使用讲授法、谈话法、讨论法所取得的效果较好，而在理科类的教学中，演示法、练习法、实验法所取得的效果较为理想。

2. 教学组织形式的选择

教学组织形式是指在教学过程中，师生的共同活动在人员、程序、时空关系上的组合形式。当前教学组织形式主要有班级授课、个别化学习、小组学习3种类型。3种教学组织形式各有其适用的方面，为了达到优化教学效果的目的，在制定教学策略的时候，必须进行综合考虑，取长补短，逐渐减少教师的集体授课时间，更多地安排个别化学习和小组学习形式的学习，使学生能积极、主动地参与到教学过程中来，提高他们各方面的素质能力。

(资料来源：[EB/OL]百度知道：如何选择教学方法与教学策略)

由于学生的需求不同、教学目标和教学内容不同，不存在适用于一切教学活动的教学模型与策略。教学设计者只有掌握一系列适用于不同目标、内容及对象的各种教学模型与策略，才能在教学设计中营造出最有效的教学环境，取得最佳的教学效果。

5.3 小学科学课教学设计案例解析

5.3.1 小学科学课教学案例解析

教学案例

题目1：认识空气

【内容标准】

3.1 空气具有质量并占有一定的空间，形状随容器而变，没有固定的体积。

1～2年级：观察并描述空气的颜色、状态、气味等特征。

【学习目标】

(1) 通过观察，确信空气存在于我们的周围，会借助其他物体通过类比感知空气的存在和物质属性。

(2) 能用无色、无气味、无味道、透明等特征描述空气。

(3) 经历类比的思维过程，并愿意把自己对空气的感知和同学们交流分享。

【教学过程】

在课堂上，教师应将收集的玩具随意摆放在小组的实验桌上，创设学生熟悉的情境。

活动开始，教师请学生帮助整理桌上的玩具，将玩具装入塑料袋中，并运用看、摸等多种感知方式去观察装满玩具的塑料袋。学生通过观察描述道："我看到这些物体把塑料袋撑大了，袋子变得鼓鼓的，摸起来有些硬，用手掂掂觉得它很重。"

在这个环节中，收纳玩具的活动调取了学生关于事物的已有认识经验，促进了学生的有意义学习活动继续推进。教师拿出一个更大的塑料袋问学生："你能用这些物体去装满更大的塑料袋吗？试一试能不能也把它装得鼓鼓的。"学生在操作中发现因为玩具数量不够多，口袋不能被装满，鼓不起来。有些学生开始尝试用小气筒往里打气，将大塑料袋装满。于是很多学生开始模仿。

教师问："你的口袋变成什么样了？你是怎么做到的？利用各种方式观察一下它里外的样子。"有学生观察后作出如下描述："这个装满玩具和空气的大袋子看上去鼓鼓的；摸起来上端软软的，(看起来)是透明的，下端硬硬的；掂一掂，有一些重；玩具可以来回动。"

在第二次观察描述的基础上，教师引导学生进行第一次类比："你们手中两个大小不同的塑料袋，有什么相似之处？"学生很容易发现两个塑料袋都是鼓鼓的。有学生认为大袋子中透明的、鼓鼓的地方是空气，他们想象从外面跑进大袋子的空气可以和玩具一样撑起塑料袋。

教师的提问引发了学生的思考和想象，通过对两个塑料袋从外部的样子到里面的东西一一进行比较，使学生关注到空气，并且借助塑料袋进一步感受到了实实在在的存在于我们周围的空气。

"如果只用空气能不能将这个大塑料袋装满呢？"教师又提供了两个相同的大塑料袋，其中一个带有针孔。学生分为两组操作，用小气筒往塑料袋里打气，没有针孔的袋子很快装满空气。有学生发现自己小组的袋子因为有针孔总是鼓不起来，就用手堵住小孔，还有学生提议用胶带粘住小孔。

在学生进行了第三次观察活动后，教师引导学生进行第二次类比："将装满空气的大塑料袋与最初装满玩具的小塑料袋相比，有什么相似之处？""用空气装满两个大塑料袋的活动，你有什么相同的发现？"

分析教师引发的两次思考活动，它们是有发展层次的。

第一次，教师借助有形的、有固定体积的玩具撑起袋子的现象，引发学生通过类比，认可并关注到空气的存在，感受到能使塑料袋鼓起来的玩具、空气两类物体之间有着某种相似之处。第二次，既是进一步感知和利用空气的存在，同时也是发展对空气特征的认识。首先，通过类比整袋空气与整袋玩具鼓鼓的形态，促使学生进一步感受到空气的存在，以及空气与玩具这类物体有着某种相似之处。其次，借助两个大塑料袋呈现的进气引起鼓胀的现象，引导学生推想皱缩可能是漏气的原因，并且发现证据："我们的塑料袋上有个小孔，我发现空气能从小孔中流出去，我还感受到了它。”有层次的活动有助于学生思维方法的训练，能够加深学生对空气是一种物质的感知。

在此基础上，学生感受到了空气的存在，教师应继续引导学生观察袋子中的空气，描述空气具有无色、透明、无气味、无味道的特征。

【案例评析】

空气是看不见、摸不着的，对小学生来说，理解空气的特性和感受空气是一种物质是教学难点。

教师借助学生对固体认识的经验，为学生提供熟悉的玩具，在不给足玩具数量的前提下，组织“用玩具装满大塑料袋”的活动，促使学生在完成任务的过程中，自然而然地借助空气来达到“装满”的目的，将可直接感知的固体与不易感知到的空气的特性相联系。

从本案例中我们不难发现教师的教学层次，“装大塑料袋”这个连续的活动形成了一个连续发展的事件情境，引发学生对空气的多次观察、描述和与玩具的比较，以及对玩具(固体)、空气(气体)某些特性的类比，使学生不断感受到玩具(固体)、空气(气体)间的某种联系，初步形成对空气是一种物质的感知。

本案例中教与学的方法清晰、明确。连续的操作、观察活动，训练了学生的观察技能，有利于提升观察的品质；不断地对观察到的信息进行类比，训练了学生的类比思维，有利于学生原有的认识经验、策略的科学转化。

当然，在应用类比方法的时候，要考虑到两类事物可考察、比较的方面有多少，应避免单一；要考虑到两类事物性质的相似程度，以及这些性质对概念的重要性，避免不合理的类比。

（资料来源：义务教育小学科学课程标准[M]. 北京：北京师范大学出版社，2017，p.78～81）

教学案例

题目 2：观察月相

【内容标准】

13.3 月球围绕地球运动，月相每月有规律地变化。

3～4 年级：知道月球是地球的卫星；描述月相变化的规律。

【学习目标】

(1) 通过长时间的观察，了解月亮在一个月的不同时期有不同的形状，这种变化是有一定规律的。

(2) 能克服惰性，持续观察月相变化，感受天空星球的奇妙运动。

(3) 通过观察记录月相的活动，体会到规律可以通过观察获得，长期记录有利于证据的积累，也是科学研究的基本方法。

【教学过程】

在农历二十五日，教师布置了观察任务：回家观察月亮，为上课做准备。大部分学生都认为晚上能看到月亮，然而，到了晚上，天空中并没有月亮。

该农历二十六日早上，月亮成了学生谈论的话题。教师让学生说说昨晚看到的月亮，结果没有一位学生看到月亮。不过有学生说，今天早晨起床看到了月亮。这个信息激起了大家一片疑惑，但看到月亮的学生坚持自己的看法，大家都表示明天早晨一定要实际看一看。

该农历二十七日早上，教师组织了课堂活动。

(1) 组织汇报：在什么时间、什么地点看到的月亮，月亮是什么形状？

(2) 引导讨论：这次看到的月亮和以往看到的有何不同？让第一天就看到月亮的学生说一说农历二十六日早晨的月亮和农历二十七日早晨的月亮有什么不同。

(3) 激励学生关心今后月亮的形状如何变化。

学生在同伴的召唤下投入到新的观察中。通过几天的观察，学生看到月亮渐渐变细，预测月亮将会消失，同时也疑惑，月亮消失后会怎样呢？

农历月底的最后一天，教师发动学生："下次谁发现月亮就给老师打电话。"结果在第三天(初二)，有一位学生在太阳落山后看到了淡淡的月牙(不可能所有的学生都会在第一时间看到月亮)，再次激发其他学生观察的兴趣。当学生都在想"今晚我一定要看到月亮，给老师打个电话"的时候，教师对学生的观察提出新的要求：不是仅仅看到月亮就打电话，而是要看到月亮落下的瞬间，才能给老师打电话。

第二天早上，在电话里和老师说话的内容会成为学生谈论的主要话题，而这些话题又会促使那些没有打电话的学生当晚看月亮、打电话。

通过几天的观察，学生会发现：

①月亮是"平躺"着落下的。②月亮落下的速度很快。③月亮落下的时间一天比一天晚。④月亮在一天一天地变宽。

当学生观察到"月亮在不断地变宽"时，很自然地就会产生这样的想法：什么时候月亮会变成半圆？什么时候月亮会成为满月呢？于是让学生各自根据"月亮变宽的情形"推测半月和满月的日期，并要求看到半月时就给月亮拍张照；看到满月时，就在月圆之夜给老师写封信。凡是拍照的和给老师写信的同学都将得到一份小礼物。

在接下来的一段时间里，所有的学生都会望眼欲穿地盼望着半月和满月的到来。看过满月以后，学生又会讨论下一次的半月会什么时候出现，对照第一次看到的半月，他们居然发现两个半月不一样!

经过将近一个月的观察，学生收获了大量的有关月相的信息资料，于是讨论月相变化的规律顺理成章。下一个农历月份的二十五日，教师借助教具，组织学生通过日月之间的关系，总结月相变化的规律。

【案例评析】

长周期的观察、种植、饲养等教学活动一直是科学教学的难点。因此，在长周期观察任务中，激发和保持学生的观察兴趣尤为重要。看某个事物，不存在能力问题，只需要有责任心就行。培养观察力，实际上就是培植敏锐心。如何让学生想看月亮呢？本案例中的教师选择了观察农历二十七日的月亮。农历二十七日是下弦月，月亮要下半夜才升起来，早晨和太阳一同处于东边的天上。得不到的东西是最珍贵的，当学生晚上看不到月亮时，最想看月亮。在黎明时分起床看月亮这件事，潜藏着学生的个人现实世界。因为每人起床观察月亮的时机不同，看到月亮的感想自然不同，因此，看月亮的过程就是学生自己体验现实世界的过程。

实际上，获得早起床就能看到月亮的信息的学生，第二天早上几乎都看到了月亮。本案例中的学生的确都动了起来。有的学生听说早晨能看到月亮，凌晨 3 点就起床了，一直等到月亮出来。只有在这种特殊心情的驱使下，才能在天还很黑就起来。

“看到月亮落下的瞬间，才能给老师打电话”是一个特别有意思的保持观察兴趣的手段。要想看到月亮落下的瞬间，必须经过一段时间全神贯注的观察，否则，月亮落下的瞬间会和学生擦肩而过。要达到这个目的，必须有意志力的加入。如何让学生产生这种意志力呢？给老师打电话是最好的动力源。对于学生来说，给老师打电话是一件不平常的事，学生因而会紧张，有不知说什么才好的顾虑。因此，很多学生在打电话之前先想好说什么内容：月亮落下的时间、落下时的样子，以及看了之后的感觉。

在这一个月里，月亮吸引住了学生的心，所有的学生都对月亮着了迷。在本案例中，学生最大的收获就是他们有生以来第一次和月亮能够这样亲近，他们亲自观察和记录了月亮的变化，这种经历是学生最为宝贵的财富，在这种状态下，科学课堂变成了一种交流的场所：学生在这里交换信息，收集信息，产生新的问题，同时也促成学生进行新的持续的探究。当学生从同伴那里得到信息立即就想试一试，内心充满了信息共享的喜悦，产生一种生活在同一时间、同一空间里的同伴意识，初步培养起学生的社会存在意识。

（资料来源：义务教育小学科学课程标准[M]. 北京：北京师范大学出版社，2017，p.88～91）

5.3.2　小学科学课教学方法的运用

5E 教学法在小学科学教学中的应用.mp4

对于小学科学课教学，在教学模式和教学策略确定后，教学方法的合理选择与恰当使用，会获得事半功倍的效果，使课堂教学更精彩、更有效。

1. 教学方法的定义

教学方法是指为了完成一定的教学任务，师生在共同的教学活动中采用的手段，是教的方法和学的方法的统一。这一定义包含了3个层次的含义。

(1) 教学方法是完成教学目标的手段，采用什么样的教学方法，要依据教学的目标和内容而定。

(2) 教学方法的施动者包括教师和学生。教师使用或设计某种类型的教学方法，还要有学生的配合才算真正使用了某种教学方法。

(3) 教学方法是教的方法与学的方法的有机结合与统一。

2. 教学方法的分类

依据不同的分类标准，教学方法类型不同，大致可分为第I类教学方法与第II类教学方法。

1) 按照分析法、综合法的分类

苏联出版的课程教学论著作中，常用分析法研究教学，即把教学体系分解成课程、教材、教学原则、教学组织形式和教学方法等多个因素，分别加以研究，然后在教学实际中综合应用。按这种方法划分出来的教学方法叫第I类教学方法。第I类教学方法主要有讲授法、谈话法、阅读法、观察法、实验法、讨论法、游戏法、竞赛法、练习法、现场考察法、参观访问法、专题研究法及情境模拟法等。欧美国家出版的教学论，常用综合法研究教学，即把教学当作一种体系，教学方法除了包含教学设施、教学技术、教学组织形式等外，还常常涉及教学原则、课堂教学结构，甚至课程和教材。按这种方法划分出来的教学方法被称为第 II 类教学方法。第 II 类教学方法主要有假说演绎教学法、情境教学法、引探教学法、探究式教学法、自然教学法、探究—研讨教学法(兰本达，1940)和 5E 教学法等。

在信息化时代，在 E-learning 领域利用互联网和多媒体技术所产生的新的教学方法、学习方法不断涌现。大致有获取型学习、探究型学习、讨论型学习、实践型学习和协作型学习方法等(Laurilland & McAndrew，2003)。

2) 按照组织行为学的分类

关于教学方法的分类概况有以下几种。

(1) 按师生双边活动中的主导活动分类。

第一类：以教师的传授活动为主的方法，如讲授法、谈话法、演示法等。

第二类：以学生的学习活动为主的方法，如读书法、讨论法、实验法、实习作业法、研究法等。

(2) 按学生获得的信息的来源分类。

第一类：通过语言途径获得信息的方法，如讲授法、谈话法、读书指导法、讨论法等。

第二类：通过直观途径获得信息的方法，如演示法、观察法等。

第三类：通过实际操作获得信息的方法，如实验法、练习法、实习作业法、研究法等。

也有以语言、视觉形象、动觉刺激为信息载体，依次分得与上述相同的三类，即语言传递法、直观显示法、实践操作法。

(3) 按学生认识活动的不同形态分类。

第一类：以语言传递为主的教学方法，包括讲授法、谈话法、讨论法、读书指导法。

第二类：以直接知觉为主的教学方法，包括演示法、参观法等。

第三类：以实际训练为主的教学方法，包括练习法、实验法和实习作业法等。

第四类：以陶冶为主的教学方法，包括创设生动形象的教学环境、扮演角色、暗示教学、观察自然等。

(4) 从学习结果和情感活动两方面分类。

第一类：使学生获得各种学习结果的教学方法。

按加涅指出的五种学习结果可分成 5 个小类：①与获得知识信息有关的教学方法(包括直观法、讲授法、谈话法、讨论法及程序教学法和发现法等)；②与习得动作技能有关的教学方法(示范—模仿教学法等)；③与习得智力技能、认知策略有关的教学方法(范例教学法等)；④与巩固、运用知识技能有关的教学方法(包括练习法、实验法、实习作业法等)；⑤与习得态度有关的教学方法。

第二类：与调节情感活动有关的教学方法(情境教学法、暗示教学法等)。

3. 小学科学课教学方法介绍

小学科学课教学倡导探究合作式学习。在具体的教学活动中，经常运用的教学方法有“探究—研讨”教学法、5E 学习环教学法、任务教学法(合作学习)、项目式学习 PBL、模块化教学法(MES/CBE)和乐高(LEGO)4C 教学法等。

1) 探究—研讨教学法

“探究—研讨”教学法(Lansdown’s Teaching of Inquiring and Discussion)是美国哈佛大学兰本达(Brenda Lansdown，1904—1990)经过多年的理论研究与实践提出的科学教育教学方

法。该方法主要用于小学科学教育，通过对自然事物的观察、描述、互相交流感受，形成解释、认识对象的模型，然后在实验中加以检验，从而找出纷繁复杂的现象之间的关系和联系，形成对自然界的有序性的理解和认识。该方法不仅对学生未来的学习有用，而且对他们生活的各个方面都有用。这也正是儿童科学教育改革所期望的，使孩子终身受用的解决问题和获取知识的方法。

基本观点包括：①科学教育的最终目标，是要使儿童获得终身受用的方式、方法。学校应该使孩子的学习欲望、发现欲望、创造欲望都得到促进、强化和发展。②教学是提供特定情境来培育儿童的一种措施。学习是在学习者自身内部发生的过程，他卷入得越深，越有动力，也就越能积极地投入这个过程。教师扮演的是“助产士”的角色，为孩子们“学习科学”接生。其教学模型有“酵母菌模型”和“池塘模型”。③经历与发现意义。爱因斯坦曾经把科学定义为一种“探求意义的经历”，这也是“探究—研讨”教学法的基本观点。发现意义、领会意义是经历、卷入、参与的结果，没有这些先决条件就不可能演化出意义。因而，兰本达认为经历是发现意义的中心环节。材料能够引起经历。教师需要选择每个孩子都适用的材料，所以需要在材料的结构和选择标准上充分考虑儿童的特点，发挥教师应有的支持和引导作用。兰本达指出，只要提供足够的、有结构的材料，儿童完全可以自己进行探究，发现很多事实。而教师的作用除了为孩子提供活动材料之外，还要引导孩子们进一步探究。④交流与研讨的作用。⑤评价。主要评价 3 个方面，即探求概念的能力；已达到的概念水平；学习态度和方法的等级。

兰本达“探究—研讨”教学法对我国小学科学教育的启示主要有：①科学教育要使儿童终身受益。通过科学教育，培养起儿童对自然科学的兴趣，对探索周围世界的兴趣，进而培养起儿童对学习的兴趣和热爱，这样能使儿童终身受益。“探究—研讨”教学法用引导儿童经历和体验科学家探究发现过程的方式，使儿童在“搞科学”的过程中感受和体验到了探索的乐趣、矛盾的挑战、发现的喜悦和成功的快乐。②教师的作用在于支持和促进儿童的学习。这表现在为儿童提供结构化的材料；鼓励儿童经历探究发现过程；注重交流对经验概括的作用。③评价注重儿童探究过程中的言行。兰本达告诉我们，了解和评价儿童最好的方式就是看和听！我们应改变以往那种脱离真实具体的探究情境进行单纯测查的评价方式，在儿童的各种探究活动中全面地了解儿童的发展水平，引导和促进儿童不断向前发展。

推荐阅读

(1) [百度文库]教育家兰本达。
(2) 沧海. 兰本达“探究—研讨”教学法给我们的启示[J]. 新课程研究，2013.
(3) 刘春红. 兰本达“探究—研讨”教学法的基本思想与启示[J]. 基础教育研究，2017(3).

2) 5E 学习环教学法

学习环源于皮亚杰的认知发展理论，美国加州大学伯克利分校(University of California，Berkeley College)的 Karplus 在 1967 年提出学习环三阶段模式，把教学分为探索(Exploration)、发明(Invention)、发现(Discovery)。之后，1990 年，Trowbridge & Bybee 在美国生物课程学习计划(Biological Science Curriculum Study，BSCS)以建构主义观点为基础，发展为 5E 学习环教学模式，教学阶段包括吸引(Engagement)、探索(Exploration)、解释(Explanation)、迁移

(Elaboration)、评价(Evaluation)(Trowbridge & Bybee，1990；Bybee，1993)。如图 5-17 所示，这是 BSCS 的 5E 建构教学模式(Beyee & Landes，1988)。

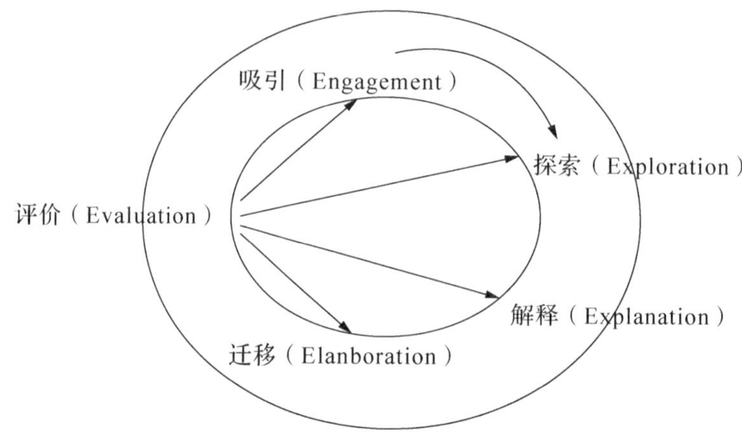

图 5-17 BSCS 的 5E 建构教学模式

5E 教学法特色是从儿童的心理认知能力出发，以活动引起学习兴趣，并注意避免儿童逃避学习。儿童以自己建构、解释来习得新的概念，教师同时引进新名词或作概念澄清，使新概念应用于不同情境或扩展知识。5E 教学模式强调学生的主体地位，其核心是学生的探究活动，在整个教学活动中注重学生探究技能的形成与发展。小学科学教师在设计 5E 教学模式的吸引(Engagement)环节时，主要是利用创设问题情境的方式来激发学生对学习任务的兴趣。在 5E 教学模式中，探索(Exploration)阶段是重要的科学知识建构环节。

推荐阅读

[EB/OL][搜狐]贝乐英语 5E 教学法。

3) 乐高 4C 教学法

乐高 4C 教学法，即联系(Connect)、建构(Construct)、反思(Contemplate)和延续(Continue)，是乐高教育根据儿童获取知识的过程和学习效果而设计的，是建立在建构主义学习理论基础上的儿童学习科学的有效教学方法。

(1) 联系(Connect)。教师应通过图片、讲故事、玩游戏，以及歌曲和儿歌等教学形式，帮助学生把过去的生活经验与教学目标联系起来。根据自己的经验，或在与他人的分享中获得灵感，在自己头脑中构建知识模型。教师可以根据学生的兴趣或从实际需要出发，找到帮助学生联系的方法。

(2) 建构(Construct)。即根据活动目标，以及联系现实生活的内容，让学生搭建相应的模型，把学生见到的场景或想象中的事物搭建出来，给学生直观的感受。在搭建的过程中，学生的心、眼、手都必须到位，才能把模型搭建出来。该过程充分锻炼了学生各方面的能力，是手脑并用的阶段，极大地发展了学生各方面的能力。

(3) 反思(Contemplate)。即把儿童的生活经验和教学活动目标联系起来，组织儿童讨论搭建的模型与真实事物之间的联系，学习相关知识，了解相关内容与现象，增加儿童更多经验和生活常识。这是一个针对性的学习时间段，可对建构过程中出现的问题，以及学习目标进行重点研究，进行探讨性学习。

(4) 延续(Continue)。根据目标，让学生在搭建模型的基础上作一些修改，拓展想象能力、动手能力、交流表达能力和协作能力等，学生在游戏中可以得到真正的体验。通过让学生在游戏中体验学习内容，游戏性地学习可使学生有更大的兴趣，也能为学生留下更深刻的印象。

儿童的认知发展是通过认知结构的不断建构和转化而实现的。儿童在主动地探索外部世界的过程中，通过同化功能，可将探索的新知识融入原有的认知结构中，通过顺化功能，不断改变原有的认知结构，形成新的认知结构。

乐高教育就是要为儿童带来更多的可能性去创造和发现。这种创造和发现在于给儿童创设学习的情境，帮助儿童在与情境中的人、事、物相互作用的过程中主动建构知识，让他们自己从中学习各种创造技能，掌握变革、创新、团队合作等未来竞争的核心要素。

乐高教育主张的是让儿童自己动手，在搭建过程中发挥想象力和一定的创意，以玩的形式学到更多的知识，让儿童从"不怕"到"喜欢"并且对未知的事物充满好奇和热情，对知识的渴望更加强烈，让每个儿童都能在玩的过程中学到更多的知识。乐高玩具是有限的，而孩子们在玩乐高做活动的过程中，通过不断的思考与动手，却能玩出无限的乐高创意，这也正是乐高教育的宗旨所在。

在没有乐高教具的条件下，面临的挑战就是要激发学生的学习欲望，培养学生们努力探索的自然禀赋。乐高的4C教育理念，让儿童在一种呼吸自然的过程中学习，摒弃传统的单向灌输，使学生参与到真实世界的设计挑战中，思考并找出创造性解决问题的方法。能够团队协作、分享思想和知识、参与动手操作，获得面对新的挑战的信心，有乐趣并快乐地学习科学知识。

推荐阅读

(1) [EB/OL]乐高中国。

(2) [EB/OL]乐高教育。

(3) [EB/OL] [360doc个人图书馆]乐高简史。

4) 小学科学课教学中运用教学方法存在的误区

(1) 教学方法运用的单一化。从小学科学课堂教学案例中多有发现，"科学学习要以探究为核心"这一小学科学课教学的核心理念已深深地植入广大科学教师的思想与行为之中，但是相当部分教师对"探究"与"核心"的理解是片面的，一些教师认为只有运用了探究法的科学课才是正确的教学方法，不管什么内容，不管内容与材料的内在需要，都要让学生讨论讨论，动一动，将探究活动泛化。运用这种方法，看似学生自始至终都在热热闹闹地探究，但学习的实效却十分低下。完全摒弃了传统的讲授法、谈话法、阅读法等在小学科学教学中的运用，认识不到它们的优点所在。

(2) 教学方法的运用不恰当。科学探究需要强调学生的自主性，因此有的教师在组织学生开展科学探究学习活动时不敢指导，一味地追求问题要由学生自己提出，方案要由学生自己设计，探究要由学生自己展开，成果要由学生自己得出。"兜了一个大圈子问题依然没能提出来，不知做什么或怎么做"等现象比较普遍。再者什么情况下需要对学生的活动进行指导？什么时机介入？指导到何种程度？这些问题是小学科学教学中最普遍，也是最难以解决的问题。不同的学生，不同的内容和材料，不同的情景场合等诸多因素，都直接影响着指导的价值和效果。介入过早，指导得过多，就会阻碍学生本可以自主发现的机会。而不敢指导或介入过晚与过弱则会让学生长久地处于无助状态。因此，在学生的探究活动中，教师应采用恰当方法进行指导，做到适时和适度就显得十分重要。

(3) 教学方法的运用不灵活。小学科学教材凝聚着编写者和课程专家理论与实践的心血，这些内容的编排是以反复研究为基础的。在课改的起始阶段，按教材的编排组织教学是完全可取的，事实上也不可能有一个教师能做到丝毫不差地按着教材的编排组织学生的学习活动。但是，一些教师在引导学生开展科学探究活动时往往表现出很强的程序性，不敢放弃探究教学中任何一个环节和内容，并且每个环节都试图充分展开。这种无加工和无取舍的教学行为反而顾此失彼，没有中心，没有重点，该展开的没有展开，该突出的不能突出，出现时间不够，课的中期轰轰烈烈，后期草草收场的现象。另外，一些教师为了让学生能顺利地完成探究任务，往往将同一活动割裂开来，要求学生一小步一小步地走，没有注意到内容的结构性和连贯性，使学生成了双簧中的表演者。

4. 小学科学课教学方法选择的依据

在教学目标、教学内容和教学对象确定以后，选择不同的教学方法就会产生不同的教学效果，这已成为广大教师的共识，尤其是小学阶段学生年龄小，抽象思维能力比较弱，若要通过小学科学教学提高他们的科学素养，教学方法是否得当是关键。教学有法，教无定法，贵在得法。小学科学教学方法很多，每一种方法都有各自的特点和适用范围。因此，教师应根据具体情况，合理选择和恰当运用教学方法，以使所采用的方法发挥最大的效益。关于教学方法选择的依据，通过小学科学课教学案例分析和综合国内学者的论述有 6 个方面，即①教学任务；②教学内容；③教学允许的时间；④学生的实际情况(知识水平、实验技能、学习兴趣、发展水平等)；⑤教师本人的特色(善写、善说、善于用实验说明问题等)；⑥学校的教学设备和经济状况。

5. 小学科学课教学方法应用案例评析

下面，通过教学案例，阐述小学科学课教学方法的选择。

(1) 依据教学任务选择教学方法。

教学案例

题目 3：“一杯水里能溶解多少食盐”的教学案例设计

本案例“一杯水里能溶解多少食盐”一课，是教科版小学科学四年级上册第二单元“溶解”中的一部分内容，这位老师把这节课的目标与任务定位在指导学生根据问题初步学习制订简单的研究计划并按计划开展研究活动，让制订计划和实施计划贯穿于教学过程的始终。在这个过程中这位老师主要运用了实验、观察、小组合作、讨论、交流研讨等教学方法。

【教学目标】

(1) 科学概念：食盐在一定量的水中溶解的量是有一定限度的，并不能无限量地溶解下去。

(2) 过程与方法：学生能设计“一杯水能溶解多少食盐”的实验，并能根据计划进行研究，学会运用数据作出解释。

(3) 科学态度、价值观：体验研究溶解现象的乐趣，发展进一步探究溶解问题的兴趣。在溶解实验中能用观察到的事实与他人进行交流，并在制订计划和实验操作中感受科学探究的严谨性。

【教学难点】

经历设计简单的探究实验的活动过程。

【教学准备】

演示实验用具：食盐、塑料小勺、筷子、烧杯、水。

实验材料：食盐1小瓶备用(亦可每包2克的食盐10包)、筷子1只、盛50mL水的烧杯1只、水槽1个、天平1台。

【教学过程】

一、引入问题

(1) 老师桌上有盐、烧杯、水、勺子、筷子，猜猜看，能用这些材料做什么实验？

(2) 谁愿意和老师合作？(出示一杯清水，请一学生放一平勺盐，教师搅拌)大家看到盐怎么样了？再往杯中放一平勺盐又会怎样？

(3) 提问：如果不停地往这杯20mL水里放盐，不停地搅拌，盐会不断地溶解吗？(板书课题：一杯水里能溶解多少食盐)

(4) 由于时间的关系，我们先用50mL水来做实验。(在烧杯中加上50mL水)

二、制订一杯50mL水里能溶解多少食盐的研究计划

(1) 请你推测一下，这杯50mL的水里能溶解多少食盐？

(2) 学生猜测：2勺、3勺、5勺……

(3) 组织学生讨论：想知道谁的猜测正确，该怎么做呢？

(4) 组织学生汇报，完善研究计划。(建议用以下形式表达研究计划)

研究计划

(一)研究的问题

50mL水能溶解几勺食盐？

(二)准备的材料

(1) 一杯50mL的水。

(2) 一小袋食盐。

(3) 小塑料勺、筷子、记录纸。

(三)研究的方法

(1) 一勺一勺地加，每放一勺用尺刮一下。

(2) 等一勺完全溶解后再加第二勺，直到难以溶解为止。

(3) 记录完全溶解后的勺数。

(四)研究结果

我们发现：50mL的水能溶解____勺食盐，即____克食盐。

(五)关键性提问(边交流边完成以上研究计划)

(1) 一勺盐怎么算？(满满一勺，用尺平刮一下)

(2) 第一勺加进去以后，什么时候加第二勺？加到什么时候不要加了呢？(等溶解后再

加第二勺，直到不能溶解为止)

(3) 要判断是否溶解是在搅拌时观察还是搅拌后等一下再观察呢？

(4) 一共溶解几勺怎么算？(如果放到第 7 勺没有溶解算 6 勺)

(5) 根据大家讨论，我们制订了这份计划，计划中哪些地方制订得还不够完善，可以提出来修改。

三、分组实验

(1) 学生根据研究计划，开展研究活动(提醒做好研究记录)。

(2) 分组实验，教师巡视指导。

四、交流和分析研究结果

(1) 汇报实验数据。出示一张记录表收集学生数据，如表 5-4 所示。

表 5-4 实验数据记录表

组 别	数 量	实验反思
第 1 组	6 勺 7 勺	
第 2 组	8 勺 9 勺	
第 3 组	10 勺 11 勺	
第 4 组	12 勺 13 勺	
第 5 组	14 勺 15 勺以上	

(2) 从汇报的数据看，你发现了什么？

(3) 你们想一想：为什么同样一杯水里溶解的盐有多有少呢？(引导学生反思实验中可能出现的问题导致同样一杯水溶解的盐不一样多)

(4) 讨论：我们怎样回答 50mL 水里能溶解多少食盐？(看大多数小组溶解多少食盐)

(5) 出示天平，测量 1 勺大约是(　)克，接下来换算 50mL 水大概溶解多少食盐。

(6) 科学家的研究结果表明：在 20℃的环境下 50mL 水能溶解 18 克的食盐。

(资料来源：[EB/OL]百度文库)

【案例评析】

小学科学课程标准指出，“探究既是科学学习的目标，又是科学学习的方式”，科学教学应该鼓励学生动脑学“科学”，在多样化的活动中反复锻炼他们的科学技能，不断积累他们的科学知识，逐步形成正确的科学态度和科学观念。制订研究计划是学生在解决科学问题时必须经历的一个过程，它旨在让学生动手之前先动脑使探究活动方法更明确、思路更清晰、过程更科学。

教科版小学科学四年级教材要求学生能够自己想办法来回答面临的一些科学问题，通过让学生频繁地想办法并实施之后，就能够形成进行探究活动的大致思路，逐步向着制订科学探究计划的方向迈进。制订计划需要学生用理性的思维去整理感性的材料，从而选择方法、确定步骤。教师要鼓励学生动手前先想一想、说一说，逐步过渡到制订较完整的科学探究计划阶段。制订计划缘于研究活动的需要，问题能催生学生的探究欲望，激起学生强烈的探究冲动，为探究活动的开展指引方向。研究计划的制订过程也是一个探究的过程，是提高学生探究能力的一个重要方面。制订计划的教学重点是充分利用学生已有的经验在交流研讨中逐步学会制订计划。学生群策群力写计划时劲头十足，一丝不苟，俨然一副“小科学家”的样子，虽然这个过程会花费较多的课堂教学时间，但对于学生今后的研究活动意义重大，教师应该在这个方面舍得花时间。

反思是一种重要的科学思想，探究结束，教师应引导学生反思自己的计划，这将有助于引导学生比较规范地操作，体现计划对活动的指导意义，培养学生严谨的科学学习态度。在本课，“一杯水里溶解多少勺盐”的溶解度的把握有一定难度，从汇报实验结果来看，出现了饱和、不饱和、过度饱和三种结果，那“一杯水里溶解多少勺盐”这个问题怎么回答呢？学生认为放盐方法不当会导致实验结果的差异，可以再引导学生进一步反思自己的实验过程，课外继续开展研究活动。教师可以出示标有刻度的盐水瓶、咳嗽药水瓶等，鼓励学生回家后根据家中的材料，制订计划继续进行研究。

教学案例

题目4：“认识液体”一课的教学案例设计

苏教版小学科学三年级下册 第三单元 固体和液体 第3课 认识液体

【教学目标】

(1) 知道不同液体在颜色、形状、味道、气味、透明度、轻重、黏稠度、表面张力等方面是不同的。

(2) 能够运用多种方法比较液体的性质。

【教学重难点】

重点：知道液体在颜色、形状、味道、气味、透明度、轻重、黏稠度、表面张力等方面的性质差异。

难点：认识液体轻重、黏稠度、表面张力等方面的性质。

【教学准备】

一杯油、一杯水、一杯蜂蜜、一杯牛奶、一张记录表、学生用天平、量杯、蜡纸、滴管。

【教学过程】

导入新课

(1) 谈话：水有什么特点？像水这样的物体属于液体，还知道哪些液体？

(2) 学生回答，引导学生找出身边的各种液体。

(3) 在我们身边的液体有很多，今天我们一起来认识液体。(板书：认识液体)

探究新知

一、展开观察活动

(1) 在你们每组桌上有四种没贴名称标签的液体：油、水、蜂蜜、牛奶。

(2) 问学生：你们准备用什么方法去辨别这四种液体？

(3) 学生回答，根据去年学的用眼睛看、用舌头尝、用鼻子闻……分别辨别出这四种液体。

二、学生运用多种方法进行有层次的观察

(1) 学生初步运用感官，观察四种液体性质。

要求：①观察这四种液体有什么不同？②出示表格，把观察过程中的发现记录在表格中。

(2) 学生观察。

(3) 全班交流各组的观察结果。

(4) 学生明确自己的观察方法并思考：还可以用哪些方法观察这四种液体？

创设探究情境，指导学生运用多种方法观察液体性质。

① 比较："谁轻谁重"。

a. 出示一杯水和一杯蜂蜜，提问：水和蜂蜜谁轻谁重？(让学生猜测)

b. 我们怎样科学地比一比这两种液体谁轻谁重？

c. 学生思考：使用天平比谁轻谁重。

d. 使用天平时，怎样公平地比一比这两种液体谁轻谁重？(讲解天平的用法)

e. 生答：同样多才能比轻重。

f. 学生开始实验。

g. 学生汇报。

h. 总结：同样多的液体轻重不同。

② 利用斜坡观察不同液体流动的快慢。(黏稠度)

a. 讨论确定比赛规则：同时倒，液体倒得同样多。

b. 学生按照规则比赛。

c. 将四种液体按流淌速度的快慢排序后与大家交流。

d. 总结：不同的液体黏稠度不同决定了它们的流动速度不同。

③ 看一看不同的液体有没有表面张力。

a. 提问：同学们通过上学期的学习知道了水有表面张力，现在想一想当时我们是怎样验证水有表面张力的？

b. 生答：硬币上滴水实验。

c. 师演示：用滴管在蜡纸上滴不同的液滴，拿着蜡纸左右摇晃。

d. 学生描述实验现象。

e. 总结：不同的液体都有表面张力。

总结

(1) 提问：回顾这节课的内容，想一想我们用了哪些方法认识液体？

(2) 结论：要想全面认识一种事物，就需要用多种多样的方法。

课后拓展

课后可以继续寻找认识液体的方法 。

三、认识液体

学生记录单如表 5-5 所示。

表 5-5 学生记录单

名称 性质	油	水	牛奶	蜂 蜜
透明度				
颜色				
气味				

续表

名称 性质	油	水	牛奶	蜂　蜜
味道				
水、蜂蜜、油、牛奶的流动快慢比较：				
流动最快的是(　　　)　　　　第二是(　　　) 第三是(　　　)　　　　流动最慢的是(　　　)				
得出的结论是：				

(资料来源：[EB/OL]百度文库)

【案例评析】

从本案例的教学过程来看，教师并没有选取恰当的教学方法表达出教材的编排理念，一方面教师更多的是关注知识目标的达成，没有通过学生与学习材料之间、学生之间、师生之间的互动引导学生自行设计研究的方法；另一方面，教师并没有引导学生考虑对比实验中的公平性问题，也就是控制哪些变量、如何控制变量。这个案例中的老师假如能很好地把探究性实验、观察、讨论、交流研讨等教学方法匹配在一起，那也就不会出现老师直接告诉实验操作方法和学生操作错误的问题了。

把课堂还给学生，这是我们今天非常熟悉的一句话，它体现着以人为本的教学理念，轻松、和谐、积极是这种课堂教学的标志，这节课给我们最大的启示是新课程中要有新观念，即以学生为主，以学生的终身发展为本，要有新视角——每个学生都是独特的人，每个学生都有发展的权利；进行新体验——教师学会了平视学生，即尊重学生；学生从身边发现教学的新资源。总之，在新课程的改革中，教师的角色转变了，作用加强了，责任更重了。这堂课让学生运用多种所学知识认识液体，学生交流了方法，并应用方法验证，进一步了解液体的性质。通过让学生做实验得出结论，并交流了使用天平的方法，从而有所收获。

(2) 依据教学内容选择教学方法。

教学案例

题目5：“空气的热胀冷缩”的教学案例设计

本案例采用了典型的引导—探究法，采用的程序是：提出问题、猜想假设、制订计划、观察实验、搜集整理信息、思考与结论、表达与交流和反思评价。

【教学目标】

科学概念：通过对气体在受热受冷时体积变化的观察，认识气体的热胀冷缩现象。

过程与方法：经历对气体的热胀冷缩的探究过程，通过实验设计、动手操作、观察和分析实验现象等活动，发展科学思维，提高科学实验能力。

科学态度、价值观：培养交流合作意识和严谨的科学态度，保持研究物质热胀冷缩的兴趣。

【教学重难点】

用对比方法观察空气的热胀冷缩现象。观察空气体积变化的实验设计。

【教学准备】

烧瓶、红色水、带玻璃弯管的胶塞、热水、烧杯、水槽。

分组实验材料：烧瓶、气球、烧杯2个、热水、冷水、瘪乒乓球2个、软包装饮料盒、可以弯折的吸管、橡皮泥。

【教学过程】

一、情境导入

1. 谈话

出示实验装置：将弯折的玻璃管穿过胶塞，在玻璃管中注入一点红色水并保持红色水停留在玻璃管中。然后用胶塞盖紧烧瓶。

请大家看这个装置，里面有一小段红色水。你能想办法在不打开瓶盖的情况下让里面的红色水动起来吗？

2. 学生尝试解决(如果学生想不出办法，教师可以演示)

用双手捂住烧瓶，手的温度使烧瓶里的空气受热，体积膨胀，将红色水向外推动。

3. 提出问题

为什么红色水会动？

4. 学生交流汇报

教师引导学生说出可能是瓶中的空气受热体积胀大，推动了红色水。

揭示课题：空气也有热胀冷缩性质吗？今天我们就来研究一下。

二、探究空气的热胀冷缩性质

1. 谈话

空气是看不见、摸不着的，怎样设计一个装置能让我们看清楚空气体积的变化呢？选择桌上材料你能设计一个实验方案吗？设计时请你思考下述几个问题。

(1) 如果用烧瓶来收集空气，需要把收集到的空气密封吗？为什么？用什么材料密封会更好呢？

(2) 如何让收集到的空气受热呢？

(3) 怎样知道空气体积发生变化了呢？

请同学们先在小组里讨论。

2. 小组讨论共同设计方案

哪个小组愿意与大家分享一下你们的设计方案？

学生汇报。

3. 学生实验

提出实验要求：组装装置时看是否密封，仔细观察气球。

(资料来源：[EB/OL]百度文库)

【案例评析】

“空气的热胀冷缩”是教科版小学科学五年级下册第二单元的第4课。本节课设计主要通过学生的活动得到液体热胀冷缩的结论，结合生活实际，解释一些科学现象。学生参与实验设计及亲身体验实验过程，激发他们的学习积极性，同时让他们体会到参与的快乐。在这一设计实施的过程中，学生给了我不少的启发，我也有很多的感悟，现将这节课的反思归纳如下。

(1) 这节课首先是师生共同制作的教具发挥了很大的作用。学生用他们自制的教具进行实验，他们感到很自豪，所以他们的积极性很高。而且所需实验器材对农村学生来说很容易找到，都是他们身边常见的，学生容易操作。同时，对小学生来说总感觉科学很遥远，很陌生。通过本节课教学给学生普及“科学就在我们身边”的观念。

(2) 通过本节课的学习，培养他们用智慧的双眼去观察，去思考，并能利用身边的废旧物品去实验，去验证。从学生的课后反馈我知道，他们很喜欢这样的实验活动，感觉很有趣。在教学过程中，学生们给我很多惊喜，在设计实验时有一位学生提出用注射器来代替吸管，他说注射器有刻度便于观察。我在设计时并没有想到这样做。先让学生按照自己的设计方案进行实验，学生通过实验却没有看到预想的结果，很失望。我先让他找原因而后进行积极引导，让这位学生直接用注射器和橡皮做塞子完成了这个实验。

通过这个实验不仅给其他同学开阔了视野。而且，给学生为实验空气的热胀冷缩也提供了又一种方法。学生也感叹只要多思考，多动脑，实验还可以做得更简单。在本节课里难点感觉还是突破得不太成功，教师牵引较多。

(3) 依据教学允许的时间选择教学方法。

(4) 依据学生的实际情况(知识水平、实验技能、学习兴趣、发展水平等)选择教学方法。

教学案例

题目6：声音是怎样产生的

教科版小学科学四年级上册 第三单元 声音 第2课

(1) 怎样把学生的思路从仅仅关注外力的作用转移到关注物体本身的变化上来？这是教学设计时必须考虑的关键性问题，也是这堂课的重点和难点问题。案例中采用先让学生猜想，再指导学生用对比实验进行探究，然后提供有结构的材料让学生自己设计实验再次探究，得出结论。

(2) 依据学生学习兴趣。这个教学片段很好地采用了情境教学法和谈话法。

(3) 依据学生思维特点、发展水平进行讲解。

【教学目标】

(1) 通过观察、探究的实践活动，知道声音是由物体振动产生的。

(2) 通过观察、比较发声物体与不发声物体，能够就观察到的现象积极思考，大胆提出自己的猜测或理解。

(3) 愿意把自己对声音是怎样产生的理解与同学交流分享。

【教学重难点】

通过观察、比较、讨论交流等活动认识到声音是由物体振动产生的。通过观察、比较发声物体与不发声物体，引发思考，并积极地去研究发现物体发声的秘密。

【教学准备】

教师准备：锣、鼓、槌子、音叉、电吉他、二胡、小提琴、收录机等。

学生准备：尺子、橡皮筋、口琴等，学生记录本。

【教学过程】

一、引入

师："我们周围充满了各种各样的声音，声音是怎样产生的呢？"

二、探究内容

1. 使物体发出声音

师："你能用哪些办法'制造'声音？"

(1) 使锣、鼓发出声音。

说说自己有什么方法可以让锣、鼓发出声音?

讨论、分析：为什么按、压锣、鼓，它们并不发出声音，轻轻敲击锣、鼓，它们却能发出声音?

和同学一起分享自己对这个问题的认识。

(2) 使尺子发出声音。

说说自己有什么方法可以让尺子发出声音。

讨论、分析：为什么用力弯曲尺子，它并不发出声音，轻轻拨动尺子，它却能发出声音?

和同学一起分享自己对这个问题的认识。

(3) 使橡皮筋发出声音。

说说自己有什么方法可以让橡皮筋发出声音。

讨论、分析：为什么用力拉橡皮筋，它并不发出声音，轻轻拨动橡皮筋，它却能发出声音?

和同学一起分享自己对这个问题的认识。

2. 观察发声的物体

(1) 观察发声的锣、鼓。

看看发声的锣、鼓有什么特点。

比较发声的锣、鼓与不发声的锣、鼓有什么不同。

与同学分享自己的发现。

(2) 观察发声的尺子。

看看发声的尺子有什么特点。

比较发声的尺子与不发声的尺子有什么不同。

与同学分享自己的发现。

(3) 观察发声的橡皮筋。

看看发声的橡皮筋有什么特点。

比较发声的橡皮筋与不发声的橡皮筋有什么不同。

与同学分享自己的发现。

(4) 想一想：我们观察到的发声物体都在振动，如果让它们停止振动，它们还能发声吗?

试一试：想办法让锣、鼓、尺子、橡皮筋等停止振动，观察它们是不是发声。

说一说：把自己的发现与全班同学一起分享。

3. 观察音叉的振动

(1) 观察音叉的振动。

看一看：不同大小的音叉，振动的音叉是什么样子的。

试一试：用一个手指轻轻地接近振动着的音叉，感觉一下音叉的振动。

使大小不同的音叉振动，感觉它们发出的声音。

用轻而短促的力击打音叉和用较大的力击打音叉，观察音叉的振动。

观察音叉在水里的振动，音叉怎样把振动传入水面。

说一说：你有什么发现？怎样解释你所看到的现象？

想一想：我们还有哪些办法可以观察到音叉的振动？

(2) 观察其他物体的振动。

听听钢琴、风琴、吉他等乐器发出的声音，观察它们什么地方在振动。

观察收录机喇叭的振动，放磁带、收听广播、对着喇叭大声说话等。

试一试，我们发声时，哪里在振动。

猜一猜，我们身体里感觉物体振动的器官是什么？

(3) 讨论共享。

说说声音是怎样产生的？

(资料来源：[EB/OL]百度文库)

【案例评析】

小学科学课程标准倡导“让孩子们切身感受到课堂上的探究活动是真实的”“把科学家从事科学研究的一些基本做法反映到科学教育中来”。教学中我首先设计了尺子、小鼓发声实验，引领学生通过观察、实践、比较、讨论等活动探究出声音是由物体振动产生的，继而让学生猜想“物体发声一定振动吗？”激发其深入探究的兴趣，最后用声带发声实验演绎验证科学结论。

这一环节中学生始终是学习的主人，在老师的指导下，亲自动手，观察实验，体验科学学习的乐趣，享受成功的喜悦，逐步形成科学学习的方法，养成了科学探究的习惯。教材中安排了用较大的力击打音叉，观察音叉在水面振动的活动，我改用小鼓发声实验，这是因为教具易准备，而且学生容易观察。

结尾“以问题始至问题终”，教学中始终以探究科学问题来驱动和维持学生学习的兴趣和动机，激活学生学习科学的本能和欲望，引领学生主动探究。

教学案例

题目7：“空气占据空间吗”

老师采用了“科学答辩”这种教学方法，在培养学生合作与交流能力的同时，强化了每一个学生的参与意识、激发了学生的学习积极性。

【教学目标】

(1) 科学概念：空气占据空间；空气占据空间的多少(体积)是可以变化(被压缩或被扩张)的。

(2) 过程与方法：用实验方法证实空气确实占据空间；用对比实验控制条件的方法，

进行观察；在科学事实的基础上进行预测和解释。

(3) 科学态度、价值观：培养与他人合作的良好习惯，形成尊重事实、实事求是的科学态度。

【教学重难点】

知道空气与其他物质一样，能够占据空间，但空气占据空间的多少是可以改变的，认识到空气是一种物质。

用实验方法证实空气确实占据空间，空气占据空间的多少是可以改变的，并在科学事实的基础上进行预测和解释。

【教学准备】

给每个小组准备 1 个玻璃瓶、1 个玻璃杯、2 个注射器、4 根吸管、纸巾 2 张、1 块橡皮泥。

给每个学生准备记录纸 1 张、维恩图 1 张。

【教学过程】

一、空气占据空间

(1) 用“乌鸦喝水”的故事引入课程，教师操作演示，并引导学生思考：瓶中的水为什么会上升呢？如果不用石子而利用空气，能让水上升吗？

(2) 出示材料，用这些材料能否让装在瓶子里的水上升并流出来？(保证不倾斜瓶子)

(3) 联想平时喝盒装饮料时，有什么经验？这些材料该如何使用？

(4) 指导学生分组实验，提示学生注意观察并思考：橡皮泥有什么作用？如果橡皮泥没有完全塞住瓶口，水能上升吗？是什么原因让水上升的？如果停止吹入空气，水还能上升吗？如果想让瓶中的水不断上升，你们的办法是什么？

(5) 分组实验结束后，交流。重点解释实验发生的现象。

二、杯中的纸会湿吗

(1) 教师演示，将纸巾塞入杯底后，把杯子倒扣入水中，请学生预测：把杯子扣入水底，杯中的纸巾会不会被水浸湿，为什么？

(2) 请各小组实验，请学生在实验中要注意：杯子要竖直倒扣入水中，纸巾要塞入杯底，防止掉下来。

(3) 学生实验，记录实验时的现象及自己的思考。

交流实验情况：杯中的纸巾有没有被水浸湿，水为什么不能进入杯子里面。

【思考讨论】

这两个实验都说明了什么？你们对空气的性质有了什么新的认识？

三、空气占据空间的变化

(1) 出示注射器，请学生分别用注射器把水和空气抽入一部分，然后用手或橡皮泥堵住管口，用同样大的力向下压或向上拉注射器的活塞，对比一下，有什么不同。

(2) 学生实验。

(3) 汇报实验中观察到的现象，注射器中的水和空气，在活塞下压或上拉时，有何不同。请学生思考注射器里的空气在活塞向下压和向上拉时，可能会有什么变化，并尝试结合图表进行解释。

(4) 学生交流自己的画和自己的想法。

(5) 介绍压缩空气在生活中的运用，如皮球、喷水瓶、气枪等(让学生进一步感受压缩后的空气的特性)。

(6) 把这节课所了解的关于水和空气的知识在思维导图中进行补充。

(资料来源：[EB/OL]百度文库)

【案例评析】

本教学设计以小学科学新课程标准理念为指引，紧紧围绕小学科学课教学中要让学生亲历探究活动这一主题展开教学，针对每个教学环节的不同教学目标和内容精心设计了一些游戏和活动，使用生活化的用具，让学生把学习和生活联系起来。课开始以讲故事的形式引领学生进入空气的世界，激发学生的探究兴趣，然后以请学生谈谈自己所了解的空气为切入点，设计了一系列轻松的游戏和探究活动，让学生愿意去感知空气占据空间，并对空气占据空间在生活中的应用有浅显的了解，从而对空气占据空间有了更具体、深入的认识和理解，具体反思如下几点。

(1) 引导学生自主探究，激发情趣。

探究过程的独立性越强，探究价值的体现越充分，探究的成果就越明显。因此，在本节课的教学中，教师应积极引导学生成为活动的主体、探究的主体、发展的主体。这是新课程改革的重要理念，学生参与的机会越多，越能唤起参与学习的欲望和情趣。教师在教学过程中，应始终引导学生自主探究，利用和学生打赌等方法激发学生的学习兴趣和探究欲望，以获得良好的教学效果。

(2) 转变教师角色，活跃气氛。

本活动设计教师实现了课堂角色的转变，教师的“装傻”恰到好处，具有强大的亲和力，大大提高了学生的积极性；教师能与学生很好地交流和沟通，课堂气氛活跃，自主、探究性学习得到了充分体现。

(3) 合理使用教材，拓展思维。

合理使用教材，并能大胆根据学生现状对教材进行加工使之更适合课堂教学，教学设计灵活、得当，基本领会和实现了新课程改革的意图；使学生把较为抽象的知识与生活实际相联系，更好地体会了学习的意义，探究的实效，某种程度上也激活和拓展了学生的思维。

(5) 依据教师本人的特长(善写、善说、善于用实验说明问题等)选择教学方法。

(6) 依据学校的教学设备和经济状况选择教学方法。①灵活地运用探究法进行教学。②根据学生的学习情况反馈，在不同班级同一内容教学中及时改进教学方法。③备课中选取教学方法时，进行充分预设，上课时及时调整预设，给学生的学习留出时间和空间。

教学案例

题目8：“稻谷的观察”

老师的反问法引发了学生的争论，在这里还是相当行之有效的。

【教学目标】

(1) 学生会用摸、看、捏等多种观察方法研究稻谷、糙米的特点，能够用比较的方法研究出糙米与精米的不同。

(2) 学生在小组观察、探究的活动过程中，相互交流、讨论，体会研究的乐趣。

(3) 通过观察认识稻谷、糙米、精米的不同特点，知道什么是胚芽。

【教学重难点】

学生用摸、看、捏等多种观察方法研究稻谷、糙米的特点，能够用比较的方法研究出糙米与精米的不同。在观察的过程中，认识稻谷的胚芽，知道什么是胚芽。

【教学准备】

赤豆、大豆、稻谷、瓜子、蚕豆混合，4人小组各1份；放大镜每人1个。

【教学过程】

一、导入(4分钟)

(1) 教师：你们桌上都有个袋子，想知道袋子里有什么吗？

(2) 教师：你们准备通过什么方法知道？

(3) 教师：用你们的方法去知道袋子里有什么吧。

(4) 教师：谁来告诉大家你们的袋子里有什么？

(5) 学生回答。

(6) 学生想办法，发表意见。

(7) 学生用想到的办法知道袋子里的东西。

(8) 学生认识袋子里的种子。

二、研究稻谷 (12分钟)

(1) 教师：知道我们这节课要研究什么了吗？想一想，你可以用哪些方法来研究稻谷？

(2) 教师：你们尽可能地想办法，观察稻谷的特点，我们看哪个小组发现得多？

(3) 教师：你们观察到了什么？怎么观察的？

① 学生说出研究方法。

② 学生自由观察，交流、讨论。

③ 学生汇报观察发现。

三、研究糙米(12分钟)

(1) 教师：剥掉壳的稻谷是什么样的？想不想研究？

(2) 教师：你们有什么发现呢？

(3) 教师：哪位同学愿意把你剥的稻谷给大家看一下？

(4) 教师：我们把去掉壳的稻谷叫糙米。

① 学生把稻谷的壳剥掉，观察糙米。

② 学生汇报观察发现。

③ 学生把稻谷放到实物投影仪下，认真观察，认识胚芽。

四、研究糙米与精米的不同(9分钟)

(1) 教师：这糙米就是我们平时吃的大米吗？

(2) 教师：老师把我们家吃的大米带来了，你们怎么做就可以知道这糙米是不是我们平时吃的大米？

(3) 教师：那你们比较一下吧。

(4) 教师：这糙米是我们平时吃的大米吗？

(5) 教师：你们有没有办法让糙米变得和老师带来的米一样？怎么做？

(6) 教师：我们把去掉胚芽和表皮的糙米叫精米。

① 学生估计。

② 学生说出用比较的方法。

③ 学生观察比较。

④ 学生发言。

⑤ 学生想办法。

【教师总结】(3 分钟)

(资料来源：[EB/OL]百度文库)

【案例评析】

(1) 主题贴近学生的生活，活动材料也来源于学生的生活。

“做中学”科学教育非常强调要“关注和重视孩子们生活中感兴趣和需要解决的问题，并把它们作为科学教育内容的重要来源”，我们应“从孩子们身边选择易于获得的和有教育价值的物品，作为它们的操作材料”。也就是说，“做中学”科学活动的主题和所用的探究材料都应来源于学生的生活。应该说，“稻谷的观察”在力图体现“做中学”的这一准则。因为灵武市作为西部经济欠发达的农村地区，其学生都接触过稻谷，而且对农民伯伯种稻谷有一定的经验和感受。这为学生进一步探究稻谷的内外部特征奠定了基础。

(2) 目标明确，注重培养学生的观察能力。

“做中学”科学教育与我国传统科学教育的重要区别之一是它不仅重视科学知识的获得，而且要使学生通过自己的动手操作和实际体验来掌握科学方法。从课堂实录我们可以看出，“稻谷的观察”一课的中心目标就是要引导学生综合运用多种感官对稻谷进行深入、全面、细致的观察。教师前后设计了两次观察活动，引导学生对同一事物进行由外到内、由浅入深地开展观察活动，目标明确，层次和思路清晰。

(3) 注重培养学生的问题意识。

科学探究始于问题。“做中学”科学教育的目标就是要使学生在观察、提问等探究活动中，体验科学探究的过程、建构基础性的科学知识、获得初步的科学探究能力。发现问题、提出问题是科学探究的首要环节。没有问题何谈探究？因此，不管是在我国的科学课程改革还是“做中学”科学教育实验中，都要求培养学生的问题意识，即探究问题不再单单是由老师提出，也强调让学生用自己的眼光去发现和提出科学问题。在“稻谷的观察”一课中，老师在学生两次深入观察稻谷以及介绍了糙米的特点后，有意识地引导和鼓励学生提问新的问题。学生很快提出“糙米很有营养，为什么人们不吃糙米呢？”“稻谷里面有营养，到底营养是什么？”等问题。在学生的提问和相互解答中，使学生的科学学习变得更加深入。

(4) 注重强化学生的表达和交流能力。

引导学生进行充分的表达和交流，发展学生的表达和交往能力，是“做中学”科学教育的重要组成部分和目标之一。每个学生或学习小组必须将自己在观察、实验、操作等活动中的发现表达出来，与全班同学共享。同时，学生不同观点、思想和方法之间的相互碰撞，又有助于促进学生积极主动地开展思维活动，从而促进学生对科学知识、科学方法的深入理解和认识。在“稻谷的观察”一课中，每次观察后，老师应尽可能地让更多的学生将自己的发现说出来与大家分享；而且老师应注重通过一些语言引导学生说出自己独特的见解和不同的发现，如“还有不同的意见吗？”“把你们组不同的发现告诉大家”，教师的这些引导语可使学生表达和交流的内容变得更为丰富。

推荐阅读

(1) 顾连忠、董博清、刘建军等. 概念图与循环概念图研究[J]. 中国电化教育，2010(2).

文章详细介绍了循环概念图的构成原理，根据其特点提出了构建循环概念图的三个策略并辅以实例说明。最后，介绍了循环概念图在教学中具体应用的案例。

(2) 黄晓、孙丽伟. 小学科学教学设计的规范化和学科化[J]. 全球教育展望，2014(4).

文章以“全国首届科学教育专业师范生教学大赛”中的小学科学教学设计为例阐述了小学科学教学设计呈现了一种去规范化与学科性缺失的倾向，表现了教学设计的整体规范性，前期分析、教学目标、教学方法及教学过程的理解与表述，并进一步针对问题提出建议。

本章小结

本章围绕小学科学课教学设计展开讨论。首先，分析了小学科学课程教学设计的概念、特点；小学科学课教学设计的基本任务；教学设计模式的种类和教学设计的理论基础。其次，阐明了小学科学课程教学设计的基本概念。小学科学课教学设计以培养小学生的科学素养为宗旨，它将教与学的相关原理转换为计划与创设小学科学课教学目标、教学内容、教学策略、教学评价等环节的系统过程。从实质上讲，教学设计就是解决教学问题，它的重点在于解决教学问题的方案和决策的过程。在此基础上，阐述了小学科学课程教学设计的一般过程，包括有效教学活动流程、小学科学课教学分析、小学科学课教学设计的基本原则与教学策略和教学方法的运用等环节。最后，介绍了小学科学课程教学案例的要点，对所选案例进行了重点解析，小学科学课教学应运用适合的教学方法，使小学科学课程教学更有效。

练 习 题

1. 小学科学课教学设计的一般过程有哪些？
2. 阐述小学科学课教学设计的基本理念和基本原则
3. 举例说明小学科学课程教学设计与现代教育技术的整合。
4. 简述观察课的类型及基本结构。
5. 简述观察的分类与方法。
6. 什么是发现学习？发现学习的基本特征是什么？
7. 发现问题的引导方法有哪些？如何引导学生发现问题？
8. 猜想与假设的方法有哪些？
9. 小学科学实验的分类有哪些？与之相应的教学策略是什么？
10. 在小学科学课教学中如何培养学生的交流能力？
11. 小学科学课教学中“问题解决”教学模式的方法是什么？

第6章　探究与合作学习在小学科学课教学设计中的应用

本章学习目标

- 了解科学探究的含义及对科学发展和学生能力培养的意义。
- 掌握探究式教学的内涵和特征。
- 了解探究式教学和传统教学的区别。
- 了解科学探究模式的种类和特点，掌握项目式学习、问题解决与发现学习、探究训练模式和社会探究模式的应用。
- 了解探究型学习的应用。
- 了解小学科学课教学中的合作学习，掌握合作学习在教学设计中的应用。
- 了解小学科学课学生学习技能的培养内容，掌握小学科学课实验设计的方法。

重点难点

小学科学课探究式教学、合作学习的实施

核心概念

探究式教学、项目式学习模式、问题解决与发现学习模式、探究训练模式、社会探究模式、合作学习、探究型学习、交流能力

6.1　探究式教学的内涵、结构及特点

水如何变成水蒸气

李老师用蘸过水的粉笔在黑板上写了一个“水”字，很快这个“水”字就消失了，李老师问：“是什么使这个‘水’字消失了呢？”有的学生说水被黑板吸干了；有的学生说水变成水蒸气蒸发掉了。当李老师问学生是怎么知道的时候，学生们说是猜的，接下来，李老师向学生展示了实验器材：酒精灯、试管夹和试管等。

实验进行五分钟后，学生就观察到的现象进行了交流。有的学生说看到试管里的水在一点点地减少；有的学生说看到有气泡产生；还有的学生发现，试管里先是有一点模模糊糊的雾，然后又逐渐变成了水……学生交流结束后，李老师告诉学生，大家观察到的现象就是蒸发，即先冒气泡，接着出现白雾，最后管壁有水珠产生。

然后，李老师给学生呈现了四组对比实验结果，每组有两种方案，问题是每组的两种方案中，哪一种方案水蒸发较快。四组分别是：第一组，折叠的湿毛巾和铺展的湿毛巾；第二组，瓶子里的水和盘子里的水；第三组，用电吹风吹和用嘴巴吹；第四组，太阳晒和电扇吹。在接下来的交流过程中，学生们各抒己见。经过充分的讨论，在李老师的帮助和引导下，学生归纳出了三种加快液体蒸发的方法：吹风，加快空气流动；展开，增加液体与空气的接触面积；加热，增加温度。如果三种方法加在一起，液体蒸发的速度是最快的。

接下来，李老师将装有一定量水的烧瓶放在酒精灯上面加热，并让学生观察。过了一会儿，学生们开始不断说出自己看到的现象。有的说冒泡了；有的说冒烟了；有的说温度上升了；还有的说水在减少等。李老师此时引入了沸腾的概念，并让学生讨论蒸发和沸腾的不同。学生提出了各种各样的答案，最后李老师对这一问题进行总结。总结之后，学生的问题和疑惑还是不断提出。例如，有学生问："水蒸发了以后，再从天上掉下来，质量会不会减少？"由于时间问题，李老师不可能一一回答学生的问题，就要求学生在课余时间继续探讨这些疑惑。

（资料来源：[EB/OL]百度文库）

6.1.1 探究式教学的含义

探究式教学模式在小学科学教学中的应用.mp4

探究，也称为发现学习，是指学生在学习情境中通过观察、阅读、发现问题、收集数据、形成解释、获得答案并进行交流、检验的学习过程。

《辞海》(2009)将探究定义为深入探讨，反复研究。

探究有广义与狭义之分。广义的探究是一种积极主动的思维方式，泛指一切独立解决问题的活动；狭义的探究是指科学探究或科学研究。探究的操作过程包括观察、提问、实验、比较、推理、概括、表达、运用及其他活动。总之，探究就是努力寻找答案，解决问题。

1. 科学探究

科学探究是科学家运用科学的方法，通过探究的途径去发现人类尚未认识的科学事物及其规律。美国学者彼得森(K.D.Peterson，1978)认为：科学探究是一种系统的调查研究活动，其目的在于发现并描述物体和事物之间的关系。其特点是采用有秩序和可重复的过程；简化调查研究对象的规模和形式；运用逻辑框架作解释和预测。

科学发现的历史也就是科学探究的历史。没有探究就不会有发现，也不能确认理论的正确性和不断扩展人类对自然的认识。科学的本质就是探究，就是不断地追求真理和不断地修正错误。科学探究过程充满着艰巨性和创造性，洋溢着科学精神，渗透着科学的思想和方法。

2. 探究式教学

在小学科学课程中，科学探究是指让学生去模拟科学家的工作过程，按照一定的科学思维程序去探究学习的过程，从中学习科学方法，发展科学探究所需要的能力，增进对科学探究的理解，体验探究过程的心理感受。

1) 探究式教学的定义

探究式教学(Hands-on Inquiry Based Learning)是指在教师引导下，学生主动参与到发现问题、寻找答案的过程中，以培养学生解决问题能力的教学活动。

2) 探究式教学的特征

探究式教学强调教师要创设一个以“学”为中心的教学活动情境，让学生通过探索发现来解决问题。小学科学课教学的目的不是把少数学生培养成科学精英，而是要使学生成为有科学素养的合格公民。它既重视结果又强调科学知识获得的过程，突出以学生为中心的全体参与，激发儿童的好奇心和求知欲，为终身学习奠定基础。

探究式教学符合科学的认知规律，其具有以下特征。

(1) 探究式教学的目的性。教学的目的在于培养学生的探究能力；旨在形成认识自然的基础——科学概念；培养学生探究未知世界的积极态度。

(2) 教学过程的主体性。探究式教学是学生在教师指导下的自主探究活动，在教学过程中突出了学生的主体性，教师的指导完全是为了更好地发挥学生的主体作用，并通过学生主体的充分参与、主动探究和主体的发展反映出来。

(3) 探究式学习的自主性。在探究式教学中，学生是在教师的指导下自主参与教学的全过程，要获取知识，靠的是自己的主动探究，学习是学生自己的事，谁也不能代替。

(4) 情境创设的问题性。问题是科学探究的动力、起点，问题是探究式教学的关键、核心。创设的具体问题和探究主题既要充分关注学生的兴趣所在，又要处理好学生倾向与教学目标之间的关系，使二者有机结合。

(5) 信息交流的互动性。在探究式教学的课堂上师生之间、生生之间通过动态的信息交流，实现了师生、生生之间的相互沟通、相互影响，师生在这样的教学氛围中可以互教互学，形成学习的共同体。

(6) 师生关系的和谐性。探究式教学尊重学生的主体地位，通过师生互动，可以营造活泼、积极主动的课堂教学气氛。教师的教完全是为了学生的学，师生之间民主平等，易于形成具有感染力和催人向上的教学情境，学生受到熏陶，并由此激发出学习的无限热情和积极性。

(7) 教学要求的针对性。考虑到学生之间的个体差异，探究式教学对不同层次的学生提出不同的教学要求和不同的学习任务，因材施教。教学既具有针对性，更为实现课堂的有效教学创造了条件。

(8) 教学评价的激励性。探究式教学变教师独自评价为师生共同评价，使自评、互评相结合，既重结果又重过程。由于探究式教学分层次要求，学生在原有基础上获得不同程度的进步，既累积了知识，又开发了潜能又有机会获得表扬激励，获得和分享成功的体验，从而满足自我实现的需要。

3. 科学探究与探究式教学的关系

科学探究与探究式教学之间既有共性又有显著的差异。两种探究都是一种求知的过程，探究的结果对探究者本人来说都是未知的，两者进行探究的基本程序和方法等基本要素构成是相同的。但这两者是有区别的。首先，探究的目的不同，前者是以发现人类尚未认识的事物及其规律为目的，后者是以探究的形式为载体，使学生在获取知识的同时，领悟科学的思想方法，培养科学探究所需要的能力，起到培养创新型人才的作用。其次，在探究过程上的区别，前者是科学探究的真实历程，后者是科学探究的模拟过程，是对科学探究的再探究。最后，在探究程度上的差异，前者是建立在深厚的专业基础知识上的全方位的探究，后者是学生在浅易的专业基础的背景下进行的局部的、较低层次的探究。

思考交流

(1) 什么是探究？科学探究的意义是什么？

(2) 如何在小学科学课程学习中培养学生的科学探究能力？

6.1.2 探究式教学产生的背景

探究式教学理论的产生发展有其深厚的历史背景和思想渊源。

1. 历史背景

第二次世界大战以后，欧美发达国家的社会生活发生了巨大变化。由于科学技术的高度发展，工业生产出现了崭新的局面，特别是20世纪中期，知识总量急剧增加，知识更新周期缩短，世界进入了知识爆炸时代，这要求人们必须具有适应时代发展与变化的能力。20世纪50年代末，苏联人造卫星上天，激起世界性的科学竞争浪潮，振兴科学技术和培养科学技术工作者成为各国共同关注的课题。世界对人才的要求也由知识型转变到智能型。为适应这种社会现实，世界各国都先后开展了教育教学改革。在这样的社会背景下，美国芝加哥大学施瓦布(Joseph J.Schwab ，1909—)于1961年首先提出“作为探究的理科教学”(Teaching of Science as Inquiry)，产生了探究式教学理论。

2. 思想渊源

探究式教学的思想起源可以追溯到古希腊哲学家苏格拉底的问答式教学法；法国启蒙思想家卢梭(Jean-Jacques Rousseau，1712—1778)的“自然教育理论”。美国教育家杜威认为，只采用赫尔巴特(Johann Friedrich Herbart，1776—1841)的“教师中心”“从课中学”理论有局限性，培养出来的人难以适应社会变化。杜威主张“学生中心”“从做中学”。它的基本教育过程是暗示—问题—假设—推理—验证。杜威的实用主义教育理论为探究式教学理论的形成打下了初步的基础。

探究式教学理论的代表人物有萨其曼(Richard Suchman)、施瓦布和加涅等，他们从不同角度论证了教学过程中探究式教学的重要性。萨其曼注重实践，主张探究方法的训练模式，重点是帮助学生认清事实，建立正确的科学概念，并形成假设以解释新接触到的现象或事物。施瓦布则试图以科学的结构及其不断的变化为前提，从理论方面揭示探究过程的本质及其特性，并力图在教学中引进现代科学的成果，使学生把握学科的结构，体验作为探究的学习。加涅在探究式教学理论的基础上，研究了构成学习的前提条件。此外，美国教育家兰本达(Brenda Lansdown，1904—1990)以小学科学教学为基础创立的“探究—研讨”(Through Investigation and Colloquium)教学法，在对感知材料的认识上丰富发展了探究式教学理论。

3. 理论内涵

教育本身也是一个探究过程，通过教育的过程应该使学生认识到这个过程。因此，探究教学的实质就是按提出科学结论和检验科学结论的结构方式去揭示科学结论，即要把所提出的概念和所进行的实验告诉学生，要说明由此得到的资料，还要阐明把这些资料转化成科学知识的解释。

1) 探究式教学的结构

探究式教学路径：发现问题—收集资料—处理与解释资料—问题解决。探究式教学的主要目的是使学生通过经历探究知识或问题的过程掌握科学的思维方法，以培养解决问题的能力。

探究式教学步骤：在教学过程中，教师根据教学目标，寻找与教学内容密切相关的，激发学生兴趣的材料，创设情境，向学生提出调查研究的领域。学生发现并提出问题，教师引导学生集中于一两个问题进行重点研究。根据已确认的问题，由学生共同讨论、解决，然后学生进行观察、测量、比较、分类等活动，收集与问题有关的信息资料。在了解资料的基础上，形成假说并提出解决问题的方案，由个人或小组共同实施方案(讨论研究，实验验证等)，学生记录信息资料并加工处理。最后对问题形成合理的解释，得出结论或规律，或提出新问题，重新设计实验，用不同方法组织资料，解释资料，再次进入探究过程。

2) 探究式教学的内涵

探究式教学有它的合理内核和积极作用。在教学思想上，结论式教学认为科学概念、结论是经过验证的，法则、定律是完备的，不可变的。探究式教学认为科学概念是暂时的、可变的，真理是不断向前发展的。

探究式教学的内涵包括以下几个方面：①使学生更准确地认识客观世界和科学的真实性；②可以培养和发展学生从事研究所必需的探究能力，掌握科学的思维方法；③有利于科学概念的形成；④能激发学生学习的兴趣，培养良好的个性品质。

推荐阅读

(1) 刘莹. 探究性学习教学示例：物理[M]. 杭州：浙江教育出版社，2004.

该书以上海名校的教改实践为依托，精选一线骨干教师探究学习的教学示例，对课堂教学中如何实施探究学习，如何介绍、引导学生主动参与探究学习进行了介绍，解答了教师的种种疑虑和困惑，对目前正在进行的新课程教学具有较大的借鉴意义。

(2) 吴子健. 探究学习与教师行为改善[M]. 上海：上海教育出版社，2007.

该书从理论和实践两个层面深入研究改善教师行为的机制、途径等，涉及教师教学行为的改善、育德行为的改善、管理行为的改善、学习行为的改善、研究行为的改善，内容富于科学性、前沿性，在研究中使用了现代教育技术。

(3) 张军朋、许桂清. 中学物理科学探究学习评价与案例[M]. 北京：北京大学出版社，2010.

该书从国际科学教育的视角，结合我国中学物理课程的实际，对中学物理科学探究学习评价问题进行了理论研究和实践探索。上编是中学物理科学探究学习评价的理论探讨与实践研究，包括科学探究与探究式教学的基本理论、科学探究学习评价的基本问题、科学探究能力的评价标准、中学物理实验探究学习目标的分类与评价等；下编是科学探究学习评价的案例，每个案例包括任务概要、评价目标、评价方式，完成任务所需时间、所需材料和器材、事先的准备和安全提示，题目样卷、评分标准等。

(4) 刘儒德. 探究学习与课堂教学[M]. 北京：人民教育出版社，2005.

该书将理论高度与实践深度结合起来，系统概括出教学心理学的最新研究成果，结合当前国内外课程与教学改革的趋势与要求，将教学心理学的理论和方法与提高教学的有效性密切结合。本书关注的焦点是学科课堂中的探究学习问题，也就是广义的研究性学习问题。

6.2 科学探究的模式

在《义务教育小学科学课程标准》中，科学探究作为课程目标之一，具有重要的地位。研究科学探究的模式，对其进行分类，有助于小学科学课程的实施，对如何设计、指导和评价学生的探究活动具有指导意义。小学科学课教学中运用科学探究的模式有项目式学习模式、问题解决与发现学习模式、探究训练模式、社会探究模式和基于计算机软件与虚拟仿真的科学探究模式等。本节将重点阐述探究式教学在小学科学课教学设计中的应用和探究型学习的应用案例。

6.2.1 项目式学习模式

项目式学习(Project Based Learning，PBL)源于杜威倡导的“做中学”(Learning by Doing)，由克伯屈(William Heard Kilpatrick，1871—1965)的设计教学法发展而来。其核心是突出学生的主体地位，强调学习过程和成果评价的多样性和个性化。主张教师围绕真实问题或挑战设计一系列的体验和探究活动，学生需综合运用多学科知识与技能解决问题，并将最终的学习成果予以展示、表达和交流。学习过程始终伴随着反思、评价、修正与多方支持。

小学科学课是一门以培养学生科学素养为宗旨的义务教育阶段的核心课程，具有跨学科的整合课程特点。因此，小学科学课的探究式教学可以从项目式学习入手。下面就项目式学习模式的概念、本质、构成要素及基本特征，教学策略和实施等方面进行阐述。

1. 项目式学习的概念与本质

什么是项目式学习？美国巴克教育研究所(Buck Institute for Education，BIE)这样描述PBL：项目式学习是一套系统的教学方法，它是对复杂、真实问题的探究过程，也是精心设计项目作品、规划和实施项目任务的过程，在这个过程中，学生能够掌握所需的知识和技能。

项目式学习是一种教与学的模式，关注的是学科的核心概念和原理，要求学生从事的是问题解决，基于现实世界的探究活动以及其他的一些有意义的工作，要求学生以主动学习并通过制作最终作品的形式来自主地完成知识意义的建构，以现实的、学生生成的知识和培养起来的能力为最高成就目标。

首先，PBL 是一种教与学的模式，该模式中既涉及教师的“教”，更需要强调学生的“学”。其次，PBL 强调学生在解决实际的问题中，实现对关键概念和原理的学习。也就是在实际的社会生活环境中学习和应用知识，强调现实社会对于学习的促进作用。最后，PBL

的最终目的是完成学生头脑中对于知识意义的建构，突出了学生学习的自主性和能动性。

PBL 的本质体现为学生始终是学习的主人，是学习的主体；任务是解决实际生活问题；内容是对于关键知识和核心原理的掌握；最终目标是完成头脑中知识的建构。

从学习的四个相关维度看，PBL 的目标可归纳为下述几点。

(1) 学什么？项目式学习的学习目标是掌握核心概念和重要原理。

(2) 为什么学？项目式学习是为了要解决真实问题，实现知识的学科价值和社会价值。

(3) 怎么学？在学习的过程中，通过小组学习、自主探究获得知识，并强调动手实践能力的应用。

(4) 学得如何？ 对于 PBL 的评价包括学生获得的知识，学生习得的方法以及最终完成的作品。

小学科学课的项目式学习模式是以学生的社会建构和科学探究意识为内核，关注科学课程的教学设计、课堂的有效教学以及形成性评价；以科学概念、原理为核心，以现实生活中的真实问题为背景，利用学习共同体的协作，选择多种资源构建学习环境，在师生互动中培养学生主动探究的学习能力。

小学科学教学采用项目式学习的科学探究模式有利于学生体验知识、技能获得的过程，掌握科学探究的基本方法，体验探究过程的乐趣，全面理解科学、技术、社会与环境的关系，逐步形成对科学的态度与价值观，提高学生的科学素养。

2. 项目式学习的要素及基本特征

项目式学习模式主要由问题的确定、驱动问题、情境探究、协作和技术工具支持等环节构成。

1) 美国巴克教育研究所 BIE 的 7 条标准

美国巴克教育研究所 2013 年推出 PBL“黄金标准”，以帮助教师进行测量、校准并提高他们的项目设计与实施能力。PBL“黄金标准”的概念有三部分，即学生学习目标、项目的基本设计元素和基于项目的教学实践。PBL 教学目标指向学生关键知识、理解和成功技能。各学科知识获取与概念理解固然重要，但这些并不是最终目的，在学习过程中所获得的并终身受用的能力才是关键所在。

能让学生最大限度地学习和参与的项目应具备下述各要素。

(1) 富有挑战性的问题。

(2) 持续探究。

(3) 真实性。

(4) 学生的发言权和选择。

(5) 全程反思。

(6) 批判和修订。

(7) 作品公开展示。

2018 年 BIE 提出“高质量框架”(The High Quality Project Based Learning Framework)，从学生视角对 PBL 要素进行了描述，包括智力挑战与成就、真实性、公共产品、合作、项目管理和反思。

2) 卢卡斯教育研究所(Lucas Education Research，LER)的“严谨标准”

LER 十分关注 PBL 在中小学教育中的应用，通过研究高水平 PBL 的共性特征提出了一套“严谨标准”。严谨项目旨在将学科内容与实践相统一，以支持学生进行有深度的学习。

(1) 项目是真实的，有意义的。

(2) 与多学科内容深度交融。

(3) 支持多主体互动。

(4) 运用过程性评价改进教学方式。

3) PBL 模式的基本要素

在 PBL 模式中，4 个最基本要素为内容、活动、情境和作品。

(1) 内容。PBL 模式中的内容一定是现实生活中的问题，而且是根据学生的兴趣和需要提出的学习目的或解决的问题。首先，是现实生活中有价值的真实问题；其次，是完整的而非支离破碎的知识片段，强调知识的完整性和系统性；最后，是具有探索性的开放问题，有继续探索的可能。

(2) 活动。PBL 模式中的活动是指学习者采用一定的技术工具(如计算机)和研究方法(如调查研究)来探究面临解决的问题。学习者自行制订行动计划，包括材料问题、工作任务分配、实施步骤等。最重要的是学习者通过“行动”完成计划。在活动中，学习者要参与学习，并转换角色，积累实践经验，为适应未来工作做准备。教师在活动中要提供丰富的信息，在教师的协助下，学生完成类似“行家”完成的任务，履行专业性的职责，提高自身技能。

(3) 情境。PBL 模式中，要为学习者营造探究学习的环境，包括物质实体环境或者信息技术形成的虚拟环境。在情境中，学生要与他人分享学习经历，开发自己的社会交往沟通技能，最终促进概念理解。在整个情境中，形成高度合作的氛围。学习者要深刻地意识到学习是“自己的”事，是个性化的活动。

(4) 作品。PBL 模式的结果是产生丰富的作品，促使学生掌握工作技能，提高合作和学习能力，能够运用到终身学习当中。评价是将技能和策略与计划、实施、监控和评价联系起来，包括问题解决、设计、决策、充当行家和有价值的评价。评价包括学生掌握学习的技能和能力，包括笔记、提问以及倾听，最终学生要将各种主题概念综合起来，并将认知、社会、情感和自我调控与现实生活紧密相连。

4) PBL 模式的基本特征

根据 PBL 四项基本技能，PBL 模式的基本特征包括真实或接近真实的问题情境；合理复杂的学习任务；学生共同参与的项目活动，进行交叉学科知识的学习；运用信息技术和认知工具；和谐的人际关系和学习氛围；评价手段是就作品进行分析和讨论；最终的作品或者问题解决方式要产生社会效益。

PBL 模式实现的 4 个领域包括获得知识并应用、交流、协作与独立学习。在获得知识并应用领域，学习结果包括搜寻、过滤、分类、消化数据，发现知识的相关性和相关联系，最终实现知识的应用。在此领域，学生的搜寻、探究、分析和创新、理解、应用技能得到开发。在交流领域，学生们在解决问题的过程中实现知识和观点的交流，促进分享和倾听技能的开发。在协作领域，学生积极与其他成员合作，最终开发学生讨论、协作和团队作业的技能。在获得知识、交流和合作的过程中，最重要的是培养了学生的独立学习能力，在学习过程中学会监控自己的工作进度，并知道何时寻求帮助，最终开发自己的计划、管理和自我激励的技能。

5) 运用项目式学习应注意的问题

PBL 主要以建构主义的学习理论作为基础，融入认知理论和统整课程概念所发展出的学习方式，强调以活动项目与问题解决的方式，成为学生学习的主轴。教师在运用项目式学习指导具体教学时，应注意的问题：一是教师应抓住运用 PBL 这一学习方式的本质，即解决学科知识传授与学生参与兴趣之间的矛盾，项目教学是建立在学生兴趣的需要基础之上的，经有目的的活动达成知识的获得和技能提升双重目的，它对打破学科体系，实现跨学科学习具有重要作用。二是教师在项目设计与实施中承担多重职责。教师不再是单一的知识传授者，他们还要成为项目管理者、教练、观察者、促进者及联络员等。三是教师要大胆尝试、逐渐放手，循序渐进地增进学生的选择性。四是教师应重视驱动问题的设计。教师在设计驱动问题时，应把握以下原则：能激发学生的兴趣，开放性的、能直指某个科目或领域的核心内容，与课程标准的内容应保持一致，动手实践与知识学习应结合起来。五是用导入事件激发学生对项目学习的浓厚兴趣。六是最终作品的展示，以能回答驱动性问题。

3. 项目式学习的教学策略与实施

(1) PBL 模式始于项目选择。在项目的选择过程中，要紧紧围绕核心概念和原理。项目一定是真实存在的社会问题，并有一定的社会意义。在确定了项目之后，就项目主体和内容设计学习活动并制订计划。在设计活动和制订计划的过程中，要发挥学生的自主探究能力，强调学生之间的团队合作精神，并突出学生的认知加工和建构活动，形成自主的学习模式。创设一个适合 PBL 模式开展的学习环境尤为重要，教师应为学生提供丰富的信息资源，将以往的项目学习内容编辑积累成为案例库，并利用互联网为学生提供方便快捷的交流工具，比如 QQ 群、微信群等。

(2) 驱动问题的设计策略。对于项目学习模式，驱动问题是核心。驱动问题的设计策略有以下要点。一是确认驱动问题的真实有效性。驱动问题要与学生的经验有实质性联系，即该问题必须在一定区域和文化背景下生成，是学生常见常历的，并且能够激发学生的探究欲望而又有一定的认知层次。驱动问题一定要基于学生的发展目标，是学生有能力参与的。二是构建与驱动问题相联系的真实情境。真实情境的实质就是模拟出真实生活中或自然状态下能够碰到的问题，将学生与学科知识、教学法知识和教学技术结合起来，构建一个与驱动问题相联系的实习场，激发学生的探究欲望；提供探究的时间和空间，学生亲自动手进行探究，进行问题解决。三是设计适合学生心理发展特征的探究形式。小学生对有关具体的事实或经验比较有兴趣，尤其是游戏活动在低年级学生的学习中发挥着重要的作用。因此，游戏是小学科学探究活动的重要模式之一。

(3) 选择适合学生项目学习的学习策略。在建构了合适的学习环境之后，要选择适合学生项目学习的学习策略，包括建模、指导、反思以及角色扮演。在建立了项目操作模型后，教师应进行积极的指导，并促使学生在开展项目中进行反思和角色扮演，以小组合作的形式来促进项目的完成，最终让学生成为项目的主人，进行自主的学习和建构，并在项目完成之后，生成有意义的作品，促进学生之间就成果进行交流，这是很重要的成果展示环节，突出了作品的多样化和个性化。最重要的就是最后的活动评价环节，在 PBL 模式中，评价的形式是灵活多样的，包括教师评价、学生自评、小组内评价、小组间评价以及过程评价。教师也可以为学生的成长建立个性化的档案袋，以之记录学生的成长轨迹，作为生动鲜活的评价方式。

总之，相比传统的教学模式而言，PBL 模式更加突出学习中学生的主体地位，并强调项目的选择一定是围绕核心概念的真实的社会问题，解决之后会产生一定的社会功效。学习结果以多元化的作品呈现，学习形式以小组合作为主，在合作中进行协作和沟通。最终的评价方式也是过程性的、多元化的评价，更注重能力的提升和知识应用水平的内化。

知识拓展

PBL 教学模式的思维转变

1. 基于项目学习的教学模式

项目，是指在特定时间内，为了实现与现实相关联的特定目标，把需要解决的问题分解为一系列相互联系的任务，以便群体间可以相互合作，并有效组织和利用相关资源，从而创造出特定产品或提供服务。项目这个概念最早出现在管理学领域内。项目应用于教学领域，就形成了基于项目的学习方式。

基于项目的学习是一种以学生为中心的教学模式。这种学习通过能推动“学生探究”(学生探究是一种教学模式，在这种教学模式中，学生在教师的指导下提出问题，探究和发现问题的答案)的拓展任务和“真实评估”(真实评估要求学生完成真实的任务，而不是通过回答试卷上特定的问题来展示他们所学的知识)性的学习产品和表现来开发认知领域的知识和技能。

PBL 模式的几个关键术语。

① 目标。项目中要完成的任务。

② 角色。学生在项目中所扮演的角色。

③ 对象。在项目中，学生所扮演的角色所服务的个体或群体。

④ 情境。项目实施的背景或环境等。

⑤ 产品。项目的最终成果。

⑥ 标准。评价作品的标准。

2. PBL 确定问题的标准

基于项目的课程是由几个重要问题引起的，这些问题可以将内容标准和高级思维与真实情境紧密联系在一起。

① 学生处于学习过程的中心位置。

② 项目中关注了学习目的，使其与课程标准相一致。

③ 由框架问题驱动。

④ 项目包含了过程的、多种类型的评价。

⑤ 项目含有相互联系的、能持续一段时间的任务和活动。

⑥ 项目与真实世界有联系。

⑦ 通过发布和演示作业与表演，学生展示学到的知识和技能。

⑧ 技术的支持促进了学生的学习。

⑨ 思维技能整合于项目学习之中。

⑩ 多种指导策略支持各种学习风格。

(资料来源：[EB/OL]百度文库)

6.2.2 问题解决与发现学习模式

随着信息化时代网络的大量使用，学生往往会提出各种看似天真的问题。基于这些问题的解答，就形成了问题解决与发现的学习模式。这种模式以学生为主体，通过探究各种经过设计的与科学课程内容密切相关的研究问题，有利于引导学生深入思考，提高学生分析和解决实际问题的能力。

1. 探究问题的确定

这种模式的关键环节是设计和选择探究问题。教师需要基于科学课程知识特点并结合学生的知识基础、实验条件、生活环境等进行问题设计，设计若干个探究主题供学生选择。探究问题的设计要考虑学生的知识背景，尽可能体现科学性和基础性，如雾霾、污染、干旱等社会生活中常见的热点问题。教师应尽可能列出涉及的相关领域知识内容的参考文献或参考书籍，降低学生开展探究学习的难度。

2. 问题解决与发现学习的基本阶段

问题解决与发现学习教学是一个特殊的过程，它不是教师单纯地向学生传授前人的知识和成果，而是要求学生在现有科学结论的基础上，主动发现问题，解决问题，而且还要对此进行批判反思的过程。问题解决与发现学习模式的基本思路是确定探究主题、课题论证、查找资料、制定研究方案、实施方案、问题解决、小组交流研究成果和教师进行总结点评。问题解决与发现学习大致要经历以下几个阶段。

1) 积极探索，发现问题

人的思维是从发现问题开始的，发现问题是解决问题的起点，也是解决问题的动力之一。在教学中出现的问题一类是教师提出的，另一类是在教师的启发引导下，学生主动发现的。经过一段时间的学习锻炼，随着学生的知识储备和经验的增加，再经过发现学习，学生独立发现问题的能力就会有所提高。

从学生学习的过程看，发现学习不只是看重教师讲授，而是更加重视学生的独立发现。发现学习不仅是学生自行发现的学习，同时也应该是意义的学习。发现学习就是以培养学生独立思考能力，发展探究性思维为目标，以基本教材为内容，通过再发现的形式所进行的独立的、有意义的学习。

发现学习的类型有：①半发现型，学生从教师事先准备的假设中选取一个，并围绕这个假设展开讨论、探究；②引导发现型，教师提出学习课题，设想、假设由学生自己作出；③独立发现型，学习课题由教师提出，或由学生自己提出，学生自己作出假设、准备资料或实验来检验假设，教师仅仅是组织者和辅助者。

发现学习经历的阶段包括：①带着问题意识发现情境。发现学习开始于对具体事实的感性认知，即对基本教材的感性的具体形象的观察。②建立假说。学生对收集到的资料、信息进行认真的分析、整合重组，形成一种或多种较为清晰的思路，即建立假说。③验证假说。学生所建立的各种假说，往往是学生对材料、事实所形成的一种主观认识，假说是否合理、有效，必须通过实际行动来检验证明真伪。④评价假说。验证假说成立后，发现学习过程还要对整个过程进行科学的分析与评价，将结果反馈给学习者。其作用一是强化学习动机，保持学生学习的主动性与积极性；二是依据反馈信息，检查和改进其活动方式。⑤转化为动力。将合理有效的假说即定型化的知识技能与实际结合，转化为学习者自身能力的一部分，在现实的具体情境中使用它，解决新的问题，这种转化需要经历一个反复应用的过程。

2) 识别问题，明确条件

发现问题以后，还必须进一步明确问题的范围，找出问题的本质。教学中教师要根据学生识别问题的特点，帮助学生对问题作出正确的判断，确认问题的类型以及解决问题的关键，这样，学生才能够有针对性地选取相应的解决办法，制定合理的解决方案。

3) 分析问题，提出假设

假设要根据已有的理论、自己的经验和收集到的资料、事实以及人们所特有的想象力、创造力，对问题主题提出一种带有主观推测和假定意义的设想。合理的假设取决于个体知识经验的多少，思维水平的高低。

4) 制订计划，确定方案

在对问题解决进行的各种可能性假设中，推断出最为合理的一种假设，并针对这一假设提出解决问题的方案。在教学中，方案可由学生自己提出，教师适当地给予指导。即使方案错了，教师也应鼓励学生提出其他解决途径，寻找正确的答案固然重要，但更重要的是培养学生的探究能力，学习解决问题的策略与逻辑，这也是教学的中心目标。

5) 具体实施，验证方案

学生经过推断、筛选所确定的方案是否合理、可行，是否能够有效地解决问题，必须通过检验来证明。教学中，教师应鼓励学生收集有助于他们评定方案是否有效的资料，或指导学生自己动手来验证方案。

6) 反思结果，总结提高

反思结果包括：一是对获得结果的整个思维过程进行检查，检验推理是否合理，答案是否正确；二是每解决一个问题后，应反思从该问题中可得出哪些经验教训，值得以后借鉴。在教学中，教师应帮助学生将注意力集中到探究过程上，而不只是结果的正确与否。要鼓励学生按照他们所掌握的对这个世界以及这个问题的认识来评价自己的方案，评价自己加工方案的有效性，评价自己在问题解决、发现学习中学到了什么。只有这样，学生才能够提高自身解决问题的能力。

3. 问题解决与发现学习的基本原则

问题解决与发现学习是一种新型教学模式，对于培养创新型、复合型人才具有深远的意义和不可估量的作用，在教学运用中应遵循以下几条基本原则。

1) 探索性原则

探索性原则是指教师从激发学生探求欲望出发，根据学生现有的知识、能力，把要传授的知识信息，精心组织，层层设疑，引人兴奋使人迷惑，让学生在好奇心的驱使下，自己尝试解开秘密，亲自探索获取信息。实践表明，教师能否成功地设计和组织疑问情境，在很大程度上将影响学生探索活动的水平。

2) 诱发性原则

该原则是指教师在教学过程中，要注意创设具有诱发性的问题情境，激发学生自身固有的好奇心，培养兴趣，增强求知欲，使学生接受知识的过程，成为一个满足好奇心和兴趣需要、适应求知欲望的主动过程。

3) 适应性原则

适应性原则是指问题的难度，问题的提出方式必须适应学生的认知和心理发展水平。学生的心智发展和现有水平，是进行问题解决与发现学习的基础。探索和遵循心智发展的适应性原则，其目的就是要使问题的难度、教法的选择与学生的心智发展水平协调统一起来，有效地促进学生探究能力的发展。

4) 民主性原则

民主性原则，就是指问题解决与发现学习教学必须在民主和谐的气氛中进行，教师的教和学生的学，都必须遵循民主的原则和方法，培养学生敢想、敢说的批判精神，以利于学生的探索和创新。教师要创设宽松和谐的教学环境，建立教学过程中师生民主、平等的师生关系。

4. 问题解决与发现学习模式的优点

问题解决与发现学习模式自诞生以来，对培养儿童的思维能力确实起到了积极的推动作用。

第一，促进学习者外部动机向内部动机转换。在独立解决问题的过程中，学生能够充分发挥其主动性和积极性，去自己发现新知识，从而激发和培养学生的内部学习动机。发现学习有助于满足学生使其成为研究者、探索者的愿望，同样有利于激发内部学习动机。

第二，有助于培养儿童的学习能力，发展儿童的创造能力。在这一过程中，不仅发展了学生的逻辑思维能力，而且使其在非逻辑思维即直觉方面也得到了相应的训练，这有利于学生创造能力的提高。

第三，促进学生迁移能力的形成。学习者在后续的学习中，再遇到类似的问题时，就会将已经固化(图式)的经验直接应用到这一问题，从而缩短了解决问题的时间，这就是迁移能力的表现。

第四，学习探索问题的方法。学习者通过问题解决与发现学习的训练，他们不仅学到了知识，更重要的是，他们在“问题解决与发现”过程中，能够学习到探索知识的新方法，提高自我教育的能力，为终身学习奠定基础。

5. 对探究活动的考核

对问题解决与发现学习模式的考核方式应避免复杂化，以学生的口头回答或集体讨论作为考核方式，考核内容应力求体现对学生探究学习能力的考核，注重过程性评价。

第一，考查学生运用课堂知识来分析和解决问题的能力，要求学生针对探究问题用现有知识进行分析，对探究问题要有正确的分析思路，并建立求解问题的主要步骤。

第二，考查学生自主学习与综合学习的能力。高质量的问题探究需要了解所选题目的背景，选题有一定的深度，需要综合运用不同学科的有关知识，要有正确的研究结果和条理清晰的总结表述等。此外，考核还涉及学生的合作意识和能力。学生要在有限的时间内，保质保量地完成以问题为导向的综合学习任务，需要小组成员运用集体智慧，合理分工与协同配合。

总之，问题解决与发现学习模式在教学中的运用，可以加深学生对基础知识和基本分析方法的理解。有利于培养学生的问题意识；有助于呵护学生与生俱来的好奇心，培养儿童对科学的探究兴趣和求知欲；引领儿童学习与周围世界有关的科学知识，进而体验科学探究活动的过程与方法；了解科学、技术、社会与环境的关系；有助于培养儿童的合作意识和合作能力。

6.2.3　探究训练模式

理查德·萨其曼结合教学法的要素，训练学生组织资料，进行因果关系的推理以及建立和验证理论，该模式是一种由事实到理论的训练模式。探究训练模式注重实践，通过课堂师生讨论、对话的形式进行探究方法和思维方式的训练。

1. 教学目标

探究训练模式的教学目标包括情意目标、认知目标和过程目标。

1)　情意目标

情意目标就是激发并维护学生的好奇心，不断增强儿童对未知世界进行探究的动机。此外，教师还应强调发挥探究过程中发现的喜悦和自觉探究与处理材料时所伴有的兴奋这两种内发性动机的作用。

2)　认知目标

任何探究活动都是有目标指向的，这一指向即是所探究问题的答案或结论。这就要求学生在学习内容中找出所要解决的问题然后提出假设，收集资料，验证假设，得出结论或给出合理的解释。结论和合理的解释就是该训练模式的认知目标，这一目标既可以指导整个探究训练过程，又是学生所要掌握的知识内容。

3)　过程目标

在探究训练模式中，内容和过程是密切联系和相互影响的，而且更重视过程。在这一过程中，学生不仅仅是找到了对某一问题或未知现象的解释，更重要的是使学生了解怎样对一种陌生的现象进行科学探究，提高其假设、推理、判断等探究能力，培养其探究精神。

上述 3 个目标中，情意目标是认知目标和过程目标得以实现的基础，认知和过程则更密不可分，正是学生在发现内容的过程中实现了过程目标，而学生在实现过程目标的同时掌握了学习的内容。

2. 基本程序

该训练模式遵循问题—假设—验证—结论这一基本程序。该模式还特别注重学生掌握科学探究的过程，因此它需要在获得结论的基础上进一步反思整个过程。

该模式的基本程序包括 5 个阶段：①展示问题；②假设和收集资料；③提出新的假说，重新开始收集资料；④得出结论；⑤对探究模式和探究类型进行反思。

3. 探究训练教学模型

探究训练过程如图 6-1 所示。

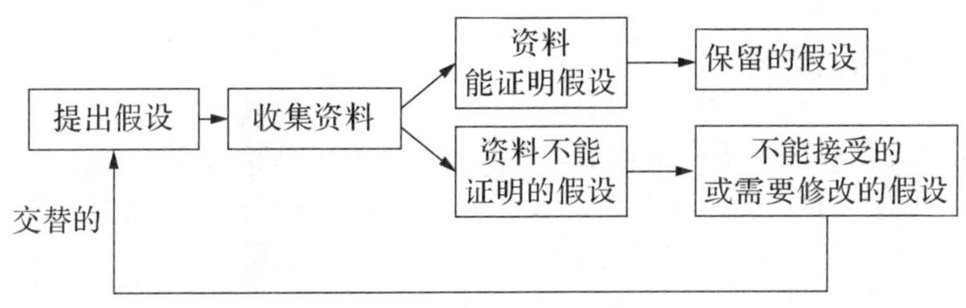

图 6-1　探究训练教学模型

4. 教学策略

开启探究训练过程，需要以下 3 个方面的教学策略。

1)　问题的设计和展示策略

问题是探究训练模式的核心概念，整个探究活动必须围绕问题而展开，也因问题得到结论而结束。一个适合探究模式的问题具有如下特征：一是这个问题需要学生进行解释而且能够为学生所解释。二是这个问题必须能激发学生的好奇心和探究欲望。为此，我们制定展示问题的策略包括：①问题要考虑到学生已有的知识和能力；②设计问题要考虑如何激发学生的动机；③要让学生将注意力集中到一个特定的问题上，而不是一般的问题。教师还可以应用多媒体技术，把学生带入丰富多彩更加有趣的境界，更能增强学生探究的欲望。

2)　收集资料策略

培养学生探究和思维能力，最大限度地发展学生的思维技能，提高学生的探究能力是收集资料策略所遵循的原则。收集资料的策略如下：①根据提出问题的回答“是”与“不是”来收集资料。对学生提出的问题，教师只用“是”或“不是”即可回答。教师只提供学生想要的信息，但绝不承担解释问题的责任；②学生所提问题，通过独立观察可以得到答案；③教师完成一组有顺序的提问，学生获得一个完整的探究思考的思路；④应鼓励学生共同合作，训练学生合作的态度和能力。

3)　师生交往策略

师生交往是这一训练模式的主要活动，从教师的角度看，体现在：①教师是管理者和监督者。探究训练模式讲究严谨求实的科学精神，整个过程都是马虎不得的。否则，探究训练就失去了科学意义。发现不合科学的地方要立即指正，对不严密的地方要求学生重新探讨。随着学生探究能力的提高，这个角色应逐渐由学生来扮演，但教师要始终对学生的训练过程予以必要的监督。②教师是倾听者。教师的任务是向学生提供信息，倾听学生的讨论，不作任何评价，只要是学生的思考所得，都应该得到教师的鼓励。③教师是合作者。在探究训练过程中，学生是真正的主体，所有的探究活动学生亲自参加，肩负着解释问题的责任。教师应做一个合格的合作者，他的任务就是对学生提出的问题作出“是”与“不是”的反应。④教师是鼓励者。教师通过与学生交往，始终都有一个激发学生的探究动机、保持学生的信心、提高学生的勇气的任务。教师要掌握好时机把握好分寸，主动赞扬学生思考的积极努力而不涉及问题，对学生的鼓励作用是巨大的。

6.2.4 社会探究模式

社会探究模式以问题为中心来构建课堂教学，把假说的提出和求证看作探究活动的核心。马希尔斯(Byron Massialas)和考克斯(Benjamin Cox)将社会科学研究方法运用于学生社会学科的学习，他们所关注的主要是社会改良和社会问题的解决。

1. 教学目标

社会探究模式的主要目的是教给学生怎样对重大的社会问题进行思考，通过真实的探究过程，学生应学会给这些问题定义，学会和同学们一起用不同的视角看待这些问题，在收集更多数据的基础上得出结论，进行总结。为达到上述目的，该模式设置了一系列的教学目标。

1) 掌握对社会事务探究的能力

即让学生在社会发展过程中发现问题，确定问题的性质，提出问题的假设，找出问题假说的证据，并最后总结出社会发展的一些规律。

2) 培养学生勇于承担社会改良义务的精神和能力

通过这样的训练，可以提高学生对社会义务反思和探究的能力，履行公民的义务，成为对社会有益的人，并最终实现模式设计者最根本的愿望：改良社会，实现社会文化“创造性重建”。

3) 培养学生主动参与社会行动的精神和能力

与上述目标相连，学生能积极参与到社会行动中去，而不再产生社会活动短缺的行为。

4) 培养学生与人讨论的忍耐精神

在团队探究的环境里，学生要慢慢学会去倾听别人的意见，虚心吸纳有用的东西，必要的忍耐力也就逐渐培养出来。

5) 培养学生学会尊重个人的尊严精神

学生在讨论时认真倾听，即是对别人的尊重，这种尊重别人尊严的精神还要在探究环境里进一步加强，最终形成学生稳定的品格，而且能运用到社会环境中去。

2. 基本程序

社会探究模式的基本程序可分为以下几个阶段。

1) 定向

定向即教师和学生对社会领域的某一问题敏感化，集中注意力对这一问题进行探究。这个问题可以来源于日常生活的真实情境，也可以产生于对阅读材料的反思；或产生于课堂上某一冲突等一系列的其他来源。教师的任务是概括这一问题的影响因素，并被全体一致接受作为整个探究的起始点，这个起始点可以是一个对关系进行解释的解决办法或原则的问题。

2) 假说

探究的第二个阶段是提出一种假说。这种假说要尽可能清晰地表达出对现象的解释，即原理和解决办法以及它们的前因后果。

3) 定义

在这个阶段，假说的各个方面被清晰化并且明确定义，直到探究小组每个成员都能对问题情境进行交流。运用问题情境相关的语言和信息资料是清晰的，并且是经得起验证的经验。

4) 引申

提出假说后，要对它的含义、假设和推论的形式加以深入探讨。引申要求高质量并有一定的限度，要检验它的逻辑有效性和内在一致性。

5) 求证

求证即要根据假设和定义来收集资料和证据来支持假说。当然，在证据不足时会妨碍探究的深入，教师和学生应该进一步求证，直到问题解决。

6) 概括

探究的最后一个阶段是对问题解决办法的表述。就是反思前面的过程，得到一个有质量的结论并加以表达。在实际的教学中，教师应强调结论的开放性以便于不断地改进，还可以鼓励学生对结论提出疑问并进行再探究，最后使学生明白：只有较好的，没有更好的。

3. 具体实施

社会探究模式在课堂教学中实施，需要具备一定的条件，教师在组织这一教学活动前必须了解清楚这种性质。

1) 社会探究模式的特征

社会探究模式实际上是一种反思性的课堂教学。它具有如下特征。一是教室内的课堂交往是特别重要的，要营造一种开放的课堂讨论氛围。二是强调假说是整个探究的核心。三是对事实性证据的运用。事实性证据的有效性和可信度是对假说进行检验的保证，尤其要对事实的有效性高度重视。

2) 实施条件

一是教师的信念，这是社会探究模式得以开展的首要条件。教师应该坚定信念，发展学生解决生活中问题的能力，会有助于社会的改进；二是要有丰富的信息环境支持。信息化时代的发展和互联网的广泛使用，它保证了探究活动能够更好地开展下去。

3) 课堂教学中的师生交往策略

在整个探究过程中，教师是探究活动的顾问和信息提供者。教师应帮助学生澄清事实，改进学习方式，并制订出他们的探究计划；教师要帮助学生澄清概念，纠正他们的逻辑错误，使他们更客观地提出假说，并根据假说进行有效的交流。因此，教师的角色不再是知识的传授者，而是学生行动的反馈者，教师要帮助学生理解自我并发现新的自己。

教学案例

题目1：我们的食物安全吗

【教学内容】

苏教版小学科学四年级上册 第四单元：吃的学问 第4课 我们的食物安全吗？

【设计理念】

本课从学生的饮食生活入手，教育学生要科学饮食。教给学生安全饮食的基本常识，关注自己的饮食健康。首先让学生了解色素的作用及危害。色素包括天然色素和人造色素，人造色素在安全用量内使用可以改变食品的外观，增进人的食欲，但是使用过量则会损害人的身体健康。其次是通过学生查看一些食品包装袋(或包装盒)的成分说明，调查加工过的食品里添加了什么成分，并填写调查表。再次是引导学生讨论即使没有加工过的、纯天然的食物，如肉类、鱼类、蔬菜类等新鲜食物食用是否安全，唤起学生们对食物是否污染的意识。最后讨论怎样吃才安全，让学生了解安全饮食的一些基本常识。

【活动目标】

一、过程与方法

能够用不同的方法调查食品添加剂的种类，以及了解它对人体健康的影响。

二、知识与技能

了解安全饮食的基本常识。

三、科学态度与价值观

(1) 乐于用学到的知识改善自己的饮食生活。

(2) 意识到科学技术会给人类与社会发展带来好处，也可能对人类和社会发展产生负面影响。

【活动准备】

教师应多准备一些食物包装盒(午餐肉罐头盒)及饮料瓶(可口可乐)的标签。

学生每人准备 2～3 个食品包装袋及饮料瓶上的成分说明

实物投影仪

“科学文件夹”食品调查表。

【活动过程】

一、提出问题

“同学们在超市看到各种各样漂亮的饮料、果冻等食品，一定很喜欢吃，这些食品中最诱人的颜色是什么？”

学生根据老师提出的问题展开讨论、汇报(是色素)。

然后老师向学生介绍，色素包括天然色素和人造色素两类。所谓天然色素，就是天然的、原来就有的；而人造色素是人工添加的色素。人造色素能使食物漂亮诱人，香味浓郁，增进人的食欲，但如果长期过量食用，就会损害人的身体健康。从而使学生们了解色素的作用及其危害。

二、调查加工食品中添加了什么

老师出示了一个“午餐肉罐头盒标签”放在实物投影仪上并介绍其配料成分。

学生把收集到的食品包装袋及饮料上的标签进行查看，看里面添加了哪些添加剂。

学生将调查的结果写进“科学文件夹”食品调查表里。

讨论：食品添加剂安全吗？我们怎样对待加工食品？

通过这一系列活动，学生了解了食品添加剂是食品生产过程中所必需的。添加了这些物质是为了保存食品，防止腐蚀，是为了增强食品的色、香、味，它不是食品的原有成分，对人体也没有什么营养价值。只要在安全用量内食用食品添加剂对人体是无害的，但是如果过量使用，会产生微量毒性；长期食用会损害身体健康，从而教育学生少吃小食品。

三、提供案例，讨论新鲜食品是否安全

师：你们对新鲜食品有什么看法？

生：猪吃了不干净的东西会中毒，人吃了猪肉也会得病。

生：鱼喝了污染过的水，鱼会中毒，人吃了中毒的鱼会拉肚子……

生：人吃了喷有残留农药的蔬菜，也会中毒……

师：同学们说得很好，看起来新鲜的食物也不一定是安全的。

猪、鱼、蔬菜看起来是纯天然的，不是人工合成的食品，是比较安全的，其实并不尽然。因为猪可能吃了不干净的东西变成垃圾猪，鱼可能喝了污染过的水变成了污水鱼，喷洒过农药的菜会变成农药菜。如果人吃了这些被污染过的食物，里面的毒素就会在人体内积聚，从而引起人的中毒症状。现在随着科学技术的发展，一些人急功近利，在饲养家禽畜及鱼类时，添加了一些激素或催生剂来加速动物的生长，这些畜禽肉加工的食品人吃了之后对人体的健康或多或少都会产生副作用。

通过对案例的剖析，使学生知道新鲜的食品也不见得最安全，唤起他们对食物污染问题的关注。

四、进一步讨论怎样吃才安全

师：加工的食品里含有添加剂，新鲜的食物又被污染，这些食品都不安全，是不是我们不用吃啦？

生：不是的。

生：吃的蔬菜要浸泡清洗。

生：吃的水果要削去果皮，不去果皮的也要用水洗干净。

生：喝牛奶、饮料要看保质期。

生：无商标、无日期标识的食物不要买。

生：过期的、变质的食物不能吃。

生：吃无公害的蔬菜……

师：同学们说得对。民以食为天，人是要吃食物的，只有了解安全的饮食常识，才能吃得安全，吃得健康。

通过讨论，大家畅所欲言，谈了许多饮食卫生方面的知识。这一活动的目的是让学生了解安全饮食的基本常识，养成良好的饮食习惯，用学到的科学知识改善我们的生活，提升我们的生活质量，使我们的生活更健康。

【活动评述】

(1) 调查食品添加剂。这一活动设计主要是对学生收集的食品包装袋及饮料上的标签进行调查，了解其食品的成分，从而使学生认识到食品添加剂本身不含人体需要的营养，但是在加工食品中又是必需的。事物都有它的两面性，有利也有弊。教育学生正确看待加工食品，只要在食品添加剂安全用量内食用是无害的，而过量食用则有害。

(2) 关注食物污染。现在很多的食物如蔬果、禽类、畜类和鱼类等，在种植、饲养过程中使用农药、化肥、饲料、激素等方法“助长”，再加上环境污染。这些食物人吃了之后对人体的健康有很大的影响。近年来食品安全问题越来越突出，必须唤起人们对食品污染问题的广泛关注。

(3) 怎样吃才安全。这一活动充分调动了学生的积极性，个个畅所欲言，说出了许多饮食卫生方面的知识，有些同学还提出了很好的意见和建议。本次活动主要是教会学生安全饮食的基本常识，每天都注意饮食卫生，养成良好的饮食卫生习惯，只有这样才能吃出安全、吃出健康。

【资料链接】

《深圳特区报》消息：钟南山院士在广州市人大会议越秀区分组讨论会上不无担忧地表示，食品安全问题已经是一个很严重的问题……钟院士说，广州很多疾病发病率的快速增长都和食品安全有很大的关系，比如肠癌、宫颈癌、卵巢癌的发病率呈现出了快速增长的趋势，而这些和农药、添加剂、防腐剂和催生剂的过量使用都有很大的关系。据了解，现在广州的很多农民在整治鱼塘塘底时，除了要挖去泥土外，还在塘底铺上一层“环丙沙星”。钟院士说，这种药品除了可以起到防治鱼病作用外，还可以加速鱼的生长，也是一种催生剂。这种食品人吃了之后会对人体的健康有很大的破坏作用。

据悉，果冻不是用水果汁加糖制成的，而是用增稠剂、香精、酸味剂、色素、甜味剂制成的，这些物质对人体没有什么营养价值，却有一定的毒性，多吃或常吃会影响儿童的生长发育和智力健康。

可乐饮料中含有一定量的咖啡因，它对中枢神经系统有兴奋作用，对人体有潜在危害，由于儿童各组织器官尚未发育完善，抵抗力和解毒功能弱，危害会更大一些。

台湾医学专家表示，市民日常购买零食副食品时，应密切注意食品防腐剂的标注，并认清各种防腐剂的毒性，以确保健康食用。

据悉，食品防腐剂是防止食品因微生物及霉菌腐败变质，延长保质期的添加剂，分为无机和有机两类。无机防腐剂有亚硫酸盐、焦亚硫酸盐、二氧化硫、硝酸盐、硼砂、甲醛等，其中硼砂、甲醛毒性较强，为致癌物质；二氧化硫、亚硫酸盐会引起严重的过敏反应。

(资料来源：[EB/OL]深圳市南山区育才二小 曾光明)

6.2.5 基于计算机软件与虚拟仿真的教学模式

科学探究的环境包括真实环境和模拟环境。真实环境可分为自然环境和实验室环境。科学探究应充分利用真实环境。然而，在真实环境中开展科学探究会受到诸多因素的制约。随着教育信息化的发展，基于信息技术的教学形式开始走入科学课堂，计算机模拟软件创设的环境在安全性、时空转换、内容结构、具体与抽象的结合、观察、控制和活动引导等方面具有显著的优势。因此，计算机模拟软件可作为真实环境的补充和扩展，尤其适用于学生个体或小组的自主探究学习。

基于计算机模拟软件与虚拟仿真的教学模式，其基本构成因素包括教学内容的呈现、学生操作以及活动程序指导。

1. 教学内容——探究对象动态视觉化

计算机模拟软件可以把真实对象转变为学生控制下的动态形象，实现科学探究对象的动态视觉化。动态视觉化内容是软件模拟中的观察对象，模拟的动态视觉化内容既有原型的基本特征，又附加了引导观察的因素，能优化显示，突出和加强与探究目标相关的特征，使学生集中注意力于探究的关键点，增强学生观察的指向性。

探究对象的动态视觉化呈现可以起到引导观察、激发思考、支持思维过渡的作用。在科学探究中，学生会遇到一些术语、概念、对科学现象的抽象或理想化的表述、科学现象涉及的数值等以符号形式存在的因素，模拟软件可以将这些抽象的因素转变为可以交互的图形、图像等信息。

2. 学生操作——虚拟教学情境的构建，创设联结的可操纵性

探究学习环境是学生自主地与内容交互的环境。模拟的可操纵情境体现了“做中学”的思想。与真实环境相比，模拟的可操纵性环境更有助于引导学生动脑，给学生提供频繁的机会与探究对象进行交互作用，提供近似于与真实对象进行交互的经验。

模拟中的探究活动是以观察为基础，通过与模拟软件的交互，获取事实、收集数据和发现证据的过程。模拟创设的探究情境，能够在学生操作的同时呈现相应的现象或数据，并且是相关联的一系列的操作结果。这在最大程度上可使操作、观察、验证紧密结合起来。

3. 人机交互环境下模拟软件的作用

运用计算机软件与虚拟仿真技术组织科学探究活动，程序中的指导不仅仅限于操作提示，也包括导入说明、反馈设置等。软件模拟对探究学习的指导类似于真实环境中教师的现场指导，指导的程度和水平会影响学生学习的性质，包括从无指导的“尝试—错误”学习到适度指导的发现学习，或每一步骤都遵从教师示范的模仿学习的不同程度的指导。

计算机模拟软件以动态视觉化的探究对象为中心，构成有一定内在结构的、具体与抽象相结合的学习材料，提供可以观察和操纵的情境，设置引导学生交互的活动程序和即时指导，使学生能够自主进行探究性模拟实验。由此，模拟软件能够在创设自主探究学习环境和有效引导探究活动两个方面促进科学探究学习，并且有不可替代的优势，设计和应用模拟软件可以扩展科学探究学习的途径，在信息技术支持下落实课程标准关于科学探究的思想。

思考交流

(1) 分别阐述基于项目式学习、问题解决与发现和计算机模拟软件的科学探究模式。

(2) 如何培养学生的科学探究能力？

知识拓展

AI、AR、VR、MR 技术简介

AI、AR、VR、MR 技术让我们见识到了当代科技神奇的同时，也让真实可感的现实世界和无法触摸的虚拟世界的联系更加紧密。

1. AI 技术

AI 即人工智能，集多项技术于一身，使机器可以感受、理解、学习并采取行动，无论是自食其力还是参与人类活动。现实数据揭示了当今经济增长中令人沮丧的真相：生产的传统杠杆(资本投资和劳动力)推动经济增长的能力显著下降。作为一种新型生产因素，人工智能极有可能推动新的增长，改变工作方式并强化人的作用，推动企业业务增长。人工智能技术通过改变工作本质，创建人与机器之间的新型关系，可将劳动生产率提高 40%，使人们能更有效地利用时间。据有关预测，到 2035 年，人工智能能使年度经济增长率提高一倍。

AI 全称是 Artificial Intelligence，是研究、开发用于模拟、延伸和扩展人的智能的理论、方法、技术及应用系统的一门新的技术科学。人工智能试图揭开智能的实质，并生产出一

种新的能以与人类智能相似的方式作出反应的智能机器，该领域的研究包括机器人、语言识别、图像识别、自然语言处理和专家系统等。人工智能可以对人的意识、思维的信息过程进行模拟，人工智能不是人的智能，但能像人那样思考，也可能超过人的智能。人工智能研究的一个主要目标是使机器能够胜任一些通常需要人类智能才能完成的复杂工作。

人工智能应用范围包括机器视觉、指纹识别、人脸识别、视网膜识别、虹膜识别、掌纹识别、专家系统、自动规划、智能搜索、定理证明、博弈、自动程序设计、智能控制、机器人学、语言和图像理解和遗传编程等。

2. AR 技术

AR 全称是 Augmented Reality，即增强现实技术。是研究、开发用于模拟、延伸和扩展人的智能的理论、方法、技术及应用系统的一门新的技术科学。这项技术是利用计算机技术将虚拟的信息叠加到真实世界，通过手机、平板电脑等设备显示出来，被人们感知，从而实现真实与虚拟的大融合，丰富现实世界。特点是使本身平面的内容“活起来”，赋予实物更多的信息，增强立体感，加强视觉效果和互动体验感。

AR 技术的常见应用，是利用手机摄像头，扫描现实世界的物体，通过图像识别技术在手机上显示与之相对应的图片、音视频、3D 模型等，如一些软件的“AR 红包”功能等。而更深层次的 AR 技术应用仍在探索中。

3. VR 技术

VR 全称是 Virtual Reality，即虚拟现实技术，具有沉浸性、交互性、多感知性、自主性和构想性特征。虚拟现实技术是一种可以创建和体验虚拟世界的计算机仿真系统，它利用计算机生成一种模拟环境，使学习者沉浸到该环境中。虚拟现实技术就是利用现实生活中的数据，通过计算机技术产生的电子信号，将其与各种输出设备相结合使其转化为能够让人们感受到的现象，这些现象可以是现实中真真切切的物体，也可以是我们肉眼所看不到的物质，通过三维模型表现出来。因为这些现象不是我们直接所能看到的，而是通过计算机技术模拟出来的现实中的世界，故称为虚拟现实。

VR 技术集合了计算机图形学、仿真技术、多媒体技术、人工智能技术、计算机网络技术、并行处理技术和多传感器技术等多种技术，模拟人的视觉、听觉、触觉等感觉器官的功能，使人恍若身临其境，沉浸在计算机生成的虚拟世界中，并能通过语言、手势等进行实时交流，增强进入感和沉浸感。通过 VR 技术，让人在感受真实世界逼真的同时，还能突破时空等条件限制，感受到进入虚拟世界的奇妙体验。

在教育中的应用。虚拟现实技术已经成为促进教育发展的一种新型教育手段。传统的教育只是一味地给学生灌输知识，而现在利用虚拟现实技术可以帮助学生打造生动、逼真的学习环境，使学生通过真实感受来增强记忆，相比于被动性灌输，利用虚拟现实技术来进行自主学习更容易让学生接受，这种方式更容易激发学生的学习兴趣。此外，各大专院校利用虚拟现实技术还建立了与各个学科相关的虚拟实验室来帮助学生更好地学习。

4. MR 技术

MR 全称是 Mixed Reality，即混合现实技术，是虚拟现实技术的进一步发展。它是通过在虚拟环境中引入现实场景信息，在虚拟世界、现实世界和用户之间搭起一道交互反馈信息的桥梁，从而增强学习者体验的真实感。MR 技术的关键点就是与现实世界进行交互和信息的及时获取，因此它的实现需要在一个能与现实世界各事物交互的环境中。

如果环境都是虚拟的，那就是 VR；如果展现出来的虚拟信息只是与虚拟事物的简单叠加，那则是 AR。MR 和 AR 的区别，简单而言 AR 只管叠加虚拟环境却无须理会现实，但 MR 能通过一个摄像头让你看到裸眼都看不到的现实。

MR 技术的虚拟与现实的交互反馈能够使人们在相距很远的条件下进行交流，极具操作性，如在 5G 网络的加持下，相隔两地的医生能同步进行手术和指导，在医学领域极富意义。

(资料来源：[EB/OL]新华网-科普中国)

6.2.6 探究在小学科学课教学设计中的应用

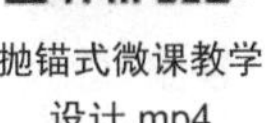

抛锚式微课教学设计.mp4

探究式微课教学设计.mp4

小学科学课作为一门基础性、综合性和实践性的核心课程，以培养少年儿童的科学素养为目标，在课程的教学设计中提倡用先进的教学理念为指导，突出学生的主体地位，积极开展探究合作学习方式，动手动脑学习科学知识。在这节内容中，将阐述小学科学课中探究主题的选择；在以学为主的教学设计应用中，讨论抛锚式微课教学设计和探究式微课教学设计以及探究型学习的具体应用。

1. 小学科学课程的内容设计

小学科学课程选取对儿童发展最有价值的自然科学和工程技术知识组成的基础知识，将最基本的先进的科学观念通过生活和自然中的现象呈现给学生，使学生理解什么是科学，对世界产生完整的认知，形成科学素养和促进科学启蒙，养成科学的思维习惯。小学科学课程选择实际生活中具有综合性和特定意义的问题，自然界存在的真实现象是点燃儿童学习热情，激发学生进行探究学习的动力。

小学科学课程的教学活动要创设探究性的学习氛围，激发儿童的学习兴趣，保护学生的好奇心和求知欲，养成学生积极进取的精神。通过探究合作学习使知识转化为学生的科学思想，进而转化为科学信念，崇尚科学精神，产生正确对待大自然和处理社会生活中实际问题的科学过程。

小学科学课程内容知识面广，涉及物质科学、生命科学、地球与宇宙科学和技术与工程四个领域。因此，在进行教学活动的设计上应按照系统论、控制论的观点，科学设计探究的主题和倡导探究型学习、合作学习在小学科学课教学中的运用；探索小学科学课程新的组织方式，正确认识小学科学课程的任务与定位。

2. 小学科学课探究主题的确立

《义务教育小学科学课程标准》明确了探究式教学在小学科学课程中的地位和作用，探究性课程资源的开发与设计，首先从探究主题的确立开始；其次是探究型学习、合作学习在学生学习科学知识方面的运用；最后是小学科学课程倡导自主探究合作式学习，用科学探究与合作学习指导设计小学科学课的教学实践活动。

1) 科学探究主题的选择

开展科学探究活动，就要选择一个恰当的探究主题，探究主题的选择可以从课程目标、课程内容、日常生活、学科发展和重大项目课题等方面进行着手。一是在教材蕴含的课程目标中挖掘探究主题。根据课程目标对教材中的探究主题进行分析整理，教师指导学生观察、分析教材中的信息、建造并观察周边的实际场景，激发学生的探究热情，丰富探究主题。二是从日常生活中发现探究主题。充分挖掘和利用符合学生年龄特点和能力水平的研究课题，是开发与设计探究性科学课程资源的重要途径和方法。这样的探究主题来源于生活，既可以激发学生的兴趣，也有利于发挥学生的创造性，更有助于学生把所学知识运用于生活实际。三是以学科和重大项目课题为平台展开探究活动，如资源与环境、航天航空、生物生命工程、通信与交通、纳米新材料等，这些课题有利于激发学生积极参与科学研究的兴趣和热情，树立长大后积极投身科学的理想。

2) 教学内容的组织与学生综合能力的培养

在小学科学课程内容的组织上，要处理好知识性内容与综合能力培养内容的关系。在学科知识性内容的学习上，应引导学生从整体上认识自然、认识科学，为学生领悟综合能力培养内容做好相应的准备，并注重应用综合能力培养内容指导、规范各知识性内容教学。综合能力培养内容着重于科学精神、科学思想、科学态度和科学伦理的培养。用科学理念引导学生运用综合能力解决具体的科学问题。为学生终身学习奠定基础，帮助学生形成合理的科学观，促进学生形成科学的价值观、世界观。

3. 以学为主的教学设计应用案例

建构主义“以学为主”的教学模式有抛锚式教学、支架式教学和随机进入教学等方式。这些教学模式都体现了以学生为中心的教学设计，能有效地促进学生的自主学习和对知识意义的主动建构。下面以抛锚式微课教学设计为例，阐述其教学设计应用。

抛锚式教学要以真实事例或问题为基础(作为“锚”)，确定这类真实事件或问题被形象地比喻为“抛锚”，因为一旦这类事件或问题被确定了，整个教学内容和教学进程也就被确定了(就像轮船落锚停泊一样)。因此也被称为“实例式教学”或“基于问题的教学”。

抛锚式教学是一种学习框架，它主张学习者在基于知识技术整合的学习环境中学会解决复制问题。在这样的学习环境中，学生的学习内容和学习过程是真实的，所学结果具有较高的迁移性，从而使学生的学习变得更有意义。

抛锚式教学的基本环节包括创设情境、确定问题、自主学习、协作学习、效果评价。如图 6-2 所示，是抛锚式微课教学设计模型，其步骤有抛锚定题、确定问题(研究假设)、问题讲解和拓展总结。基于微课本身是一种单向的教学，在基于抛锚式微课开发时，应更多地选取真实事例或以问题为基础的实例式教学，或者是基于问题的教学。

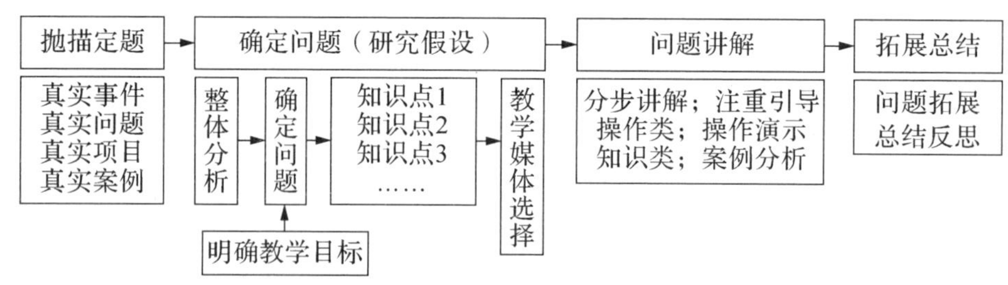

图 6-2 抛锚式微课教学设计模型

抛锚式教学的主要目的是使学生在一个完整、真实的问题、事件或环境(一个真实的设备场景，或者是一个真实的项目)中产生学习的需要，并通过学习者团队成员间的互动、交流，即合作学习，凭借自己的主动学习、生成学习，亲身体验从认识目标到提出和实现目标的全过程。

抛锚式教学通常能以视频、动画、图片的方式把学生引入相关的事件或环境中，是使学生适应日常生活，学会独立识别问题、提出问题、解决真实问题的一个十分重要的途径。

4. 探究式微课教学设计案例

探究式微课教学设计如图 6-3 所示。

探究式微课教学设计由提出任务、确定问题(寻疑)、问题讲解(示疑)、解决问题(释疑)和总结考核(存疑)4 个环节组成。

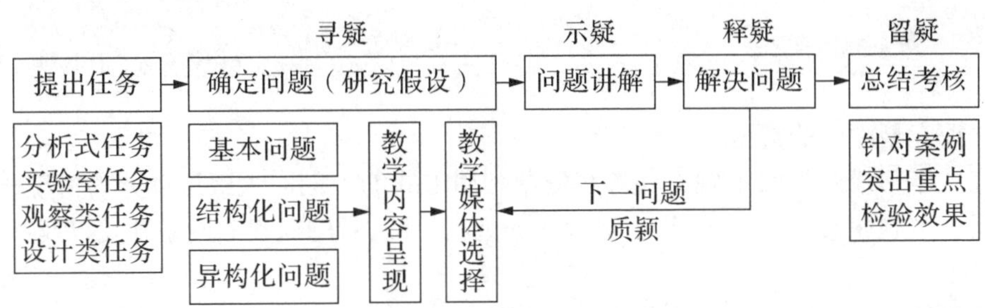

图 6-3 探究式微课教学设计模型

探究式教学是一种以学生为中心的教学模式。强调学生主体地位的发挥，倡导学生自主、合作、科学思维的学习方式与策略。在微课的教学设计中，主要应以教师为主要讲解者，所以要强调教师的角色扮演问题，既可以使用学生提出问题，也可以使用教师扮演学生角色提出问题、探究问题和解决问题。

探究式微课适用于理论性和实践性并重的科学知识内容类课程。

5. 探究型学习应用案例

探究型学习是在素质教育思想和探究型学习理论指导下发展起来的新的学习模式。其目标是贯彻素质教育思想，以培养学习者的学习能力、创新能力与实践能力为核心，促进学习者成为会求知、会实践、会发展的应用型专门人才。

1) 探究型学习的概念

探究型学习是指教学过程在教师的启发指导下，以学生独立自主学习和合作讨论为前提，以现行教材为基本探究内容，以学生周围世界和生活实际为参照对象，为学生提供充分自由表达、质疑、探究、讨论问题的机会，让学生通过个人、小组、集体等多种解难释疑尝试活动，将自己所学知识应用于解决实际问题的一种学习模式。探究型学习模式概括起来即整体感知—合作探究—反思拓展。

知识拓展

探究型学习的核心要点

(1) 把培养学生的探索精神作为立足点。探究型学习的实施有利于培养学生的探索精神以及分析问题、解决问题的能力，促进智力的发展，激发学生的学习兴趣和热情，使学生能以积极的态度去探索、揭开知识的奥秘。在问题情境设计、引导学生探讨问题的过程中，只有立足培养学生的探索精神，才能使教法充满活力，使课堂充满生机。

(2) 把基本问题作为学生思考的出发点。教师应当认真备课，深入研究教材，恰当地提出适合学生的基本问题，创设相应的问题情境。这样做不仅可以激发学生的兴趣和思考，更可为下一步的学习、探索指明方向。

(3) 把提高课堂教学效率作为终结点。探究型学习的整个过程是让学生运用自己已有知识，结合所学习的新课尝试解决相关问题，学生一直处于积极思考的兴奋状态，思维受到很好的训练，教师抓住重点讲解，学生通过示例学习和尝试学习，高效率地掌握分析、解决问题的策略，掌握解题思路和方法，解题能力就会得到提高，由此也提高了课堂的教学效率。

(资料来源：[EB/OL]百度文库)

2) 探究型学习的类型

探究式学习模式按照主题、任务和资源利用方式的不同，大致可以分为情境—探究、资源利用—主题探索—合作学习、小组合作—远程协商、专题探索—网站开发以及 WebQuest 等模式。

(1) 情境—探究模式。这类模式主要适用于课堂讲授型教学，具体内容如图 6-4 所示。

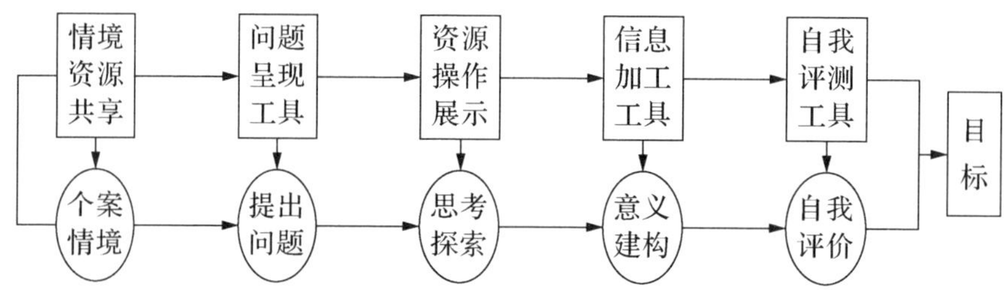

图 6-4 情境—探究模式

该模式可分为以下几个步骤。

① 利用数字化的共享资源，创设探究学习情境。

② 指导学生初步观察情境，提出思考问题，借助信息表达工具(如 Word、BBS 等)形成意见并发表。

③ 对数字化资源所展示的学习情境，指导学生进行深入观察和进行探索性的操作实践，从中发现事物的特征、关系和规律。

④ 借助信息加工工具(如 PowerPoint、FrontPage 等)进行意义建构。

⑤ 借助测评工具，进行自我学习评价，及时发现问题，获取反馈信息。

(2) 资源利用—主题探索—合作学习模式。这类模式主要适用于校园网络环境，具体内容如图 6-5 所示。

该模式可分为以下几个步骤。

① 在教师指导下，组织学生进行社会调查，了解可供学习的主题。

② 根据课程学习需要，选择并确定学习主题，并制订主题学习计划(包括确定目标、小组分工、计划进度)。

③ 组织合作学习小组。

④ 教师提供与学习主题相关的资源目录、网址、资料收集方法和途径(包括社会资源、学校资源、网络资源的收集)。

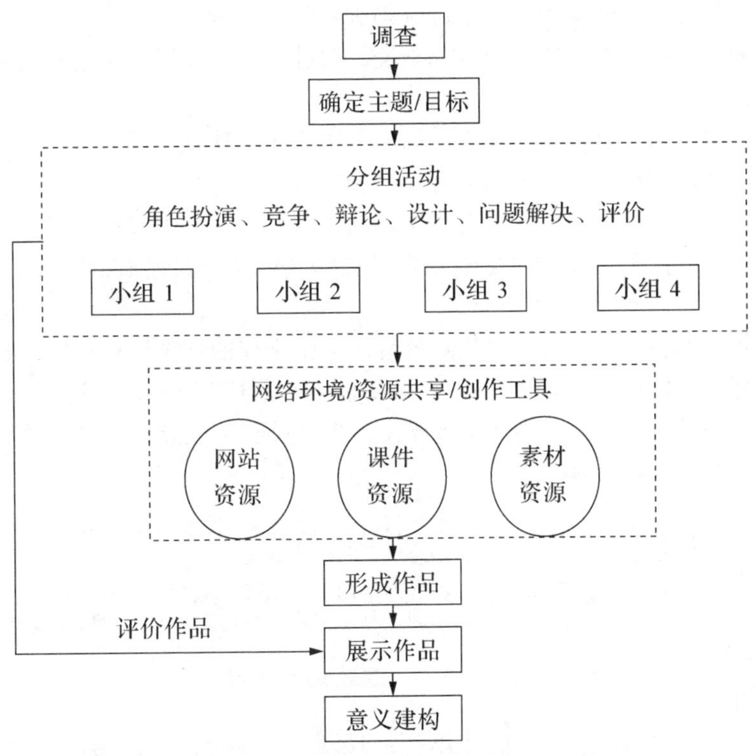

图 6-5　基于校园网络的资源利用—主题探索—合作学习模式

⑤　指导学生浏览相关网页和资源，并对所得信息进行去伪存真、选优除劣。

⑥　根据需要组织有关协作学习活动(如竞争、辩论、设计、问题解决或角色扮演等)。

⑦　形成作品，要求学生以所找到的资料为基础，作一个与主题相关的研究报告(形式可以是文本、电子文稿、网页等)，并向全体同学展示。

⑧　教师组织学生通过评价作品，形成观点意见，达到意义建构的目的。

(3)　小组合作—远程协商模式。这类模式主要适用于因特网环境，具体内容如图 6-6 所示。

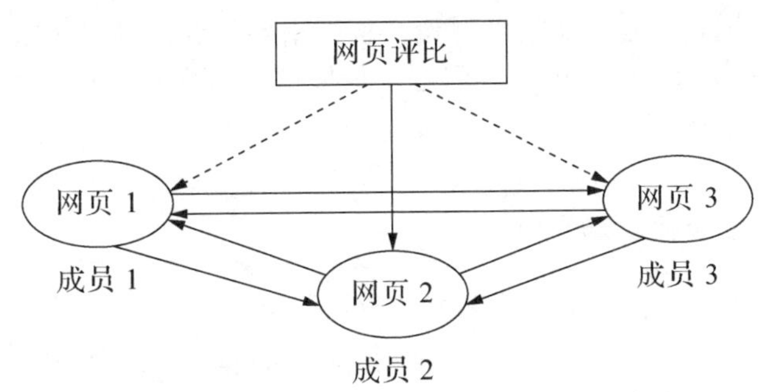

图 6-6　基于因特网的小组合作—远程协商模式

该模式可分为以下几个步骤。

①　在不同国度、地区或城市，各自选择几所学校作为地区成员实验学校。

②　在各地区实验学校内，各自组成若干个合作学习小组。

③ 各合作学习小组同学内部分工，分别进行问题探索。

④ 围绕同一主题，不同地区的实验学校，通过上网，寻找与主题相关的网页并下载，获取相关信息。

⑤ 利用所得资料，进行素材加工，同学分工合作，建立小组网页。

⑥ 各合作学习小组定期浏览其他合作学校的网页并进行讨论。

⑦ 通过网络通信工具，对其他合作学校的网页发表意见，互相交流。

⑧ 经过一段时间后，组织学生进行学习总结，对综合课程知识的掌握和学习能力进行自我评价。

⑨ 组织各地区教育工作者、学生对各地区实验学校的网页进行评比，鼓励先进。

(4) 专题探索—网站开发模式。这类模式主要适用于在因特网环境下，对某一专题进行较广泛、深入的研究学习，并借此培养学生创新精神和实践能力，提高学生的综合素质。该模式具体内容如图 6-7 所示。

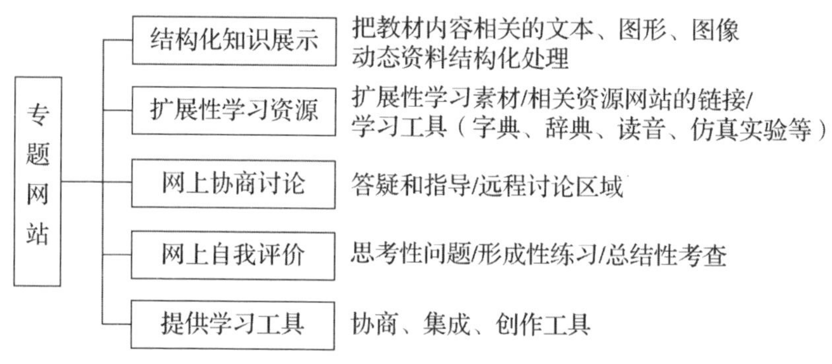

图 6-7 基于因特网的专题探索—网站开发模式

这类学习模式要求学生构建的“专题学习网站”必须包含如下基本内容。

① 展示与学习专题相关的结构化的知识，把课程学习内容相关的文本、图形、图像、动态资料等进行知识结构化重组。

② 将与学习专题相关的、扩展性的学习素材资源进行收集整理，包括学习工具(字典、辞典、读音、仿真实验)和相关资源网站的链接。

③ 根据学习专题，构建网上协商讨论，答疑指导和远程讨论区域。

④ 收集与学习专题相关的思考性问题、形成性练习和总结性考查的评测资料，让学习者能进行网上自我学习评价。

思考交流

研究型学习和探究式学习的异同。

(5) WebQuest 模式。WebQuest 模式在 1995 年由美国圣地亚哥州立大学教育技术系的伯尼·道格(Bernie Dodge)和汤姆·马奇(Tom March)创立。WebQuest 是一种以探究为取向的学习活动，教师给学生设计一个特定的情境任务，然后教师利用网页为学生提供大量的网络资源，要求学生通过对信息资源的分析与综合得出创造性的解决方案。

Web 是网络的意思，Quest 是寻求、调查的意思，而 WebQuest 在汉语中则还没有一个与之匹配的词汇。在这类活动中，部分或所有与学习者互相作用的信息均来自互联网。根据这一意思我们可以把它译为“网络专题调查”。

WebQuest 模式一般由导言、任务、过程、资源、评价和结论 6 个模块组成。

① 导言。主要目的是创设一个问题情境，介绍主题内容及其背景，让学生知道将学习的内容是什么，激发学生研究的兴趣。

② 任务。让学习者把注意力集中于他们将要进行的活动上，特别是那些推动所有学习活动顺利进行下去的最终表现或成果。成果可以是研究论文、调查报告、研究笔记、口头报告、模型、展板、主题演讲、作品、网页和活动设计的方案。

③ 过程。简述学习者将如何完成学习任务，可以把任务的过程分解成循序渐进的若干步骤，以及就每个步骤向学习者提出建议或策略。在这个过程中，教师应扮演 4 种角色，即信息海洋的导航者、情境观察的指导者、协作学习问题的设计者、协作学习过程的辅导者。

④ 资源。完成任务所必需的信息导航资源，避免学习者漫无目的地瞎闯。这些资源可以包括书籍、文献、网页、网站、光盘和录像等。

⑤ 评价。罗列出与需要完成这个任务相符合的评价标准，并为学习者描述他们的行为将受到何种评价。评价人员既可以是教师，也可以是家长或同学。

⑥ 结论。用来对活动进行总结，总结学习者通过进行这项活动或课程将会学到的东西，同时也鼓励他们对问题进行深入的思考。通过提出一些引导性问题，促进学生把这种探究的经验扩展到其他领域。

MiniQuest 是由教师设计的在线教学模块，MiniQuest 本身为真实问题的研究提供了框架，该框架可以引导学生带着特定的目的，通过专门的网络资源，回答有意义的问题，从而提升学习者成功地遨游高度未组织的环境的能力。这类模式课时数大多为 2 课时左右，比较短小灵活。

思考交流

试比较 MiniQuest 与 WebQuest 的异同。

3) 探究型学习的基本步骤

(1) 设置合适的探究问题。探究主题本身应以教学改革及教学模式创新为基点，在整体框架上尊重课程体系及教学规律，其内容及授课顺序与课堂教学同步。

(2) 组织学习小组，拟订活动计划。在调查、分析学生原有认知水平、能力水平的基础上，积极探索以课程为单元的教学组织方式，打破以往按专业、年级组班教学，让学生在指导教师和任课教师的辅助下自主选择探究主题，将知识背景、兴趣爱好、所选内容相近的学生组成 3～5 人学习小组，采取组长负责制。在组建小组时，教师应根据每个学生的个性特点、综合能力、知识水平等进行小组优化组合，协调平衡。学习小组的主要功能应有以下几点：阅读交流——解疑、存疑；合作研究——调查分工、合作研讨、形成结论、汇报答辩；学会合作，培养团队精神；促进竞争。

学习小组确定之后，各小组要根据探究主题的主要内容，认真讨论，共同拟订整个探究活动的规划，形成具体完整的实施方案，如确定课题名称和所要实现的目标，组员任务的分工，课题成果展示与答辩，具体实施步骤等。整个过程以小组为单位，由学生独立自主完成。

(3) 创设探究情境，促进探究过程有效展开。创设情境是指教师根据教学内容和要求，结合学生的实际水平，在指导学生选择探究主题的基础上，以有待解决的问题为载体，创设适应的学习氛围和特定的探究情境，提供丰富的探究学习的信息资源和媒体支持，激发学生的学习兴趣，使之产生为达目的而迫切学习的心理倾向和动力，使学生在自主探究、交流沟通、协商讨论的过程中加深对问题与知识的认识、理解，使新旧知识相协调，实现认知结构的重构。具体来说，包括以下内容。

一是要积极创设问题探究情境。在探究主题提出之后，学生往往不知如何着手进行探究型学习。这时，就需要教师为学生提供若干坐标，指导学生弄清课题中存在哪些问题，可运用哪些书本知识进行分析，并提出解决方案。在此基础上，教师应与学生一同去建构一个与学生的水平相当的问题情境，引导学生提出问题主动探究。

二是要促进探究过程有效展开。整个探究过程大致可分为两步：第一步是各组成员应按照探究学习的工作框架(包括想法、事实、学习论题与行动方案等)进行讨论，对问题进行分析，最后确定好行动计划，并明确分工，让每一个学习者独立地去完成任务；第二步是形成阶段性结论后，各组成员应重新聚集起来，交流各自完成所承担任务的情况与所查找的资料，对问题进行重新研究，看看是否解决了问题，如果没有，还需解决哪些新的问题，查找哪些新的资料。最后，重新制订新的行动方案，并分配任务。在此过程中，教师要及时了解并检查各组工作的进展情况，必要时应给予适当的点拨与提示。

(4) 主动形成解释，展示成果、评价结论、总结与反思。①主动形成解释并展示成果。学习者可根据采集到的各种实证，通过一系列交流与沟通，不断修改并完善解决方案，形成对探究问题的解释，最后形成结论。各组代表可利用计算机、投影等设备，以电子演示文稿的方式，向全班报告本组专题的基本内容与完成情况。各组同学根据报告内容进行自由提问，汇报组的组员们对提问进行答辩。此外，汇报组的记录员要记录全班同学们所提问题与本组的应答，以便课后进行反思总结，评委们应根据各组专题完成情况与同学们的临场表现进行评分。这样可以准确地检测学习的效果，以便于教师对共性问题通过面授集中讲评，对学习目标完成情况进行小结，使其成为学生自我评价、自我发现和主动改正的提示。②评价结论。对探究学习的考核与评价应遵循以过程评价为重点，过程与结果相结合的原则。评价目标优劣不在于结论的正确与否，而在于活动过程中学生的能力是否得到有效的提高。教师除根据探究课题设计任务书的情况、阶段性考评情况以及最终结果展示答辩情况之外，每个人分担的任务轻重、执行情况，小组成员互相合作的表现，探究目标的达成度，是否有所创新等，都可作为考评的依据。③总结与反思。各组学生应根据报告中出现的问题，在课外进行研究讨论，整理有关本组专题的知识，重新修改并完善各组的小组作品。并且，各组员要对本次学习的效果与过程进行反思，重新审视探究过程：讨论从何开始？问题清楚地界定了吗？能从该案例中得出什么可普遍推广应用的结论？哪些概念、理论方法和技巧有助于对本案例进行更好的理解与分析？某个看似可行的方案在分析后被否决了吗？原因是什么？

4) 应用案例

网页制作是现代信息技术课中的重点教学内容。根据基础教育阶段中小学信息技术课程的主要任务及对教材内容的分析研究，在“网页制作”课的教学中，应将掌握网页制作的一些技术和方法设为知识目标，通过对知识的学习和对作品的创作培养学生的创造能力、协作能力、动手能力、评价能力，同时在教学中以培养学生的审美、欣赏、创新、主动探索与发展的能力为情感目标。那么，如何来实现教学目标呢？以下案例进行了教学研究的尝试，可以引导学生开展探究型学习活动。

教学案例

题目2：现代信息技术课中的“网页制作”教学设计

【教学内容】

主题：班级网站建设。

以小组为单位，规划和设计本班班级网站。

【活动目标】

该案例的目标可分为知识目标；能力目标及科学态度与价值观目标。

一、知识目标

初步了解网页制作的过程，熟悉网页的各种元素；掌握网页制作的一些技术和方法。

二、能力目标

以建构主义理论为指导，以研究性学习为载体，培养学生自学、合作学习和动手能力；学生通过亲身经历，提高分析和解决实际问题的能力。

三、科学态度与价值观目标

培养学生与他人协作的学习品质，加强集体主义观念；培养学生的科学探索精神与严谨的治学态度。

【任务描述】

根据学生不同的学习能力、储备知识、兴趣爱好，依据自愿组成原则，可将全班分为6～8人的小组，各小组规划出网站设计方案，分工合作制作网页，并由学生自己担任评委，评选出优秀网站。

【活动准备】

一、课前准备

以小组为单位，规划班级网站结构方案。然后，根据这个方案进行工作分配，每个小组成员负责1～2个网页。

二、制作过程

资料收集；网页制作；网页调度及修改。

三、网站评审

各小组派一名成员上台演示，根据老师制定的评分标准，请各小组长进行评分，评出优秀的班级网站。

【教学活动过程】

一、引入教学资源环境，创设学习情境

这个环节的主要教学目的是激发学生的学习兴趣和对新知识的渴望，让他们有对新知识和技能的学习动机、愿望和需求。在教学中，根据学生的思想特点与学习心理，可以借用好的班级网站来创设情境，向学生展示好的班级网站，并指出：大家看到的每一幅画面都是一页网页，这些网页有的美观大方，有的丰富多彩，有的个性鲜明。那么，我们能不能制作出具有自己风格的网页？这样就可以激发学生学习网页制作的兴趣及求知欲望，产生完成本班班级网站制作的动机。此时，教师应对学生提出研究的目标——如何利用

FrontPage 2017 软件来完成班级网页制作，最后各研究小组要分别展示其研究成果。

二、小组合作，确定网站结构

小组协作的形式能拓展学生自主发展与创作的空间。在这个环节中，教师应先组织学生分成几个小组，一般 6～8 人一组。在分组的时候，应特别考虑学生的学习能力、储备知识、学习动机等，以避免在同一组中出现操作能力过强或过弱的学生的过分集中。接着每个小组可以围绕“某某班网站”确定一个网站设计方案，并在课余时间进行相关的资料收集。这样能激励学生发挥出自己的最高水平，能促进学生之间在学习上相互帮助、共同提高，并且还能增进同学之间的情感沟通，改善人际关系，能够让学生都积极地参与到学习活动中来。

三、小组学习与探索研究

在课堂上，教师必须展示范例，以引导学生分析网页的结构，并指出：网页中可以有文字、图片，甚至有动画和声音，为了和浏览者更好地交流，有时还可添加各种表格、组件。当然，各式各样的超链接更会常常出现在网页里。学生有了初步的直观印象后，就不会感到盲目，而且会引起学生极大的兴趣。随后，可将任务分解成若干个小任务，引导学生轻松愉快、主动地去解决问题，完成任务，进而达到自身对知识的意义建构。

四、小组展示班级网站及网站评审

展示交流是研究课题的最后一个环节，各小组应通过多媒体教室向全班同学展示自己小组的研究成果，并进行自评，即说出哪些是本小组最好的，哪些是本小组还没能解决的。最后请各小组长评选出优秀网站。在此环节，教师应把握评价的尺度，评价的侧重点应该放在学生在自主学习过程中学会了哪些学习方法，同学间团结合作意识是否体现，并充分肯定学生的成果，鼓励他们继续发扬这种探索研究精神。

【教学反思】

在“网页制作”这堂课的教学过程中，该案例充分利用了软件本身的特点，为学生创设了和谐、美好、愉快的信息化学习平台，发挥了学生的主体作用。在教学中，充分调动了学生的学习积极性，培养了学生的动手能力、观察分析能力和主动探索性学习的能力。通过教学方法的设计，教会了学生分析问题的方法，教学情境的设计激发了学生探索新知识、深研新知识的强烈欲望，培养了学生良好的思维习惯、学习习惯，使学生学到新知识的同时形成了良好的学习心理，实现了教学目标。

实践表明，开展探究型学习对网页制作的教学具有非常好的效果，活动中充分发挥了学生的主体性，学生学习的积极性被充分调动起来了。同时，提高了课堂效率，使整节课的教学目标得以顺利实现，小组的分工合作体现了平等原则，每个学生都积极参与到教学活动中。此外，小组成果评比演示也充分体现了学生在课堂活动中的主体地位。

（资料来源：[EB/OL]百度文库）

思考交流

(1) 运用探究式或抛锚式微课教学设计，撰写一节小学科学课教案。

(2) 如何确立小学科学课的探究主题？

(3) 探究型学习的基本步骤有哪些？

6.3　小学科学课教学中的合作学习

合作学习(Cooperative Learning)是从20世纪初的社会相依性理论(Social Interdependence)演化而来，在20世纪40年代形成合作与竞争理论， 70年代初兴起于美国。由于它在改善课堂内的社会心理氛围，促进学生形成良好的非认知品质等方面取得实效，备受教育工作者的关注，并成为当代主流教育理论与教学策略之一。

在小学科学课教学中，倡导自主探究合作式学习。教师在课堂上，面对能力不同、兴趣不同、家庭环境不同和性格各异的学生，一个关键的问题就是教师如何组织教学，促进学生学习行为的发生。本节将对小学科学课教学中合作学习的设计与应用进行阐述，探寻如何对学生进行合作学习的组织与调控，才能为学生创造良好的学习氛围和更多的学习机会。更好地促进学生的学习和社会适应能力的提高，从而提高小学科学教学的实施效果。

6.3.1　合作学习的概念

1. 什么是合作

合作是人们一同工作完成共同目标的行为。在合作的情境下，个体寻求对自己，也对其他团队成员有利的结果。合作(Cooperation)指的是一种联合行动的方式，即个人与个人、群体与群体之间为达成共同目的，彼此相互配合的一种联合行动。

从战略意义来讲，合作是需要具备一定的基础的，即合作的基本条件。合作的基本条件一是一致的目标。任何合作都要有目标，至少是短期的共同目标；二是统一的认识和规范。合作双方应对共同目标、实现途径和实施步骤等有基本一致的认识；三是相互信赖的合作氛围。一种相互理解、彼此信赖、互相支持的良好氛围是相互合作的重要条件；四是具有一定的物质基础。必要的物质条件(包括设备、通信手段和技术条件等)是合作能否顺利进行的前提。

2. 合作学习的定义

2007 年布洛克教育奖(Brock Prize)获得者罗杰与约翰逊兄弟(Roger & Johnson D.W，Johnson R.T)把合作学习定义为：以小组形式，使学生们一起工作，达到最大化学习成果的教学方法。在开放大学中关于合作学习的定义是指学生共同操作以计算机为基础的学习程序，要求学生通过扮演不同的角色，或操作不同的控制键，进行合作(Laurilland，2001)。人们透过合作或合作学习，不仅要对自己产生有利的结果，更重要的是也要达成与其合作成员的利益最大化。

合作学习是指 2～6 名能力各异的学生组成一个小组，以合作和互助方式从事学习活动，共同完成小组学习目标，在促进每个人的学习水平的前提下，提高个体成绩，获取小组奖励。合作学习的目的不仅是培养学生主动求知的能力，而且是发展学生合作过程中的人际交流能力。这个思想来源于杜威集体活动和集体项目(Group Projects)的观点，以及他在《民主和教育》一书中提出的理论，即学生应当在一起学习，学习公民和社会责任。

知识拓展

合作学习(CL)与团队合作学习(Team-Based Learning，TBL)

1. 合作学习的类型

合作学习可分为3种类型：正式合作学习(formal cooperative learning)、非正式合作学习(informal cooperative learning)与合作小组(cooperative base groups)学习。这3种合作学习型态各有其特性，最简单的区分法是依据学生一起工作时间的长短和小组的组成方式进行区分。正式合作学习采用异质性分组方式，小组学生一起工作时间从一节课到数周；非正式合作学习是暂时性且随意的分组，小组组成的时间维持几分钟到一节课；合作小组则是由固定成员组成长期且成员特质相异的小组，时间维持一学期、一学年或长达数年。因小组维持时间的不同，教师角色、教学重点与教学流程也有所差异。

以非正式合作学习类型为例，它通常运用于课堂讨论活动，教师可临时将学生：①分成2～3人一个小组，说明要小组成员一起讨论的问题，以及小组所要形成共识的目标为何；②接下来以10～15分钟为一个周期，教师先讲述和接下来讨论相关的教学内容，然后提出问题由小组讨论进行问题解决，讨论结束后教师应随机挑选2～3名学生，分别以30秒左右时间总结他们小组的讨论结果；③最后要求每一小组以4～5分钟来总结前面的讨论。周期性讨论这个步骤可以视课程需要重复数次，最后再进行总结。

2. 非正式合作学习流程

3种类型的合作学习并非互斥地运用，例如可以整学期都采用合作小组设计，但在某几节课堂中引用非正式合作学习流程。教师应该根据自己教学的需要，灵活运用不同形态的合作学习策略于教学中。

3. 合作学习的基本要素

实施合作学习必须掌握5个基本要素，这些要素分别叙述如下。

(1) 正向的相互依赖。这是所有要素中最重要的一项。教师要让学生相信，小组中的所有成员是一个整体，唯有每一个人都贡献自己的力量，并协助其他成员也能同样贡献，他们才能一起成功完成教师指派的任务。

(2) 建立个人与小组的责任心。小组成员的责任心必须能够被评估，并将评估结果反馈给个人和小组，便于了解小组中哪些成员需要协助、支持与鼓励，以完成被指派的工作，最终完成小组的任务。

(3) 鼓励课堂互动，特别是面对面地互动。小组成员间面对面地互动，包含口语解说解决问题的方法、讨论所学到的概念、把自己知道的教给同学，以及联系过去与现在所学到的概念等。有丰富的人际互动和认知活动，才能促进每一个人的学习。

(4) 让学生学会人际互动与小组一同工作所需的技能。合作学习不能只关注课业学习，同时也要让学生学会作为小组成员应具备的人际沟通与小组合作技能，包括有效的领导、作决策、建立信赖关系、沟通、冲突管理和善用过去所学等。

(5) 持续改善小组活动程序。在小组活动过程中应描述成员行为哪些有助于作决策应该持续，哪些没有帮助应予改善，持续优化小组的合作行为。

合作学习(CL)与团队合作学习(TBL)相比较，TBL着重在培养学生应用个人自学知识于实际问题解决，也就是学术能力。CL则较专注于课堂中的学习活动，目的在于同时培养学生学术和人际合作的能力。一般而言，CL的小组成员约有2～4人，TBL则是5～7人，不同数目的成员组成一个小组，使教师在教学设计上必须随之不同，所培养的学生能力也就不一样。教师可以根据教学实际需要，决定采用哪一种方法，当然也可以把不同的合作学习法混合运用，达到最大化教学与学习成效的目的。

(资料来源：[EB/OL]百度文库)

6.3.2 合作学习的意义

孔子曰：独学而无友，则孤陋而寡闻。这说明学习需要一种群体的合作精神，这也意味着必须将以教师为中心的课堂模式转向以学生为中心。合作学习作为现代教学模式，倡导合作成员之间的互相启发和学习，实现信息互补，让学生体验到集体智慧的力量，感受到合作的快乐，这有利于每个学生在愉快、轻松的合作学习中得到发展。具体来看，小学科学课教学中实施合作学习的意义有下述几点。

1. 促进学习目标的实现

在小学科学课教学过程中，不应让学生孤立地学习。学生通过合作学习可以发挥各自的优势，取长补短、相互借鉴，使全体学生共同进步。此外，同一个班级的学生以小组形式讨论、分析和解决问题，能够减轻学生的学习负担，从而促进学习目标的实现。

2. 增强学生的团结互助意识

合作学习有利于激发学生兴趣，让学生体验到集体智慧的力量，感受到合作的快乐，从而培养学生主动参与的合作精神，促使每个学生都能得到发展。

3. 有利于营造良好的课堂氛围

合作学习是一种开放式的探索活动，相比传统教学中教师硬性讲授、学生单纯被动听讲，合作学习更能充分调动学生学习的主动性和积极性，活跃课堂气氛，提高学生的认知能力，使小学科学课堂成为学生主动探究知识的地方。

6.3.3 合作学习的要素

合作学习的代表人物、美国明尼苏达大学合作学习中心的约翰逊兄弟(Johnson D.W & Johnson R.T，1989)认为，合作学习包含个人责任、相互信赖与相互配合、社会技能、混合编组和小组评估五个基本要素。

1. 个人责任

小组每个成员在合作学习中必须承担一定的学习任务。 同时，每个成员必须掌握所分配的任务，并积极承担完成任务所要负的责任，即个人责任。个人责任是指每个组员必须承担一定的学习任务，并掌握所分配的任务。为了落实个体责任，每个组员的作业必须受到评估，并且，其结果要反馈给个体组员。小组成员们必须知道在完成作业的过程中，谁最需要帮助、支持和鼓励，并保证不能有人“搭便车”。

2. 相互依赖与相互配合

在合作学习中，学生们应知道他们不仅要为自己的学习负责，而且要为其所在小组的其他同伴负责，他们彼此需要"荣辱与共"。具体而言，积极的相互依赖主要涉及积极的目标互赖、积极的奖励互赖、积极的角色互赖、积极的资料互赖、积极的身份互赖、积极的外部对手互赖、积极的想象互赖、积极的环境互赖八个方面(雅各布斯，1998)。其中，前五种互赖是主要的。学生不仅要为自己的学习负责，还要为小组中其他同伴的学习负责。学生之间要进行积极的相互支持和配合，特别是要产生正向的依赖和相互引导。

学生之间有机会相互交流、相互帮助和相互激励。只有通过彼此的相互作用，才能获得所希望的合作效果，如产生合作性的认知活动(解释解决问题过程，讨论概念，阐明知识间的联系)，产生社会性规范和影响(承担责任，相互启发和促进等)。通过言语和非言语反应对彼此的学习表现提供反馈，有机会鼓励缺乏学习动机的同伴参与学习，相互了解并建立良好的人际关系等。

3. 社会技能

社会技能是小组合作学习是否有效的关键所在。如果学生缺乏这种社会技能，即使被放在一起，被迫合作，效果也会大打折扣。为了协调各种关系，实现共同的目标，学生必须做到：①彼此认可和信任；②彼此进行准确的交流；③彼此接纳和支持；④建设性地解决问题。只有这样，小组成员之间才能建立并维护彼此的信任，有效地解决组内的冲突，进行有效的沟通，学会共同的活动方式等。教师必须教学生一些社会技能，以帮助他们进行高效合作。

4. 混合编组

教师可以依据学生的组织能力、学习能力、知识基础、思维活跃程度、性别、特长爱好、心理素质、语言表达能力、家庭背景和守纪状况等情况将学生进行异质分组，这样有助于打破不同类型学生之间的障碍，扩大学生的交往范围。按能力水平将学生混合编组的目的是提倡同伴互教，这对教师和学生都有好处。此外，混合编组还可以促使学生从多个角度看待问题，丰富学生的思维。

5. 小组评估

小组评估是指小组成员对小组在某一活动时期内，哪些组员的活动有益和无益、哪些活动可以继续或需要改进的一种反思。对小组内共同活动的成效进行评估，以寻求提高活动有效性的途径。对小组间的活动成效进行评估，以引起小组间的合作与竞争，发挥群体的积极功能，提高活动成效。

小组评估的作用在于：①利于组员维持彼此之间的良好工作关系；②便于组员学习合作技能；③增进组员对自己参与情况的了解；④促进组员在元认知水平上思维；⑤强化组员的积极行为和小组的成功。

6.3.4 合作学习的过程

小学科学课教学中合作学习的过程大致可分为诱发合作动机—明确学习任务—个人责

任—合作探究—交流学习—反馈结果 6 个阶段。

1. 诱发合作动机

在合作学习之前，教师要创设合作学习的氛围，使学生产生想要合作的动机，激发学生强烈的合作欲望。

2. 明确学习任务

产生合作欲望后，教师要向学生说明合作学习的重要性，明确学习的内容和目标是什么，告诉学生评价的标准是什么，适时引导、激发学生的学习兴趣，使学生明白怎样完成学习任务。

3. 个人责任

每个学生都必须承担教师分配的学习任务，并且通过独立思考掌握所分配的任务。同时，要承担自己在合作学习小组内的角色任务。教师通过巡视了解学生的角色状况和学习水平。

4. 合作探究

确立学习任务之后，小组要通过研究学习目标，明确主攻方向和需解决的问题，根据组员角色任务，分工合作，探究交流。在此期间，教师要在组间巡视，针对学习过程中出现的各种问题及时进行引导。

5. 交流学习

小组成员通过探究，阐述各自观点，对有疑问的地方进行集体研究，再在全班汇报自己小组的交流成果。对于小组内没有解决的问题，可以提出来请其他小组帮助解决。

6. 反馈结果

通过小组间的交流学习，教师应指导学生逐步统一认识，得出结论，并对各小组和组内成员的表现给予评价。

6.3.5 合作学习的实施

在小学科学课教学中实施合作学习，其具体步骤为合理分组、明确责任—教师调控、适时指导—学生探究、论证结论—结果反思、教师讲评。

1. 合理分组，保证学生学习积极性

合作学习的分组有两种形式。第一，组内异质、组间同质。教师应针对具体情况，将不同层次、不同水平的学生进行合理分组，要求成员在能力、性别、种族等方面具有异质性。第二，兴趣任务型分组。由于学生合作学习的兴趣、能力等方面的不同，教师就不能硬性要求学生选择同一内容进行合作学习，而要充分考虑学生自身的兴趣点和关注点，让他们尝试选择适合自己的任务，发挥他们自主合作学习的能动性。

2. 教师的组织与调控

在合作学习中，教师不仅仅是知识的传授者，而且是学生发展的促进者、指导者、合作者，教师的角色发生了巨大的变化。

1) 合理分工，明确职责

根据小学科学的特点及学校的实际情况，合作学习小组通常的分工有小组长、记录员、材料员、实验员，职务由各个成员轮流担任。小组长负责组织小组成员开展合作学习，督促成员完成教师布置的各项学习任务；课下督促成员收拾、整理、清洗实验仪器；认真检查成员的科学作业的完成情况，及时收齐交给科学课代表等。记录员负责记录实验产生的各种数据、现象以及小组得出的结论。材料员则按照要求领取实验材料，保管实验仪器。合作学习小组组建后，要求组内成员相互友爱、坦诚相见、平等民主；同时也要保证每个成员在学习过程中有事做，有责任和义务为小组的成功学习尽自己的一分力量。

2) 合理调控，适时指导

我们知道，小学生的自我控制与合作能力还不高，如果没有教师适当地监督，合作学习就可能流于形式，成为无效学习，因而学生的合作学习往往需要教师的适当监督。在开展小学科学合作学习时，教师切不可袖手旁观，要加强对学生合作学习的指导和监督。

另外，虽然教师在小组合作学习之前就已经明确指出了合作学习的任务及操作过程，但在具体实施时可能有的小组仍然不够清楚，在操作过程上也会有些偏差，落实到个体上也可能不明确。这时教师就要及时发现并提供必要的指导与帮助，以保障各小组的合作学习都能及时启动并且正常进行。在合作学习过程中，教师应当为学生提供及时有效的指导和帮助。在讨论过程中，教师要深入各个小组中，了解学生合作的效果、讨论的焦点、认知的过程，并在必要时给予及时的评价和总结，培养学生的学习兴趣，激发学生学习的积极性。

3. 给予充分时间，促进学生探究

学生参与讨论的前提是有各自的独特见解，且个体的思考无法由他人取代。只有在充足时间的保证下，在自由轻松的氛围中，学生的思维才能任意发挥，也才能使他们的讨论不仅仅停留于表层而深入问题或现象背后的实质。除了给予学生充分的独立思考的时间之外，还要保证学生讨论与探究的时间。学生的认识与水平各不相同，观察现象或思维的角度也有差异，且这些独特的见解往往也较为浅显。学生在交流和沟通时，需要有足够的时间深入讨论，激荡思维的火花，知识才会得到极大攀升。

4. 建构良好的合作学习评价机制

《基础教育课程改革纲要(试行)》中指出评价要“帮助学生认识自我，建立自信”。《义务教育小学科学课程标准》实施建议指出，学习评价的目的在于了解学生在学习过程中的表现及其存在的问题，鉴定学习的质量水平。通过学习评价确保课程实施的质量，促进学生科学素养的发展。

小学科学课教学中小组合作学习的评价不仅要考查学生对知识的掌握，更要重视学生学习的过程与体验，从激励的角度出发，促使学生形成自信心与持续发展的能力，使其更积极主动发展。合作学习倡导“人人进步”的教学理念，旨在建立一种以鼓励性、赏识性为主的评价机制，将过程性评价与总结性评价有机结合起来，建立个性化、多元化的评价

机制。

第一，发挥激励功能，制定行之有效的过程性评价方案。教师可以从学生是否认真观察实验、是否认真思考等角度制定评价的指标，也可以从学习习惯上来制定评价的指标，如学生在小组活动中是否遵守课堂纪律、是否认真倾听他人的发言、是否愿意与他人合作等。

第二，尊重学生的差异，变换奖励的形式，使奖励个性化；注重学生参与性评价，在小组活动后，让学生对自己的学习态度、学习过程和学习效果进行评价，引导学生对自己进行反思。

第三，丰富评价的内容。小学科学课教学与学习的评价内容既不能忽视科学的基础知识、技能的评价，又要关注学生学习习惯、兴趣、探究能力以及科学态度与价值观等的评价，尽可能使每个学生的科学素养都能得到比较客观、全面的评价。

教学案例

题目3：鸡蛋壳的启示

【教学内容】

苏教版小学科学五年级下册 第二单元：形状与结构 第1课 折形状(实验项目：再试试蛋壳的承受力)拓展而成。

【设计理念】

这节课首先从讲述“诸葛亮用鸡蛋考倒张飞”这个故事入手，让学生亲手握鸡蛋后思考这样一个问题“为什么鸡蛋可以承受较大的压力？”然后，小组合作进行“再试试蛋壳的承受力”实验，试着解释蛋壳为什么可以承受较大压力的原因，从而认识到薄壳结构及其在建筑中的广泛应用，最终领悟到大自然给予我们无限的启示。

【活动目标】

一、过程与方法

(1) 分工合作完成探究蛋壳承受力的实验。

(2) 积极讨论并且设法解释蛋壳能够承受较大压力的原因。

二、知识与技能

(1) 知道薄壳结构可以承受较大的压力。

(2) 了解薄壳结构在建筑中的广泛应用。

三、科学态度与价值观

欣赏自然生物奇妙的形状和结构，领悟它给人类的启示。

【活动准备】

教师准备：鸡蛋槽、鸡蛋、科学书、实验表格、课件。

学生准备：鸡蛋壳、科学书、笔、计算器。

【活动过程】

一、引入：手握鸡蛋实验

教师：民间流传着这样一个故事，有一天，诸葛亮问张飞，“你能把生鸡蛋握破吗？”张飞哈哈大笑，“俺老张天生神力，单手能举起千斤顶，握破一个小小的鸡蛋简直是不费吹灰之力!”你猜猜，张飞真的把鸡蛋握破了吗？

学生 1：假设破。

学生 2：假设不破。

学生 3：亲手握鸡蛋。

教师：你把鸡蛋握破了吗？张飞也像你一样没能把鸡蛋握破，这是什么原因呢？

学生 1：可能是力气还不够大。

学生 2：可能是鸡蛋很牢固。

学生 3：可能是鸡蛋把压力分散了。

……

教师：有同学认为是力不够大，也有同学认为是蛋壳在起作用，下面让我们做一个实验来探究这个问题。

二、探究：鸡蛋壳的承受力实验

教师：请大家翻开《科学》课本第 21 页，找到“再试试蛋壳的承受力实验”，这个实验需要什么材料？

学生：蛋壳和书。

教师：这是大伙从家里带来的蛋壳，还有我们用过的《科学》课本，每本《科学》课本约为 200 克。

请小组讨论以下问题。

(1) 四个蛋壳最多可以托起多少本《科学》课本？

(2) 蛋壳怎么摆？

(3) 《科学》课本该怎样摞起来呢？

学生进行小组讨论。

(1) 提出假设，如 10 本，20 本等。

(2) 蛋壳可以摆成一个长方形等。

(3) 《科学》课本可以交错摞起来等。

教师：板书各个小组的假设数据后出示实验要求。

(1) 小组分工合作：摆蛋壳、摞书、数数和记录各一人。

(2) 身体不能接触桌子。

(3) 只要有一个蛋壳被压碎就马上停止往上摞书。

学生小组分工合作完成实验。

教师板书各个小组的数据。

教师：最多和最少的数据分别是多少？它们相差多少？两者存在较大差异的原因是什么？四个鸡蛋壳为什么能够承受那么大的压力？

学生 1：最多是 15.2 千克，最少是 6 千克，它们相差 9.2 千克。

学生 2：可能是蛋壳的位置不一样；可能是摞书的方法不同……

学生 3：蛋壳能使作用在它身上的压力分散。

教师：蛋壳的什么特点能使作用在它身上的压力分散呢？

学生：蛋壳的形状。

教师：蛋壳的形状是怎样的？

学生：拱形的、椭圆形的、弧形的……

教师：蛋壳这种构造被称为薄壳结构，如蜗牛壳、田螺壳、海螺壳、乌龟壳和人的头盖骨等都是薄壳结构。鸡蛋究竟能够承受多大的压力呢？下面让我们再做一个“脚踏鸡蛋实验”。

三、验证：脚踏鸡蛋实验

教师：人站在鸡蛋上，鸡蛋会被压破碎吗？

学生 1：假设破。

学生 2：假设不破。

指定一名学生尝试站立在鸡蛋上。

教师：人站在鸡蛋上而鸡蛋没有破碎，这说明了什么？

学生：鸡蛋能承受较大的压力。

教师：薄壳结构有这样的优点，它给我们什么启示呢？

四、运用：薄壳结构的建筑

教师：在我们周围有薄壳结构的建筑吗？

学生：四海公园旁的幸福中心楼上的天文台。

教师：你还能举出其他例子吗？

学生：北京国家大剧院、悉尼歌剧院、日本大阪市圆顶屋、柏林国会大厦、印度泰姬陵、意大利比萨建筑、意大利威尼斯市政厅、美国华盛顿国会大厦、美国帕玛山天文台、耶路撒冷岩石圆顶清真寺，等等。

教师：很多宗教如基督教、伊斯兰教、佛教的建筑，还有天文台和体育馆等建筑都采用了薄壳结构。小小的鸡蛋壳能给我们这么多的启示，大自然中这样的例子更是数不胜数。

五、拓展：自然生物奇妙的形状和结构给人类的启示

教师：你知道哪些自然生物奇妙的形状和结构给人类的启示的例子呢？

学生：人们通过观察鱼造船，观察鸟制造飞机，观察苍蝇复眼发明蝇眼照相机……

教师：大自然是人类的老师，我们应该向大自然学习。

【活动评述】

(1) “再试试蛋壳的承受力”实验。虽然学生对鸡蛋最熟悉不过了，但是蛋壳隐藏着的秘密，多数学生是不清楚的。学生在做这个实验的过程中，摞书最多的小组高达 76 本科学书(每本约为 200 克)，他们都兴奋得叫了起来，出乎意料的结果激发出他们积极探究事情真相的热情。

(2) 薄壳结构的建筑。像蛋壳、龟壳、螺壳等薄壳结构，能够巧妙地把压力分散开来，使单位面积的受力变得最小，这种原理被广泛地应用在建筑上，不仅实用(如天文台、体育馆等)，而且赋予其特殊的含义(如基督教、伊斯兰教、佛教等建筑)。在实验的基础上观赏薄壳结构建筑的图片，使学生对这种类型的建筑有了较多的了解。

(3) 生物的启示。蛋壳能给我们如此多启示，其他生物的例子就更不用说了。学生在感叹大自然生物神奇本领的同时，深刻认识到仿生学在现代科技舞台上可以大有作为。

【资料链接】

1. 薄壳结构

生物界的各种蛋壳、贝壳、乌龟壳、海螺壳以及人的头盖骨等都是一种曲度均匀、质地轻巧的“薄壳结构”。这种“薄壳结构”的表面虽然很薄，但非常耐压。模仿它们壳体在外力作用下，内力都沿着整个表面扩散和分布的力学特征，在建筑工程中早已得到广泛应用。日本东京的代代木体育馆则活像一只巨大的海螺，其外观曲线流畅、轻快、形态动人，被认为是当代最成功的体育建筑之一。

(资料来源：[EB/OL]www.zzxxly.com)

2. 仿生学(Bionics)生物学科类

该学科是近一二十年发展起来的一门属于生物科学与技术科学之间的边缘学科。它涉及生理学、生物物理学、生物化学、物理学、数学、控制论、工程学等学科领域。生物界各种丰富多彩的机能具有极其复杂和精巧的结构，其奇妙程度远远超过迄今为止的一切人造的机器，因此在工程科学的进一步发展中，人们需要向生物寻找启发和进行模拟是很自然的。

(资料来源：[EB/OL]kjt.gzst.gov.cn；深圳市南山区育才二小 冯日成)

6.4 小学科学课学习技能的培养

本节阐述小学科学课程的学习技能，它不同于其他学科的学习技能，科学课程的学习技能与科学课程的特点密切相关。科学课程的内容源于科学、技术、社会与环境的基本知识与基本观点，科学学习技能必然涉及科学技术等方面的研究过程，涉及观察与发现、问题与假设、实验设计与实施、测量与数据分析以及结果交流与问题解决方面的内容。

6.4.1 观察与学习

观察是人类认识世界的最基本途径，也是小学生初步认识自然界，进行科学启蒙教育的重要途径；观察又是实验的基础。在实验过程中，认真细致，实事求是的观察伴随着实验的每个细节，只有同时重视观察和实验，科学研究才能得出科学的、正确的结论，所以说，观察能力的培养直接影响着其他能力的培养，不可轻视。

1. 观察课

观察是对事物有目的、有计划、有组织的直觉过程，在观察的过程中，包含着积极的思维和对观察的结果进行记录或记忆，观察是非常基本、重要的科学探究技能之一，是一切科学研究的基础。

小学科学课程中的观察是学生运用感觉器官去感知事物形状特征的活动过程。在小学科学课程中，以观察为主组织教学过程的课程属于观察课，它是一种指导学生有目的、有计划地利用感官对自然现象、物体特征及属性，动、植物生长及其他习性等进行系统的观察，以获得知识、经验，并培养观察、分析、比较和概括能力的教学活动。这种教学活动具有直观形象的特点，能使学生获得深刻的、真实可信的感性认识，从而提出问题，发现规律。教师应提供合适的观察材料，通过观察，训练学生观察的能力；学生通过分析观察现象，形成科学概念，探求科学规律。

2. 观察课的主要类型

运用感官感知事物的观察课。运用感官进行观察，即用眼、耳、鼻、舌、手、皮肤去直接感知事物的特性。训练学生用自己的感官去感知事物，教师不但要激发学生的观察兴趣，更重要的是要指导学生掌握用各种感官进行正确观察的方法。

(1) 借助工具进行的观察课。有些观察内容，要求学生利用一些观察工具观察认识事物，如用放大镜、显微镜观察微小物体或组织，用望远镜观察远处物体等。

(2) 综合型观察课。根据具体的教学内容，学生在观察中应灵活运用观察方法，用观察工具或直接用自己的感官去感知事物，发现事物的现象和规律。

3. 观察课的基本结构

观察课一般由3个环节构成。一是导入新课。导入新课要提出问题，明确观察的任务。二是自主观察。观察过程是观察课的主体部分，学生利用感官或观察设备观察，获得感性认识，并通过思维获取知识，培养学生的观察能力。三是交流总结。观察是手段，旨在发现和探索。学生之间交流观察结果，发现事物蕴含的规律。交流可以促进学生观察能力的提高，也是探寻事物规律的过程。

4. 观察的分类与方法

观察的方法包括全面观察法、比较观察法、归纳观察法和发现学习等。

全面观察法要求对观察对象的各个方面、各个部分、各个角度进行细致观察。全面观察就是对事物全貌、事物的发展过程、事物构成的各个部分以及事物与事物之间的关系，从头至尾、由此及彼地进行观察。全面观察可以把握全局，避免以偏概全和片面性。只有通过全面观察，才能对所观察的事物形成完整的认识。

比较观察法的实质是观察同中之异、异中之同，辨析科学现象、概念，规律，以把握其本质属性。通过对两个事物或现象的对比，或对某一现象发生变化的前后情况进行对比，从而获得观察信息。

归纳观察法是指对同一类现象的某些特征进行观察，得到一些独特的认识，再通过归纳得出普遍性的结论，归纳观察法得出结论的正确性需要科学论证并在实践中加以检验。

发现学习见本章6.2节“科学探究的模式”，这里不再赘述。

教学案例

题目4：水的表面张力

【教学内容】

苏教版小学科学三年级上册 第三单元：生命之源——水 第2课 观察水

【设计理念】

“儿童不对熟悉的物体感兴趣，不对陌生的东西感兴趣，只对既熟悉又不相识的东西感兴趣。”因此，水极易引起学生的研究热情。本活动设计是在前面学生学习了水的一些性质的基础上，通过让他们自己大胆预测，并动手实践检验自己的猜测，从而了解正确的认识是怎样产生的，旨在让学生亲历科学探究的过程，体验探究带来的乐趣。

【活动目标】

一、过程与方法

(1) 能够通过观察、实验发现水的性质。

(2) 能够用语言准确地描述观察、实验的结果。

(3) 知道什么是预测，什么是实验的结果。

二、知识与技能

了解水的表面张力。

三、科学态度与价值观

(1) 体验发现的惊喜与快乐。

(2) 在探究过程中，能愉快地和他人合作，并细心观察实验。

【活动准备】

小量杯、一元钱硬币、滴管、镀锌水泥钉。

【活动过程】

一、引入

教师：通过前面的学习，我们了解了水的很多性质。今天，我们来做几个小游戏，看看你们是不是真正地了解水。

二、硬币滴水的游戏(了解水的表面张力)

(1) 讨论、预测。

教师：介绍游戏。

用滴管在一元钱硬币上滴水，猜一猜一元钱硬币上可以滴几滴水？

小组活动：分组讨论，在小组内交流个人的意见。

每位同学自己预测游戏结果，并把自己预测的结果与其他同学交流，特别是相互交流自己预测游戏结果的依据，要让同组的同学能够了解自己思考的过程。

(2) 做游戏。

小组活动：分组游戏，游戏时要注意以下几点。

① 游戏时注意观察硬币上的水。

② 一滴滴地加水，并记录水溢出时加了几滴水。

(3) 汇报、交流。

全班活动：各组分别汇报自己的游戏结果，之后以个人为单位向全班同学汇报自己在游戏过程中所观察到的现象、新的发现以及想要知道的问题。在教师的主持下，重点围绕同学们提出的以下几方面的问题展开全班讨论。

① 大多数同学都感兴趣的问题。

② 关于这个游戏的原理——水的表面张力的问题。

(4) 小结。

通过这个游戏学生已经了解，即使硬币上的水多到超过硬币的边缘，水也不会溢出硬币，但不能总结出水的这种性质的名称，教师可以介绍这是因为水的表面张力的原因。

三、水杯中放钉子的游戏(感受水的表面张力有多大)

(1) 讨论、预测。

教师：介绍游戏。

在小量杯里加满水，看一看这个水杯里放几枚镀锌水泥钉时，水才会从水杯里溢出。

小组活动：分组讨论，在小组内交流个人的意见，并形成统一的认识。关于“满”的概念，每个学生的理解是不同的。教师可以让学生先自己给小量杯里装满水，自己看到“水满了”，并依据看到的钉子大小，作出自己的预测。如果有的小组水面低于小量杯的杯口，可以提醒他们“还可以再加点水，还不到杯口呢!”。教师也可以统一要求“水面与小量杯的杯口齐平”，然后向学生出示钉子，再让学生作预测。

(2) 游戏。

小组活动：分组游戏，游戏时要注意以下各点。

① 游戏时注意观察水杯的水面。

② 水泥钉一个一个缓慢放入水中。

(3) 汇报、交流。

全班活动：分组汇报自己的游戏结果，并在小组内讨论游戏结果，试着对游戏的现象作出解释。

(4) 小结。

通过这个游戏，学生亲身体验了水的表面张力到底有多大，可以让学生谈谈对这个游戏的感受或收获。

四、生活中水的表面张力

全班活动：联系游戏，讨论生活中有哪些实例体现了水的表面张力，进一步熟悉水的表面张力。

五、延伸问题

教师：由于水的表面张力，瓶盖总是停留在水面的边缘，你能想办法让盖停留在水面的中央吗？本活动作为延伸，留给学生课外思考，以考查学生对水的表面张力这一知识的理解与应用。

【活动评述】

本活动设计主要体现了以科学探究为核心的科学学习过程。提倡以科学探究为核心组织科学课程的教学，是本次科学课程改革的重要思想。教材内容的组织从便于学生的探究性、研究性学习的角度出发，而不是从教材“固定”的知识体系出发。本活动设计弱化了教师的主导作用，强调学生自己发现问题，自主讨论问题的原因，把研究问题的权利交还给学生。教学活动中，重点不是教概念、记结论，而是通过学生的一系列动手实践活动，进一步认识水的性质。活动中有计划、有步骤地展开游戏情境，让学生在游戏中观察、交流与分析，并最终形成结论。让他们在此过程中进行科学课程的学习，从而实现教学的具体目标。

(资料来源：[EB/OL]深圳市后海小学 张钊)

6.4.2 问题提出与假设的方法

问题是科学之源，而假设和猜想则是通向科学理论道路的必要环节。形成假设和验证假设的过程是科学活动的核心。课堂教学是一个发现问题、探究问题、解决问题和发现新问题的过程。科学问题能够激发学生的学习兴趣，启迪学生积极思维，问题的假设为学生提供了一个虚拟的情境，可以引导学生积极主动地进行探究学习，问题假设蕴含着对科学教学内容、教学方法、教学目标等一系列问题的探索和考究，是有效地提高课堂教学效率的教学方法。

1. 问题在与自然、生活的接触中产生

科学的本质是提出问题并解决问题，特别是日常生活中的问题。科学教育的目的是培养学生科学的思维方法，努力去发展学生解决问题的能力，使学生在日常生活中亲近科学、运用科学，把科学转化为对自己日常生活的指导。问题是开启科学大门的金钥匙，广阔的自然天地和真实的日常生活为我们创设了无数的问题情境，为我们的小学科学教学提供了丰富的课程资源。

2. 假设在知识、经验的碰撞中生成

问题就是矛盾，研究问题就是要解决矛盾。科学课程标准指出了猜想、假设的具体内容是能应用已有的知识和经验，对所观察的现象作假定性的解释。面对问题，激发学生探究的欲望和热情，引导学生提出对问题的猜想，明确进行科学探究的内容和方法，使学生将已有的知识经验在脑海中进行整合、分析、综合，形成假设。这是学生旧知识的升华，也是思维能力的提高。

3. 探究在回归科学研究的原生态中进行

小学科学课程的学习以探究为核心，探究既是科学学习的目标，又是科学学习的方式。亲身经历以探究为主的学习活动是学生学习科学的主要途径。小学科学课程应向学生提供充分的科学探究机会，使他们在进行科学探究的过程中，体验学习科学的乐趣，增长科学探究的能力，获取科学知识，形成尊重事实、善于质疑的科学态度，了解科学发展的历史。

在科学探究过程中，教师是组织者、引领者和学生亲密的伙伴，学生是探究学习的主体，学生在参与中感悟，在过程中体验，教师应尊重学生自己探究自然的权利。

4. 猜想、假设的方法与策略

认识猜想与假设在科学探究中的重要性，尝试根据经验和已有知识对问题的成因、探究的方向和可能出现的实验结果进行推测与假设。猜想是探究活动的前提，猜想决定了科学探究的方向、方案、方法、过程，科学合理的猜想能使探究活动有计划、有目的、有步骤地进行，确保探究有序、有效。猜想要求学生根据现有的生活经验和已掌握的知识对提出的问题的成因或对探究可能出现的结果作出猜想。

教师必须认识到教学是要培养学生的学习能力，使他们拥有敏捷的智慧，而猜想与假设是科学智慧中最活跃的成分，是探究过程中的重要环节。将猜想与假设真正地落实在课堂教学中，从培养学生的兴趣到学生积极投身其中，促进学生猜想与假设能力的培养，提高学生学习的能力。为学生营造猜想与假设氛围，鼓励学生大胆猜想与假设，依据猜想进行实验，通过分析、归纳，得到探究结论，达到开展探究活动的目的。在猜想与假设中进行反思，通过辩论反思，逐一剖析，引导学生去伪存真，保留有意义的猜想，开展有效的探究。

学生掌握一定的科学猜想方法很重要。例如，类比法，可以借助于日常生活中学生熟悉的现象进行类比，针对不同的探究内容，找到合适的类比对象，学生的猜想有了明确的指向性，就能做到有的放矢，有助于学生学习任务的顺利完成；联系法，科学中有很多相似的物理或化学量，在学习一种新的知识时，借助于以前的相似知识比较找出它们的联系；归纳法，科学知识是观察自然界的现象，进而归纳得来的；逆向法，即利用逆向思维的方法来实现猜想，逆向猜想在科学的发展中具有重要的推动作用，曾导致许多重要的定律的建立和发现。

6.4.3 解决方案的设计与策略

小学科学课教学的核心在于培养学生的科学素养，问题解决是培养学生科学素养的重要途径。因此在小学科学课教学中，教师应注意学生问题解决的过程，以提高学生的科学素养。

一是培养学生的问题意识。学生兴趣度的高低决定了课堂成效。教师要激发学生解决问题的激情，才能让他们对小学科学课堂产生兴趣，激发学生自主学习的积极性。

二是引导学生进行探究。教师是学生学习的支持者和引导者，引导学生主动探究，亲历科学探究的过程，有利于培养学生解决问题的能力。小学科学学科是一门需要学生动手去操作实验才能解决问题的学科，所以教师在教学中要依据问题，留给学生充分的思考问题、解决问题的时间，引导学生从自己的操作、实验中解决问题。

三是让学生体验到问题解决的乐趣。小学阶段的学生有着较强的自尊心和自我意识。教师在教学时，既要注意教学的成效，又要注重学生的心理发展，尽可能使学生体验到成就感，让他们体会到解决问题的收获和快乐；在鼓励评价过程中，注重多方面评价相结合，挖掘学生的闪光之处，赞赏他们的能力，给予他们充足的信心去解决问题。

总之，开展小学科学课堂问题解决教学，必须提升学生学习科学的积极性和主动性，还原知识生成的过程。在具体构建问题解决教学模式中，通过教学情境构建，结合教学目标，应用各种认知活动的技能，引导学生完成发现问题、分析问题、提出假设、实验验证，最终完成教学的总目标，提升学生的问题探究能力和解决问题的能力。

6.4.4 实验设计与实施

小学科学课程中的科学实验教学，是一项非常重要的内容。通过实验，可以培养学生的学习兴趣，养成学生勤于动手、善于动脑的学习习惯；通过实验，可以让学生在学习的过程中开发智力，激发学习潜力。进行小学科学课程的教学必须结合实验教学，才能很好地达成教学的目的。

1. 小学科学实验的分类

科学实验在小学科学课程的学习中具有极为重要的作用。对教材中的科学实验活动进行分类认识，有助于引导学生有效地开展实验活动，并针对不同类型的实验采用不同的教学策略。

1) 根据实验环境分类

(1) 实验室实验。在实验室里，针对研究对象有目的、有计划地利用实验器材，控制或改变实验对象的状态或条件的实验，就是实验室实验。开展实验室实验要选择好所需的实验器材与实验方法。观察记录实验现象和测试数据，开展数据分析并得出结论。

(2) 自然态实验。自然态实验就是指研究对象处于自然环境中和自然状态下，对其进行观察的实践活动。科学教材中的饲养、栽培活动就是要求在自然状态下进行的。教学自然实验时，教师的组织指导是关键。教师应充分考虑学生的年龄特点。激发学生的兴趣，组织好观察记录活动，培养学生持之以恒的科学精神和实事求是的科学态度。

2) 根据实验目的分类

(1) 探究性实验。探究性实验是指探究研究对象的未知属性、特征，以及与其他因素关系的实验，凡是学生通过自主探究获得知识的实验都属于探究性实验。教学探究性实验时，教师应提供全面的实验器材，强调操作技能的训练，关注学生的发现及思维活动，并引导学生提出新的问题，做进一步的探究性实验。

(2) 验证性实验。对研究对象有一定的了解，并形成了一定认识或提出了某种假说，为验证认识或假说的正确性而进行的实验，就是验证性实验。验证性实验基本上都是在分析猜想之后，为了得到验证而进行的实验。学生进行的验证性实验大部分内容是对前人探索的结果予以验证，有利于培养学生的探究能力和探索精神。教学验证性实验时，教师应组织引导学生根据事实提出问题，有理有据地对问题产生的原因进行猜想，训练学生的实验技能，指导学生有针对性地观察记录，为结论提供真实的证物，培养学生实事求是的科学态度。

3) 根据实验数据量化分类

(1) 定性实验。判断研究对象的性质、判断某种物质的组成成分、了解物质结构或鉴别某种因素以及某些因素之间的关系时，所做的实验就是定性实验。定性实验要判定的是有无、是否等问题，在实验中得出的是研究对象的一般性质以及与其他事物之间的联系等初步知识。定性实验多用于某些探索性实验的初级阶段，它把注意力集中在事物本质特征方面，要对实验明确定性，为定量实验提供条件。

(2) 定量实验。对研究对象的性质、组成及影响因素之间的数量关系开展研究而进行的实验被称为定量实验。定量实验侧重于研究事物的数值，主要采用物理测量方法进行，所以测量是定量实验的主要环节。定量实验一般是定性实验的继续，是为了对事物的性质进行深入研究所采取的手段。教学时，教师应关注定性实验与定量实验的关系，准备好所用的测量工具，关注学生操作工具的技能，使他们学会正确使用工具的方法，运用对比、推断等思维方法得出结论。

4) 根据实验作用分类

(1) 析因实验。对寻找、探索影响某种事物发生变化的主要原因进行的实验，即析因实验。教学时，首先要尽可能全面掌握可能导致结果的各种原因，进行详细的调查研究，找出影响结果的多种因素，分别设计实验，采用对比、排查等方法确定主要因素，以实验事实为依据，用分析推理的方法，弄清楚影响事物的原因。

(2) 对照实验。为了厘清影响事物的内、外因素与事物本身的关系，通过实验对影响事物内外因素进行验证并加以确定，即对照实验。对照实验一般设置对照组合实验组，教学时，教师要明确实验条件的异同，对学生进行实验操作指导，指导学生对出现的实验现象进行细致的观察记录，采用对比分析的方法，发现实验现象的差异以及这种差异中包含的事物变化的规律，从而培养学生的思维能力。

(3) 模拟实验。对于不能进行直接操作与控制的对象，可以通过模型进行实验，模拟研究对象的变化现象或变化过程，在将模型实验的结果类推到原型上去，从而揭示研究对象的本质和规律，这样的实验即模拟实验。

小学科学教材中各个实验各有侧重点，其共同的目的是通过实验培养学生的科学素养，提高学生的动手操作能力。在实际的教学中，根据《义务教育小学科学课程标准》要求，教师应结合学生认知水平设计好实验步骤与实验方法，准备好实验器材，组织好实验过程的各项活动，使学生在实验中学会探究的技能方法，获得科学知识，培养科学精神，充分发挥科学实验在小学科学课程中的重要作用。

2. 改进小学科学实验教学的对策

一是加强小学科学课教学教研的力度，理顺知识体系。教师要积极参加各项教研活动，寻求提升教学质量的教学方法和教学手段，加大研读教材的力度，通过集体备课等各种方式从培养学生科学素养的高度，读懂吃透教材，在教学中做到有的放矢，得心应手；二是解读清楚《义务教学小学科学课程标准》，把握实验教学的纲。要紧紧围绕课程标准，把握实验教学中的重点、难点和关键部分，对低年级的学生进行详细的说明和指导，随着学生年龄和经验知识的增加，要放手让学生自己去从事实验活动的设计、探究和交流全过程，使学生学会科学探究的方法，培养良好的实验习惯；三是优化教学方法，引导学生积极参与探究过程。小学科学课的学习以探究为核心，以活动为载体，教师在指导学生进行实验设计时，要使学生明确实验目的，了解实验步骤和方法，把握实验进程，提高实验效果，逐渐提高学生发现科学问题的能力；四是鼓励学生交流与合作，组织学生完成实验探究活动。教师要鼓励学生进行交流和合作学习，利用小组，分工合作、相互监督、大胆交流，培育学生的协作精神，让学生养成自主学习、探究学习、发现学习与合作学习的良好习惯；五是贴近自然，利用课内课外资源，开展科学实验，提高学生的动手能力。学生只有关注身边的科学和观察到的事物，对事物的发展变化产生新的认识，才能对相关实验产生渴求，才能科学、严谨地做实验，对实验结果的理解才更透彻，才能在观察中获得丰富的知识，养成科学思考的好习惯。

教学案例

题目5：小车与斜坡

【教学内容】

苏教版小学科学五年级下册 第一单元 神奇的机械 第3课 斜坡的启示。

本活动设计是在实施南山区“做中学”课题研究的过程中，将苏教版小学科学教材应用于“做中学”活动的一次教学尝试，旨在寻求以“做中学”活动为中心，合理利用教材(包括学具)以进一步有效地开展具有较强开放性、综合性、实践性和创造性的“做中学”主题活动的有效途径。

【设计理念】

一、追求活动内容与材料的开放性和弹性、趣味性和结构性、探究性和实践性

(1) 活动内容围绕“小车与斜坡”的专题展开，因而教学内容具有较大的弹性空间。在小车、坡度可变的斜坡、钩码等情境性材料中，学生可以自主地发现和研究小车沿着斜坡所做的运动，小车从斜坡上冲出的距离与什么有关系？跑得快慢与什么因素有关系？沿斜坡向上爬是否省力？省力大小与什么因素有关系？……在这种弹性空间中，有利于培养学生从各个角度发现问题、提出问题的能力，有利于培养学生探究性学习的主动性。

(2) 小车在斜坡上运动的活动具有较强的趣味性。在学生的操作下，小车可以由静变动，可以由动变静，可以改变运动的距离，可以改变运动的速度，可以改变拉力的大小，可以使斜坡缓或陡……趣在动中、趣在变中，容易实现“做中学”亦趣亦乐的目标。

(3) 材料选择具有很强的结构性。在小车、斜坡面前，学生很容易就想到让小车从斜坡上冲下来，把小车拉到斜坡上去等活动；尺子可以用来测距离；测力计可以用来测力的大小；计时器可以用来测时间；蜡可以用来给车轴润滑……不同的材料解决不同的问题，各种材料的有机组合可以帮助学生产生多种问题，提出多个方案，得到多个结果，充分体现结构中有变化，变化中有规律。

(4) 问题解决具有较强的探究性。学生在活动中去经历并发现规律(小车冲出斜坡的距离与什么因素有关，拉着小车沿斜坡向上爬所用的力与什么因素有关等)，设计研究和解决问题的方案(设计实验方法)，测量和记录不同条件下的有关数据等，可以说各个环节都能使学生充分体验到科学的逻辑性和探究性。

(5) 系列活动具有较强的动手操作性，非常适合展开“做中学”活动。做小车，搭斜坡，控制小车在斜坡上的运动，测量小车经斜坡运动的距离和快慢，及时记录变化情况等，样样工作都需变着法儿地“做”，做中使手巧、做中开心智、做中激发灵感。

二、以学生为主体，以活动为中心，以探究为主线

整个活动由玩玩具谈发现活动、选题论证活动、设计和论证方案活动、实验研究活动、研究成果报告会等体现科学探究特点的探究活动组成，问题和想法的提出、方案的制定、方案的实施、成果的交流评价等均由学生来完成。教师的作用是把各项活动组织起来，帮助和引导学生有效地完成各项活动，挖掘活动中蕴含的科学教育价值并及时进行教育，营造良好的“做中学”氛围。

三、深入挖掘，提升“做中学”活动的科学教育价值

以“做中学”活动为载体，在做中学知识(影响物体运动的因素等)、在做中学方法(发现和提出问题、作出假设、控制变量、进行测量、归纳概括等)、在做中培养科学精神(实证、严密、认真、细致等)、在做中学会合作、在做中开发心智。

四、重视培养学生的问题意识

习惯于泛泛地提出一些“为什么”的问题，然后依赖于教师给予解答或者从书本上寻求答案，没有意识地去提出一些适合自己动手动脑进行研究的问题，这是学生学习活动中普遍存在的一种现象。本活动的设计，将重视根据所提供的材料，在老师的引导下使学生提出一些具有一定研究价值又具有可行性的问题；重视通过研究课题的论证活动使学生不仅乐于提出问题，而且善于提出问题；重视通过研究方案的设计活动培养学生的设计规划能力；重视培养学生在活动中继续生发新问题、研究新问题的意识和能力。

【活动目标】

一、过程与方法

(1) 能够在利用斜坡玩小车的过程中产生新的发现和新的问题。

(2) 能够设计并提出验证自己想法的实验方法和测量方法。

(3) 能够设计和运用“控制变量”的实验方法收集证据。

(4) 能够区分出解决问题中的假设和事实。

二、知识与技能

(1) 能说出或用文字、图表等表示出小车从斜坡上跑出的距离、拉小车爬坡用力大小与坡度等相关因素的关系。

(2) 初步学会“控制变量”的实验方法。

三、科学态度与价值观

(1) 体验在玩和做的过程中发现和创造的乐趣。

(2) 意识到观察实验中采集数据、收集证据应本着一丝不苟、实事求是的科学态度。

【活动准备】

组装小车的部件、搭斜坡的部件、拉尺、测力计、钩码、秒表、蜡、毛巾、胶带、实验记录表等。

【活动过程】

一、出示小车和斜坡，突出活动主题

教师出示小车和斜坡

教师：同学们，你们看今天我给大家准备了什么？大家想玩吗？那今天我们就围绕着小车和斜坡来玩一玩，研究些问题好吗？

屏幕出现活动主题：小车和斜坡。

二、玩小车，谈发现

教师：既然大家很想玩小车，想必也很会玩是吗？那好，一会儿咱们看哪个小组的同学在玩的过程中想法多、发现多!现在就请每个组上来一位同学到这边的材料桌上来领取小车，开始玩吧!

学生积极性很高，各小组代表纷纷到材料桌上领取了小车、小轮胎、钩码和斜坡等，各小组迫不及待地在斜坡上玩起了小车运动的游戏。有的让小车从斜坡顶端自行冲了下来，有的把装载着钩码的小车拉上了斜坡，有的在给小车套轮胎，有的在改变小车的坡度尝试着使小车冲出更远的方法……他们操作着、讨论着，时而不由自主地流露出“发现新大陆”般的兴奋与激动。这一自主玩小车的活动旨在使学生能够从小车运动、怎样使小车从斜坡上冲得更远、怎样在斜坡上拉小车更省力等问题中有所发现或产生问题。

当学生尝试了多种发现之后，教师应组织学生交流发现。

教师：我看不少小组已经玩出了点名堂、玩出了点意思，现在请同学们来谈一谈你们在玩的过程中发现了什么？

以下是学生发言和教师组织、调控、引导的互动内容。

学生：小车可以从斜坡上自行冲下来。

教师：你是说你并没有推它也没有拉它是吗？

学生：是的。

教师：没有推它也没有拉它，它却从斜坡上冲了下来，这是怎么回事？

学生：我知道。小车受到了地球的引力，所以它就从高的地方向低的地方运动。

教师：地球对物体有引力，你是怎么知道的？地球引力是谁发现的？

学生：我从课外书上读到地球引力是由牛顿发现的。

教师：有科学家的理论支持，那我们就把这作为一条结论吧！

学生：小车从坡度大的斜坡上冲出的距离远，从坡度小的斜坡上冲出的距离近。

……

教师将学生的发现一一写在黑板上。

小车在地球引力作用下从斜坡上冲了下来。

坡度越大，小车冲得越远。

套上轮胎，小车冲得更远。

车轴越滑，小车冲得越远。

车轮的接触面越光滑，小车冲得越远。

装钩码越多，小车冲得越远。

坡度越大，往斜坡上拉小车用力越大。

装钩码越多，往斜坡上拉小车用力越大。

由于学生在宽松的环境下自主地摆弄了小车、斜坡、钩码和轮胎，学生的发现很丰富，从而有效地培养了学生的自主探究和发现能力。教师对学生的积极鼓励和引导使学生的思维得到了有效的激发，发言的气氛非常热烈。

三、激疑设问，讨论研究方案

教师：同学们的发现可真不少!我很欣赏同学们的动手能力和思考能力，可是我对同学们所谈的这些发现又有点怀疑：坡度越大，小车就冲得越远吗？套上轮胎小车就冲得更远吗？

教师将关于改变某些因素从而使小车冲得更远，往斜坡上拉小车用力大小也改变的想法一一标上了“？”，变成了一个个有待研究和证实的问题。

教师：我们怎样才能证明？有办法证明吗？说哪个问题都可以。

学生：用尺子量一量坡度最大时小车能跑多远，再量一量坡度最小时跑多远，然后量一量坡度不大不小时跑多远比一比就知道了。

教师又让其他学生谈了其他问题的研究方案。

当学生不再进行补充的时候，教师进行引导：我们在讨论这些问题的研究方法时都考虑到了要改变其中的一个因素。例如，我们在研究小车冲出多远这个问题时是在不同的坡度下进行测量的。我们在改变坡度的时候要不要改变其他条件？例如换一换小车，换一换车轮。可以吗？为什么？

学生：那如果小车冲得远就不一定是坡度的原因了。

教师：是啊，那就搞不清是什么因素在起作用了，我们在研究其他问题时也要注意：验证哪个因素就改变哪个因素，其他因素都不要改变。

教师：我们在通过测量获得数据的时候，怎样得到的数据才更具有说服力？

学生认为应该多测量几次，并尽可能取一个多次重复或接近平均数的数作为最后结果。

四、小组选定题目，自主进行研究

教师安排学生在一分钟内选定所要研究的问题，到另一个材料桌上选取研究问题所需要的工具和记录表。学生有的选取了拉尺，用来测量不同坡度下小车冲出斜坡的距离；有的选取了拉尺和蜡，用于研究车轴擦蜡后小车是否冲得更远；有的选取了测力计，用来测量在不同坡度或钩码不同的条件下沿斜坡向上拉小车所用的力。

为了培养学生严谨的科学态度和良好的研究习惯，教师在大屏幕上为学生提供了如下所述几点建议。

(1) 科学研究需要认真细致的科学态度，你们小组在进行测量时能做到细心认真吗？

(2) 为了使测量结果更准确，你们小组能多测量几次吗？如果几次测量的结果不完全相同，你们会怎样确定出一个更有说服力的数据？

(3) 科学研究需要集体的合作，你们小组在研究问题时能做到合理的分工和有效的合作吗？

(4) 为了避免影响其他小组的研究，养成良好的学习习惯，你们能做到轻声讨论吗？

(5) 假如你在研究中遇到难以克服的困难，你会放弃吗？你会继续创造条件将研究活动继续进行下去，并直至成功吗？

学生分组进行了积极主动的实验和测量。学生有的操作小车的运动，有的互相合作进行测量，有的积极参与读数，有的认真进行记录，学生活动热情高涨。有的小组完成任务后主动向教师请求新的研究任务，教师让他们将已经做好的研究报告提前展示在实物展台上，然后另选材料继续研究。有的小组在15分钟内研究了两个问题。教师在整个活动中进行了及时有效的指导和帮助。

五、通过研究成果发布会，介绍和交流研究成果

当教师观察到各小组至少已经完成了一项研究任务时，应组织学生进行成果介绍交流。

教师：刚才同学们的研究工作很积极、很投入，各小组已经至少完成了一项研究任务。现在我们就像科学家那样来召开一次简单的研究成果报告会。哪个小组先来给大家展示介绍一下你们小组的研究成果？

在这次展示介绍活动中，有 5 个小组通过实物投影对研究的问题、记录的数据、得出的结论进行了介绍和交流。每次介绍，只要数据能够足以说明结论，其他学生提不出问题，教师便在屏幕上去掉相关问题的“？”，形成结论。

当有个小组的学生在介绍“装钩码越多，小车冲得越远吗？”的研究结果时，提供了如下数据，见表6-1。

表6-1 小车载重量(钩码)与移动距离的关系

载重量(钩码)	小车冲出斜坡的距离(厘米)			
	第一次	第二次	第三次	最后结果
1个	42	45	45	45
2个	49	48	47	47
3个	51	48	51	51

教师提问：对于这个小组的研究结果，其他同学有没有意见？

当看到学生在确凿的数据面前没有提出意见时，教师便表达了自己的疑问：会不会存

在这样一种可能性，那就是载重量越大时会造成小车行驶得越困难，那它还会行驶得远吗？我觉得这是个很值得继续研究的问题。大家愿意继续研究吗？

六、简要小结，激励探究

教师：从今天的活动来看，同学们表现得都很优秀。各小组不但通过玩玩具提出了自己的新发现、新问题，而且对这些问题进行了认真细致的实验和测量，解决了问题，获得了知识。老师相信同学们会在今后的生活和学习中能够像今天一样不断地发现新问题、研究新问题，使自己变得更聪明，更有才干。

【活动评述】

本次活动在整合科学课相关内容，体现“做中学”教育理念方面进行了积极有益的尝试。该活动以“小车和斜坡”为主题，较好地体现了活动内容的综合性、结构性和开放性，活动方式的灵活性、探究性、自主性和创造性，以及活动价值取向的丰富性和多元性。

(1) 在斜坡上玩小车，学生可以在玩的过程中接触和感受运动和力的多方面内容：小车从高处向低处运动——地球引力；小车冲出斜坡的距离涉及的相关因素；沿着斜坡拉物体比直接提起重物省力；往斜坡上拉物体的力涉及的相关因素等。教师虽然不去刻意灌输这些内容，但“小车和斜坡”的主题特性却使学生自然而然地在“玩”和“做”的过程中产生了这些方面的问题和想法，较好地体现了活动内容的综合性、结构性和开放性。

(2) 学生围绕着小车和斜坡在灵活、宽松的气氛中自主地“玩”、自主地“做”，使学生的探究欲和创造性得到了激发，因此便有了学生的多种发现。由于想法是学生产生的，问题是学生提出的，学生就有了验证这些想法、研究这些问题的主动性，从而提出了一些具有严密性和创造性的研究问题的方法。

(3) 主题只有一个，但问题和工具材料(测量工具、记录工具、改变因素的辅助材料等)却是自助餐式的，具有较大的选择性和弹性。学生可以根据自己的兴趣和研究优势选择问题，根据问题的性质去选择工具材料，使学生的活动更具自主性、个性和灵活性，因此整个活动也就有了更大的空间和开放性。

(4) 内容和活动的综合性、开放性、自主性、弹性以及学生在活动中表现出的个性和创造性，同时为教师的多重角色、多方面作用提供了一个展示的平台。从该活动的实施情况来看，教师在活动内容和材料的设计、组织，活动情境的创设，活动的组织和指导，活动的整体调控，尤其是在激励、引导和诱发学生思维的灵活性和创造性等方面发挥了很好的作用。

另外，内容的综合性和开放性决定了学生在活动中会暴露出一些与运动和力的基础原理不一定一致的想法，如何对此进行处理，才能既保护学生继续探究的积极性，又不至于对学生造成误导，尚需进一步研究探讨。

【资料链接】

1. 路程和位移

质点从空间的一个位置运动到另一个位置，运动轨迹的长度叫作路程。路程是标量，只有大小，没有方向。在直线运动中，路程是一段直线的长度，在曲线运动中，路程是这段曲线的长度，在往复运动中，路程是质点所通过的折线的长度。位移是表示物体位置变化的物理量，位移是矢量。位移的大小等于质点从初始位置到末位置的直线长度，其方向从初始位置指向末位置。它只表示位置变化的实际效果，不反映真实的运动路径。

2. 速度和加速度

速度是描述物体运动快慢程度和反映运动状态的物理量。速度是矢量，有大小和方向。在匀速直线运动中，可以认为物体单位时间内通过的路程就是匀速直线运动的速度；当粗略描述变速直线运动时，用物体通过的位移和相应的时间的比，即平均速度来描述。平均速度的大小取决于不同的时间或位移，在计算或描述变速运动的即时速度时，必须指明什么时刻或什么位置上的即时速度。计算某一时刻的即时速度，就是在这一时刻附近无限短的时间内的平均速度的极限值。在力学中常说的初速度、末速度等都是指即时速度。

在描述物体运动时，不仅需要描述它的速度，而且需要描述它的速度变化情况。速度的变化跟时间的比值可以表示速度变化的快慢，这个比值越大，表示速度的变化越快。在物理学中，把物体速度的改变量跟所经历的时间的比值，叫作物体的加速度。

3. 自由落体运动

实验证明，轻重不同的物体的下落运动具有相同的规律：当没有空气或空气阻力的影响可以忽略时，轻重不同、形状不同的物体落下的速度是相同的。

物体在没有空气的空间或空气的影响可以忽略时，从静止开始的自由下落运动，叫作自由落体运动。

自由落体运动是初速度等于零的匀加速运动。自由落体下落时，它的位移跟时间的平方成正比，即 $S=\frac{1}{2}at^2$，据此可以求出它的加速度 a=9.8m/s^2。这个加速度的值对于一切自由落体运动都是相同的，因此叫作自由落体加速度，也叫重力加速度。

(资料来源：[EB/OL]深圳市大冲小学 安之林)

6.4.5 交流能力的培养

1. 交流能力在小学科学课教学中的意义

交流是人与人之间信息与情感的传达与沟通。教学中的交流是指在教学情境中师生、生生相互交流思想、情感和共享信息的活动。交流能力则体现在学生接受、加工和传递信息的动态过程中的一种能力。交流是一种综合的能力，听要抓住要点，说要表述清晰。

科学认识的形成以成果作为标志，把科学认识形成的成果表达出来的途径就是交流，进行交流也是科学探究的重要组成部分。通过交流，个体的想法和经验会给其他人带来启示和参考信息，促使科学探究向正确的方向迈进；通过交流，个体得以展示研究成果。交流能力是学生实现探究活动价值和适应未来社会生活的必要条件，在科学探究中培养学生的交流能力显得尤为重要。

2. 小学科学课教学中交流能力目标要求

《义务教育小学科学课程标准》中的“科学探究”目标包括提出问题、作出假设、制订计划、收集证据、处理信息、得出结论、表达交流和反思评价八个方面。其中表达交流这个项目就是对学生交流能力提出的要求。在 1～6 年级里，分成三个阶段，即 1～2 年级、3～4 年级和 5～6 年级学段目标。

1) 1～2 年级学段目标

在教师指导下，能简要讲述探究过程与结论，并与同学讨论、交流。

2) 3～4 年级学段目标

在教师引导下，能正确讲述自己的探究过程和结论，能倾听别人的意见，并与之交流。

3) 5～6 年级学段目标

能基于所学的知识，采用不同的表述方式，如科学小论文、调查报告等方式，呈现探究的过程与结论；能基于证据质疑并评价别人的探究报告。

小学科学课程关于科学探究目标的“表达交流”要求学生能选择自己擅长的方式(语言、文字、图表、模型等)表述研究过程和结果，能倾听和尊重其他同学的不同观点，能对研究过程和结果进行评议，并与他人交换意见。在教学评价方面，即教师对学生的评价注重过程性评价，教师应注意学生交流能力、表达水平的变化。帮助教师对教学过程中教学内容、教学方法和教学策略作适切性的修改，使之更适合学生交流、表达能力的提高，增强教学的有效性，使学生全面发展。

3. 交流能力的培养策略

学生交流能力的培养可以从以下几个方面进行。

一是培养学生倾听的能力。倾听是表达和交流的前提和基础。让学生学会交流，首先就要让学生学会倾听。认真倾听他人发言，认真吸取他人的见解，才能更好地调整自己的观点，使探究得以深入。倾听也是尊重他人的一种表现。倾听习惯的培养是一个长期的过程。在课堂教学中，教师应采用提问的方式，了解学生倾听的情况，通过长期训导，让学生在交流活动中，明确自己的观点，了解他人说的要点，让交流更有成效。

二是组织学生进行小组合作学习。组织小组合作学习才能更好地培养学生在各个环节中的交流能力。小组合作学习有益于科学探究的开展，有利于发挥学生的特长。在合作学习中，学生学会倾听他人的意见，学会表达自己的观点，通过交流与他人达成一致，通过交流分享共同的成果。在这种充分尊重他人意见，同时自己的意见也被充分尊重的气氛中，学生的交流能力才能得到锻炼。

三是营造宽松、民主、和谐的课堂氛围，建立师生融洽的情感，激发学生表现的欲望。尊重学生所说所想，尊重学生的不同见解和表达，学生在愉悦的氛围中，敢于发表自己的想法、需求，敢于对同学的发言提出质疑、补充，教师要为学生的表达与交流能力发展提供良好的课堂教学氛围和空间。

四是通过作业展示学生，借此很好地培养他们的交流能力。通过作业中科学探究式题目的布置，学生可以学会通过多样的(语言、文字、图表、模型等)方式表述自己的研究过程和结果；通过作业的展示，学生可以学会更好地组织事实资料支持自己的结论；通过展示作业后学生之间的讨论，学生能对研究过程和结果进行评议，并与他人交换意见。

五是通过课堂评价，引导和激励学生对自己在科学探究过程中的表达与交流，进行深层次的思考，不断提高学生表达与交流的能力和水平。教师在实施激励性评价时，应注意评价内容和评价方式的情知结合，在评价内容方面，既要评价学生的表达与交流能力，也要评价学生的学习方式、方法，在评价的方式上，应注重过程评价、定性评价以及学生内部评价。通过教学过程中的激励性评价，激发学生自我发展的内驱力，让学生充满自信，追求成功，促进学生表达与交流能力的提升。

本章小结

探究是自然科学的基本研究方法，本章讲解探究的含义、探究在科学发展中的意义、科学探究的方法以及如何在小学科学课程学习中培养学生的科学探究能力等内容；分析了探究式教学的内涵和特点以及探究式教学和传统教学的区别；讨论了科学探究模式的种类和特点；阐述了项目式学习、问题解决与发现学习、探究训练模式、社会探究模式和计算机软件与虚拟仿真教学模式的应用；讨论了探究型学习的应用；讨论了小学科学课教学中的合作学习以及合作学习在教学设计中的应用；最后讨论了小学科学课学习技能的培养等内容。

练 习 题

1. 什么是探究？科学探究的意义是什么？
2. 什么是探究式教学？其特征是什么？
3. 阐述科学探究与探究式教学的关系。
4. 阐述探究式教学的理论内涵。
5. 科学探究的模式有哪几种？分别简述。
6. 如何在小学科学课程学习中培养学生的科学探究能力？
7. 阐述基于项目式学习、问题解决与发现学习、探究训练模式、社会探究模式和计算机软件与虚拟仿真的科学探究模式？
8. 如何处理科学知识性内容与综合能力培养内容的关系？
9. 什么是探究型学习，其类型包括哪些？
10. 简述探究型学习的基本步骤。
11. 如何运用以学为主的教学模式进行小学科学课程教学设计？

第 7 章　小学科学课程与教学评价

本章学习目标

- 掌握小学科学课程与教学评价的含义、价值取向。
- 了解小学科学课程与教学的评价模式。
- 掌握小学科学课程与教学的评价方法。
- 掌握档案袋评价和表现性评价在小学科学课程与教学中的应用。
- 了解教师专业发展的含义及特征。
- 认识和了解小学科学教师必备的专业素质。
- 了解小学科学教师的职前培养和职后培训。
- 了解美国小学科学课程的改革与发展。
- 了解英国小学科学课程的改革与发展。
- 了解日本小学科学课程的改革与发展。
- 了解我国香港地区小学科学课程的改革与发展。

重点难点

小学科学教学的过程评价模式、小学科学教师专业标准与专业发展

核心概念

教学评价、过程评价、目标评价、混合式评价、表现性评价、真实性评价、档案袋评价、网络评价、教师职业道德、信息伦理道德

7.1　课程与教学评价概述

竺可桢——锻炼自我

竺可桢(1890—1974)，浙江绍兴人，我国气象学家、地理学家、教育家。竺可桢在 15 岁的时候，从故乡的绍兴小学毕业，考进了上海澄衷学堂。在澄衷学堂，竺可桢渊博的学识整个学堂学生没有一个能比得上他。可是，竺可桢的个头和体重却要比同龄人矮一截，轻十多斤。因这副单薄而瘦弱的身材，有时上课请假，成为很多同学讥讽和嘲笑的对象。

一天，竺可桢正在教室的走廊上走着，迎面走来了几个同学。他们有的对着竺可桢挤眉弄眼，有的故意大声地挖苦他说：“真是一个寒酸的小矮人，肯定活不过20岁！”竺可桢听他们这么一说，气恼极了，真想针锋相对地回敬他们几句，但转念一想，谁叫我的身材长得这样瘦小呢！何况，一个男子汉也没有必要单单为了一两句恶语就跟别人撕破脸皮争吵起来。

就在这天晚上，竺可桢辗转反侧，心潮翻涌，他想：我们祖国正在遭受着深重的灾难，人民贫穷病弱，被称为是“东亚病夫”。现在，自己也遭遇到这样的境地，被别人瞧不起，被骂成是短命的人，连20岁都活不到。既然立下了志愿，要为拯救自己的国家出力，那就必须首先战胜自己的病弱身体！想到这里，竺可桢突然振作起了精神，霍地从床上爬了起来，连夜制订了一个锻炼身体的计划，并且选了一条“言必信，行必果”的格言，贴在自己的宿舍里，以此作为警钟，时时刻刻提醒自己。从那以后，竺可桢每天鸡一叫就起床，到校园里跑步、舞剑、做体操，做各种强身健体的运动。有一天清晨，竺可桢刚刚醒来，就听到“轰隆隆”的雷声，他往外一瞧，天阴沉沉的，密密麻麻的雨点下得正急。今天还要不要按时起床锻炼呢？竺可桢刚刚犹豫了一下，立刻又坚定了起来：绝对不可以，只要有一次间断，那就可能有第二次、第三次。于是，他又迅速地起床，冒雨跑完了规定的路程。就这样，竺可桢坚持一天又一天……他的体质明显地增强了许多，再也没请过一堂课的病假。这个时候，全班同学，包括以前讥讽过他的那些同学，都异口同声地称赞他是“智体并重”的模范。

后来，竺可桢在博物学、地学、地理学、气象学等方面都有重要的贡献。他是中国近代地理学的奠基人，他亲自筹建中国科学院地理研究所；综合考察自然区划、国家大地图编纂、地学规划等大型地理科学研究项目都是在他的领导下进行的。

看完这个故事，你一定会为竺可桢的那种顽强拼搏的精神而惊叹不已。事实上，一个人要想催开成功之花，要想享受成功的喜悦，要想干出一番事业，必须有刻苦的精神和顽强的意志。做地理科学研究，就要像竺可桢那样，坚持不懈，攀登科学的新高峰。

(资料来源：[EB/OL]百科故事网)

【设计理念】

本节课是以认识岩石为主的探究型实验课。通过学生课前自己收集的岩石资料及岩石样品，找出岩石的特性，学会认识常见的岩石，了解岩石标本的制作方法。分四个部分进行教学：创设情境—自主探究—解决问题—评价应用，培养学生发散思维，激发学生对地学的探求兴趣。

【活动过程】

认识岩石。

(1) 激趣导入：通过观看“竺可桢——锻炼自我”和岩石标本，创设问题情境。

(2) 自主探究：用放大镜和各种工具、盐酸等，观察验证岩石的硬度和反应等，做好记录。

(3) 展示交流：小组讨论、交流实验结果。

(4) 评价反思：日常生活中的岩石；岩石上古生物的遗迹(化石)与地壳的运动变化；“水滴石穿”的故事说明了什么？①

① 苏教版小学科学五年级下册 岩石与矿物单元 认识常见的岩石.

评价是主体对价值的一种认识活动，评价活动是对人物或事物的价值进行分析、衡量和判断的过程。评价关注两个问题，即价值和判断。评价与价值问题密切联系，评价建立在不同的价值观和价值取向基础之上。探讨评价问题的本质就是探讨价值观的问题。第一，评价既要体现内在价值也要体现外在价值；第二，评价既是对目标的追求，也是对真理、道德的追求。评价不仅是目标导向的功利性的活动过程，也是对精神价值、理想的追求；第三，评价既要关注共同性，也要注重多元性。在小学科学课程与教学中，在关注评价共同价值的同时，也要关注评价的个性化的价值追求。

7.1.1　课程与教学评价的含义

课程与教学的关系是讨论课程与教学评价的一个前提概念。大课程观认为：对课程与教学的关系，课程包含教学，将教学看成是课程开发的一部分。

课程与评价是两个比较复杂的概念。若将两个词作为一个复合词课程评价来看待，就是从课程与教学统一的观点出发，探讨评价的意义。因此，要对课程评价的定义溯源。1949年泰勒(Ralph W.Tyler，1902—1994)在《课程与教学的基本原理》(*Basic Principles of Curriculum and Instruction*)中提到，课程评价是决定学生实际发生变化、实际达到何种程度的过程；李雁冰的《课程评价论》(2002)指出，课程评价是在运用一定的手段和途径的作用下对课程的规划、活动的执行以及教育的结果等相应问题的价值作出合理评判的过程。综上所述，我们认为课程评价的含义至少可以从两个方面去理解：第一，课程评价就是一个收集与课程有关信息和资料的过程；第二，课程评价的目的在于根据这些信息和资料，对学生的学习效果作出价值判断，从而为课程改革提供客观的依据，促进课程编制的科学化。

20世纪70年代，国际教育科学领域开始了由探究普世性的教育规律转向寻求情境化的教育意义转换。在课程研究领域开始超越以“泰勒原理”为代表的具有理性主义性质的“课程开发范式”转向“课程理解范式”——把课程作为一种多元“文本”来理解的研究范式，课程与教学评价研究也走出仅作为教育心理学之应用学科的狭隘视域，开始运用多学科的话语来解读教学的丰厚意义。对于课程与教学评价则表现出五彩缤纷的话语体系竞相绽放，璀璨夺目，魅力四射。当然，在小学科学课程与教学中，课程与教学评价的含义与关注的内容要视情况具体考虑。

在本章中，我们倾向于在大课程论的意义上使用课程评价的概念，不再区分课程与教学两个概念，而把它们看成是一个整体的概念，在整体意义上讨论小学科学课程与教学评价的含义、模式和策略等；还要阐述小学科学教师的专业成长与专业发展；还对小学科学课程与教学改革作比较研究等。

7.1.2　课程与教学评价的价值取向

课程与教学评价的价值取向是指每一种课程评价所体现的价值取向或价值观。从不同的视角出发，归纳总结国内外学者对评价的研究，可将课程与教学评价的价值取向及类型归为以下三点。

1. 目标取向及评价类型

目标取向就是把课程与教学的目标作为参照标准，将课程与教学的结果和目标作对比，得到一致性程度的判断。目标取向下的评价类型主要有目标本位评价、总结性或终结性评价、各种标准化测验评价等。

2. 过程取向及评价类型

与目标取向评价相对，过程取向评价将师生在教学过程中的全部情况或全部信息都纳入评价的范围，强调评价主体与评价客体等在具体情境中的交互作用。过程取向评价不仅关注结果与目标之间的对比，也关注评价的过程，承认与目标不一致的结果，并考虑结果的教育价值。过程取向下的评价类型主要有诊断性评价、形成性评价等。

3. 主体取向及评价类型

主体取向的评价把课程评价视为评价者与被评价者、教师与学生共同建构意义的过程。评价是一种价值判断的过程，注重教师与学生评价的主体能动性，强调评价主体的交往协作性，这种价值是多元的。不论是评价者还是被评价者都是评价的主体，教师和学生并不是被动地供外部人员评价的对象，他们在评价中参与了意义的建构。这种评价反对量化评价法，主张质性评价。这种评价的特点是尊重多元价值、尊重差异。它以人的自由与解放作为评价的根本目的，也就是说评价不是一种外部的督促和控制，而是每一个人对自己行为的反省。评价的过程是评价者和被评价者民主参与、协商和交往的过程。应该说，主体取向的评价体现了课程评价的时代精神。主体取向下的评价类型主要有质性评价、内部评价等。

思考交流

课程与教学评价的价值取向及类型有哪些？

7.2 小学科学课程与教学的评价模式

7.2.1 过程评价

小学科学教学的过程性评价.mp4

小学科学教学的终结性评价.mp4

过程评价是形成性评价在我国特定教育环境下的衍生与深化，过程评价模式是针对整个教育过程中只注重结果和学生的成绩评定而忽视学生整体素质发展而提出的，它是对以目标为价值取向的形成性评价的一种新突破。过程评价模式以人为本、以促进学生全面发展为核心，全面关注学生发展和教学过程最优化，重视评价主体多元化等。过程评价模式的价值取向主要体现在以下几点。

第一，关注学生发展，体现人本主义价值取向。小学科学课程以提高学生的科学素养为总目标，不仅包括科学探究过程、方法和能力，还包括科学知识与技能、科学态度、科学精神、科学技术与社会关系、科学情感与价值观等。过程评价模式突破了知识本位价值观，尊重学生的主体性，全面关注学生在教育过程中的发展情况，包括对学生的表现、情绪感受、过程参与、合作交流、知识获得等多方面的评价。

第二，坚持评价促发展促改进，体现过程价值取向。在新课程背景下，教师的角色和任务发生了变化，他们变为课程的建设者、开发者与创造者，成了学生学习的帮助者、促进者、引导者与参与者。由此，在课程改革道路上，教师的教学方法、教学设计、评价方式都需要革新或更新。过程评价模式是以过程性和情境性为特征的当代教育评价模式，它关注教育过程的最优化，重视课程的改良、教学的革新，凸显过程价值取向下的评价促发展的功能。

第三，提倡评价主体多元化，体现建构主义价值取向。小学科学课程与教学评价的核心主体是教师和学生，评价过程由教师和学生共同设计与完成，家长、管理者、研究人员等作为外部人员，可以提供政策方针与方法上的指导，也可以提出一些参考性的建议。另外，小学科学课程与教学的过程评价模式可以采用多种评价方式，包括同学互评、师生互评、学生自评、外部人员评价等，由多方评价，多种评价组成，体现了建构主义思想及以人为本的价值取向。

7.2.2 目标评价

目标评价模式是在泰勒的“评价原理”和“课程原理”基础上形成的。泰勒的评价原理是以目标为中心来展开的。他认为，评价实质上是一个确定课程与教学计划实际实现教育目标程度的过程，是一个确定学生实际发生的行为变化程度的过程。泰勒在其著作《课程与教学的基本原理》中对评价的步骤和方法进行了明确表述。评价原理可概括为七个步骤，即确定教育计划的目标；根据行为和内容来解说每一个目标；确定使用目标的评价情境；设计呈现情境的方式；设计获取记录的方式；确定评定时使用的计分单位和设计获取代表性样本的手段。

但是，在实际的评价过程中，教师、学生、教学过程、教学活动往往被看成是被控制的对象，教师与学生的主体性、创造性被压制。况且，评价的目的被严格限制于目标的达成，而不关注在实际教学中其他有意义过程和结果的产生。因此，评价变为无异于甄别评价对象好坏的工具。为此，对于小学科学课程与教学评价来讲，除了要关注预期的目标和结果之外，还应关注非预期的结果。评价的指向不应该只是课程计划满足目标的程度，而更应该考虑课程计划满足实际需要的程度。

7.2.3 混合式评价

混合式评价模式是一种新颖的评价模式，它意味着混合式教学中的教学理念先进，教学思路清晰，教学方式科学合理。也就是说，混合式评价模式的标准包括网络教学的评价和传统教学的评价。

在混合式学习过程中，由于综合了多种学习方式，它的多样性和复杂性使学习过程更为具体和细致，对它的评价也更为重要。混合式评价不仅仅是对测试结果进行评价，还应对学生在学习中的探究过程和平时表现进行评价。

混合式教学模式的发展得益于互联网的发展以及信息科技的迅猛发展。从学习者角度来看，混合式学习是指能利用所有可利用的工具、技术、媒体和教材进行学习，并与学习者已有知识经验及自身学习风格匹配，帮助自己实现教学目标。混合式学习环境下学生学习满意度影响因素模型中，考核方式对于学生进行交流讨论以及课程学习的动机有很大的影响。在线学习是活动引导而进行的学习，所以每一部分学习活动必须有评价的标准，学生学习前需要明确了解该学习活动评价的标准以及评价方式。

根据研究结果也发现，对于课程学习者的考核方式是影响交互行为、学习动机的直接因素，考核方式直接决定了他们是否进行学习的意愿，所以每一次协作学习、自主学习等活动都必须有相对应的考核标准来促使学生进行学习。每一个活动有了评价标准后，有助于在线学习的学生及时了解自己的学习情况，同时平台也会记录学生每个学习模块进行的进度以及达到的标准，这既关注了学生的学习过程，又对学生进行了过程性评价，最终平台评价成绩和笔试成绩一起计入期末总成绩。

这种评价标准是对学生网络学习的一种考核，由于混合式教学模式当中还有传统教学的板块，那对于传统教学部分的评价标准还是可以按照传统教学模式的评价标准来进行评判，或是根据网络教学的评价来考核。从教师或教学设计者角度来看，混合式教学就是组织和分配所有可利用的教学工具、技术、媒体和教材，以实现教学目标。因此，这对于教师的要求是极高的，教师必须明确教学目标，理清教学思路，整合教学方式，对学生的学习进行多方面、多层次的指导教学，并且要去了解学生是否适应这种不同于传统教学的新的教学模式，掌握学生学习的动态。在评价时，则以教师对学生情况的了解及掌握为前提，对学生的学习情况以及学习进程作出相应的评价，并向学生提出建议，以便于学生适应这种新的混合式教学模式。

思考交流

小学科学课程与教学的评价模式有哪些？

7.3 小学科学课程与教学的评价方法

7.3.1 小学科学课程与教学的评价方法分类

我们可将小学科学课程与教学的评价方法分为四类。

第一类：以社会科学的研究方法为工具，建立价值形态作为评价标准的评价方法，它的目的是发现新的价值，我们称这类评价方法为质化评价方法。

第二类：以数学和自然科学的研究方法为工具，建立价值形态作为评价标准的评价方法，它的目的也是发现新的价值，我们称这类评价方法为量化评价方法。

第三类：根据已建立的价值形态作为评价标准，建立价值形态的描述性模型，并以此评价对象价值的评价方法，它的目的是证实价值，我们称这类评价方法为质化后评价，它就是传统意义上的定性评价方法。

第四类：根据已建立的价值形态作为评价标准，建立价值形态的确定性模型的评价方法，它的目的也是证实价值，我们称这类评价方法为量化后评价，它就是传统意义上的定量评价方法。

小学科学课程与教学的评价方法包括质化评价和量化评价，也包括定性评价和定量评价。质化评价就是用价值形式表示事物的现实价值，目的在于寻求事物的价值所在，发现被评价者潜在的价值，揭示事物的本来价值，丰富价值世界的现实价值。质化评价依赖于对事物的了解，推理分析涉及的质性数据，包括叙事数据、谈话(口头、书面)数据等，强调被评价者的真实经历。质化评价在逻辑上是归纳的，其基本组成形式或环节为局部分析——不完全归纳。一个完整的质化评价过程就是几个甚至是几十个这样的环节交互形成的。

在这里我们需要说明的是，质化评价与定性评价不能画等号。因为定性评价是由价值作先导的，也就是在评价之前，评价者已经知道了价值标准的理想状态，评价的目的就是证实被评价者是否具有这种理想的标准所要求的价值；而质化评价在开展评价之前以及在评价过程中是没有既定的标准可参考的，也就是没有理想的价值状态作为评价的标准。

档案袋评价就是典型的质化评价。真实性评价是根据学生的真实表现来进行价值判断的评价，它也属于质化评价。表现性评价是建立在标准之上的定性评价方法。档案袋评价和表现性评价都是真实性评价的操作模式，也都属于质化评价的范畴。在后续讨论中，我们将阐明真实性评价的内涵及价值取向，并重点阐述档案袋评价和表现性评价在小学科学课程与教学评价中的应用。

7.3.2 表现性评价

1. 表现性评价的内涵

我国台湾学者张敏雪认为，表现性评价是由教师设计相关的情境，由此情境针对学生所应获得的学习成果，设计一些问题，让学生在情境中或实际参与实验操作或观察后，以分组活动或个别思考的形式，进行问题解决，同时针对学生在过程中的表现，以客观的标准加以评分的一种评价方式。

表现性评价关注的重点是学生的实际表现。表现性评价就是在学生参加一些活动时，让他们实际表现出某些特定的表现技能，或者创造出符合某种特定标准的成果或作品。也就是通过观察学生执行具体的操作，然后对其表现进行直接评价。表现性评价的实施有两点至关重要：一是要求学生执行表现性任务；二是用来评判表现和结果的标准。表现性任务及评分规则都是依据我们期望学生获得的学习效果进行制定和开发的。因此，表现性评价的核心要素就是表现性目标、表现性任务和评分规则。

2. 表现性评价的特点

表现性评价具有以下基本特征。

一是表现性评价需要借助于一定的表现性任务，这个任务与学生所学的内容或生活实际密切相关。学生完全可以投入现实问题的解决当中，学生学习的积极性和主动性可以被充分发挥出来。

二是表现性评价可以考查学生多方面的综合实际表现。对于实际的现实问题，需要学生多方面的知识与能力，并非单一的知识技能可以解决。而且，问题解决的答案也并非是一个，也并不是让学生选择一个正确答案就可以完事，而是让学生亲自去摸索、去探究，让学生自己寻找、分析、创建问题解决的办法。表现性评价要求学生的是多角度、多侧面的能力展示。

三是表现性评价的标准要能够反映学生在发展上的差异。在真实的问题情境中，学生的表现具有不同层次，高水平的学生可以挑战更高层次的问题解决，从而发挥他们的聪明智慧甚至创造潜能，而对于低水平的学生，可以让他们解决与其能力水平相当的问题，让他们在学习中有所收获和提高。

3. 表现性评价实施的案例分析

教学案例

题目：尺子长度音高的变化

下面以人教版小学科学四年级上册实验第三单元“声音”第 4 课：“探究尺子的音高变化”为例，分析在学生探究活动中开展表现性评价。在此之前，学生已经学会了用强弱高低去描述不同的声音，了解了声音是由物体振动产生的，懂得了研究声音变化时也要将目标锁定在物体振动的变化上。例如，音量是由物体振动幅度决定的，振幅越大，音量就越大，音高是由物体振动快慢决定的，振动越快，音高就越高。

“探究尺子音高变化”将通过探究实验分析尺子伸出桌面部分的长度变化和尺子音高变化的关系，从而建立“物体大小—振动频率—音高”三者之间的关系。具体教学过程和表现性评价操作如下所述。

【提出并聚焦问题】

教师用同样的力度敲击不同型号的音叉。

教师提问：“它们的声音有什么区别？”(学生用音高高低来描述两者的不同点，用已学知识激发探究兴趣)

教师出示尺子，提问：“你们有什么办法使尺子发出声音？”

在“声音是怎样产生的”一课中学生已经试图使尺子发出声音，并且认识到尺子的发声有两种方式，一是完全由尺子本身振动发声，二是尺子和桌面碰撞发声。通过多名学生演示，再次使学生明确如何避免第二种发声方式的干扰。(此处既纠正了错误的发声方式，同时也使其他学生注意力更加集中，并且提供了一次生生交流的机会)

教师通过调整尺子长度，使尺子发出高低不同的两种音调，提问：“为什么同一把尺子会发出不同的声音呢？”

通过师生、生生之间的交流，将问题聚焦到“尺子的音高变化与尺子伸出桌面部分的长度有关”上。

【表现性评价操作】

本环节重点评价学生对所学知识的掌握程度和面对有些问题的探索热情。

☆ 观察学生是否能正确地表达已学过的知识。

☆ 是否能及时排除实验中可能出现的干扰现象。

☆ 能否根据具体现象作出大胆的假设。

☆ 是否能虚心听取他人的意见。

在这节课的开始阶段，学生还未能进入科学探究的情境当中，如果直接提出“探究尺子的音高变化”的研究内容，有相当一部分学生还会处于不解、迷乱、游离的状态。针对这种情形，教师借助表现性评价，从学生的已知水平出发，鼓励学生大胆发言，充分调动学生的学习热情，最终引导出本节课的研究主题。

【设计实验】

教师：尺子伸出桌面部分的长度和音高有怎样的关系呢？我们先来预测一下(有些学生的预测是猜的，而有些学生能抓住教师刚才的演示操作要点，预测出尺子伸出桌面部分长发出的声音就低，尺子伸出桌面部分短，发出声音就高，对这部分学生要多加表扬)。

教师：尺子振动得快慢又会和音高有怎样的关系呢？我们也来预测一下。

当尺子伸出桌面部分长时：

预测 1：声音高，振动快。

预测 2：声音高，振动慢。

预测 3：声音低，振动慢。

预测 4：声音低，振动快。

教师将四种预测结果用板书的形式写于黑板上。

教师：到底哪一种预测正确呢？请小组合作讨论出一个实验方案。

有了预测部分的提示，学生们的设计分成了三个层次：知道通过调整尺子伸出桌面的长度，拨动尺子，听发音的高低和观察振动的快慢；能通过具体的长度数值来表示尺子伸出桌面的长度，从而进行拨动、倾听、观察和比较；能把尺子伸出桌面部分的长度设计成多个数值，再通过拨动、倾听、观察，寻找出音高变化规律。教师应对各个层次的设计都作出肯定的合理评价。

教师：你们觉得哪种实验方案更加科学，更有说服力？(学生基本选择第三层次的方案)

教师：为了便于比较，使实验现象更加明显，我们确定尺子伸出桌面的长度分别为 8cm、12cm、16cm、20cm，请同学们边做实验边填写如表 7-1 所示的表格。

表 7-1　振动尺子——我能听到和看到的

尺子伸出桌面的长度(单位：cm)	我听到的	我看到的	音高变化的规律
	音高	振动快慢	
8			
12			
16			
20			

教师(追问)：实验中需要注意哪些事项？

(资料来源：[EB/OL]百度文库)

【表现性评价操作】

从学生探究能力方面评价。

观察学生能否明白预测在探究实验中的重要性，并尝试用科学的语言进行预测。

☆ 观察学生能否通过小组讨论，设计出具有可操作性的实验方案。

☆ 观察学生能否预想实验过程，明确实验中的注意点。

☆ 观察学生能否有条理地表达自己的意见和小组的设计方案。

☆ 观察学生能否科学地说明所设计的实验操作步骤。

☆ 观察学生能否虚心听取别人的意见，并对自己的设计及时进行改进和完善。

在这节探究课中，实验设计环节格外重要。小学生很难一下子就达到教师所期望的设计水平，因此教师的逐级引导非常关键。从预测到最终确立实验方案，学生们的思维在讨论中不断碰撞，不断升级。可是在小组讨论中，往往发生“个别带头，其余盲从”的现象，这种现象不利于大部分学生的思维发展。针对这样的问题，教师应利用好表现性评价中的小组评价方式，调动所有组员的探究积极性，要求每位组员都发表和实验有关的意见，在汇报设计方案前能对这种意见进行取舍和整合。

7.3.3 真实性评价

随着基础教育课程改革的深化，传统的多项选择、判断、测验等评价方式已不再是唯一的方式。当代教育评价更加关注学生的实际生活，注重学生解决问题的过程和技能。与此同时，一些新的评价方式，诸如学生课程作业、学生展示汇报等逐渐受到人们的重视。这些评价方式的特点在于反映了学生在学校学习的全面真实情况。下面我们从真实性评价的内涵、价值取向方面来认识真实性评价。

1. 真实性评价的内涵

真实性评价的目的是要促进并提高学生解决实际问题的能力，即学生运用自己所学的知识和掌握的技能解决生活中的或与现实情境相似的真实性任务，以便通过自己的创造性活动，培养、展示和证明自己的知识、才能以及解决问题过程中的策略。真实性评价的特点在于反映学生现实生活中的活动、表现或挑战，并与学生的学习目标及生活相联系。真实性评价要求学生在完成任务的过程中建构自己的行为，创造性地运用所学的知识和技能解决问题。

作为一种评价理念，真实性评价所体现的是一种多元化的、 发展性的学生评价思想，其出发点是多途径、多方面地收集学生学习和发展的信息，在日常教学生活中对学生进行观察和理解性评价，以达到真实、有效、全面、生动地对学生作出有针对性的评价、促进学生持续发展的目的。

作为一种评价方法，真实性评价的核心是通过提供给学生与现实生活相关领域类似的真实性任务，让每个学生充分应用相关知识、技能以及策略，表现其理解水平和对知识的应用能力。如果从以上角度来理解真实性评价，那么真实性评价在很大程度上是一种教育性评价、发展性评价、表现性评价。

从小学科学课程与教学来看，小学科学课程资源丰富多彩、小学科学教学方法多种多样，更贴近于小学生的实际生活及社会生活。将真实性评价应用于小学科学课程与教学评价，将更全面、更翔实地记录和反映学生学习科学所掌握的知识与技能以及科学态度与价值观，与此同时，真实性评价赖以为基础的人生观、知识观、学习观也是与小学科学课程与教学的课程标准及评价理念相符合的。

2. 真实性评价的价值取向

第一，真实性评价认为学生是具有潜能，具有能动性与创造性的，评价应促进学生潜能的发挥和发展。

学生是活生生的人，他们在认识过程中有建构的欲望、探究的冲动、社会的交往倾向以及表现的欲望，这些本性的冲动又是学生学习源源不断的动力和来源。因此，小学科学教师要充分认识到学生在认识中的主动性和能动性，意识到学生的学习兴趣在整个教学活动中的重要激励作用，珍视并利用学生学习的这些可贵资源。此外，教育及评价的主要功能是创造良好的条件帮助每个学生个体发现与自我更加协调的学习内容和方法，为学生营造一种学习和成长的良好氛围。

第二，真实性评价认为知识是学生内部主动建构的，是在真实性的操作过程中处于不断地创建当中的。

学生是主动的学习建构者，他们通过学习知识和体验来建构自己对周围世界的理解，通过社会交往和真实性操作来不断地思考及重构。尤其是对于从形象思维到逻辑思维过渡的小学生来讲，他们的学习经验越多、越丰富，就越能将新知识、新信息与已有的知识联系起来，在重复的实践操作中，将自己的经验迁移到更为广泛的情境中去。

学生在真实的生活经验中学习，能够把新知识、新信息建立在已有的经验基础之上，能够更好地理解新知识、新信息对自己学习的实际意义。因此，在真实的情境中学习并对学生进行观察和评价，可以促使学生把新知识、新信息与现实世界的应用以及已有的相关经验结合起来，加强信息之间的意义联结，从而更好地促进学生对知识的理解。

第三，真实性评价认为学习具有社会合作性，具有真实情境性。

建构主义倡导教师与学生之间的社会互动性，认为每个学生都是以自己的经验为背景，从不同的角度认识事物的不同方面，并在此基础上加深对事物的理解。因此，每个学生建构知识的数量、质量、侧重和深度各不相同。也就是对于建构主义者来讲，不存在对事物唯一的理解，教育就是让学生认识到事物的不同侧面，使自己对事物的认识更加丰富，能够站在对方或他人的立场或角度上理解他人。

真实性评价强调在真实的情境、真实的环境中促进学生意义学习的发生。知识具有情境性，与相关的活动、文化等因素紧密相关，知识意义的产生无法脱离它赖以存在的情境。因此，对于小学科学课程与教学来讲，学生的学习不是抽象的，是不能脱离科学知识产生和应用的背景的。真实性评价认为教学要以真实性任务为学习内容，让学生在真实的情境中解决遇到的问题，学生也只有在与周围环境的互动中，与他人、环境进行积极活动中进行积极沟通和交流，才能提高社会文化交往水平。

在真实的情境教学环境中，教学与评价融为一体，评价尽可能让学生参与其中，评价尽可能地接近学生的真实生活，而且评价要更多地贯穿于学生的整个学习过程和问题解决过程。为此，观察、访谈、记录卡片、探究活动、档案袋评价、表现性活动及评价应当作为真实性评价的操作模式或评价方法。

思考交流

小学科学课程与教学的评价方法是怎样分类的?

7.3.4 概念图

概念图(concept mapping)是 20 世纪 60 年代康奈尔大学诺瓦克(Joseph D. Novak)根据奥苏伯尔有意义学习理论发明的一种知识呈现工具。诺瓦克于 1984 年在其所著《学会学习》(Joseph D. Novak；D. Bob Gowin，*Learning How to Learn*)首次提出概念图系统理论，如

图 7-1 所示。其定义为概念图是用来组织和表征知识的工具，是一种以科学命题的形式显示概念之间的意义联系，并用具体事例加以说明，从而把所有的基本概念有机地联系起来的空间网络结构图。

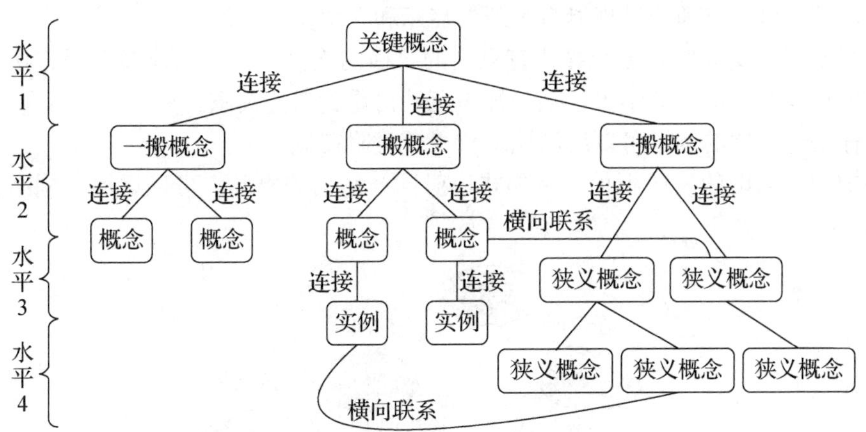

图 7-1　诺瓦克概念图模型

诺瓦克用概念图来呈现儿童认知结构及其变化。由于概念图在知识表征、知识组织、沟通交流方面的独特效果，它被越来越广泛地应用于教学、学习和培训中。

1. 概念图

概念图是一种图表，作为评价工具，它可以方便地表征课程、单元或知识领域的组织结构。概念图是用来组织和表征知识的工具，通常将有关某一主题的概念置于圆圈或方框之中，然后用线连接相关的概念和命题，连线上标明两个概念之间的意义关系。作为学习工具，概念图能够构造一个清晰的知识网络，以便于学习者对整个知识架构的掌握。作为评价工具，可了解学生的学习进展和内心思维活动的情形，从而给出及时诊断。

概念图的四个要素，即概念(Concepts)、命题(Propositions)、交叉连接(Cross-Links)和层级结构(Hierarchical Frameworks)。

2. 绘制概念图的步骤

绘制概念图的步骤，如图 7-2 所示。概念图的绘制步骤主要包括列举相关概念→对所有概念进行归类、排序→添加连接与连接语→交叉连接→添加说明。

(1) 认定中心主题。即确定概念图的问题焦点、知识或概念，用焦点主题作导引，找出与中心主题相关的概念，并罗列。

(2) 将列出来的概念排序。即把一般、最抽象和最具涵盖性的概念放在最高位置。在选出最高层概念时可能会遇上困难，反思中心主题的引导方向可以为概念排序。这个过程可能需要反复思考、修正乃至重新确定概念图的中心主题。

(3) 将其余的概念按层级排放在列表上。

(4) 开始制作概念图。即把一般、最抽象和最具涵盖性的概念放在最高位置。在最高层的位置通常会有 2～3 个概括性的概念。

(5) 随后将往下的二、三、四层的子概念放置在概念图上。

(6) 将概念用线连上。在连接线上写上合适的连接词。连接词必须清晰地表达两个概念之间的关系，使之成为简单、有效的命题，有连接制造意义。当大量相关的概念连接起来并形成层次后，可以看到对应某一知识、命题、中心主题的意义架构。

(7) 重新整理概念图的架构。这包括进行概念的增减或改变上下层关系等。需要进行多次整理，正是这些整理的过程能带来新的启示和有意义的学习。

(8) 在不同分支的概念之间寻找有意义的“横向连接”，并在连线上用连接词标明关系。横向连接能有效地帮助学生在某一知识范畴内看到新的关系。

(9) 仔细、具体的例子可以用简图或代表符号附在概念上。

(10) 知识或问题的表达不止一种形式，对同一系列的概念，可以运用不同结构的概念图来表示。

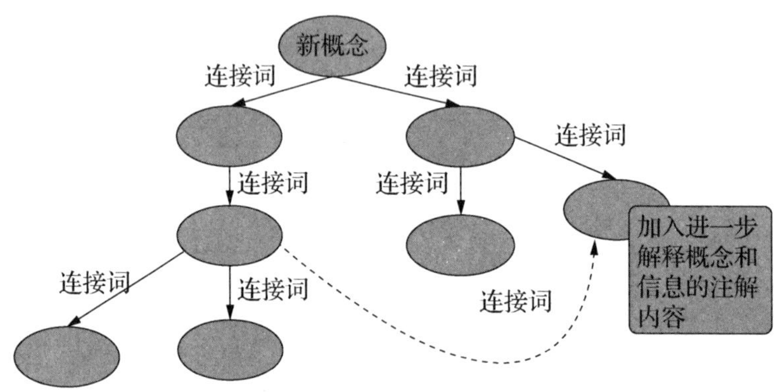

图 7-2 概念图的绘制步骤

3. 概念图的应用

在实际应用中，教师可以和学生在进行头脑风暴的基础上共同织就一个概念图，也可以让学生凭借回忆就某一主题自己织就概念图。概念图作为一种教学策略和帮助学生认知的工具，可以有多种使用方法，适合不同的教学情境。在具体教学实践中有以下使用方法。

1) 辅助教学设计

教师可以利用概念图归纳整理自己的教学设计思路，教师也可以在集体备课中共同讨论，完成教学设计。这种方式对青年教师特别适用，可以使他们尽早熟悉教学规律和教学内容。

2) 辅助学生整理知识概念

概念图清晰地展现了概念之间的关系，可以帮助学生厘清新旧知识之间的关系。

3) 辅助学生进行头脑风暴的活动

在讨论中，学生可以将观点用概念图表达出来，以引导和激发讨论。在探究式课堂教学中，须将学生的注意力全部集中到讨论的中心话题上来，这正是概念图要解决的问题。同时利用适合的软件，还可以及时记录下讨论结果，体现集体思维的成果。

4) 辅助学生整理加工信息

在收集和整理资料的过程中，可使用概念图将多个零散的知识点集合在一起，帮助学生从纷繁的信息中找到信息间的联系，学生可以利用概念图来分析复杂知识的结构。另外，也可使他们在制作概念图的过程中体会、观察知识间的关系，甚至发现自己从来没有注意和意识到的各个知识间的关系，从而产生一些具有创新性的理解，达到创新性的学习之目的。

5) 作为师生表达知识的工具

在教学过程中，教师可以利用概念图来展示教学内容。

6) 作为学习活动的交流工具

师生之间、生生之间可以使用概念图来进行交流，利用概念图软件，可以远程共同设计和交流概念图，促进学习者之间的相互理解。

7) 作为合作学习的工具

通过学生共同合作制作概念图，或者教师和学生共同合作来完成概念图，有助于合作小组成员之间共同发展认知和解决问题。

8) 作为辅助师生在教学活动中进行反思的工具

师生通过概念图的制作、修改、反思和再设计的循环往复，可以不断完善概念图，学会反思自己的学习过程，从而学会自我导向学习。

9) 作为教学评价工具

概念图为教师和学生提供的考试结果，它不仅仅是一个抽象的分数，而是学生头脑中关于知识结构的图示再现。教师和学生可以清晰地了解学生学习的状况，从而有效地帮助学生认识自我。

10) 作为辅助教学科研的工具

教师作为教育科研的行动研究者，可以利用概念图分析科研对象的各个要素、研究教学活动规律和总结教育科研的基本经验等。

11) 准备讲课笔记

使用概念图最有效的办法是记备课笔记。以概念图的形式备课比写出来更快，而且还可以让讲课的人和学生始终都能掌握全盘的内容。用概念图准备出来的讲义内容很容易更新，它所具有的助记特点意味着，在上课之前快速地浏览一些备课材料会很快把讲课内容带入正题。

12) 课堂与讲演

教师可以用一张大黑板、白板和活动挂图，或者用悬挂投影机在课程进行当中画出相应的概念图部分。把思想过程的回忆用外部设备表现出来，有助于把课程的结构弄清楚。它还能保持学生的注意力，并加强他们的记忆能力和对内容的理解。包含知识框架的概念图也可以分发给学生，由学生补全。概念图对帮助那些有学习缺陷的人特别有用，可使学习缺失的大脑从语义学的局限中解脱出来。

13) 考试

概念图可以让教师一眼就能看出学生是否在总体上把握了所讲的内容，以及各个学生独具的长处和短处。这个方法可以给教师一个清晰而且客观的图景，可以了解学生的知识状态。另外，还能节省许多时间，而不会把它们浪费在阅读和批改大堆试卷上面。

14) 组织概念，勾勒知识结构图。

依据概念图的要求，在老师的指导下由学生总结概念结构，这种方法学生十分愿意接受。首先利用计算机可以提高学生的学习兴趣，促使学生积极思考；其次，对于不同学生的作品可以很方便地进行交流，每个学生都可以从他人那里学到自己没有想到的东西。

在实际操作中，可以有两种方法，即教师制作出模板，学生按照模板完成内容；学生根据自己的理解制作概念图作品。

15) 指导学生，进行研究性学习

研究性学习作为一种课程理念，可以单独举办综合课程，也可以结合课堂教学或者学科进行，如果将这种理念和网络教学联系起来，就产生了 WebQuest。根据自己的实际情况，以课堂教学的内容为研究性学习的生长点，以 WebQuest 为主要学习形式，以概念图为指导手段，开展研究性学习，概念图在其中的作用是指导学生的探究步骤和探究内容。

除了上述应用领域外，教师在自己的教学活动中，可以利用概念图表达自己的各种创意，用来研究自己感兴趣的任何问题，从而创造出更加丰富多彩的课堂故事来。

7.3.5 档案袋评价

1. 对档案袋评价的认识

档案袋，也被称为评定包(Portfolio)，是按一定目的收集反映学生学习过程，以及最终成果的一整套材料。档案袋在客观上有助于促进个人成长，而学生也能在自我评价中逐渐积极起来。档案袋中可包含各种形式的学习材料，如录像带、书面文章、图画、计算机小程序等。档案袋又被称为成长记录袋，用于存放学生的学习作品。国内学者将其定义为：用于显示有关学生学习成就或持续进步信息的一连串表现、作品、评价结果以及其他相关记录和资料的汇集。

档案袋评价是指教师和学生有意地将各种有关学生表现的材料收集起来，并进行合理的分析与解释，以反映学生在学习与发展过程中的努力、进步状况或成就。档案袋评价是一种综合性的评价方法，是对观察、调查与访谈、测试等方法的综合运用。

档案袋里可以装什么呢？我们给出了一个范围，如图 7-3 所示。但这并不意味着图中的所有内容都应该在一个学生的档案袋里出现。哪些材料应该进入档案袋，是一个有选择的过程。通常档案袋里内容的选择或提交，是由被展示作品的作者与档案袋提交的对象决定的，即由学生和教师共同决定。档案袋的制作进程，涵盖了一项从起始阶段到完成阶段的整个跨度。制作档案袋的关键是必须清楚建立档案袋的目的是什么，档案袋适用的对象是谁，档案袋将如何使用，它对学生有什么帮助等问题。

档案袋评价最大的优势是向教师、家长和学生展示出一个真实、丰富的学习过程，它比纸笔测试和其他传统评价更能说明学生知道什么和能够做什么。另外，在作品的收集过程中，学生同教师可以积极参与作品的选择、项目制定、标准确定等档案袋评价的全过程。因此，档案袋评价可以提升学生动机水平、发展学生的自我反思能力，促进学生的积极参与和师生合作。

1) 电子档案袋

电子档案袋是指信息技术环境下，学习者运用信息技术和手段表现和展示在学习过程中关于学习目的、学习活动、学习成果、学习业绩、学习付出、学业进步以及关于学习过程和对学习结果进行反思的有关学习的一种集合体。电子档案袋实质上是一种基于学习者真实作品或表现的过程性评估方式，学习者本身就是评估主体。

随着信息技术和互联网的发展，博客、QQ、微信等平台已得到广泛使用，并取得了良好的效果。这些新媒体工具以时间为轴记录了学习者的五大类信息，如图 7-4 所示，学生信息、学习成果、学习反思、学习依据和学习过程，将更有利于开展过程性评价和真实性评价。

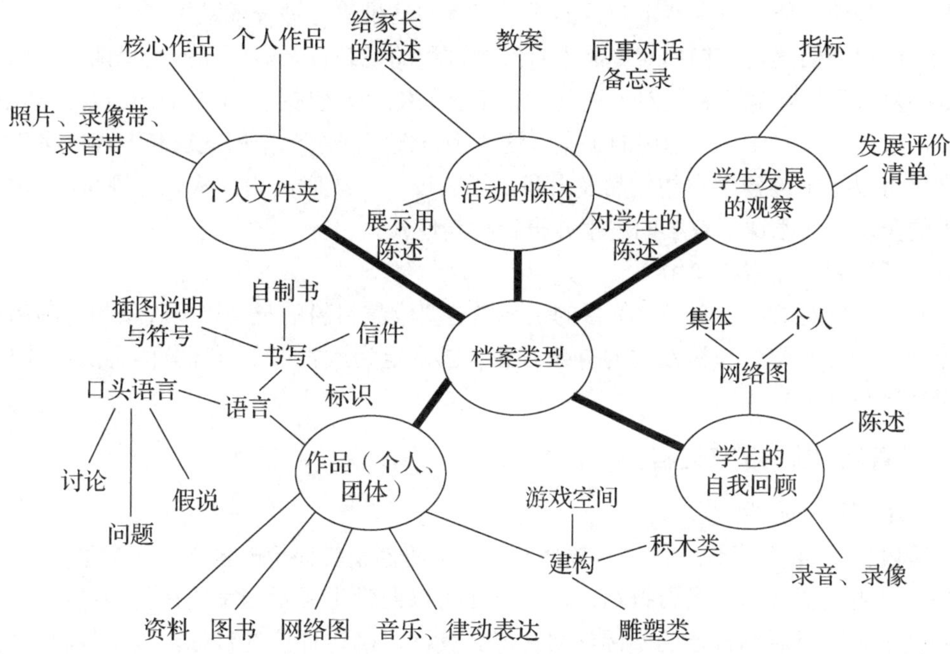

图 7-3　档案袋中材料的类型

电子档案袋元素包括学习目标、材料选择的原则和量规、教师和学生共同选择的作品范例、教师反馈与指导、学生自我反思；清晰合适的作品评价量规和评价标准及作品范例。

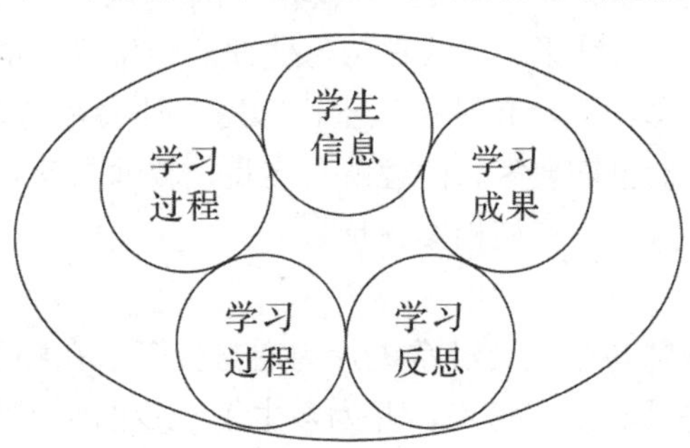

图 7-4　电子档案袋的内容框架

2)　档案袋的特征

档案袋的基本组成部分是学生作品，而且数量很多；作品的收集是有意而不是随意的；档案袋应提供学生发表意见和对作品进行反思的机会；教师要对档案袋里的内容进行合理的分析和解释。

3)　档案袋的类型

由于使用档案袋的目的、使用者、参与者以及结构的不同，档案袋的类型多种多样，主要有以下 5 种类型。

(1)　展示型档案袋。它完全由学生负责选择自己个人在家里或学校制作的最好的或最喜欢的作品。

(2) 文件型档案袋。它包括系统的、正在进行的记录和学生进步的样本。

(3) 评价型档案袋。主要目的是收集事实以系统地评价学生的学习，并将结果报告给其他人，这些档案袋要按照特定的目的或学习者的结果进行评分或赋予等级。

(4) 过程型档案袋。包括对作品本身产生过程的记载以及对作品的反思两个方面。

(5) 复合型档案袋。它是对上述几种档案袋的综合，包括 3 个方面的内容：学生选择的作品，教师选择的作品，通用的工具。这 3 个方面组成了一个档案袋和一种档案袋文化，这种文化可以用来构建学生的作品及自我反思、展示一段时间内的成长、评价在重要学习结果上的表现、获悉课堂教学的进程并报告给其他人。

4) 档案袋的建立和使用

①确定评价对象；②明确评价目的；③确定要收集材料的类型以及收集的时间和次数；④制定调动和指导学生积极参与的有效方法；⑤确定为成长记录袋评分的方法；⑥制订评价结果交流与分享的计划。

2. 档案袋评价的实施过程

1) 组织计划阶段

此阶段包括 4 个步骤。首先，教师向学生阐明档案袋评价的含义，向学生解释档案袋的作用、是否需要打分、是否排名次，教师还可以向学生展示档案袋评价的样例，让学生认识到档案袋可以展示自己的实际学习情况。其次，确定评价的目标，为学生收集资料信息提供方向。目标的确定需要师生共同参与，也可以教师通过广泛征求学生的意见和想法，然后作出决定，从而提高学生学习的兴趣和积极主动性。再次，制定评价的内容和范围，教师需要确定哪些是需要评价的，不仅包括活动的内容、方案与过程的记录，而且包括学生学习的信息和资料、学习的结果、自我评价与他评的结果等。最后，常与家长进行沟通。小学科学课程资源丰富多彩，已经超越了课堂，家庭、社会都是重要的课程资源。因此，小学科学课程与教学的评价也需要家长的理解与支持，教师与家长的沟通就显得尤为重要，家长对学生的鼓励与支持有助于实施档案评价。

2) 资料收集阶段

在档案袋评价中，教师与学生会经常进行沟通与交流，在师生的互动过程中，教师可以及时了解学生的学习进展和学习进步，并为学生下一步的学习和评价确定目标。在此，教师可以用头脑风暴法、小组讨论法、交谈法等方式，启发学生思维，鼓励学生对自己的学习进行反思，如“你通过这个活动学到了什么？知道了什么？明白了什么？”“你最大的收获是什么？”“你遇到的困难有哪些？”“你还希望自己可以做些什么了”等，教师需要通过各种活动和问题引导学生对自己的学习困难、学习收获、学习进展等情况进行深入思考和反省，培养学生的反思性思维和发散性思维，甚至创造性思维。当然，在这个过程中，教师收集了关于学生学习的系统信息。

3) 展示成果阶段

学生把自己收集的有关自己学习过程和学习成果的档案袋信息以汇报、会演等方式展示出来，这是让学生体验学习成就感的重要方式和重要阶段，当然，学生的展示可以邀请家长、同学等相关人员参与，得到大家广泛的认可是对学生最大的尊重与鼓励。

学生档案袋的成果展示时间可以根据需要决定，一个学期两次，一个月一次等不同时间间隔的展示都是可以的。学生每经历一次档案袋的成果展示，都会从中获得成功和喜悦，并与他人分享这种自我成就感，也都会得到教师和同学的赞赏，从中也可以获得改进学习的建议。这对于激发学生的学习原动力，激励和促进学生更好地发展很有助益。

3. 档案袋评价的实施策略

1) 档案袋的设计

一是封面设计。档案袋的封面可以不拘一格，并且能够充分发挥教师与学生的聪明才智，如小小科学家、蜜蜂集、七彩阳光等，档案袋的封面上，学生可以根据自己的兴趣设计图案，可以出现学生的姓名、年级、班级、兴趣、特长、编号等信息，甚至可以附上学生的艺术照等。档案袋的形式制作最好能够统一，可以是相册也可以是资料袋或文件夹，让学生把各种学习情况分门别类地放入各个小袋子里边，如小组讨论袋、特长表现袋、观察记录袋等。总之，教师需要带领学生将各种信息有条理地进行收集和存放，以便于鼓励学生收集及以后的查找和评价。

二是内容设计。档案袋的内容没有明确规定，教师可以根据实际需要灵活决定。可以放入档案袋的材料有对学生进行的诊断性结果，即反映学生学习情况的测验成绩；教师通过观察对学生的日常学习行为表现的评价；同学及同伴的观察与评价，学生之间朝夕相处，了解最多，通过学生之间的细微观察与记录可以反映学生对科学知识的掌握、学生学习情感态度的变化、学生学习能力的形成等信息；学生自我反省、自我评价和自我认识的相关信息；展现学生兴趣的作品；学生自认为最优秀的作品或成绩；关于学生学习过程中在学习态度、兴趣或技能等方面的改变或成长的记录；来自家长或家庭成员的评价信息等。

2) 档案袋的存放

每个人都有一个学习档案，档案袋的存放也是需要考虑的一个问题。学生可以将档案袋放在自己的家中，让家长协助保管，需要的时候再带回学校使用；还可以将档案袋的内容做成电子版本，或者刻录成光盘。总之，可以通过各种形式进行保存和存储。

3) 档案袋的交流展示

在展示环节，可以让最优秀、比较出色、进步最大的学生向全体观众进行汇报。展示自己的成长记录过程，让家长或教师看到孩子们的成长进步过程，同时将家长关注孩子成长的积极性和主动性调动起来。与此同时，让学生对自己的成长记录进行展示和解释，可以锻炼学生自己的语言组织、语言表达、临场反应等能力。另外，给予学生充分的时间，让学生做好准备工作，相互观摩、相互欣赏各自的特长、进步和突出表现，让学生记住自己的骄傲自豪的成长历程。

4) 档案袋的定期评定

档案袋的内容很多，我们可以分别对各个内容进行评价，可以按照 A、B、C、D、E 五个等级的形式进行评定，或者按照及格、良好、优秀的等级进行评定，档案袋的评价标准不宜太细也不宜太繁，易于理解和操作即可。同时，我们可以采取评价主体的多样化评价，如自评、教师评、小组评、家长评等，如表 7-2 所示。

表 7-2　档案袋评价——档案袋内容的多样化

评价方式	小测试	小论文	书面作业	课堂观察量表	实验记录	科学态度量表
自评						
教师评						
小组评						
家长评						
教师的总结性描述						

例如，对一个学生的作品进行等级评价，假如一个星期之内，每天学生的评定等级分别为 B、A、C、A、D，就可以做成曲线图的形式，如图 7-5 所示。

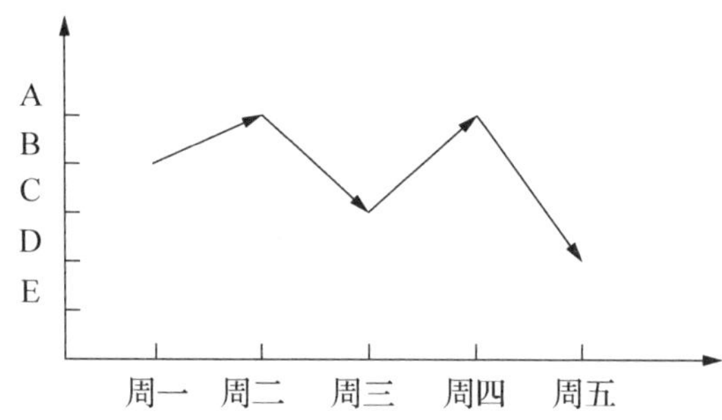

图 7-5　学生评价等级曲线图(样例)

再如，学生探究的成果报告，成果报告活动的目的在于激起学生的参与积极性，学生需要明确探究的问题和内容、在探究活动过程中遇到的困难以及获得的最大收获，还包括学生在学习过程中的自我反思，哪些方面需要改进，哪些事项需要下次注意等。在实际的探究活动中，教师可以根据学生的实际情况，有计划地让学生进行交流探讨，让学生将自己的心得体会、深刻感悟记录下来，以发挥学生的主观能动性。同时结合小组评价，记录学生参与探究活动过程的详细内容及评判结果，如表 7-3 所示。

表 7-3　探究活动成果报告表

班级		组号		组长		日期	
探究内容							
探究成果记录							
学习中遇到的问题或困难							
学习中获得最大收获							
小组评价		姓名					
		等级					

又如，关于“眼睛”的评价，将其放入档案袋中的内容如表 7-4 所示。

表 7-4 档案袋中“眼睛”的评价表

学生姓名：________________ 日期：________________

观察眼睛，画出所见的不同类型的眼睛，包括单眼皮、双眼皮以及大眼睛、小眼睛等。 怎样保护眼睛呢？ (可以写一篇小论文) 收集有关眼睛的资料，包括儿歌、图片、音乐、故事等，举办一期汇报展示。其中还包括自身体会、与同学的交流体会、对这一话题的好奇心与兴趣点等深刻体验

7.3.6 网络评价

网络教学与传统教学的不同决定了网络教学评价相对于传统教学评价具有自己鲜明的特点。例如，学习依赖丰富的电子资源；自主学习、协作学习是学习的重要方式；网络教学的实现需要可靠而安全的网络支撑系统等。总之，网络教学评价重点关注学习资源和学习过程的评价。

一是注重过程性评价，强调对网络教学的过程进行实时监控。网络评价注重评价的过程性，充分考虑学习者在学习过程中的行为、态度和实践，及时利用反馈信息来指导下一步的教学与学习活动。

二是教与学策略的评价。在网络教学评价系统的研究与实现对运用教育技术实施一系列策略教学的效果进行有效的评价，对学生在学习中的方法、主动性、学习效果进行评价。

三是评价对象广泛。不仅包括对传统教学四要素，即学生、教师、教学内容与媒体(网络教学支撑平台)的评价，还包括对学习支撑服务系统的综合评价。

四是通过动态评价进行实时调控。利用教学平台的教学活动记录功能采集评价信息，实现对网络教学的动态评价和动态调控。

五是在评价中对网络技术的充分运用。充分利用互联网络的技术优势，不仅缩短了评价的周期，及时反馈评价结果以便于及时调整教与学，而且还降低了费用。

六是建立适用于网络教学的评价模型。网络教学的评价模型要依据不同的评价目标，对不同的评价对象采取不同类别的评价方式，因此需要制定适用于网络教学评价的评价指标和要素，对学习和教学的过程与效果进行充分评价，以促进网络环境下的学习。

网络教学评价可分为 4 个过程，即评价准备阶段、评价实施阶段、评价处理阶段和评价反馈阶段。

1. 评价准备阶段

(1) 确定评价对象和目标。

(2) 生成评价指标，根据评价对象和评价目的，生成评价指标。评价的组织者(或系统管理员)可以从评价指标体系中选择已有的指标。系统的开放性使评价组织者或系统管理员可以在专家的指导下新增、修改、删除评价指标项目。评价指标体系是在专家的参与组织下建立起来的，包括了评价者、评价对象、评价内容、评价项目、权重和反馈意见等。

(3) 选择评价的信息来源和信息处理方法。信息来源有调查报告、测试成绩、系统量化评价指标、活动记录日志、反馈留言等，结合指标体系，再确定选用何种信息处理方法。

2. 评价实施阶段

根据评价对象、评价范围统计调查信息，进行数据挖掘，获取有效信息。

3. 评价处理阶段

评价的目的是为了给学生学习的提高和教师教学策略的改进提供依据。统计信息后，依据评定标准、评价方法进行综合的评价，根据指标得分及综合评价得分情况产生相应评语。

4. 评价反馈阶段

教学评价是一个循环往复的过程。对评价结果的再评价是一个评价周期的结束，也是下一个评价周期的开始。

除上面讨论的评价方法外，还有评估表、量规、学习契约和范例展示等评价方法。

思考交流

请结合案例分析档案袋评价和表现性评价在小学科学课程与教学中的应用。

7.4 小学科学教师的专业发展

教师是履行教育教学职责的专业人员，承担教书育人，培养社会主义事业建设者和接班人，提高民族素质的使命。这是我国《教师法》中第三条的规定。教师是专业技术人员，教师必须取得教师资格证书，教师资格证书是教师从事教育教学必须具备的基础。

7.4.1 教师专业化的发展历程

教师这一职业从产生到逐渐发展为一种专业，经历了一个漫长的过程。

1. 教师专业化概述

1681 年，法国基督教兄弟会神甫拉萨尔(La Salle)在兰斯(Reims)创立了世界上第一所教师培训学校，标志着教师教育的诞生。18 世纪中下叶，一些国家率先普及初等义务教育，加上在当时一批教育家，如卢梭(Jean-Jacques Rousseau，1712—1778)、裴斯泰洛齐(Johan Heinrich Pestalozzi，1746—1827)、赫尔巴特等和教育工作者的推动下，出现的“教育科学化”向“教育心理学化”的发展，现代教学方法也逐渐形成体系，教育理论有了长足的发展。这些都为教师进行职业训练提供了理论指导和实践依据，也为教师职业进一步走向独立提供了重要基础。在此基础之上，欧美各国相继出现了师范学校。

然而，这一时期教师专业发展仍处于初级水平，因为教育科学尚未得到社会的广泛承认。当时各国比较重视教师的职前培养，教师培养方式以班级授课制为主，不注重实际能力的训练；另外，各国对教师的在职培训缺乏足够的认识，缺乏必要的途径与措施。即使在 20 世纪前半期，许多国家依然把教师的学术能力放到非常重要的地位，而忽视教师“师范”能力的培养，忽视教师“教育专业”的训练，教育学科是否属于科学还在被怀疑或被否认。

1963年的《世界教育年鉴》以“教育与教师培训”为主题；1980年以“教师专业发展”为主题。1966年，联合国教科文组织(United Nations Educational Scientific and Cultural Organization，UNESCO)与国际劳工组织(International Labour Organization，ILO)在《关于教师地位的建议》中提出，“应当把教师职业作为专门职业来看待”，并宣称教师职业是一种“专业”，即“通过特殊的教育或训练掌握了专业经证实的知识、具有一定的基础理论的特殊技能，从而按照来自非特定的大多数公民自发表达出来的每个委托者的要求从事具体的服务工作，借以为全社会利益效力的职业”。1989—1992年，国际经济合作与发展组织(OECD)相继发表了一系列有关专业化改革的研究报告，如《教师培训》《学校质量》《今日之教师》《教师质量》等报告。1996年，联合国教科文组织召开的第45届国际教师大会以“加强在变化着的世界中的教师的作用之教育”为主题，提出“在提高教师地位的整体政策中，专业化是最有前途的中长期策略”，并建议从以下4个方面予以实施：通过给予教师更多的自主权和责任，提高教师的专业地位；在教师的专业实践中，运用新的信息和通信技术；通过鉴定个人素质和在职培训提高其专业性；保证教师参与教育变革以及与社会各界保持合作关系。教师教育问题引起了国际组织的密切关注。

20世纪60年代初期，由于入学人数的增加，世界各国均面临着教师短缺的状况，因而都采取了各种应急措施以应对教师“量”的需求。20世纪60年代中期以后，由于出生率的下降、经济上的困难、教育效果不理想等原因，导致了对教师质量和教师素质的讨论，进而引发了对教师教育的批判。这一时代对教师提出了新的要求，不仅要求教师精通专业知识，而且还要掌握一般的教育专业方面的知识。

到了20世纪80年代，教师专业发展逐渐成为人们关注的焦点和教育改革的主题之一。就美国而言，1980年6月16日，美国《时代周刊》发表了《危急!教师不会教》一文，引起了美国公众对教师质量的担忧，从此拉开了以提高教师素质、促进教师专业发展为核心的教育改革的序幕。之后，美国发表了一系列关于提高教师素质的报告，如由高质量教育委员会于1983年发表的《国家在危急中：教育改革势在必行》、复兴小组于1989年发表的《新世纪的教师》、霍姆斯小组于1990年发表的《明日之学校》和1995年发表的《明日之教育学院》等，这些报告引起了学校和教育行政机构的关注。其中，霍姆斯小组的系列报告认为，要提高教学质量，就必须确立教学工作的专业性地位，并建立确定教师专业性的标准；教师教育的任务在于培养出训练有素的达到专业化标准的教师，以确保未来学校对师资的需求，同时还可以赢得较高的社会地位。

思考交流

如何认识小学科学教师的专业发展？

2. 教师专业发展趋势

教师专业发展，一是教师的专业成长过程，二是促进教师专业成长的过程。专业代表一类特殊的职业类型，专业特征或专业标准是对专业的基本要求。专业化则是职业迈向专业目标的发展过程，是提高一种职业从业人员水平、改善从业人员社会地位、树立职业的社会形象，进而提高职业服务质量的重要途径与保障。

1933年，教学专业被列入16种专业之一。

1948年，美国教育协会(NEA)提出一套教师专业指标体系作为专业化的努力方向：教学属于一种高度的心智活动；教师要求拥有一套特殊的知识技能体系；需要经过较长时间的专门职业训练；教师要求不断地在职进修；提供一种可终身从事的职业活动和永久的成员关系；制定专业自身的标准；倡导服务社会高于个人私利的精神；拥有强有力、紧密联系的专业组织。

1986年，美国卡内基教育基金会报告《国家为培养21世纪的教师做准备》和霍姆斯小组报告《明天的教师》强调：公共教育质量只有当学校教学发展成为一门成熟的专业时才能得以改善。为此，教师专业化在20世纪80年代后期被提上美国教育改革议程，希望通过加强教师的专业教育、强化教师职务梯度、实行全国性资格证书制度、提高教师专业报酬等措施，促使教师成为一门真正的专业。

20世纪90年代后期，UNESCO召开以《面向21世纪师范教育发展》为主题的国际教育大会，对加强师范教育提出九项建议，其中一项就是强调“专业化——作为一种改善教师地位和工作条件的策略”。教师专业化的世界趋势是和社会职业的专业化潮流相一致的。桑德斯(Sanders.C.E)认为，专业化发展已成为时代中充满希望的信号。专业代表着一种特殊的职业类型，它对现代社会效率和公平的功能发挥产生了重大影响。

在20世纪，世界各国一直把教师专业化作为教师队伍发展的方向，成为教师队伍建设的趋势，其深刻的背景源于教育的地位日趋重要，对教师的要求日益提高。

在21世纪，专业化仍将是社会职业发展的方向。教师职业具有不可替代性，教育对促进社会进步具有巨大的作用，教师专业化必将成为一种世界发展趋势。

为了提高我国中小学教师教育技术能力水平，促进教师专业能力发展，2004年12月25日，教育部颁布了《中小学教师教育技术能力标准(试行)》。这是我国中小学教师的第一个专业能力标准，它的颁布与实施是我国教师教育领域一件里程碑性的大事，这标志着我国的教师专业化教育将走向一个新的阶段，将对我国教师教育的改革与发展产生深远的影响。

3. 教师专业化的途径

心理学、教育学和学科教学论的发展也为教师专业化提供了理论基础。如果把教师教育作为一种专业教育，该专业必须拥有特定的知识体系，这一知识体系就是由教育学、心理学和学科教学论知识组成的教师教育体系。教师专业发展的理论与实践研究已引起学术领域的高度重视，成为教师教育研究的热门话题，新课程改革下的教师专业发展，已成为教师教育的核心内容，即教师是专业人员；教师是持续发展的个体；教师是学习者与研究者；教师专业化发展是在教师个体职业生涯发展的各个阶段中完成的。

专业化是一个持续的探索和发展的过程，教师职业作为一种重要而特殊的社会职业，其专业化的发展有自己特殊的途径。教师专业化发展可以在教师的日常教育教学工作中日积月累，但这条路很漫长；也可以通过有计划的业务学习(听和读)提升教师的专业化水平，教师的主、客观因素决定了它不符合教师专业化过程的特征。只有着眼于教育问题解决的探索性实践，才能在教师的探索性实践中寻求教师专业发展，事实证明教师的探索性实践是教师专业发展的最有效途径。

现代教育技术是促进教师专业化——发展专业技能和自我完善的重要途径。在信息化时代，教师理所当然地应该成为“数字化生存”的带头人；应该能够应用信息技术开展有效的教育教学活动；应该能够应用信息技术进行教学探究，寻求解决教育教学过程中所遇问题的方法；应该能够利用信息技术进行合作，塑造出开放、融洽、互动的协作风格；应该能够利用信息技术进行学习，成为信息化条件下的终身学习者，实现知识、技能、伦理的自我完善。这是信息化时代对教师专业发展的内在要求，这些问题的有效解决有赖于现代教育技术，要通过现代教育技术来促进教师专业的发展。

通过对新课改的探索性实践和现代教育技术的掌握，把教师培养成“师德高尚——敬业、勤业、乐业；观念更新——确立现代教育理念；业务精通——把握主干，博学多能；研究教材，吸收信息；再次开发，教学创新；教学新颖——善于引导、帮助、服务，着力改进教育教学方式；培育问题意识，激励创新精神；技术先进——有效运用现代教育技术”的研究型、反思型教师，加快教师专业化的进程。

我国的教师专业化发展，需要集整个中华民族的大智慧，新时代的教师专业化更需要平衡兼顾的智慧。既要以问题解决为中心，以学生学习兴趣作为出发点，又要重视应用、强调教师间的合作，更要及时纠正在教育教学改革的具体操作过程中出现的偏差，做到平衡兼顾，不走极端。

知识拓展

ISTE：信息化时代教育者标准

信息化时代对教育教学产生了深刻的影响，学习者学习方式发生了巨大变化，从计算机辅助教学到慕课(MOOC)兴起，再到人工智能(AI)在教育教学领域的发展，学习及教学都发生了革命性变化。教师不能再延续传统的教学模式，而应结合信息化时代学习者的需求，调整和创新教育教学策略，促进学生学习效能的提升。

ISTE(美国国际教育技术协会，International Society for Technology in Education)于2017年颁布了教育者标准(ISTE Standards For Educators)。该标准是帮助学生成为学习者的路线图，这些标准将加深教育实践，促进与同伴的合作，挑战和重新思考传统方法，并帮助学生为自己的学习做好准备。

教育者标准主要是赋能教育者专业发展，涵盖了学习者、领导者、数字公民、合作者、设计者、促进者、分析者七个能力维度；愿景是教育工作者都有能力利用技术推进教学和学习方面的创新，并激励学习者发挥最大潜力。教育者可以同ISTE标准社区的其他教育工作者建立联系，学习如何在课堂上使用ISTE标准教育者手册。

ISTE教育者标准

标准采用新的组织层次结构，将7个标准分为两个主题：赋权专业发展和学习催化剂。

(1) 做好终身学习者。教育者通过向他人学习和与他人合作，不断地改进他们的实践，并探索已被证明的有前途的实践，利用技术来提高学生的学习。教育工作者要与学生一起不断成长和发展，积极参与到当今充满活力的全球社区中。

(2) 利用数字化学习。为学习者创造体验机会，让他们作出积极的、对社会负责的贡献，并在网上表现出移情行为，从而建立人际关系和社区。教育者与学习者携手同行，教育工作者必须通过不同的经历和网络来引导学生进入数字化时代，为学生建立新的引导渠道。

(3) 激发学生学习潜力。通过培养学生的主人翁意识、管理数字学习策略、创造挑战的机会和培养创造力来支持学生达到ISTE标准。教育者要帮助学生找到自己的位置，无论他们在哪个阶段都能发挥自己的优势，引导学生通过自我引导和探索自己的教育道路来实现自己的目标。

(4) 促进学生“理解和分享”。花时间与同事及学生合作，以改进实践方式，发现和分享资源和想法，并解决问题。学习的互惠性要求尊重学生的多样性，赋权学生自主学习和理解知识，让学生成为学习的领导者。信息技术将教育工作者从区域、地理和经济地位的束缚中解放出来，消除了教学个体的孤立。作为未来学习的架构师和开发人员，教育者要勇于分享自己的尝试、成功和失败，为学生理解和分享树立榜样。

(资料来源：ISTE官网。ISTE教育者标准2017 [EB/OL]https: //www.iste.org/standards/for-educators.)

7.4.2 小学科学教师的专业化

教师专业化是由专业标准和教师专业发展组成的。小学科学教师的专业化内容包括教师职业道德、教师的专业知识、教师的专业技能和教师的专业情谊。教师职业道德由教师师德和信息伦理道德组成，是教师精神层面的表现；专业知识由学科内容知识、教育学与心理学知识和学科教学论知识构成；专业技能包含一般专业技能和特殊专业技能；专业情谊则由专业理想、专业情操、专业性向和专业自我组成。

对于小学科学教师的专业发展，首先，要培养教师高尚的职业道德，要有高尚的教师情怀作为精神基础，这是作为合格教师必备的先决条件；其次，就是过硬的专业素质作为教学基础；最后，树立小学科学课教师角色的新理念，当学生学习的促进者、科学课程的开发者、教学活动的研究者。

1. 教师职业道德

小学科学教师要树立教师职业道德，遵守社会公共道德，恪守信息伦理道德，争做新时代健康网络建设的模范。

师德是教师为了维护社会公共利益应该遵守的社会公德，是教师应有的道德和行为规范，是社会道德体系的重要组成部分，是青少年学生道德修养的楷模之一。师德是教师工作的精髓，可以用“师爱为魂，学高为师，身正为范”概括其内涵。以爱为核心，培养儿童，体现在以坚强的意志和信念为基础，以及对爱的深刻认识，即人心和人的品质，是道德的内在表现。道德即生活及行为准则和规范，通过舆论对社会生活起约束作用。师爱为魂。师爱是教师对学生无私的爱，它是师德的核心，即“师魂”。从爱学生的角度讲，就是教师要做学生的良师益友。好师德培养好教师，好教师造就好学生，好学生谱写好未来。从实践的角度看，具有高尚情操、渊博学识和人格魅力的教师，会对其学生产生一辈子的影响。

信息伦理道德(Information Ethics Morality)是指在信息领域中用于规范人们相互关系的思想观念与行为准则。具体包括在信息采集、加工、存储、传播和利用的信息活动中，用来规范其间产生的各种社会关系的道德意识、道德规范和道德行为。它通过社会舆论与制度，形成一定的信念、价值观和习惯，使人们自觉地通过正确判断，规范自己的信息行为。恪守信息伦理道德包括对信息的使用和掌握，要有敏锐的判断力。要有辨别真科学和伪科学的“火眼金睛”；有选择性地接受信息，不信谣，不传谣，坚决抵制腐朽没落思想的侵蚀，做新时代健康网络的捍卫者和传播者。正确掌握信息化时代数字媒体技术，应用于小学科学教学，成为“数字技术”应用的佼佼者，是实现小学科学教师专业化的有效途径之一。

教师道德是一种职业道德，是教师和一切教育工作者在从事教育活动中必须遵守的道德规范和行为准则，以及与之相适应的道德观念、情操和品质。教育部于 2008 年 9 月 1 日颁布教师〔2008〕2 号文件，关于《中小学教师职业道德规范》(2008)(6 条)通知指出：教师是人类灵魂的工程师，是青少年学生成长的引路人。教师的思想政治素质和职业道德水平直接关系到中小学德育工作状况和亿万青少年的健康成长，关系到国家的前途命运和民族的未来。教育部等部委于 2013 年出台《关于加强和改进高校青年教师思想政治工作的若干意见》(16 条)、2019 年颁布《关于加强和改进新时代师德师风建设的意见》(18 条)。目的是加强教师队伍的思想政治工作，提升教师职业道德素养，将师德师风建设要求贯穿于教师管理全过程，营造全社会尊师重教氛围，全方位构建师德师风建设新格局，加强新时期教师师德建设，提高教师的政治素质，促进教师全面发展，引导广大教师为实现中华民族伟大复兴的中国梦贡献力量。

2. 教师情怀

崇高的爱国情怀，是每一个教师必须具有的素质要件之一。教师这个岗位与人、与社会、与民族国家的未来紧密联系在一起，教师的教育行为，都要从国家前途和民族命运的高度出发，绝不在个人私利方面徘徊。儿童是祖国未来社会主义事业的建设者和接班人，面对那些稚嫩的面孔、那些求知若渴的目光，小学科学教师一定要有大情怀，心里装着民族和国家；要有敬畏感，心中装着理想和信念；要有价值感，心中装着孩子们的未来。小学科学教师，一旦拥有了崇高的爱国情怀，学生就会时时感受到教师心底播撒的阳光，在孩子们健康、幸福、和谐发展的同时，教师也一定能够享受到教育为自己带来的幸福生活。

小学科学教学之路无论崎岖或宽广、无论料峭或和煦，教师们都要有一分家国情怀，对学生负责、对事业负责、对国家负责；还要有一分敬业的情怀，教师这个职业是一个平淡而辛劳的职业，而教育却是一项神圣的事业。作为科学教师，对待教育必须具有一种情怀，而这种情怀要把教育看成是一种信仰、一种精神、一种责任。教师要让教育的信念与精神引领自己，在人世间穿行，在心灵深处树立教育情怀，将血肉之躯与崇高的教育精神相结合，去诠释教师生命的意义，去支撑教育的一片天空，在教育这条诗与思的河流中徜徉放歌，洒下一路的精彩。

3. 专业素质

首先要勤于学习，充实自我。广泛涉猎，勤于思考，深入钻研。作为一名小学科学教师，一定要具备相应的知识结构、教育理念、文化素养、道德素养。不断提升自己的知识结构，知识面不仅要广博，最好还能深入，只有获得前瞻性的理论素养，才能指导、培养和发展学生的创新思维、创新能力和创新意志。没有深厚的学识修养，没有过人的理解能力，没有博览群书的“厚积薄发”，哪有精彩的课堂教学？读书不是为了应付明天的事，而是发自内心的需要和对知识的渴求，能为自己的教师之路奠定坚实的基础。有所追求的教师不仅要读书，更重要的是在教育实践中不断创新。小学科学教师应是最富有创新资源的群体，精力充沛、富有活力、知识更新快、善于接受新思想、新理念。只要善于积累、善于总结、善于反思和提升，就一定会激发出创新的火花。

小学科学教师要有一定的人格魅力。小学科学教师的人格魅力来源于渊博的学识和教书育人的能力。具有这样条件的教师不但在教学上游刃有余，而且善于处理和协调跟学生以及同事的关系，才会创造出融洽、和谐的工作氛围，以利于获得个人事业的成功。教师作为专门的职业人，在完成教学任务的过程中，应当兼顾特别的知识技术和特殊的人格要求。严肃性的人格素养，首先是指在事业上，教师应敬业。敬业的教师，才有可能发挥对自己所任学科的创造性。

责任心是教师爱心的主要标志和体现，是教师的职业和事业对我们最基本的要求，也是教师做好教学工作的基本条件，更是衡量一个教师是否尽职的主要标准。教师的职业是一项很特殊的职业，教师的特殊职业更是良心饭，许多工作很难进行准确量化评价和横向的比较，因而责任心便成为影响工作最重要的因素。教师有了责任心，才会不计名利，不辞辛劳地做好本职工作。小学科学教师要自觉践行“一切为了学生的终身发展”的教育思想，以对学生负责、对家长负责、对社会负责的高度的责任感，尽心尽力做好每一项工作，全心全意地为学生提供良好的服务。以国家和社会发展对教育的新要求来增强我们科学教师的责任心，科学教师要将教书育人内化为自身需要，要把职业的责任升华为博大的爱心，以务实的精神，火焰般的热情，去上好每一节科学课。

4. 教师角色

作为一个优秀的科学教师，在教学中充当着引领者的角色。这就意味着教师不但要有深厚而扎实的科学专业知识，还要有崇高的师德。教师的一言一行，在潜移默化中都会对学生产生深远的影响。要做一个有事业心、有责任感的教师。教育事业事关民族兴衰，教师还要具有国家责任感，通过自己的努力工作，为民族发展提供源源不断的人力资源和精神动力。新课改提出了新的教育理念，同时也对小学科学教师的角色提出了新的要求，主要体现在以下几个方面。

一是教师不仅是科学教学的主导者，还要成为学生学习科学的促进者。教师要教会学生如何求知、如何做事、如何与他人共处以及如何做人。

二是教师不仅是科学课程的执行者，还是课程的开发者。新课程改革提倡民主、开放、科学的课程理念，同时建立了国家课程、地方课程和校本课程。这在客观上要求教师必须具备课程意识和参与意识，成为课程的开发者，并且要不断提高课程开发意识和能力，不断培养和提高课程评价能力以及对教材进行评鉴的能力，对教材内容有取有舍，对课程内容实施的状况进行反思与总结，小学科学教师只有具备了这些能力，科学课程标准提出的基本理念才可能得到实现。

三是教师不仅是科学课教学活动的参与者，还是教学实践活动的研究者。教师要在教学过程中以研究者的心态和眼光去审视和分析教学实践中出现的各种问题，对遇到的问题进行反思和探究，对积累的经验进行总结，最后形成规律性的认识。教师即研究者，是创新性地实施小学科学课程的重要保证。

此外，小学科学课教学还可以走出校园，充分利用社区、博物馆、科技馆等校外资源进行教学。教师要带着问题去调研，在组织好教学的同时，做科普辅导员，把科学精神、科学生活带进千家万户，成为科学知识普及的践行者。

思考交流

作为一名小学科学教师，应具备哪些专业素质？

知识拓展

做一个有教育情怀的新时代教师

教师是太阳底下最神圣、最光辉、最古老的职业，也必须成为引领新时代、弘扬主旋律、激发正能量、最与时俱进的职业。我们既然选择了教师这份职业，就应该不忘初心、砥砺前行，努力争做一个具有教育情怀的新时代教师。

教育的初心是求真。求真的教育是着眼于少年儿童天真自然的本性，以质朴、真诚的教育态度，追求没有功利的、平等的教育，崇尚回归自然和传统的根的教育，传递生命正能量。只是，这样的教育要求我们付出更多心血，这样的教育更要求我们坚守和回归内心的平静，也就是保持初心。

对教育真谛的求索是一种教育情怀。特级教师于漪曾说："我有两把'尺'，一把是量别人长处，一把是量自己不足，只有看到自己的不足或缺点，自身才有驱动力。"教师的教学生涯应该是一个不断求索的过程，教师要不断地探索适合学生的教育路径。作为教师每天都应该用心去解读学生的每一张笑脸或苦脸；用心去剖析学生每一次的扬扬得意或垂头丧气；用心去分享学生每一次的喜悦或分担每一次的失败。然后，作为教师马上上下求索，去寻找和发现每个学生的个性特长，挖掘每个学生的生命潜能，谋求每个学生的个性发展、按需发展。新时代，教育改革如火如荼，教师一定要积极地参与改革，适应改革，引领改革，做改革的弄潮儿，"弄潮儿向涛头立，手把红旗旗不湿"，始终朝向理想教育的地平线，永不停息变革和创新的脚步。如果我们对教育改革消极应对，只做旁观者，甚至拒绝改革，我们就会落后于时代，进而为时代所抛弃。

把教育当成自己的终身信仰也是一种教育情怀。教师，不应是单纯的职业，也不是纯粹的事业，而是一辈子陶醉其中，向着明亮远方。面对物欲横流的社会，我们要依然保持着那份定力，坚守"衣带渐宽终不悔"的信念；面对教育的喧嚣，我们要依然保持着淡定与从容，以教育者的眼光和实践者的姿态加以理性地审视与判断，秉承"择其善者而从之"的准则；面对各种误解甚至不公正待遇时，我们要依然坚信教育的美好，始终恪守内心深处崇高的道德法则，依旧抱以满腔的热情。但愿每一位选择了教师这份职业的人，始终有着对教育深切的迷恋，让教育信仰成为自己的心灵图腾。

把教育当成自己的情感皈依是一种教育情怀。教师无论走到哪里，心中总有一份牵挂，牵挂着自己的课堂、学生，牵挂着学校里的一草一木。无论世事如何变迁，都视教育如初恋的情人，爱护一辈子、守候一辈子、执手一辈子，不会朝三暮四，不会这山望着那山高；一辈子做教师，一辈子学做教师。教育情怀其实就是这样一种牵挂与守望。

一个人的情怀是孤芳自赏，一群人的情怀才是满园春色。进入新时代，我们期盼每一位教师都能心系教育情怀，引领学子奔向拥有诗与远方的美好前程。

(资料来源：[EB/OL] 怀集文明网特约评论员高健)

7.4.3 小学科学教师的培养与培训

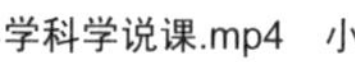
小学科学说课.mp4

小学科学课堂教学基本技能.mp4

小学科学课堂实验指导技能.mp4

2017 年教育部颁布《义务教育小学科学课程标准》，在课程理念、课程目标、课程内容上与以往都有所不同，这就对小学科学教师提出了新的要求和挑战，进而影响到小学科学教师的培养与培训。

1. 小学科学教师的职前培养

高等学校开设科学教育专业的目的在于培养具有现代教育理念，面向 21 世纪社会经济发展和现代化建设需要，掌握科学教育及相关学科专业的基本理论、基础知识和实验技能，适应小学和初中科学课程的专门人才和科学教育教学研究人员，满足科学教育对教师的需求。

1) 在大学本科设立科学教育专业

自 2002 年教育部批准设立“科学教育”本科专业以来，我国已有华南师范大学等 68 所高等院校开设了此专业，着力培养科学教师。科学教育专业旨在培养具有良好思想道德品质、扎实的自然科学知识和较强的科学教育能力，能在中小学从事“科学”或“综合实践活动”课程教学与研究工作，以及在教育科研部门和公共事业单位从事基础科学教学研究与科学普及教育与管理的复合型人才。

核心课程有基础化学、基础物理学、普通生物学、地球概论、环境科学、教育心理学、科学课程与教学论、科学教学设计与技能训练和科技制作等。在科学知识和能力方面，要求掌握下述各点。

(1) 熟悉我国的教育方针、政策和法规。

(2) 了解教育科学的理论前沿、教育改革的实际状况和发展趋势。

(3) 具有从事科学教育专业教学和中小学学科教学工作的能力。

(4) 掌握教育学科的基本理论和基础知识。

(5) 掌握科学教育研究的基本方法。

(6) 掌握文献检索、资料查询的基本方法，具有一定的科学研究和实际工作能力。

科学教育专业的发展前景广阔。针对科学教育专业，招聘单位给出的工资面议最多，占 68%；不限工作经验要求的最多，占 42%；不限学历层次要求的最多，占 42%。科学教育专业就业岗位最多的地区是北京。薪酬最高的地区是沧州。据统计，科学教育专业就业前景最好的地区有北京、上海、广州、深圳、武汉、杭州、成都、重庆、郑州、朝阳，平均薪酬为 4915 元。

2) 在小学教育专业中设置科学教育方向

在小学教育专业设置科学教育方向，有以下几种办学模式。

一是师范大学初等教育学院本科模式。该模式在课程设置上侧重专任科学教师的知识结构和能力结构，但从能力结构方面看，仍缺乏与相关专业之间的交叉与合作；二是“大理科”本科模式。这种模式体现数学与科学两个专业，但从课程设置上侧重数学课程，科学课程偏少；三是在师范院校理科院系设置科学教育专业。培养的毕业生不仅能从事初中分科科学教育和综合课程，也可以从事小学科学教育；四是高等师范专科模式。为了满足中小学科学课程实施和发展的需要，各高等师范学校开设了科学教育专业，模式各不相同，课程设置也各有特色。这既反映了小学科学教师教育在应对基础教育新课程改革不同的路径选择，也反映了小学教师教育主体对小学科学学科和小学科学教师专业化发展的不同认知倾向。

3) 增设科学与技术教育专业硕士教育层次

开展科学与技术教育专业硕士教育，是适应基础教育新课程改革发展的需要，也是培养科学技术教育高层次人才发展的需要，其意义影响深远。具体背景有以下几个方面。

一是国际科学教育发展的大趋势。21 世纪国际竞争加剧，其关键因素是核心竞争力的水平，这就决定了各国更加重视基础教育改革，尤其是发端于 20 世纪 80 年代的 STEM 教育，完成了由对科学知识、科学方法、科学素养转向工程与技术实践理念上的转变。

二是英国和北欧诸国新一轮课程改革的借鉴。改革背景一方面源于时代的挑战，另一方面是民众对基础教育质量的深切关注，改革的重点聚焦于学生基础学力的提升和教育质量的提高。更加注重母语课程、数学课程和科学课程。改革的目标是帮助所有学生发展基本技能，以使他们积极参与到知识社会中去。这些基本技能包括口头表达能力、阅读能力、数理能力、书面表达能力和使用信息和交流技术能力。

三是培养科学与技术教育高层次人才的需要。我国师范院校开设科学教育专业，已积累了丰富的办学经验，积淀了一批科学教育教学的优秀师资，拥有一定规模数量的毕业生。因此，应继续提高毕业生的学历层次，为中小学科学教育培养一批骨干教师和教育教学科研人员，以适应新课改发展对科学教育的新要求。我国教育硕士学位教育指导委员会颁布了教硕发〔2007〕7 号文件，要求在第一、二批教育硕士培养单位，在物理、化学和生物三个学科基础上，开设科学技术教育硕士专业，培养具有现代教育理念和科学教育教学能力的中小学骨干教师和教学研究人员，抢占科学技术教育的制高点，奠定科学教育在新课改发展中的基础地位。

推荐阅读

郭丽丽. 21 世纪北欧五国基础教育课程改革的背景与特点[J]. 教育学术月刊，2010(10).

2. 小学科学教师的职后培训

随着新一轮课程改革的实施，为了推动小学科学课程的顺利实施与发展，在出现不同的小学科学教师职前培养模式的同时，基础教育主管部门和教育研究院校开展了多种形式、多个层次的职后培训，为保障小学科学课程的实施发挥了重要作用。

1) 培训方式

小学科学教师的职后培训有集中培训、远程网络培训、骨干教师培训、校本培训和置换培训等形式。

2) 小学科学骨干教师培训

就是把小学科学骨干教师集中到高校、省市或地区教育研究院校进行学习。更新教育理念，学习专业理论和提高运用网络教学的能力。

3) 小学科学教学教研活动

开展小学科学教学教研活动，是科学教师成长的有效途径。随着网络技术的发展和互联网的广泛使用，教师可以根据自身的需要自由选择时间学习培训科目和内容，还可以通过视频连线开展观摩教学和各种教研活动，极大地丰富了科学技术教育的内容，拓宽了教师的视野，提高了教育教学能力，实现了科学教育教学的资源共享。

教学案例

题目：骨干教师培训的实施

1. 健全项目组织管理，为骨干培训保驾

对骨干教师的选拔、培养、评价、管理工作，领导的高度重视、财政和政策上的有力支持是培训工作得以顺利开展的保证。按照“深度分析现状，深入研究需求，深化培训认识”的思路，做到统筹管理，专款专用，把骨干教师享受的培训福利发挥到效益最大化。

2. 构建专业课程体系，为骨干培训护航

教师的专业标准有三个坐标体系，即“道德坐标体系—专业知识坐标体系—专业能力坐标体系”，如何衔接教师培训“形而上”的理念与“形而下”的操作，要结合实际，开展以聚集课程为重点的培训模式研究。通过“专题研究破解课程设置难题—基于课堂探索培训课程模式—师德修养充实培训课程内容”三大体系科学地设置培训课程。在集中研修阶段设置了“师德修养、专业理念、专业知识、专业能力”四大模块，旨在强化骨干教师学科知识、更新教学理念、提升专业素养。培训以案例为载体，采取专题讲座、案例分析、观摩示范、学员研讨等方式，为学员构建了一个丰富学科专业知识，提升学科教学能力的网络体系，力求通过系统的学习促进其专业发展，能力形成。

3. 建设研修实践基地，为骨干培训奠基

能让理念转化为行动的培训才是有效的培训。理论学习要形成能力离不开广泛深入的实践，建设好研修实践基地，加强培训机构与培训实践基地的深度合作，能为学员提供更广阔的训练舞台。为了发挥研修基地的主导作用，本着“依托基地，服务基地”的原则建设基地。培训基地的选择既考虑区域分布特点，又兼顾对地区的纵深辐射，还要充分考虑基地作用发挥的多元性、均衡性。通过有选择性地在不同的基地开展不同的培训活动，基本做到每个研修基地的学科教师都能享受骨干教师培训的资源。

4. 创建任务驱动模式，为骨干培训寻法

“任务驱动培训模式”是一种建立在建构主义学习理论基础上的培训模式，它将以往以传授知识为主的传统培训模式，转变为以解决问题、完成任务为主的多维互动式的培训模式。“集中研修—自主研修—合作研修—成果鉴定—效能考核”五个培训阶段都给学员布置了相关的任务，这些任务既有个人完成的，也有小组合作完成的，还有全班共同作用完成的。重要的是设置的任务调动了学员多种感官，触动了学员多元思维，同时加强了完成任务的过程指导及反馈。在接受任务—完成任务—反馈评价过程中，学员不断获得成就感，激发求知欲，逐步形成独立探索、自觉反思的自学自修能力。学员的学习力在完成一个个学习任务的过程中自然习得。

（资料来源：[EB/OL]百度文库）

3. 小学科学教师职后培训的未来发展

在信息化时代，随着科学技术的飞速发展，科学技术教育对提高国际竞争力尤为重要，这就对小学科学教师的职后培训提出新的要求。在巩固我国已有教师培训框架的基础上，应在以下几个方面对小学科学教师职后培训发力。

一是加大培训覆盖范围，使每一位小学科学教师都获得应有的培训福利。各级教育行政主管部门教育研究院校应加大对偏远地区、经济欠发达地区小学科学教师的培训力度；高等师范院校也要参与其中，采取对口承包方式，实现科学技术教育资源共享，以实际行动支援2020全国脱贫攻坚计划，实现教育先起飞的目标。

二是加强教师自我学习、自学意识和能力的培训。教师职后培训的根本目的是不断提高教师的教育教学能力，尤其是小学科学教师的自身发展能力。知识的爆炸式增长，对科学教师提出更高的要求，职后培训不仅要加强教师对科学基本理论和知识的学习以及基本技能的提高，也要培养教师的自学意识和能力，为教师的专业成长奠定坚实的基础。

三是进一步加强和完善校本培训，加强理论与实践的联系。小学科学教师职后培训应倡导以校为本，面向学校、家庭和社区科学教育教学实践的真实情境，促进教师在教学实践中学习、提高和发展。校本培训突出教师与学校、家庭和社区的发展，突出了对现实问题的关注和解决，突出了教师的参与，更体现了教育理论与科学教育教学实践的结合。

四是加强信息技术、网络技术与小学科学教学的结合。更新教育教学理念，充分利用互联网的优势，在教学中尝试微课、慕课(MOOC)和翻转课堂等新型教学方法，调动学生学习的积极性，满足儿童的好奇心和求知欲，使小学科学教学更有效，实现科学技术教育的宏伟目标。

知识拓展

美国《科学教师教育标准》简介

1. 《科学教师教育标准》(SSTP)简介

美国一向视科学教育为整个教育的重中之重，科学教师的培养一直受到社会的广泛关注。为规范科学教师培养的专业化方向和进程，美国有关教师专业协会组织研制和开发了一系列科学教师专业标准。其中最具影响力的是1995年由美国科学促进会(American Association for the Advancement of Science，AAAS)、美国国家研究理事会(National Research Council，NRC)推出的《国家科学教育标准》(National Science Education Standards，NSES)中的“科学教师专业进修标准”(第四章)；1998年由美国国家科学教师协会(the National Science Teachers Association，NSTA)与科学教师教育促进协会(Association for the Education of Teachers in Science，AETS)联合制定的美国《科学教师教育标准》(Standards for Science Teacher Preparation，SSTP)两项标准文件。2003年美国国家科学教师协会对《科学教师教育标准》进行了修订。

1998年美国《科学教师教育标准》(SSTP)包括科学教师专业发展的10个维度：学科内容、科学本质、探究式教学、科学情境、教学技能、科学课程、科学教学的学习环境、评价、学习环境和专业发展。

2003 年修订后新的《科学教师教育标准》(SSTP)由十个部分组成。①内容；②科学本质；③探究；④问题；⑤一般教学技能；⑥课程；⑦社区科学；⑧评价；⑨安全与福利；⑩专业成长。

(资料来原：郭元婕. 美国科学教师的专业标准[N]. 中国教育报，2008.1.14)

下面加以阐述。

1) 内容

要求科学教师理解当代科学知识和科学实践，并能够将它们连接成为整体；能够将重要的概念、思想和实际应用联系起来，并能够对其作出解释和进行科学调查。

2) 科学本质

要求科学教师指导学生有效地进行科学史、科学哲学和科学实践的学习，帮助学生区别科学与非科学，理解科学作为人类努力的演化和实践，并批判地分析科学名义下的言行。

3) 探究

要求科学教师使学生学习各种科学探究方法，并通过科学探究进行积极学习。教师应鼓励学生进行个人探究和合作探究，以便观察、提问、设计探究过程和收集及解释数据，使学生建立概念和从经验性的经历中建立联系。

4) 问题

科学教师应该认识到“公民必须有能力对与当代社会利益攸关的科学和技术问题作出决策并采取行动”。教师应指导学生对这些问题进行调查并根据他们的目标和价值取向评价行动和结果的可能性。

5) 一般教学技能

要求科学教师创造多样化的学习共同体，使学习者通过自身的科学经历建构未来探索和学习的素质。利用并能调整各种课堂准备、分组、活动、策略和一套方法，并证明其合理而有效。

6) 课程

要求科学教师设计并实施积极、一贯而有效的课程，与《国家科学教育标准》的目标和推荐内容保持一致，并有效地将当代实践和资源整合进他们的设计和教学中。

7) 社区科学

该部分要求科学教师将所教学科与地方和区域内的社区相联系，并在教学中利用社区资源。教师应积极引导学生从事与科学相关的研究或者从事与当地重要问题相关的活动。

8) 评价

即科学教师能建构和使用有效的评价策略，从而判断学习者的背景和学业成就，并促进他们的智力和社会化发展。教师能公正和平等地评价学生，并且要求学生参与形成性的自我评价。

9) 安全与福利

要求科学教师营造安全而又有效的学习环境，促进学生学习成功和改善生存环境。掌握安全知识和提高安全意识，并关注课堂中和田野里适用的一切生物的生存福祉。

10) 专业成长

科学教师要不断努力实现个人和专业的成长及转变，以满足学生、学校、社区和职业的多样化需求。科学教师必须拥有自身成长和不断进步的理想和素质。

在美国的影响下，澳大利亚也积极制定了自己的科学教师标准，为科学教师的专业化发展提供参考。英国政府在2000年公布了面向新世纪的《国家科学教育课程标准》。日本、德国和我国的台湾地区也纷纷制定了科学教师的专业标准。

2. 有关述评

《科学教师教育标准》(SSTP)是美国高等学校制订科学教师培养计划的指导性文件，已为全美教师教育认证委员会(National Council for Accreditation of Teacher Education，NCATE)所采纳。作为科学教师职前培训计划的评价和认证标准，《科学教师教育标准》内容丰富，独具特色。《科学教师教育标准》对推动我国科学教师专业发展具有重要意义，如制定恰切的科学教师教育标准，提高我国大学科学教师课程教学水平等。①

美国科学课程教师专业发展标准是美国科学课程教师培养的重要依据。其特点为重视科学课程教师正确的科学观与探究能力的形成，为科学课程教师构建综合、完整的知识结构，倡导终身、连续、一体化的培养模式。我国应加快研制自己的科学课程教师专业发展标准，使我国科学课程教师专业发展体现终身性、综合性、探究性与创新性。②

7.5 小学科学课程与教学改革比较研究

本节将阐述美国、日本、英国以及我国香港地区小学科学课程的改革与发展概况。

7.5.1 美国小学科学课程的改革与发展

1620年9月16日，一艘载有102人的五月花(Mayflower)号三桅帆船从英格兰普利茅斯出发，经过66天的航行，穿越北大西洋，于11月21日，到达科德角(Cape Cod)(注：现今美国马萨诸塞州东南部普罗文斯敦 Provincetown)，从此揭开了移民美洲的序幕。来自欧洲等地的移民相继在大西洋沿岸建立了13个殖民地。自那以后，有组织的教育就逐渐发展起来。一直到美国独立之前，各殖民地的小学教育基本上都是在模仿欧洲宗主国的教育模式和教学内容，小学没有科学课程。19世纪中期，美国的小学开始出现科学教育课程。此后，随着美国社会的政治、经济和科技的发展，美国小学的科学课程也发生了相应的变化。20世纪中期，美国小学的科学课程获得了必修课的地位。此后，小学科学教育在美国越来越受到重视。

1. 20世纪50年代前美国小学的科学课程改革与发展

19世纪50年代，美国小学开始开设“实物课”。这是美国小学开设的第一种科学课程模式。从表7-5可以看出，从1850—1900年，小学课程中陆续出现了“实物课”“初等科学”以及“自然研究”课程。这些课程均为科学课程，并且科学课程的模式逐渐多样化。

---

① 刘克文. 美国科学教师教育标准评析及启示[C]. 第四届全国化学教师教育学术研讨会论文集，2009.

② 周青等. 美国科学教师专业发展标准及其启示[J]. 高等教育研究，2005(5).

表 7-5　1800—1900 年美国小学课程的变化

课程＼年代	1800 年	1825 年	1850 年	1875 年	1900 年
学习科目	阅读 拼写 写作 圣经 算术	阅读 演讲 拼写 写作 品行 算术 簿记 语法 地理 缝纫	阅读 演讲 拼写 写作 品行 礼仪 智力 算数 算术 簿记 语法 地理 初级语言 美国史 实物课	阅读 拼写 写作 品行 文字 阅读 初级算术 高级算数 语法 口语 家庭地理 文献地理 实物课 初等科学 美国史 宪法 图画 体育	阅读 文学 拼写 写作 品行 算术 语法 口语 家庭地理 文献地理 历史研究 自然研究 初等科学 图画 音乐 体育 游戏 缝纫 烹饪 手工

实物课，也称实物教学，是美国第一种科学课程模式。实物课主要是让学生观察和研究自然现象，描述各种动物、植物和矿物的形态、颜色等特征，锻炼学生的观察和交流能力。学习的材料主要来自周围环境。初等科学是为了适应美国当时科技进步和工业发展的需要应运而生的另一种科学课程模式，该模式注重科学知识的教学，强调观察和实验等科学方法。与实物课只注重对自然事实的描述和记忆相比，初等科学更加进步。自然研究与实物课有相似之处，以学生自身各种能力的发展为教学的主要目标。

19 世纪末 20 世纪初，美国从一个农业国家迅速发展成为一个工业国家，并进入富国之列。随着社会状况的迅速发展和急剧变化，美国的学校教育一方面开始摆脱欧洲教育传统的影响；另一方面，开始进行教育理论与实践的探索或创新。在美国心理学家斯坦利·霍尔(Granville Stanley Hall，1844—1924)的儿童研究成果和杜威的实用主义思想的影响下，美国小学的科学教育也开始变革。首先，是在课程名称上以“自然研究”取代了原来的“实物课”；其次，是在教学内容上强调学生自身的需要，健康和卫生等方面的知识进入了小学科学课程，“自然研究”的目的在于激发学生热爱自然并喜爱乡村生活的情感。但是，自然研究模式也引起了很多争论。例如，自然研究模式的主要倡导人美国学者贝利(Bailey)在谈到它的功能时写道：“自然研究是对小学各年级只教授纯粹科学的一种……自然研究，不是科学。它不是事实(facts)。它关注的是儿童对世界的看法(children's outlook on the world)。”英国学者希尔 (Hill)和韦布(Webb)认为：“‘自然研究’的内涵与‘对自然的研究’(study of nature)及‘科学’(science)是不同的，虽然自然研究的材料也是太阳和地球、动物和植物，甚至天气，但是它们是被随意选择的，追求非正式是它的核心。”因此，自然研究关注的是学生对自然环境的感受，而非使学生掌握有组织的、系统的科学知识。

20 世纪 20—50 年代是美国小学科学课程发展的转折期。由于科技和工业的飞速发展及其对人类活动的冲击，重新审视小学科学教育成为必然。美国一些学者率先提出以“小学科学”(elementary school science)课程取代“自然研究”课程，如美国学者杰克曼(Jackman)和哈里斯(Harris)提出，以科学通则(generalizations)而不是零散的科学事实作为教育目标的思想。杜威也提出，科学不仅是需要学习的一堆知识，而且也是一种学习的过程或方法，即培养学生的思维能力。

在美国，直到20世纪中叶，科学课程在小学教育中的地位仍然没有得到承认，课程的开设显得很随意，最多也只是作为一门选修课程。但在科学教育史上，以科学知识和科学方法为目标的现代小学科学课程在这一时期已经初见端倪。

2. 20世纪60年代美国小学科学课程的改革与发展

1945年，美国联邦科研及开发办公室主任布什在《科学：无边的疆界》的报告中，向罗斯福总统呼吁：“改进科学教育迫在眉睫，因为具有科学潜力的学生对于不能唤起其兴趣或不能提供适当科学教学的高中教育，最容易深受其害。”这份报告对此后美国科学课程的改革与发展产生了重要影响。

20世纪50年代，受冷战时期政治和军事对抗的影响，尤其是受1957年苏联发射了第一颗人造地球卫星的影响，美国开始进一步加强学校的科学教育，并于1958年通过了《国防教育法》。此后，美国为科学课程改革提供了大量的研究经费，研究和开发了许多小学科学课程，以加强科学教育。从20世纪60年代开始，小学科学课程模式逐渐取代了自然研究模式，而“做个科学家”(Being a Scientist)则成为这个时期课程改革的口号，这一时期研发了许多科学课程，其中影响较大的主要有以下3种。

1) SCIS课程

SCIS的全称是“科学课程改进研究” (Science Curriculum Improvement Study)，于1962年由美国全国科学基金会提供启动资金进行研制。SCIS课程的内容分两大部分：一部分是六个单元的自然科学；另一部分是六个单元的生命科学。每个单元都包括自由探究和教师指导的探究课、发明课和扩展课三种课型。SCIS课程的理论基础是皮亚杰和布鲁纳的认知发展理论，其目标是通过理解基本概念来发展学生的科学素养和科学态度以及解决问题的能力。当时美国大约有8%的学区使用了SCIS课程。

2) SAPA课程

SAPA的全称是“科学——一种过程方式”(Science-A Process Approach)，由美国科学促进协会(AAAS)的科学教育委员会编写。它是一种完整的初等学校科学课程，供幼儿园至六年级学生学习。SAPA课程的基本假设是科学是一种智力活动；探索知识带来欢乐；看到自然世界和生命世界的奥秘给儿童带来兴奋；学习科学家解决问题的方法可以使儿童得到智慧；科学教育的主要目的在于激发儿童的欢乐感、兴奋感和科学的理智感。SAPA课程的目标是培养儿童从事科学研究的过程和技能，即观察、认识并使用数字关系、测量、认识并使用时空关系、分类、交流、推理、预测、给概念下定义、形成假设、解释资料、控制变量以及实验。前八种过程技能为基本技能，一般在低年级学习；后五种技能较为复杂，供小学高年级学生学习。SAPA课程编写的理论基础是美国心理学家加涅的学习理论，强调目标教学和目标的递进性。当时美国大约有9%的学区使用了这种课程。

3) ESS课程

ESS课程全称为“小学科学学习”(The Elementary Science Study)，是一种综合性的小学科学课程，由56个单元组成。与上述两种小学科学课程不同的是，ESS课程只提供一个范围，没有一个固定的顺序。学校可以根据自己的教学目标、学生的水平等实际情况挑选一些单元按顺序组成自己的课程。此外，ESS 课程的 56 个单元各有不同的特点。例如，有些单元强调过程技能，有些单元则注重有意思的问题。美国当时有 15%的学区使用了 ESS 课程。

3. 20 世纪 80 年代后美国小学的科学课程改革与发展

在总结了 20 世纪 60 年代科学课程改革的经验与教训，并采用建构主义理论进一步丰富了“探究”和“过程”的教学意义的基础上，美国提出了全新的科学教育目标，即发展全体民众的科学素养。其重要标志是美国于 1985 年启动的“2061 计划”。该计划明确提出：“普及科学基础知识，包括科学、数学和技术，已经成为教育的中心目标。”该计划还阐述了全面改革美国初等、中等教育的设想、步骤、目标等。该计划将每个学生从幼儿园到高中毕业应掌握的基本科学知识概括为 12 类，即科学、数学、技术、生态环境、物理、人类社会、人体机能、数理世界、技术世界、科学史观、一般主题与思维习惯。该计划及其有关的文献还集中体现了长期以来科学教育研究和实践的主要成果。例如，科学教育不仅要包含知识与过程，还要涉及价值和态度领域；科学教育必须与学生的生活经验相联系，并将学生的已有经验作为教学的起点；科学教育要培养学生终身学习科学的能力；重视教师培训等。

建构主义为科学教育的发展提供了新的理论基础，推动了科学教育的发展，但如果在科学教育过程中过度或无限地扩大学生的主观能动性，否认客观世界的可知性，可能会带来科学教育质量的下降或导致不可知论。

经过 20 世纪 60 年代的初步尝试和失败、70 年代的反思、80 年代的多元探索和对科学教育质量的重新审视，90 年代美国的科学教育改革进入了新的阶段。其中最显著的标志就是美国第一次推出全国统一的科学课程标准，目的是监控全国的科学教育质量。1995 年 12 月 6 日，美国国家研究理事会(NRC)组织编写的《国家科学教育标准》(NSES)正式出台。NSES 不仅论述了分阶段(幼儿园到四年级、五年级到八年级、九年级到十二年级)的科学教育的内容标准，而且对从事科学教育的教师的素质以及科学教育中的评价等制定了标准，对美国的科学教育产生了重要影响。

美国于 2010 年开始了新一轮科学教育标准的研发工作，并于 2011 年 7 月制定了《K-12 美国科学教育框架》(A Framework for K-12 Science Education)。在其基础上，基于多年科学教育的科研成果，2013 年 4 月，美国颁布了《新一代科学教育标准》(NGSS)。NGSS 由华盛顿的阿契夫公司(Achieve)组织，来自 26 个州的 41 位教育者参与编写。它是阿契夫公司，国家科学院(NAS)，国家研究理事会(NRC)，国家科学教师协会(National Science Teachers Association，NSTA)和美国科学促进协会(American Association for the Advancement of Science，AAAS)联合努力的结果。

思考交流

试述美国小学科学课程改革与发展的特点。

推荐阅读

[DB/OL]美国《新一代科学教育标准》(NGSS) https: //www.nextgenscience.org.

7.5.2 日本小学科学课程的改革与发展

1868 年明治维新以后，日本开始重视初等教育的发展，以提高国民的素质。第二次世界大战结束以后，日本教育进行了全面、深刻的改革，开始注重教育与生活的联系。1952 年，日本在教育上有了充分的自主权后，随之对本国从小学到高中学生的学力状况进行了调查，并进行了一系列改革。

1. 第二次世界大战前日本小学科学课程的改革与发展

一般认为，日本的教育起源于 3 世纪时期的宫廷教育。明治维新之前，日本的初等教育已获得一定程度的发展。明治维新时期，为了培养爱国守法的日本国民，明治政府对国民素质的初等普及教育非常重视，根据 1886 年 4 月颁布的《小学校令》，日本的初等教育分两个阶段，共 8 年。前四年为寻常小学段，实施义务教育，后四年为高等小学段，实行收费制。小学常设科目包括物理、化学等自然科学科目。

1890 年，日本高等小学在初等小学课程的基础上增加了理科、世界地理、日本地理、日本历史等课程。到 1919 年，日本在初等小学增设了理科课程。为了适应日本对外扩张的需要，从 20 世纪 40 年代开始，日本开始对各级教育进行改革。1941 年，日本颁布了《国民学校令》，将过去的小学改为国民学校。国民学校的课程设有国民科、数理科、体育科和艺术科。尽管这一时期日本对各级学校提出了改革的要求，但由于战争的影响，实际上并没有真正实行。

2. 二战后 30 年日本小学科学课程的改革与发展

1947 年后，随着日本社会状况的变化，日本小学理科教学大纲进行了多次修订。主要受杜威的实用主义教育思想影响，日本中小学的各学科都以实际问题为中心来组织教学，其中以社会科和理科居多，1947 年的理科课程的目标是为使所有的人能够合理地生活和更好地生活，就儿童与学生生活环境中的问题要掌握以下三点，即科学看待、思考和处理事物的能力；关于科学原理和应用的知识；发现真理，主动创新的态度。在 1947 年制定的小学和初中理科学习指导要领中明确规定，从小学到初中的理科围绕以下五个单元进行教学：关于动物和人的知识、关于植物的知识、关于无生物环境的知识、关于机械工具的知识和关于保健的知识。但是，这种以实际问题为中心的课程在当时的实施过程中遇到了一些实际困难，如许多课程内容难以进行实验，学生的知识不系统，学生学力下降等。

1952 年以后，日本对从小学到高中学生的学力状况进行了调查。结果显示，学生的读、写、算基础学力低下。这种情形引起了日本对战后的新教育思想的反思和批判。1953 年，日本国会通过了《理科教育振兴法》，开始对小学和初中理科学习指导要领再次进行改革。这次改革的主要特点是把原来以学生为中心的课程改为学科课程，加强学生对系统知识的学习。小学低年级的理科仍然从日常生活出发并以学生的活动为中心展开学习，而小学高年级的理科则要求学习一定系统的科学知识。

从 1958 年开始，日本再次对小学科学课程进行改革，出现了系统化的理科。1958 年的理科课程的目标为亲近自然，对自然事物或现象感兴趣，养成尊重事实、从自然中学习的态度；养成从自然环境中发现问题，以事实为基础，理性地思考和处理问题的态度和技能；

了解与生活有密切关系的自然科学事实及基本原理，养成使生活合理化的态度；加深对自然与人类生活之间关系的理解，养成爱护自然的态度。

受 20 世纪 50—60 年代国际政治、经济以及当时国际课程改革潮流的影响，1968 年，日本对小学理科课程进行了第三次改革。这次课程改革大量删减了以生活为中心的内容，增加了探究性的学习内容。改革后的小学理科包括生物及其环境、物质和能量、地球和宇宙三个单元。顺应世界课程改革的潮流，新课程强调现代科学知识的基本概念和规律的教学，强调学科结构的掌握，注重发现学习等。但由于这次课程改革过于强调学科的基本概念和学科结构的掌握，忽视了学生的身心发展水平，致使许多学生失去了对理科的兴趣，改革并没有收到理想的效果。1977 年，日本对中小学的理科课程进行了第四次改革。这次改革从小学到高中都减少了每周课时数，精选教材，降低了课程内容的难度。

3. 20 世纪 80 年代日本小学科学课程的改革与发展

随着日本经济的不断发展和增长，高新科技技术在日常生产、生活中的广泛运用，社会发展对公民素质提出了新的要求。为了培养适应社会发展的新型人才，20 世纪 80 年代，日本对中小学科学课程进行了全面的改革。

1989 年 3 月，日本文部省颁布了新的《小学校学习指导要领》，于 1992 年开始实施。根据新的指导要领，小学取消了一、二年级的“科学”和“社会”科目，新设了“生活”科目，实行合科教学。本次课程改革对小学理科的教学内容进行了修改或调整。例如，原来低年级理科的大多数内容归入生活科，少数不宜放入生活科的内容放到三年级的理科；增加了关于人体的知识以及与日常生活有密切联系的有关内容；删去或简化部分较为次要或抽象的内容，为学生进行观察或实验提供时间；适当整合了部分有密切联系的内容，如原来在不同年级学的云与天气、水、空气与温度、太阳与季节等，整合为天气与气温变化，如表 7-6 所示。

表 7-6　1992 年日本小学三～六年级理科内容

年级 课程	三	四	五	六
A 生物及其环境	(1)植物的构造与培养 (2)动物的构造与饲养 (3)人体的构造	(1)植物的生活 (2)动物的生活 (3)人的活动与环境	(1)植物的发芽、生长与结果 (2)动物的产生与生长 (3)人的产生与发展	(1)植物的生理活动 (2)动物的生理活动 (3)人的特征与环境
B 物质和能量	(1)空气、水的性质 (2)物质的性质与光和声 (3)物质的性质与电和磁	(1)金属、水、空气与温度 (2)物体的重量 (3)电池、光电池和电流	(1)物质的溶解 (2)杠杆 (3)物体的运动	(1)水溶液的性质 (2)燃烧与空气 (3)电流的效应及其应用
C 地球和宇宙	(1)石块和土壤的收集和观察 (2)观察向阳与背阴的区别	(1)水流对地表的作用 (2)自然界的水循环	(1)天气与气温变化 (2)太阳与月球	(1)观察星空 (2)地层和岩石

4. 21 世纪日本小学理科课程的改革与发展

2008 年日本中央教育审议会提出了《关于幼儿园、小学、初中、高中以及特别支援学校学习指导要领的改善》(答申)(注：报告)。这成为各学段新的理科学习指导要领修订的重要依据。答申分别从课程目标、课程内容、学习活动等方面提出了理科课程修订的基本方针。

依据新的理科学习指导要领，小学理科的总目标是亲近自然；进行有预测的观察与实验等；培养问题解决能力和热爱自然的心情；对自然事物与现象伴有实感的理解；养成科学的看法与想法。亲近自然是发现问题、培养学生的问题意识的基础，是理科学习的起点，也是后续学习的基础。观察与实验是认识自然界事物或现象之间关系的重要方法。科学探究是解决问题的重要途径。对自然事物和现象的理解即是对自然事物、现象的基本概念和原理、法则等相关知识的理解，最终养成科学地看待问题的态度。

在内容方面，日本小学理科的内容结构自 1968 年开始，就分为“A.生物及其环境”“B.物质和能量”和“C.地球和宇宙”3 个领域。为了与初中和高中的内容相衔接，在本次学习指导要领的修订中，将以上 3 个领域整合为两个领域，即“A.物质・能量”和“B.生命・地球”。其中，A 领域以科学体验等实验为主要活动，以对“粒子”和“能量”的基本看法与认识为支柱；B 领域以自然体验等观察为主要活动，以对“生命”“地球”科学的基本看法与概念为支柱。

从这次改革可以看出，日本基础教育理科课程的总目标从小学、初中到高中形成结构化和系统化的特点。在目标和内容结构上，从小学到初中再到高中，由“亲近自然”“有意识地观察与实验”“科学探究能力”“对自然事物和现象的理解”和“科学的看法和想法”五个方面构成，都具有结构化的特点。

思考交流

叙述日本小学科学课程改革与发展的特点。

7.5.3 英国小学科学课程的改革与发展

英国是最早爆发资产阶级革命的国家，地理位置与欧洲大陆隔海相望，受欧洲大陆影响相对较弱。19 世纪后期，英国经历了第一次工业革命，经济开始迅速发展，教育领域也开始逐渐重视与生产、生活有密切联系的课程内容。

1. 英国小学科学课程的理论基础

英国作为欧洲一个岛国，受欧洲大陆专制主义思想的影响相对较弱。早在 14、15 世纪时，封建专制力量就被大大削弱。到了 17 世纪，英国不仅封建关系土崩瓦解，而且在 1640 年最先爆发了资产阶级革命，在思想领域较早地出现了提倡科学和科学教育的“近代科学之父”——培根(Francis Bacon，1561—1626)。后来的洛克(John Locke，1632—1704)等人的教育思想也对 17、18 世纪英国的教育产生了重要的影响。

弗朗西斯・培根在《新工具》一书中以“知识就是力量”对科学知识的价值作了高度概括，认为科学知识不仅是人类认识自然、使自然为人类服务的伟大力量，而且还是人类改造社会的重要力量，并且对于人类个体自身的发展也有重要的价值。培根将“崇尚自然”

这一人文主义精神具体化为崇尚自然科学。为了传播科学知识，培根起草了一个百科全书式的学科大纲，几乎包括了科学知识，以及新技术的各个方面。这个科学体系对英国近代小学科学教育的发展产生了重要影响。

19 世纪是英国从自由资本主义向垄断资本主义过渡的时期，经过工业革命，英国的资本主义经济获得了迅速发展，并对教育提出了新的要求。19 世纪中期，赫伯特·斯宾塞对英国古典主义教育的非实用性进行了抨击，提倡科学教育，并提出了“科学知识最有价值”的观点。斯宾塞认为，科学知识具有指导价值，人类从事的生产、生活活动都离不开数学、化学、物理等方面知识的指导；同时科学还具有训练价值，即培养学生的心智，锻炼学生的记忆能力、理解能力和综合分析能力的作用。因此，斯宾塞提出了以科学课程为主体的五类课程体系，并根据课程的设置，提出了科学教育的实施原则和教学方法。

基于英国当时工业发展和社会生活的需要，托马斯·亨利·赫胥黎(Thomas Henry Huxley，1825—1895)在对古典主义教育进行抨击的基础上，阐述了科学教育的重要性。他指出：“我们时代的显著特点是，自然科学知识已经发挥了巨大的作用，而且这种作用会越来越大。”他主张在中小学开设的自然学科主要有地理学、植物学、物理学、化学和人体生理学等。与斯宾塞相比，赫胥黎更加注重科学技术的教育，强调实验和训练，以培养学生的观察能力、操作能力和清晰表述事物的能力。

培根、斯宾塞以及赫胥黎等人的科学教育思想和理论对英国近代小学科学教育以及科学课程的发展产生了深远的影响。英国小学的科学教育一直注重学生实践能力的培养与他们的科学教育思想和理论有直接的、密切的关系。

2. 英国小学科学课程的改革与发展

在英国，虽然在思想领域较早地出现了提倡科学和科学教育的思想，但在传统的英国小学教育中，科学教育并没有受到普遍重视，致使学生涉足科学实践的机会很少，学生对科学的好奇心和兴趣也没有被充分激发。

1) 20 世纪英国小学科学课程的改革与发展

第二次世界大战后，受国际政治形势、经济和科技的迅速发展以及世界范围内中小学教育改革趋势的影响，20 世纪 70 年代末，英国教育界开始对小学科学教育中存在的问题和发展方向进行研讨。讨论的主题之一就是科学教育在小学教育中应占什么地位？教育界大部分有识之士认为，科学教育必须在小学教育中占有一定地位，应受到充分的重视。1988 年 7 月，英国议会通过了《教育改革法》(Education Reform Act)。该法明确将科学与英语、数学列为国家的核心课程。

为了在小学更好地实施科学教育，英国国家课程委员会于 1989 年颁布了第一个《国家科学课程标准》(Science National Curriculum，1989)。该标准规定了小学科学课程的内容，明确了小学科学课程的培养目标等。1989 年的英国国家科学课程标准包括两个主要部分：第一部分为科学探究，目标是要求学生通过探究活动学会一些系统的科学技能和方法，如计划、假设、预测、解释探究的结果或发现、交流探究方法和经验等；第二部分为知识和理解，包括 13 个目标，指出了学生需要理解、掌握的科学知识和概念。主要包括以下 7 个要点：①科学教育要激发儿童探究科学的好奇心；②科学教育要从儿童的年龄特征和生活经历去启发他们对科学的兴趣；③科学教育要发展儿童的科研能力，使儿童掌握一些科研的具体方法；④科学教育要使儿童获得基本的科学概念；⑤科学教育要培养儿童良好的科学态度；⑥科学教育要通过儿童对周围世界的感受，使他们理解和关心自然事物和环境；⑦科学教育要提供机会，使儿童能够应用科学的理论和技能去解决生活中的实际问题。

1989 年的国家科学教育课程标准几乎包括了全部与小学儿童密切相关的基础科学知识以及对他们进一步学习科学有用的科学方法，并通过一系列随着年级逐渐增长的具体目标将这些知识和方法结合起来。它已成为英国小学科学教育的指导性文件。

1991 年，英国教育和科学部对科学课程标准进行了修订，调整了课程目标，但仍未能化解国家课程和新考试制度之间的矛盾，导致家长和教师的不满。1993 年 8 月，英国政府发布了《国家课程及评价》(The National Curriculum and its Assessment)的调查报告，并着手进行小学课程改革。1995 年，英国开始实施提高中小学水平计划，英国教育与科学部广泛征求意见，尤其是一线教师的意见，对科学课程标准进行了第三次修订，主要举措是压缩科学课程的内容，简化成绩评估项目。1999 年 7 月，为了培养儿童能够适应 21 世纪发展需要的科学素养，英国教育与就业部(DFEE)和课程与资格委员会(QCA)共同起草、制定了面向 21 世纪的英国《国家科学课程标准》(Science in the National Curriculum ，2000)。该标准主要包括科学课程概况(About Science in the National Curriculum)、学习计划(Programs of Study)、教学要求和成绩目标(Attainment Targets)4 个模块。经过不断修订、补充，2000 年英国正式颁布了新的《国家科学课程标准》。该标准详细规定了小学科学课程的学习计划、教学要求与达成目标，确立了英国小学科学教育面向 21 世纪改革的基调和准则。

2) 21 世纪英国小学科学课程的改革与发展

2011 年 1 月，英国教育部宣布对国家课程重新进行修订，标志着新一轮国家课程改革的开始。经过多次评论和决议，于 2012 年出台了小学国家课程学习纲要草案。该草案对科学课程提出了更高的要求：更为关注学生对太阳系、速度和进化等新知识的习得；更为关注学生对科学实验与科学展示的运用等。2013 年 2 月至 4 月，根据社会各界的反馈意见与建议，专家委员会对草案进行了修订。修订后的草案于 2013 年 9 月正式颁布，成为英国新一轮小学科学课程改革的纲领性文件，2014 年 9 月正式实施。

英国新一轮小学科学课程分为两个关键阶段，即 1～2 年级为第一个阶段，3～6 年级为第二个阶段。第二个阶段又分为 3～4 年级段和 5～6 年级段。小学科学课程以综合为主，整合了物理、化学和生物学科的基础知识。英国新一轮小学科学课程改革的目标是通过科学课程的学习，使学生掌握科学知识，发展概念理解能力；帮助学生解答与世界相关的科学问题，以培养学生对科学本质、过程与方法的理解能力；使学生具备理解现在和未来世界中科学的用途和影响所需的知识。

英国此次国家课程改革兼顾了统一性与灵活性的传统。就科学课程而言，规定学校需要在每个关键阶段结束时完成该阶段内容的教学。在每一个关键阶段，学校可以灵活地安排引入学科内容的时间，并且在合适的情况下，学校可以提早引入下一个关键阶段中的教学内容。

思考交流

阐述英国小学科学课程改革与发展的特点。

7.5.4　我国香港地区小学科学课程的改革与发展

20世纪50年代末，随着亚洲四小龙之一香港地区经济的复苏，对教育提出了新的要求。在这种情况下，香港地区拟定了《小学扩展七年规划》，作出了“集中所有的资源和人力，发展小学教育”的决策。经过多年的努力，到1971年，香港地区实现了六年小学免费教育。随着香港地区教育和世界性课程改革运动的发展，香港地区的小学科学教育也进行了改革。

1. 20世纪80年代香港地区小学科学课程的改革与发展

1976年7月，香港课程发展委员会属下的小学科学科委员会举行了第一次会议，会议的中心任务是设计小学“科学科”来取代原来的“自然科”。经过数年的努力和准备，1984年9月，香港地区各小学推行了科学科。这次改革在教学内容和教学方法等方面发生了很大的变化，对广大小学科学教师提出了新的要求。因此，香港地区教育部门或有关团体举办了一系列关于小学科学教学的讲座，就如何向小学生教授科学知识提出了各种建议。

1981年，香港小学科学科委员会颁布了小学科学课程纲要。该纲要对小学科学科的宗旨、教学目标、教学内容和教学建议方面作出了规定。

1)　宗旨

根据该纲要，小学科学科的宗旨主要体现在以下方面：①激发儿童对周围环境、事物的好奇心；②帮助儿童由近及远地加深对环境的认识；③鼓励儿童与自然界接触，并发展他们的观察力；④培养儿童对动、植物的爱心及了解和欣赏自然现象的意念；⑤训练儿童寻根究底的学习精神，有疑难时运用科学方法去寻求解答；⑥帮助儿童把所学的知识运用于生活中，使他们的生活更加多姿多彩。

2)　教学目标

根据该纲要，小学科学科的教学目标主要体现在以下7个方面：①对其生活环境及自然界中各事物之间相互关系有基本的认识；②对其周围事物有观察及研究的习惯，对观察所得有忠实报道的意念，以及有明了其所以然的欲望；③对于未经证实的意见有不接受的习质，对可靠及不可靠的证据有辨别的能力；④对各种实验计划和观察方法加以留意；⑤对自然现象及现代科学之玄妙有好奇心，借以养成发问之习惯；⑥对若干园艺基本技巧、土地利用及环境美化有相当认识；⑦对所在环境及其生物和天然资源有小心保存的抱负。

在上述7个教学目标中，有四个目标属于科学态度的培养。这些目标虽然缺乏系统的组织，且有小部分未实际安排于课程内容中，但在很多课程资源，如教育电视节目和师训课程中均有提醒学生和教师们如何培养正确的科学态度。科学态度的培养是需要在教授科学内容、科学方法的过程中，以潜移默化的方式，令学生在不知不觉间养成的。这方面的效果难以评价，主要依赖个别教师所持的态度及采用的方法。

3)　教学内容

在科学知识层面，小学科学科主要选取了学生在日常生活中的观察和体验，使学生对其生活环境由近及远以及自然界中各事物之间的相互关系，有一个基本的认识。例如，小学一年级的教学内容编排如下：第一单元，让儿童认识自己和他们的世界。第二单元，让儿童认识动物世界。第三单元，让儿童认识植物世界。第四单元，协助儿童认识其周围环境及常见的自然现象。第五单元，激发儿童对日常接触的事物的好奇心。

从层次上看，课程设计者采用了由近及远的方式，在内容方面，强调学生对日常生活环境的观察和体验。例如，带学生到公园或苗圃做实地观察，或者学习生长在该处的植物的名称。教学内容在设计之初还算充实和生活化，但随着科技的迅速发展，到了20世纪90年代，这种教学内容已显得陈旧。这也成为1994年新课程改革的原因。

4) 教学建议

针对小学科学科的教学，纲要提出了以下建议。

(1) 教学应以课程去适应儿童，而非使儿童迁就课程；教学进度须随学生能力的发展而变化；教学难度应适可而止。

(2) 教学应与其他科目紧密联系。

(3) 教学应与可供使用的设备、实习和实验以及儿童在学校或家中参与的研究相互配合。

(4) 教学尽可能以实物及生物为学习对象，让儿童获得第一手资料。

(5) 如果条件允许，应多举办郊外旅行，培养儿童热爱、保护大自然的态度。

(6) 教学时，应预备一些实物(或实物的图片)给儿童观察或接触。教师要鼓励儿童去做各种标本或图片，然后在校内设立科学角，定期展出儿童的作品。

(7) 在可能的情况下，每所学校都应设一个种植园或苗圃、一个池塘或水池及一些花盆，以备教授有关动、植物的内容时使用。

(8) 应使用最简单的仪器来做实验，越多用自制仪器越好。

(9) 每班应填写每日天气记录表及自然历，由低年级至高年级内容逐渐加深。

(10) 在教师的督导下，每个年级的儿童都要保存一些观察簿及科学册。

(11) 介绍概念时，应根据儿童的年龄及能力，逐步介绍。

(12) 教师可以自由安排内容的前后次序，可以对教材内容进行取舍。

通过以上教学建议，可以看出，香港地区小学科学的教学具有灵活性、注意儿童的身心发展水平、教学以儿童为中心、注重学科之间的横向联系、注重联系实际等特点。

此外，在科学方法方面，香港地区小学的科学课程的改革也使科学教师注重学生一些技能或策略的培养和训练，主要包括观察、分类、推论、设计实验和数据处理等。小学生在科学课上有较多的机会进行观察和分类活动。因此，学生对这两种技能掌握较好。但香港地区小学生在科学推论方面的能力较有参差。

从总体上讲，香港地区小学科学教育较为注重科学知识的传授，科学方法和态度的培养则被置于较为次要的位置，原因是香港地区教育向来受考试制度所支配，而设计考核科学知识比较容易，致使考试题目偏重了知识而忽略了科学方法和态度。这样，在课堂上，教师也逐渐形成了偏重科学知识传授的思想。此外，香港地区小学大量资源都投向中、英文教育的发展，科学教育的经费相对缺乏，这对科学教育的发展也造成一定程度的阻碍。

2. 世纪之交香港地区小学科学课程的改革与发展

1) 20世纪70年代香港地区小学科学课程的改革与发展

为了引导学生认识自己及其生活的环境，通过有意义的学习活动，使他们认识事物之间的关系以及事物与生活之间的联系，1994年，香港课程发展委员会对小学课程进行了改革，将原有的“社会科”“科学科”和“健康教育科”整合为一个核心课程，称为“常识科”。这种整合有利于避免不同学科知识之间的重复学习，更重要的是可以透过不同的角度去学习，有助于学生更加全面地去认识事物。

常识科的宗旨是使儿童对个人、家庭、社会、科学与科技、大自然等方面都有基本的认识，使他们学到生活技能及学习技能，训练他们更加精锐的思考和分析能力；此外，让儿童在学习过程中养成良好的品格及健康的生活习惯，使他们日后在待人接物方面，表现出积极、客观和负责任的态度。

常识科的教学内容共分四个范畴，即“健康的生活”“生活环境”“自然世界”和“科学与技术”，如表 7-7 所示。在不同的年级，每一个范畴都有不同的单元。其中，“自然世界”和“科学与技术”的大部分内容是将原有的科学科的内容重整而成，只是内容根据科技发展和社会的需要而有所增减，如增加了“资讯科技”的单元等。为了普及科学教育，为了兼顾不同学生的学习能力，常识科关于“自然世界”部分选取了较广阔而生活化的内容，与原来的科学科相比，内容的难度稍微降低了，但在技能和态度的培养方面的难度有所增加。这次小学课程改革实际上是回应了一些对原有学科的批评。

表 7-7　20 世纪 90 年代我国香港地区小学常识科教学内容整体结构

学习内容 年级	健康的生活	生活环境	自然世界	科学与技术
一	我的身体 良好的习惯 我喜爱的活动	我的家 我们的学校 公园	生物和非生物 星星・月亮・太阳	科学初探
二	个人卫生 我喜爱的食物 善用余暇 我喜爱的玩具	为我们服务的人 我的朋友	动物世界 天气	热
三	运动和休息 常见的疾病	购物好去处 我们的社区 生活的基本需要	植物世界	水 光和颜色
四	心理与社群健康 食物和营养 奇妙的身体	我们的社会 社会服务 香港的地理环境与历史	地球	电与生活 空气
五	踏上青春路 预防胜于治疗 救急扶危	我们的政府 香港的经济发展 地理・历史……	生物的繁殖 资源和环境	资讯科技
六	社区健康 药物的认识	政治・经济・放眼世界	保护环境 生物与环境 天文现象	力和简单机械 宇宙和太空

在教学策略方面，常识科教学鼓励教师以学生为中心，采用启发式教学方式，取代那

种平铺直叙的教学方式，以引起学生的兴趣及好奇心，并鼓励学生从多方面、多角度去思考问题。在教学活动方面，常识科建议教师可适当地采用观察、访问、个案研究、小组讨论、报告、角色扮演、实验、专题设计、游戏等学习活动。其目的在于培养学生的表达、观察、思考、创作和判断能力。同时也希望学生依据这些学习活动，去体验如何与人沟通，如何与人和睦相处以及如何通过合作来完成工作。通过不同形式的学习活动，学生除了可以学习不同的技能和知识外，还可以提高学习兴趣，培养积极和自发的学习态度。

2) 21世纪香港地区小学科学课程的改革与发展

1999年，香港教育统筹委员会开展了对教育制度的检讨，同时课程发展委员会也对学校课程进行了整体的检视。2000年，香港课程发展委员会发布了《学会学习——课程发展路向》的课程咨询文件。根据课程咨询文件，小学阶段科学课程的教学目标是：①显示对科学的好奇心和兴趣，提出有关大自然及他们周围环境的问题；②运用重点探究及调查方法，对科学有所了解并培养探究能力；③将他们对科学的了解与个人和环境联系起来；④将他们对科学的了解与个人健康联系起来，培养对日常生活中安全问题的敏锐感觉，并能采取行动预防危险；⑤运用科学知识及他们对科学的了解，说明及解释一系列熟悉的现象；⑥考虑如何以审慎的态度对待生物和环境。

根据课程咨询文件，香港地区小学科学课程的教学内容可以归纳为以下6个主题：①科学探究；②生命与生活；③物质世界；④能力与变化；⑤地球与太空；⑥科学、技术与社会。

香港地区新的小学科学课程非常重视学生能力的培养，如协作能力、沟通能力、创造能力、批判思维能力、运用资讯科技的能力、运算能力、解决问题的能力、自我管理能力以及研习能力。其中以沟通能力、创造能力、批判思维能力及解决问题的能力最为重要。

思考交流

简述我国香港地区小学科学课程改革与发展的特点。

本章小结

本章第一部分介绍了小学科学课程与教学评价的含义、价值取向；讨论了小学科学课程与教学的评价模式；阐述了小学科学课程与教学的评价方法；重点介绍了档案袋评价和表现性评价在小学科学课程与教学中的应用；简要叙述了教师专业化发展的过程，对教师专业发展的含义及特征作了阐释和说明；认识和理解小学科学教师必备的专业素质，介绍了小学科学教师的职前培训和职后培训情况等内容。

第二部分介绍了美国、英国、日本和我国香港地区小学科学课程教育情况。19世纪中期，美国的小学开始出现科学教育课程；20世纪中期，美国小学的科学课程获得了必修课的地位，并越来越受到重视。目前，美国中小学科学教育的改革与发展已成为世界中小学科学教育改革的风向标。英国在思想领域较早地出现了提倡科学和科学教育的思想，但在传统的英国小学教育中，科学教育并没有受到普遍重视。1988年7月，英国议会通过了《教育改革法》，将科学与英语、数学列为国家的核心课程。2011年1月，英国教育部宣布对国家课程进行修订，标志着新一轮国家课程改革的开始。根据日本在1886年4月颁布的《小学校令》，日本小学常设科目中包括物理、化学等自然科学科目。日本国会、文部省分别于 1953 年和 1989 年制定了有关法律或规定，对小学和初中的学习指导要领进行了改革。2008 年日本中央教育审议会提出了《关于幼儿园、小学、初中、高中以及特别支援学校学习指导要领的改善》(答申)，成为各学段新的理科学习指导要领修订的重要依据。20 世纪 50 年代末，我国香港地区拟定了《小学扩展七年规划》，作出了“集中所有的资源和人力，发展小学教育”的决策。随着香港地区教育的发展，随着世界性的课程改革运动的发展，香港地区的小学科学教育也进行了改革。

练　习　题

1. 小学科学课程与教学的评价模式有哪些？
2. 小学科学课程与教学的评价理念有哪些？
3. 小学科学课程与教学的评价方法是怎样分类的？
4. 结合具体案例分析档案袋评价和表现性评价在小学科学课程与教学中的作用。
5. 如何认识小学科学教师的专业发展？
6. 作为专业人员，小学科学教师应具备哪些专业素质？

义务教育教科书《科学》目录

参 考 文 献

[1] 刘德华. 小学科学课程与教学[M]. 北京：中国人民大学出版社，2009.

[2] 李申. 中国科学史(传说时代的科学至五代科学、宋元科学至清代科学)[M]. 桂林：广西师范大学出版社，2018.

[3] [英]戴维·伍顿. 科学的诞生：科学革命新史[M]. 北京：中信出版社，2018.

[4] 吴国盛. 什么是科学[M]. 广州：广东人民出版社，2016.

[5] 陈琦，刘儒德. 当代教育心理学[M]. 2 版. 北京：高等教育出版社，2011.

[6] 林崇德. 创新人才与教育创新研究[M]. 北京：经济科学出版社，2009.

[7] [美]玛拉·克瑞克维斯基. 多元智能理论与学前儿童能力评价[M]. 李季湄，方钧君，译. 北京：北京师范大学出版社，2015.

[8] 中华人民共和国教育部制定. 义务教育小学科学课程标准[M]. 北京：北京师范大学出版社，2017.

[9] 刘恩山. 义务教育小学科学课程标准解读[M]. 北京：高等教育出版社，2017.

[10] 刘万辉. 微课教学设计[M]. 北京：高等教育出版社，2015.

[11] 丁邦平. 小学科学有效教学[M]. 北京：北京师范大学出版社，2015.

[12] 王本陆. 课程与教学论[M]. 2 版. 北京：高等教育出版社，2009.

[13] 余文森，洪明等. 课程教学论[M]. 福州：福建教育出版社，2007.

[14] 靳玉乐. 探究教学论[M]. 重庆：西南师范大学出版社，2001.

[15] [英]黛安娜·劳里劳德. 教学是一门设计科学:构建学习与技术的教学范式[M]. 金琦铁，译. 福州：福建教育出版集团，2019.

[16] 叶宝生. 基于逻辑的小学科学教学设计[M]. 长沙：湖南科学技术出版社，2019.

[17] 张二庆. 小学科学课程与教学论[M]. 北京：北京师范大学出版社，2017.

[18] [美]罗伯特·M. 卡普拉罗，玛丽·玛格丽特·卡普拉罗，詹姆斯·R. 摩根. 基于项目的 STEM 学习：一种整合科学、技术、工程和数学的学习方式[M]. 上海：上海科技教育出版社，2016.

[19] 张红霞. 小学科学课程与教学[M]. 2 版. 北京：高等教育出版社，2013.

[20] 马秀麟. 信息化时代教师的专业发展[M]. 北京：北京师范大学出版社，2017.

[21] [美]兰本达，P. E. 布莱克伍德，P. F. 布兰德温. 小学科学教育的“探究—研讨”教学法[M]. 陈德彰，张泰金译. 北京：人民教育出版社，2008.

[22] 吴子健. 探究学习与教师行为改善[M]. 上海：上海教育出版社，2007.

[23] 刘儒德. 探究学习与课堂教学[M]. 北京：人民教育出版社，2005.

[24] [美]阿瑟·A. 卡琳，乔尔·E. 巴斯，特丽·L. 康坦特. 教作为探究的科学[M]. 北京：人民教育出版社，2008.

[25] 姚晓春. 小学科学课的建构：探究式教学设计的理论与实践[M]. 上海：华东师范大学出版社，2018.

[26] 胡惠闵，王建军. 教师专业发展[M]. 上海：华东师范大学出版社，2014.

[27] [英]黑恩，杰塞尔，格里菲思. 学会教学：教师专业发展导引[M]. 丰继平，译. 上海：华东师范大学出版社，2009.

[28] 赵玉萍. 中美科学教育课程标准的比较研究[D]. 天津：天津师范大学，2019.